HÉROES DE LEYENDA

ANTONIO CARDIEL

HÉROES DE LEYENDA

La historia de una
banda de rock mítica:
Héroes del Silencio

PLAZA JANÉS

Papel certificado por el Forest Stewardship Council®

Primera edición: abril de 2021
Tercera reimpresión: mayo de 2021

© 2021, Antonio Cardiel
© 2021, Penguin Random House Grupo Editorial, S. A. U.
Travessera de Gràcia, 47-49. 08021 Barcelona

Penguin Random House Grupo Editorial apoya la protección del *copyright*.
El *copyright* estimula la creatividad, defiende la diversidad en el ámbito de las ideas y el conocimiento, promueve la libre expresión y favorece una cultura viva. Gracias por comprar una edición autorizada de este libro y por respetar las leyes del *copyright* al no reproducir, escanear ni distribuir ninguna parte de esta obra por ningún medio sin permiso. Al hacerlo está respaldando a los autores y permitiendo que PRHGE continúe publicando libros para todos los lectores.
Diríjase a CEDRO (Centro Español de Derechos Reprográficos, http://www.cedro.org) si necesita fotocopiar o escanear algún fragmento de esta obra.

Printed in Spain – Impreso en España

ISBN: 978-84-01-02695-9
Depósito legal: B-2.603-2021

Compuesto en M. I. Maquetación, S. L.

Impreso en Liberdúplex
Sant Llorenç d'Hortons (Barcelona)

L026959

—¿Qué os gustaría que se dijera de vosotros dentro de veinticinco años?

—Pues supongo que lo que más nos importaría sería que nos recordaran como una gente que hacía muy buenas canciones, por eso estamos dentro del mundo de la música.

Entrevista concedida a la SER
por el 25.º aniversario de Los 40 Principales
Madrid, 11 de junio de 1991

Índice

Prólogo 11

El último concierto 21
Guitarras en el escaparate 27
Tiempo de chupetes 53
La cuenta atrás 77
En el estudio: 2 grabaciones 99
Adelantamientos 119
Visiones del mar 145
100.000 kilómetros 179
Banda aparte 195
Los conciertos españoles 221
Dinero, dinero, dinero 249
Amapolas en el queso fresco 271
Doble o nada 295
¡El Exceso, Sociedad Limitada! 327
Live in Germany 357
Rumbo a los escollos 381
En el Hospital 409
El productor 431
La enfermedad del talento 455
Última canción 479
Coda 501

AGRADECIMIENTOS 505
BIBLIOGRAFÍA SELECTA 507

Índice

Prólogo 11

El último concierto 21
Guitarras en el escaparate 27
Tiempo de maquetas 53
La cuenta atrás 77
En el estudio de grabación 99
Adelantamientos 119
Visiones del mar 145
100.000 kilómetros 169
Estado de gracia 195
La gran gira española 217
Héroes, *über alles* 245
Autopistas europeas y mexicanas 269
Doble o nada 295
El Exceso, Sociedad Limitada 327
Live in Germany 357
Rumbo a los escollos 381
En el Hospital 409
El productor 431
La enfermedad incurable 461
La última canción 499
Coda 501

Agradecimientos 505
Nota bibliográfica 507

Prólogo

Héroes del Silencio es un caso único en el panorama del rock español por su popularidad incombustible y por su persistencia como fenómeno musical. Y las pruebas son abrumadoras: la EMI no solo sigue vendiendo cada uno de sus cuatro álbumes, que superaron los siete millones de copias en todo el mundo, sino que reeditó *Senderos de traición* por su 25.º aniversario y *El espíritu del vino* por el 20.º; es el grupo del que más discos piratas se facturaron, decenas y decenas de ellos, un fenómeno que no experimentó ninguna otra banda española ni de su época ni posterior, lo que demuestra el afán que han tenido sus seguidores por poseer grabaciones de sus directos; se mantiene también el coleccionismo de objetos relacionados con el grupo, autógrafos, camisetas, ediciones raras, discos de oro, y existe un activo mercado a través de internet; hay decenas de bandas tributo, tanto en España como en Hispanoamérica, que interpretan sus canciones en innumerables conciertos que se programan cada semana; hoy por hoy, continúa activo el club de fans Las Líneas Del Kaos, fundado en 1994, que editó fanzines y especiales de la banda, preparó viajes y actividades, y mantiene cuentas en redes sociales que informan sobre todo lo que atañe a los cuatro músicos aragoneses; recientemente otra iniciativa se ha sumado al largo listado, el Día H, que organiza cada mes de octubre, desde 2008 y en decenas de ciudades innumerables actos en su homenaje, como en 2019, cuando se hicieron en Argentina, Bolivia, Colombia, Costa Rica, Ecuador, Guatemala, México, Perú, Estados Unidos y España, actos que culminaron con un concierto a cargo de la banda tributo Maldito Duende y la Joven Orquesta Sinfónica Ciudad de Salamanca. ¿Por qué hay un clamor constante en la red para que vuelvan, para que compongan otro álbum entre los cuatro que, sin ninguna duda, rompería los esquemas del mercado de la música en español?

Un fenómeno sustentado por sus miles de seguidores, que son los verdaderos responsables de que su música continúe estando vigente y su memoria viva. La mayoría de ellos desde el anonimato, aquellos que compraban fielmente cada novedad discográfica y los seguían de ciudad en ciudad, en los calurosos y lejanos veranos de 1988 a 1996, para no perderse ni uno de sus directos. Otros como protagonistas de historias que lindan con lo extraordinario, como la presidenta de un club de fans de Francia que, se dice, despertó del coma escuchando las canciones de Héroes del Silencio, o las decenas de muchachas alemanas que, entre 1992 y 1993, se mudaron a Zaragoza para estar más cerca de sus ídolos. O como el joven de Granada que se aficionó a la música de Héroes del Silencio escuchando *El espíritu del vino*. Sufría de sonambulismo y no era rara la noche en que sus padres le sorprendían levantado de la cama, deambulando por el pasillo, entretenido en las actividades más extravagantes. Una de esas noches, creyendo que estaba jugando con un amigo, se precipitó a la calle desde el tercer piso de la casa familiar. Había saltado sobre el alféizar de una ventana abierta. Cuando sus padres se dieron cuenta llevaba ya un rato en el suelo, inconsciente. Le llevaron en una ambulancia al hospital más cercano, en cuya UCI quedó ingresado, y le sometieron a numerosas operaciones para recomponer las partes más dañadas de su cuerpo: el brazo izquierdo, la pierna del mismo lado y la cadera. En esas circunstancias de desesperación y dolor, de aislamiento y soledad, un pariente tuvo la ocurrencia de regalarle un walkman y una cinta de casete. La escogida fue *El espíritu del vino*, de una banda para él desconocida llamada Héroes del Silencio. Enseguida se la puso, en la soledad de la UCI, conectado a los aparatos que mantenían sus constantes vitales. Aquello fue un descubrimiento, un flechazo, la constatación del valor terapéutico que a veces tiene la música. Se la ponía continuamente, era la única manera en que conseguía olvidarse del dolor. Esas canciones le aliviaban más que los sofisticados calmantes que le suministraban. La música de Héroes del Silencio le ayudó a salir adelante. Durante el mes que pasó en la UCI fue la única actividad que le mantuvo despierto y alerta, con ganas de aferrarse a la vida y salir de ese agujero. Se imaginaba a los cuatro músicos entregados a su pasión compositiva en el local de ensayo, dando forma a sus canciones sin ser del todo conscientes de lo que esa labor podría llegar a significar para otros. Para él, desde luego, ese álbum fue su asidero a la vida en el momento más dramático, cuando el dolor y la soledad se hacían más intensos. Todavía conserva ese viejo walkman y esa cinta escuchada miles de veces.

La historia de este libro arranca en el verano de 2017. Joaquín Cardiel, mi hermano, me había dejado la bibliografía sobre Héroes del Silencio que tiene, y pasé las vacaciones leyéndola y valorando la posibilidad de embarcarme en una biografía de la banda. Entre todo aquel material había dos títulos que merecía la pena rescatar: el que escribió el periodista Matías Uribe, *Héroes del Silencio. El sueño de un destino*, editado por *Heraldo de Aragón* en 2007, un buen libro escrito con conocimiento de causa por un testigo privilegiado de los sucesos, editado con cuidado e ilustrado con decenas de fotografías; y el de Pep Blay, *Enrique Bunbury. Lo demás es silencio*, biografía del cantante editada por Random House Mondadori también en 2007, en el que dedica un largo capítulo de más de doscientas páginas a desgranar la historia de la banda. Sin embargo, tuve la convicción de que era posible plantearse la escritura de un libro sobre el grupo más importante de la historia del rock en español. ¿Sería posible enfocarlo de otra manera y dar entrada a una visión intimista, basada en las confidencias de los cuatro músicos? Una historia de la banda contada desde dentro.

Los había tratado muy de cerca desde que Joaquín entró en la banda. Recuerdo que, junto con mi mujer, Ester, ya fuimos invitados al local de la calle Hernán Cortés a presenciar un ensayo. Aquel día de octubre de 1986, mientras interpretaban *Héroe de leyenda* y *Olvidado*, o la última composición, *El estanque*, fuimos conscientes de la calidad de sus canciones, de la fuerza interpretativa de Enrique, que se movía de un lado a otro como si estuviera actuando ante un estadio abarrotado de público, y del gran futuro que les aguardaba. Enseguida empezamos a ir a sus conciertos, algunos en Zaragoza, otros por los pueblos de los alrededores, en una costumbre que se prolongaría hasta 1992, cuando comenzaron a girar por Europa y América y se hizo más difícil verlos en España. Aunque, esporádicamente, también recalaban en Barcelona, ciudad en la que vivimos, en la sala Zeleste, en el Pabellón de Deportes, en el Palau Sant Jordi, y allí nos presentábamos. Fuimos testigos de toda la liturgia que rodea la gira de una banda de rock: los hoteles, los desplazamientos en furgoneta, las pruebas de sonido, los camerinos, la épica del directo, las risas cuando todo había pasado y las cervezas y los canutos comenzaban a circular conforme ellos se distendían y relajaban. Y las charlas. Esas charlas que seguían hasta altas horas de la madrugada en una de las habitaciones del hotel. Cuántas veces sentimos llegar el amanecer a través de las cortinas que tapaban las ventanas. La luz interior se hacía innecesaria conforme salía el sol y se terminaban las bebidas, el tabaco, las ganas de fiesta. Amanecía tan pronto... Era entonces cuando nos despedíamos hasta la próxima. Otro viaje que habría de llevarlos a otra ciudad, a otro escenario, ante otro público. La ceremonia del rock and roll tiene esas pautas. Por eso, por los viajes y la cercanía, porque siempre nos recibían con los brazos abiertos, trabamos una excelente relación con los músicos.

¿Por qué no recuperarla, treinta años después, y proponerles su participación en un libro que habría de reivindicar su legado musical y explicar su ascensión al estrellato y su posterior separación, en el apogeo de su popularidad? Cuatro chicos de Zaragoza que a base de tesón, esfuerzo y talento llegaron a lo más alto y, estando allí, precisamente en la cumbre, vieron cómo todo se desplomaba, igual que un castillo de naipes. Quería preguntarles el porqué. Quería saberlo todo sobre su música, el legado que habían dejado, la forma de componer, grabar e interpretar sus canciones, la repercusión que estas habían tenido en el público y la crítica. Por todos estos motivos me embarqué en este proyecto y comencé a entrevistar a Juan Valdivia, a Pedro Andreu y a mi hermano. Los tres fueron sumamente pacientes al recibirme en sus casas y someterse a mi batería de preguntas. Sus recuerdos serán el material básico de estas páginas.

La primera vez que vi a Juan fue el 5 de agosto de 2018. Quedamos a las cinco de la tarde en el pub irlandés Dan O'Hara de la calle Bretón. Hacía un calor tremendo en Zaragoza. No se veía mucha gente y la poca que transitaba iba buscando las sombras de los edificios, resguardándose de los rayos verticales de sol, sorteando los aparatos de aire acondicionado que expulsaban aire caliente sobre las aceras. Cuando entré en el pub ya estaba sentado ante una mesa con un café. El saludo fue protocolario. Vaya, pensé, la cosa no empieza demasiado bien. Hacía más de diez años que no nos veíamos, apenas habíamos intercambiado cuatro palabras en la gira de 2007. Recuerdo haber charlado con él brevemente durante la fiesta que siguió al segundo concierto de La Romareda, en los salones del hotel Boston; ellos siempre estaban acosados por multitud de gente. Nos pusimos a hablar, primero de generalidades, nuestras familias respectivas, los planes del verano, la vida que pasaba muy deprisa. Su cara reflejaba ese transcurso alocado de los días, supongo que él debió de pensar lo mismo de la mía.

Le planteé a grandes rasgos el proyecto de libro sobre la banda. A pesar de que Juan me había dado el sí por correo electrónico, le encontré dubitativo. El pasado iba a regresar con fuerza, materializado en unas cuantas entrevistas ante una grabadora, y me pareció que esto le producía inquietud. Fue el músico de la banda que menos se expuso ante los medios. Y desde la separación, en octubre de 1996, casi nunca ha querido conceder entrevistas. Se removía sobre su silla, necesitaba fumar. Salimos a la entrada del establecimiento y, a una temperatura de treinta y cinco grados, fumamos sendos pitillos. El declive de la banda había sido doloroso, me dijo, le costaba mucho enfrentarse a los recuerdos, pero, en fin, estaba dispuesto a sumarse si los demás lo hacían. Recordó lo mucho que nos reíamos en los conciertos del pasado. Es verdad, nos reíamos sin freno. ¿No merecía la pena gastar el tiempo para revivir esos recuerdos? Sin embargo, no todo fueron risas, había aspectos de la historia del grupo que sería más difícil abordar. Acabó por reconocer que conmigo sería menos traumático lanzarse a ese ejercicio. Finalmente, fui a su apartamento el 23 de octubre de 2018. Empezamos a hablar de sus primeros recuerdos, la vida en Segovia, la figura del padre detrás de la discoteca familiar y de la primera guitarra española que tuvo. Las paredes de su salón están decoradas con las guitarras que usó durante su carrera musical. Diez veces quedé con Juan en su casa de Zaragoza, las tardes se iban en un suspiro entre recuerdos y cigarrillos constantes, uno tras otro; en esto no ha cambiado un ápice. Antes los llevaba siempre colgados de los labios mientras tocaba, o los ponía sobre los clavijeros de sus guitarras; era una pose muy rockera.

Pedro se puso a mi disposición el mismo día en que le envié el primer correo, que él respondió con un escueto mensaje para que cuadráramos nuestras agendas. Con él me citaba a las diez de la mañana en el restaurante Agudo, en el barrio rural Venta del Olivar, situado a ocho kilómetros de Zaragoza. A mí me resultaba cómodo llegar hasta allí, me bastaba con salir de Barcelona sobre las siete de la mañana. Luego, al final del trayecto, no me hacía falta entrar en la capital aragonesa, solo tomar la circunvalación y salir por la N-232. Así que, después de tomarnos un cortado, nos íbamos hasta su casa, un adosado rodeado de jardín, espacioso y con mucha luz, y nos sentábamos ante la mesa de su salón. La charla solía prolongarse hasta el mediodía. A veces volvíamos al Agudo para tomarnos una caña de aperitivo antes de sentarnos en el comedor a probar el cordero a la brasa, una de las especialidades de nuestra tierra. Así fueron mis citas con Pedro. Con él estuve nueve días.

Pocas personas conozco más inquietas que él. Siempre necesita tener un proyecto en marcha. No le gusta estarse de brazos cruzados ni vacilar. Su trayectoria después del final de Héroes del Silencio lo demuestra con creces. Primero, en 1997, solo un año después de la ruptura, montó la banda Pura Vida, con la que llegaría a grabar el disco *Donde el corazón me lleve* con Andrew Jackson, el ingeniero de *Avalancha*, en los estudios flotantes que David Gilmour tiene sobre el Támesis. Le debió de costar una fortuna. La EMI no le apoyó, no veía con buenos ojos su carrera musical en solitario, que solo consentía en el caso de Enrique Bunbury. Como las cosas no le fueron bien, se reinventó con DAB, Digital Analog Band, que montó con Luis Sancho, productor y DJ también aragonés. Nada menos que dos discos editados por Café del Mar Music y otro con Blanco y Negro, entre 2003 y 2011. Y, para terminar, otro proyecto musical con La Red, banda de rock con la que grabó en 2017 *Libera la acción*, y a la que recientemente ha dado carpetazo. Y entre septiembre de 2018, cuando comenzamos estas entrevistas, y enero de 2020, al terminarlas, ha seguido barajando ideas y viajando. Recientemente ha publicado un libro de recuerdos, *En mi refugio interior*, vivo y auténtico, como él.

Con Joaquín las entrevistas fueron menos ceremoniosas por razones obvias. Mi hermano siempre ha creído que este proyecto era la oportunidad de contar de una vez por todas la historia de la banda y de sus importantes y nunca bien valorados logros. Él me ayudó especialmente en una comprensión más profunda de las canciones del grupo en el que fue uno de los compositores y bajista. Las pusimos una tras otra, en su equipo de gran potencia, a través de los Yamaha, descomponiendo las pistas, estudiando las estructuras, la intervención de los instrumentos, la voz de Enrique, cualquier añadido que se le hubiera ocurrido a un productor. Era un trabajo que solo podía hacer con él. ¿Cómo se lo iba a pedir a Juan o a Pedro? Hubiera sido abusar de su confianza.

Además, tiene un completo y ordenado archivo de documentos del grupo. Otra de las características familiares, esa tendencia al acopio de recuerdos y al orden que para mí fueron un gran apoyo en este trabajo. Fotografías, carretes de diapositivas, hojas de contacto tituladas. Contratos desde la fundación del grupo ordenados por fechas, con Ego Musical, con Pito, con la EMI. Hojas de derechos de autor, recortes de prensa, revistas de música. Ejemplares de todos los discos de la banda, incluidos los sencillos de promoción y una buena colección de los piratas. Los DAT (*Digital Audio Tape*) en los que habían grabado desde la mesa de sonido gran parte de los conciertos de las giras por Europa, y los que habían servido para registrar las sesiones compositivas de *Avalancha* que tuvieron lugar en Benasque, High Wycombe y Los Ángeles. Y dos enormes tomos encuadernados en rojo que una empleada de la EMI había recopilado con paciencia infinita y que la discográfica había regalado a cada uno de los cuatro músicos. Contienen cientos de artículos de prensa en francés, italiano, alemán y español; la prueba más objetiva del éxito que habían vivido en Europa y América.

El lector debe saber que el cuarto componente de Héroes del Silencio, Enrique Ortiz de Landázuri, Bunbury, no aceptó participar. Su negativa final, después de una larga correspondencia por correo electrónico y de no pocas vacilaciones, se produjo en abril de 2019 y a punto estuvo de dar al traste con los esfuerzos hechos hasta ese momento, que no habían sido pocos. Sus razones parecían de peso: continuamente le proponían participar en entrevistas sobre Héroes del Silencio y él no quería mirar hacia el pasado, es un tema que le cansa y le abruma; al fin y al cabo, que se edite otro libro sobre la banda le deja completamente indiferente. Y si había dudado y decidido participar en un primer momento solo se debía a mi condición de hermano de Joaquín y a la buena relación que sostuvimos.

Confieso que pensé en dejarlo. Durante unas semanas me debatí en la duda, reformulando viejas reflexiones sobre si era conveniente o no lanzarse a escribir sin la participación de los cuatro. Siempre había creído que necesitaba la implicación de toda la banda, aunque solo fuera por la relación que me unía a ella en un delgado hilo a través del tiempo, y por la coherencia del proyecto. ¿Escribir sobre Héroes del Silencio sin la colaboración de su cantante? La premisa de partida había sido contar con los cuatro y todo el andamiaje se desmoronaba.

Pero ¿no podía darse la vuelta al argumento? Viéndolo desde otro punto de vista, ¿hubiera sido conveniente enterrar el trabajo hecho con Pedro, Juan y Joaquín, las decenas de horas grabadas durante las charlas, los cientos de páginas que ya formaban un borrador más que sólido? Sus recuerdos y reflexiones eran suficientes para ofrecer un trabajo perfectamente documentado, con multitud de datos desconocidos y jugosas anécdotas. Además, ellos se lo merecían; su voz, en cierto modo, había permanecido apagada durante años. Así que les envié un correo electrónico explicándoles la negativa de Enrique para saber si podía seguir contando con ellos. Sus respuestas fueron rápidas y contundentes: por lo que a ellos concernía, seguían apoyando el proyecto y estaban dispuestos a terminar sus entrevistas. Las consideraciones dieron un giro de ciento ochenta grados. Ahora lo conveniente, lo correcto, era seguir adelante sin Enrique. Me encargaría personalmente de darle entrada gracias a las declaraciones que hizo a los medios de comunicación, procurando en todo momento tratarle con el debido respeto.

Me lo imaginaba en su casa de Los Ángeles, inquieto ante la perspectiva de pasarse varios días conectado mediante videoconferencia con su pasado. No quería. Había dudado, y esto no se lo podía reprochar. Al final, habían podido más las ganas de olvidar que la palabra dada. Había que suplir su ausencia y seguir adelante. Sus tres excompañeros estaban dispuestos a colaborar hasta las últimas consecuencias. Además, si hay algo que me ha sorprendido de las entrevistas que me concedieron Juan, Pedro y Joaquín ha sido su autocrítica. Han sido capaces, desde la madurez y la distancia, de señalar los defectos de sus canciones, de sus álbumes, de reconocer la toxicidad de los excesos a los que fueron tan aficionados, incluso de desentrañar las difíciles relaciones personales que vivieron a partir de la grabación de *El espíritu del vino*. Es hora de cederles la palabra y que sean ellos los que cuenten la historia de Héroes del Silencio desde dentro.

ANTONIO CARDIEL

El último concierto

Suena bien el equipo de música; al fin y al cabo, son 30 vatios por canal en un espacio perfectamente insonorizado. El ruido del motor tampoco molesta, un ronroneo de fondo; qué diferencia con lo que pasaba en 1989. Todas las canciones están en la tarjeta del móvil, las que dejaron registradas en los álbumes, también aquellas que fueron carne de maqueta, sobre todo al principio, cuando la banda todavía no estaba hecha y sonaba extraña, algo acelerada, tan adolescente como sus mismos integrantes. Además, infinidad de versiones de directo, los discos oficiales y los piratas que me pasó Joaquín. Sí, suena bien la música de Héroes del Silencio y Ester y yo nos sentimos eufóricos, algo nerviosos, expectantes, camino del último concierto.

A la derecha se ve el aeropuerto de Valencia, la torre de control, siluetas de aeronaves posadas sobre el asfalto de la pista dispuestas a alzar el vuelo. Al otro lado hay polígonos industriales, naves, almacenes, todo como abandonado, una imagen de fin del mundo. Pero hoy es sábado, 27 de octubre de 2007, y las empresas están cerradas. La ciudad queda atrás, cada vez más lejana. Solo hace unas horas que hemos dejado las maletas en el hotel Hilton. Mientras comíamos en su restaurante, el asistente de Joaquín nos ha recomendado que saliéramos pronto hacia el circuito. Se preveían retenciones de tráfico. Tenía toda la razón, el tráfico se adensa por momentos, cientos de coches queriendo salir a la misma hora por el mismo lugar.

Deberíamos haber tomado otro camino, cómo no se nos ha ocurrido antes, bastaba con darle la orden al navegador, que buscara una alternativa, pero ya es demasiado tarde, hay cientos de coches como el nuestro, tan parecidos; quizá están escuchando la misma música, no sería extraño, cerca de los cincuenta, encanecidos pero orgullosos, basta con mirarlos a la cara para saber que se dirigen al concierto. En cambio, esos otros no; puede que vayan a su segunda residencia en el campo, a un viaje de fin de semana a Madrid, a un hospital de una capital de provincia donde está internado un pariente, a un asilo de ancianos del extrarradio donde está abandonado un padre, y la presencia de tanto fan les ha arruinado el viaje.

Definitivamente, la autopista A3, colapsada. No puede soportar el creciente número de automóviles, todos en fila de a tres como en aquel cuento del atasco en que las personas convivían, se intercambiaban alimentos, palabras, y luego se volvían a separar, para siempre, conforme el tráfico reanudaba la marcha. Nos quedamos mirando las caras de los otros, los otros nos miran, nos entendemos, vamos a llegar tarde. Una mezcla de abatimiento y resignación nos consume. Hubiera bastado con buscar una ruta alternativa. Hubiera bastado con adelantar todavía más la partida, esta mañana temprano, antes del almuerzo en el Hilton y el vino blanco helado, que ahora nos parecen tan superfluos. La salida de Cheste no queda muy lejos, habrá que tener paciencia y confianza, todavía faltan tres horas para el concierto. El último concierto.

Nunca nos había pasado algo así, y mira que hemos ido a conciertos. ¿Treinta, cuarenta? Bastaría contar los pases de *backstage* que hay en la caja, deben de estar todos allí, convenientemente archivados, las fotos que dan fe, y los listados que pasaba la agencia, 10/Diez. Aquel Opel Kadet que nos llevaba por carreteras mal asfaltadas, entre pueblos que se cruzaban por la mitad, hacia ciudades en fiestas cuyos concejales se permitían el lujo de pagar el caché de la banda. Ya en 1987, sobre todo desde 1988, cuando las giras se hicieron más estables y nos desplazábamos en un radio de trescientos kilómetros alrededor de Barcelona, Vilanova i la Geltrú, Figueres, El Bruc, también por tierras de Castellón, Benicarló, Villarreal, y en Aragón, durmiendo en los hoteles donde ellos se alojaban. Y las comidas en los Paradores, los camerinos y la gente que nos pedía por favor que los dejáramos entrar con nosotros, las juergas de después, las conversaciones que casi siempre terminaban cuando el sol se colaba por los ventanales y ya no hacía falta dejar encendidas las luces de la habitación. Y las risas.

Una comitiva de automóviles avanza por el arcén de la autopista. Se acercan hasta aquí, pasan junto a nosotros, siguen su camino, coches de la policía, una furgoneta grande y oscura, de cristales tintados. Allí debe de viajar la banda. A ellos también les ha afectado este atasco descomunal; ya podríamos habernos esperado un rato para seguirlos, como formando parte de la comitiva, como cuando pasa una ambulancia que se abre camino entre el tráfico y otros coches se ponen a rebufo, acelerando, aprovechando la circunstancia para ahorrarse unos minutos de retención. Acaba de pasar la banda de mi hermano, ellos también con prisas; se acerca la hora y deben aclimatarse al escenario, al ambiente, a esta noche fresca del último concierto.

Hay coches estacionados en el arcén de la autopista y gente que se dirige hacia el circuito Ricardo Tormo caminando. Aficionados de todas partes, venidos desde lejos; se habla de 90.000 entradas vendidas. 90.000 personas, cada una con las canciones en la mente, el recuerdo de lo que fue, de aquellos conciertos de 1991, aquellos vinilos que se rayaron o se perdieron, que se dejaron y nunca fueron devueltos, aquellos primeros CD que nos hicieron comprar y que, a pesar de todo, sonaban peor. Estos archivos MP3 que todos transportamos y escuchamos individualmente. Al fondo, la entrada del recinto y la gente que se agolpa. Y el aparcamiento vip a la derecha.

Ya estamos dentro. Vallas de metal, corredores llenos de gente que va y viene, que busca sus localidades. Han instalado una hilera de graderías que delimita el espacio y deja en el centro una explanada de 300 metros de profundidad por 150 de ancho. La gente sube por las escaleras y se distribuye. Nos indican que la zona de invitados está hacia el final, muy cerca del escenario, a su izquierda. Efectivamente, han instalado una carpa con la barra bien provista, canapés, sushi, un tipo que corta jamón de pata negra, buen vino; se puede pedir lo que se quiera, cerveza, licores, gin-tonic, y llevarlo a la pequeña grada desde la que hay una vista privilegiada del escenario. La masa humana empieza a adensarse a nuestros pies. ¿Se llenarán los 45.000 metros cuadrados que quedan entre las gradas, frente al escenario? A nada que se congregaran dos personas por metro cuadrado, eso sin contar los que caben en las gradas... Pues eso, 90.000. Apagamos los móviles porque hay música ambiente y dentro de poco sonará *Song to the Siren*.

Como nos explicó Joaquín, se han vendido más de 90.000 localidades. Y se han instalado 550.000 vatios de luces y 300.000 de sonido, así como 222 cajas entre el escenario y las dos torres de retardo que hay a mitad de la explanada y hacia el final, con sus respectivas pantallas de vídeo, para que los que están más alejados puedan ver y oír el concierto en condiciones. El directo más grande que jamás han ofrecido. Todo un récord, incluso para ellos. El escenario es impresionante, tal y como nos había dicho. Tiene más de veinte metros de altura y cincuenta de ancho. Lleno de focos, de pantallas, de telones, el set de la batería se ve tan pequeño... También nos dijo que hacían falta unas 800 personas para mover todo este tinglado. Que el concierto dura más de dos horas y media, que interpretan veinticinco temas de sus discos y que han llenado todos los recintos hasta ahora, en Guatemala, en Buenos Aires, en Monterrey, en Los Ángeles. En el DF dos veces el Foro Sol, con 130.000 espectadores en total. En Zaragoza, La Romareda llena también dos veces con 80.000 seguidores. Y La Cartuja, en Sevilla, a reventar con 70.000 fans. Y este de Valencia, el último de todos. Lo más grande que han hecho hasta el momento. Y el último concierto, vaya putada.

La gran explanada está ya prácticamente llena, la gente se mueve, se agita. Y eso que el concierto no ha comenzado. Ahora se mueve más, mucho más, pues ha empezado a sonar *Song to the Siren*. La gente se la sabe, nosotros nos la sabemos de memoria y siempre que la escuchamos, siempre, se nos pone un nudo en la garganta, se nos paraliza el cuerpo y se nos hiela la sangre. Aunque sea en casa en un vinilo, o un MP3 por la calle. Igual que a los cuatro músicos, que deben de estar a punto de salir con el corazón en un puño. Y es que se han apagado las luces en todo el recinto y ha quedado solo iluminado el gran escenario, en tonos azules oscuros.

De repente, una pantalla se enciende en medio del escenario y una silueta queda recortada nítidamente mientras suenan las primeras notas de *El estanque*. Poco después, otra pantalla y otra silueta, ya son dos guitarras entonando los primeros acordes. Juan y Enrique. Miles de móviles registran el instante. La introducción del tema termina, las pantallas empiezan a elevarse y la banda hace acto de presencia sobre el escenario al ritmo y la potencia del bajo y de la batería. Ya están también Pedro y Joaquín. Los cuatro héroes, a los que acompaña en la rítmica Gonzalo Valdivia, el hermano de Juan, se disponen a interpretar su último concierto. Gracias a los prismáticos los vemos de cerca. Parecen tranquilos. Enrique viste de riguroso cuero negro y rasguea su acústica. Juan lleva un abrigo largo, hasta las rodillas, y fuma sin parar mientras puntea su Fender. Parapetado tras su Sonor, Pedro lleva, como siempre, camiseta sin mangas. Y Joaquín, con su sombrero y también de negro, está tocando el Zon violeta, su bajo favorito.

¿Hay alguien entre los asistentes que no se sepa de memoria las letras de sus canciones? La multitud las canta palabra tras palabra, bailando, agitándose, cerrando los ojos. *El estanque*, *Deshacer el mundo*, *Mar adentro*, *La carta*, *Agosto*, *La sirena varada*, *Opio*... Ahora, Enrique se dirige caminando por la pasarela, pausadamente, hacia el escenario circular que instalaron entre la multitud, y se planta frente a su público. Parece que quiere hablarle por última vez, como cantante de la banda más importante en la historia del rock en español. Acerca el micro a su boca, se lleva la mano a su melena y, entre el clamor de la masa de fans, dice:

> Hoy es un día muy especial para nosotros. Hoy es el último concierto. Y por última vez les quiero presentar a este pedazo de banda. Ustedes la conocen, ustedes saben quiénes somos. En la batería, recíbanlo como ustedes saben: míster Pedro Andreu... El último cheroqui del rock and roll: toca el bajo y se llama Joaquín Cardiel... Valencia, espero que ahora no me defrauden y traten como se merece, como ustedes desean, al maestro: en la guitarra, Juan Valdivia...

Guitarras en el escaparate

Juan Valdivia, embozado en su bufanda y con el gorro calado hasta las cejas, las solapas del abrigo subidas y los guantes puestos, salió del colegio, los Maristas de la calle Rafael Alberti, y se encaminó hacia su casa. La niebla llevaba todo el día extendida a ambos lados del río Ebro, humedeciendo las calzadas y las aceras, oscureciendo la tarde de diciembre, helando la sangre de los escasos transeúntes que se animaban a pisar las calles de Zaragoza. Nada extraño, por otra parte; era algo habitual en esa época del año. Poco después, cruzó el puente de Santiago con una sensación de ingravidez que también se repetía día tras día. Era como caminar en un sueño, allí en medio, sin referencias visuales de los edificios de las inmediaciones, con esa iluminación tan irreal de las farolas que se encendían conforme el crepúsculo avanzaba. A la izquierda debía estar la mole de la basílica del Pilar, pero no se veía bien. Si hacía un esfuerzo y fijaba la vista durante unos minutos, al final podía intuir, borrosas y desmaterializadas, sus cinco torres principales. Tampoco se oía nada, el tráfico era escaso y la ciudad estaba adormecida, como si no hubiera despertado todavía de la siesta. Llegó a la altura de las murallas romanas y, en lugar de seguir recto, decidió girar a su izquierda para internarse en el casco antiguo de la ciudad. Un desvío, es verdad, que le suponía media hora más de trayecto, pero que merecía la pena. Se internó por las callejas, entre iglesias y caserones, esquivando a los pocos viandantes con los que se cruzaba. Llegó a la calle Espoz y Mina y se dispuso a repetir su ritual. Allí estaba la tienda de instrumentos musicales Mariano Biu, ante cuyo escaparate se entretenía un buen rato, pegando su rostro al vidrio empañado. Entonces se quedaba boquiabierto ante ese espectáculo de guitarras eléctricas, amplificadores, pedales de efectos y demás parafernalia roquera, como un niño hambriento ante los merengues de una pastelería. ¿Cuándo podría comprar esa guitarra Stagg, de fabricación japonesa e imitación de Fender Stratocaster, que le había enamorado, pero que tenía un precio casi prohibitivo? El empleado de bata gris le miraba sonriente desde el mostrador. Unos minutos de ensoñación hasta que, con la imagen de la guitarra bien grabada en su retina, volvía sobre sus pasos y llegaba hasta su casa. ¿Cómo reunir semejante cantidad de dinero? Ya se veía subido a un escenario con los demás miembros de su futura banda, tocando ante decenas de personas y luciéndose con un solo arrancado a la Stagg.

Estamos en diciembre de 1981, hace cuarenta años, y todavía tendría que esperar unos meses para conseguirla, al menos hasta que juntara el dinero a base de propinas familiares y préstamos modestos de algunos compañeros de clase, tan locos por la música como él mismo.

Juan nació en Zaragoza en diciembre de 1965, pero la familia tuvo que mudarse a Segovia unos meses después ya que su padre, médico militar, fue destinado a esa localidad castellana tan cerca de Madrid. Entonces, sus primeros recuerdos están ligados a la casa en la calle de los Coches, a los juegos con sus hermanos, a la presencia de la figura paterna. Como su padre era un ferviente melómano, había acondicionado una habitación en la que, además de cómodos sofás y un equipo de alta fidelidad al completo, unas estanterías servían para conservar los cientos de discos que había ido acumulando, entre los que destacaban sus colecciones de ópera y de música clásica. Aunque también los había de otros estilos, como bandas sonoras de películas, canción sudamericana, música folk e incluso pop. Era su sanctasanctórum, el espacio reservado para sus audiciones y que casi siempre estaba cerrado a cal y canto, inaccesible para el resto. Sin embargo, de estos años Juan conserva un recuerdo:

> Me regalaron una batería de juguete por Navidad. Tenía un pie de bombo, y le daba al bombo. Y un día me dijo mi padre: «Esta noche te bajas al salón conmigo, que te pongo música y tú la acompañas con la batería». Yo me puse como loco. Recuerdo que era por la noche. Mi padre, aparte de música clásica, también hacía incursiones en música popular. Bajé, me puso música sencilla y me dijo: «Tú haz así, cuando oigas pum-pum-pum, tú le das a la caja». Tendría seis o siete años. La batería también tenía un rascador y me decía: «Coge el palo y haz así, rac-rac-rac». Y me ponía la música y yo iba siguiendo el ritmo.

Son sus primeras referencias, la música que salía del salón de casa, los golpes sobre la batería de plástico, también los acordes extraídos a una guitarra española que le obsequiaron y que sería su compañera inseparable, aunque por poco tiempo.

La vida de los Valdivia iba a sufrir un duro revés con la muerte del padre en septiembre de 1975, cuando Juan tenía nueve años. Entonces, la decisión que tomó su madre fue la más razonable, dadas las circunstancias: volver a Zaragoza en busca del abrigo familiar y emplearse como enfermera en uno de sus hospitales. Empezaba así para Juan una nueva etapa, en una ciudad más grande apenas visitada durante las vacaciones, en un colegio distinto al otro lado del río Ebro, con unas amistades que había que cultivar desde cero. Los Valdivia se instalaron en un piso de la plaza de Miguel Salamero. Durante esos años, el cuarto que compartía con su hermano Pedro se convirtió en el centro de operaciones de sus andanzas musicales. Con la guitarra española traída de Segovia y las baterías que improvisaban con cubos de jabón, cacerolas y cajas, empezaron a dar los primeros pasos en busca del anhelado conjunto de rock, a imitación de las bandas de los discos traídos también de Segovia y que ahora eran asequibles, como el equipo de alta fidelidad, a toda la familia. Entre ellos, enumera Juan, los de Bob Dylan, cuya canción *Hurricane*, que se editó partida en dos en un estrafalario sencillo, se ponía una y otra vez, de Paul Simon y Cat Stevens, de The Beatles, de John Lennon y Paul McCartney. Incluso el disco *Jesucristo Superstar*, la ópera rock interpretada por Camilo Sesto y Ángela Carrasco allá por 1975. Y a imitación de los primeros grupos de la Movida madrileña que empezaban a ser populares gracias a las maquetas que eran emitidas por los principales programas de radio de aquellos años, como pasaría en Zaragoza poco después con la movida local. Una formación autodidacta, reafirmada día a día solo por la pasión, como era habitual entre los jóvenes que como él pretendían introducirse en el difícil sector de la música popular.

Había que tocar la guitarra sin descanso. A veces un amigo le enseñaba unos acordes. Otras era la intuición la que hacía su labor y se producían los hallazgos. Era el método en boga, el de ensayo y error. Sin embargo, el sonido de la guitarra española no era del agrado de Juan; evidentemente, no tenía nada que ver con los discos de The Beatles, de Lennon, de Dylan, esos sonaban de otra manera. Allí había desgarro, electricidad, una vibración totalmente distinta, un volumen que no dejaba indiferente, una manera de hacer que le atraía y subyugaba. Bien pronto fue consciente de que el rock and roll se movía en otros terrenos, y él quería explorarlos. Así que compró una pastilla para su guitarra, que enchufaba al amplificador heredado de su padre, cosa que consiguió después de hacer mil pruebas para adaptar el *jack* a las entradas de audio del aparato. El sonido así logrado, sin embargo, no era precisamente lo que él había imaginado, y en una de esas el equipo no aguantó la potencia de la pastilla y se estropeó. Por si fuera poco, una tarde en que jugaba al ajedrez con su hermano Pedro se completó la tragedia: el jaque mate hizo que el ganador de la partida, en un movimiento reflejo de entusiasmo, tirara al suelo la guitarra española, mal apoyada sobre su base, con tan mala fortuna que se rompió el clavijero y quedó inutilizada.

Hubo un punto muerto en su vocación de guitarrista que solo terminaría, unos meses después, ya en 1982, cuando pudo comprar su primera guitarra eléctrica, la Stagg que le había encandilado en el escaparate de la tienda Mariano Biu. Con ese bagaje, estaba en condiciones de dar el primer paso de la que sería una larga y fructífera carrera musical. Por un lado, contaba con Pedro y el golpe de suerte que les proveyó de la batería. El abuelo de unas primas hermanas por parte de madre, un hombre avanzado a su época, se había comprado una batería completa en los años sesenta, una Hoshino que apenas había tocado un par de veces y que había permanecido todos esos años embalada y guardada. Por otro, también contaba con Javier Rodríguez, amigo de su hermano, que sería el cantante. Ya tenían un lugar donde reunirse a tocar gracias a la comprensión del resto de la familia, que era el dormitorio del piso de la plaza Salamero. Por fin estaban en disposición de hacer versiones de sus canciones favoritas, de componer sus primeros temas y de estar al quite de cualquier ocasión que les permitiera tocar en directo. Solo les faltaba un nombre, y el que Juan escogió fue Autoservicio.

También en la Zaragoza de 1982, al igual que había pasado en Madrid con la Movida y, en menor medida, en otras ciudades del país como Barcelona, Vigo y Bilbao, se iba fraguando una escena musical propia y esperanzadora. La ciudad estaba en ebullición y todo era posible, desde la edición de fanzines hasta la grabación de maquetas, desde los conciertos improvisados en pubs y discotecas hasta la apertura de nuevas tiendas de discos. Innumerables bandas de aficionados de todos los géneros, del punk al rock experimental, del heavy metal al pop, del tecno al jazz rock, comenzaron a competir guiadas por el mismo objetivo: grabar su disco y ganarse la vida girando de concierto en concierto. Una verdadera eclosión de músicos que llevó aparejada la proliferación de negocios del ramo, como las tiendas de instrumentos musicales, o el mercado de segunda mano que alimentaba la sección de anuncios de la prensa local, o los estudios de grabación profesionales, incluso de particulares con sus grabadoras de ocho pistas que facturaban las maquetas de esos grupos, requisito indispensable para darse a conocer. No era raro que esas maquetas, y los mejores discos de la New Wave británica y la Movida española, se pusieran en los numerosos pubs musicales que se abrieron en esos días: Escaparate, BV80, Central, Paradís, KWM, Interferencias y Parrots. Se escuchaban The Jam o The Cure, The Stranglers o Bauhaus, Derribos Arias o Radio Futura, Gabinete Caligari o Glutamato Ye-Yé. Un ambiente de juerga y libertad, de creatividad y camaradería, una eclosión de propuestas musicales alentada también desde las emisoras locales de radio y sus locutores, dispuestas a radiar las maquetas de los grupos de Zaragoza con tanto entusiasmo como si vinieran directamente de Inglaterra o Estados Unidos.

A Enrique le habían dejado ver esa película el sábado por la tarde; a fin de cuentas, eso era lo más normal del mundo, que un chaval de ocho años se sentara sobre la alfombra, frente al televisor en blanco y negro del salón de la casa familiar, junto a sus hermanos, y se dispusiera, como tantas veces antes, a pasar un rato entretenido e intrascendente. Empiezan a pasar las imágenes y no son especialmente llamativas, quizá las calles de Nueva Orleans, las vestimentas de los muchachos, pero algo más tarde se ve un club nocturno, el pequeño escenario, la orquesta situada al fondo y a un joven altivo y dominante, sonriente y bello, con ese tupé de pelo muy negro que le cae sobre la frente. Lleva una guitarra acústica que toca con desenvoltura mientras la blande como si fuera un arma. Apunta a los espectadores de las primeras filas, hacia la cámara, hacia el salón de una casa de clase acomodada de la Zaragoza de 1975, hacia el rostro embelesado de un jovencísimo Enrique Ortiz, que se queda enmudecido y absorto ante ese espectáculo completamente nuevo. Elvis canta *King Creole* y parece que lo está haciendo solo para él, como si le susurrara al oído con esa voz varonil y limpia, potente y modulada; Elvis toca la guitarra y parece que le está disparando directamente a él con esa arma imbatible y revolucionaria, incruenta y definitiva, transparente y sensual. Era el rock and roll personificado en el pionero lo que entraba por sus oídos y le producía, con toda probabilidad, el primer gran desgarro de su vida. ¿Quién le iba a decir a ese niño que el 19 de diciembre de 1996, veinte años más tarde y nada más disolver la banda de la que sería cantante, Héroes del Silencio, ofrecería un concierto de homenaje a Elvis Presley en el Centro Cultural Delicias, de Zaragoza, en el que cantaría, entre otras, *King Creole*?

Es el momento en que su pasión por la música parece apuntalarse. ¿Formó, solo un año después, un trío musical con dos compañeros del colegio al que iba por entonces, los Marianistas? Tuvo que encontrar a otros dos fanáticos como él, a una edad tan temprana que parece casi inverosímil. Quizá solo fueron juegos de niños impúberes, cánticos a capela, charlas como pasatiempos de patio de recreo. Acababa de morir el dictador y un cierto espíritu de tolerancia parecía abrirse paso incluso entre la estricta disciplina de los colegios religiosos de la época. ¿Exagera la memoria los escarceos musicales del pasado? Más que escribir canciones, a los once años es probable que el entretenimiento se decantara por la imitación de las voces más queridas, por la ambición de poseer un giradiscos, un amplificador y un par de altavoces, por la ensoñación de ser propietario de una guitarra con la que empezar a aprender. Como hijo de un acomodado empresario, no tuvo que esperar mucho para recibir el gran regalo, la guitarra que le permitiría, sin más dilaciones, formar su primera banda, Apocalipsis, y ponerse a versionar a sus artistas favoritos. ¿Elvis Presley? El rey del rock fue el primero.

A base de entusiasmo, de trabajo, de improvisación. A base de repetir sus canciones: *Heartbreak Hotel, Jailhouse Rock, Can't Help Falling in Love, Suspicious Minds, Love Me Tender* y *King Creole*, por supuesto. Tenía la materia prima indispensable para comenzar, la voz, todavía no formada, propia de un adolescente que se avergüenza de su tono, pero también el entusiasmo necesario para pulirla. ¿Eran precisas las lecciones de canto? No, bastaba con la dedicación casi enfermiza, en el dormitorio, escuchando los discos de sus artistas favoritos. Repetir una y otra vez las canciones de Elvis, haciendo poses, moviendo las caderas, cualquier objeto podría hacer de micrófono. Apocalipsis sería, como todas las demás, una banda efímera, pero que ya denotaba su propensión al romanticismo y la oscuridad.

Pasó de la guitarra solista en Apocalipsis a la batería en Rebel Waltz, nombre tomado de una canción del grupo inglés The Clash. Y con su hermano Rafael, compañero de andanzas musicales desde entonces, con el que compartiría protagonismo en los diecisiete conciertos que llegaron a ofrecer en los pubs zaragozanos, como el BV80, o en el Primer Concurso de Rock Ciudad de Zaragoza de 1982. Y las primeras composiciones, canciones como *El barco del mal* o *El príncipe de las tinieblas*, esa pulsión suya por el lado oscuro de las relaciones humanas, la religión mal entendida y la poesía más dramática. Y de la batería en Rebel Waltz al bajo en Cultura del Hielo. No importaba, se hacía cualquier cosa por dar aliento a las bandas que se formaban y deshacían con tanta facilidad, tocar la batería, la guitarra o el bajo, atreverse poco a poco a cantar, nombres como Bocata de Cardinale, SBS, Shidarta, Proceso Entrópico. ¿Cuántos meses duraban? ¿Por qué ese afán de cambio? ¿Nadie era capaz de seguirle, de entenderle, más allá de su hermano Rafael? Entonces participaron en la Muestra de Pop, Rock y otros Rollos, en 1984, junto a Zumo de Vidrio y Edición Fría, sin que sus componentes llegaran siquiera a conocerse. Luego, en 1985, en otro de sus proyectos tan pasajeros como pasionales llamado La Censura de los Cuentos, grabó cuatro canciones en un estudio de un piso del barrio de Torrero: *La dolorosa*, *La procesión*, *La profecía de Simeón* y *En otro lugar*. Las influencias religiosas en esa primera etapa creativa parecen más que evidentes, como se reflejará también en alguna de las letras que escribió para Héroes del Silencio.

Pero Elvis no fue el único. Los discos entraban en casa con regularidad y el espectro de cantantes a imitar se fue abriendo poco a poco. Llegó después David Bowie, el otro gran *showman* de su vida, en ese momento en que la voz empezaba a cambiar y sonaba más auténtica y varonil, más propia de un tenor dramático, incluso de un barítono lírico. Y Lou Reed, autor de letras inquietantes; Freddie Mercury, el rey del histrionismo; Bono, el líder de la banda que iba a cambiar su percepción del rock. Quizá también poetas como Mario Benedetti, Rafael Alberti o Pablo Neruda, directores de cine como Stanley Kubrick, Ingmar Bergman o Woody Allen. Eran las artes que más le satisfacían, las narrativas, la música, la literatura y el cine, el afán por contar historias y ser capaz de describir las traiciones que empezaba a percibir a su alrededor. Entonces, un buen día, se encontró con Juan Valdivia y el camino se despejó definitivamente. ¿Hubiera triunfado Enrique Bunbury en la escena musical de no haber sido por esa tremenda casualidad?

Si hubo un rasgo de carácter común a los cuatro músicos que formaron Héroes del Silencio fue su voluntad inquebrantable por dedicarse a la música. Resulta asombroso comprobar cómo a esa edad tan temprana, cuando Joaquín, el mayor de los cuatro, tenía diecisiete años, y Enrique, el menor, quince, hacían gala de unas ideas tan claras. Solo había un camino, los demás ni siquiera se contemplaban, y la determinación de seguirlo debía ser suficiente para superar todos los obstáculos, ya fueran personales, como la oposición de la familia, o materiales, como la búsqueda de los elementos imprescindibles del oficio. Era una especie de veneno inoculado por el rock and roll, por esos discos que los hermanos mayores solían comprar y reproducir a todo volumen en las habitaciones compartidas. Tenían a quien imitar, las poses de Elvis Presley, David Bowie o Bono, los *riffs* de Ritchie Blackmore, Peter Frampton o David Gilmour, un camino que seguir, unos objetivos claros. Se buscaban entre ellos, quedaban en los pubs de la ciudad para escuchar la música más adelantada, ahorraban o trabajaban en cualquier faena que les saliera para comprar sus instrumentos, necesitaban tocar en directo para perfeccionarse y que los vieran, debían encontrar un local de ensayo para que la profesionalización tuviera alguna probabilidad, por ínfima que fuese, de cumplirse. Todo esto buscado como si fuera un mandamiento, como hicieron Juan y Enrique desde Autoservicio y Rebel Waltz, las bandas que tenían en 1982, y Joaquín y Pedro desde Edición Fría y Modos.

Para Juan y Autoservicio tocar en directo no era solo un deseo, sino que lo veían como una obligación si querían perfeccionar su técnica y darse a conocer en los ambientes zaragozanos. Solo requería desplazarse en transporte público, acarrear los instrumentos a mano, aceptar la oferta de cualquier colegio o asociación de barrio, conformarse con el elemental equipo de sonido que ponían a su disposición y con unas cervezas como modo de resarcirse del esfuerzo. Y luego el escaso repertorio que estaban en condiciones de ofrecer, casi todo versiones de grupos pop de la Movida: un poco de Tequila, de Radio Futura, de Kaka de Luxe o Paraíso, quizá el *Ataque preventivo de la URSS* de Polanski y el Ardor, y algún tema más roquero, como el famoso *Las chicas son guerreras*, de Coz, que era lo más lejos que llegaban en dureza, canciones que a veces entremezclaban con algunas composiciones propias.

Poco tiempo podían estar sobre el escenario, media hora a lo sumo, como el día 11 de junio de 1982 en que compartieron cartel en el colegio de los Maristas con Rebel Waltz, banda en la que tocaba Enrique la batería de forma contundente, enfundadas sus manos en unos guantes negros. Fue el primer concierto de Juan y la primera vez que se cruzó con Enrique sin conocerse y sin saber todavía el futuro que los iba a unir en Héroes del Silencio.

En septiembre de 1982, ambos grupos participaron en el primer Concurso de Pop Rock Ciudad de Zaragoza junto a otras cuarenta y tres bandas, todo un éxito y la prueba del dinamismo musical que se respiraba. Por su parte, Autoservicio presentó una pésima maqueta grabada con un radiocasete en el cuarto de los hermanos Valdivia. Enviaron la cinta, pero no fueron seleccionados. Mejor suerte corrió Rebel Waltz, que sí fue preseleccionado y acabó tocando en la Casa de Cultura del barrio de Santa Isabel, aunque no llegó a la final disputada en el anfiteatro del Rincón de Goya. Ese primer y único concurso zaragozano de pop rock lo ganaron *ex aequo* los grupos Ferrobós, de Gabriel Sopeña, y Doctor Simón y sus Enfermos Mentales, de Pepe Orós, que empezarían a destacar en la escena local y que se verían sobrepasados, no mucho tiempo después, por Héroes del Silencio, lo que conllevaría no pocos desencuentros. Esas bandas, de una generación anterior, más curtidas y con mejores instrumentistas, que parecían destinadas al triunfo como máximos exponentes de la movida zaragozana, no verían con buenos ojos que unos adolescentes prácticamente desconocidos les robaran el puesto. Como si fuera un adelantamiento en toda regla, algo que se repetiría en el futuro con otras muchas bandas.

Los ensayos de los grupos de Juan y Enrique se sucedían sin tregua porque había otro objetivo en el horizonte, la Primera Muestra de Pop, Rock y otros Rollos que se iba a celebrar en Zaragoza los días 23, 24 y 25 de marzo de 1984. Sería el momento ideal para darse a conocer ante un público masivo y los medios de comunicación locales, y la oportunidad no podía malograrse. Organizada y patrocinada por la Delegación de Juventud del Ayuntamiento de Zaragoza, pretendía, en un primer momento, presentar al público las propuestas musicales de los grupos locales. Sin embargo, pronto se amplió el espectro de actividades, ya que fue abierta a la participación de las manifestaciones artísticas que eclosionaban en la ciudad en aquellos años: fanzines, cómics y revistas, moda alternativa, fotografía y vídeo, discografía independiente y radios libres. Miles de personas se congregaron en las instalaciones de la antigua Feria de Muestras los tres días que duró el evento, gente joven de las tribus urbanas, una fiesta en toda regla y la constatación de que en la ciudad había una multitud entregada a la creación en sus diversas facetas.

En el apartado musical, el más numeroso y atractivo, cincuenta bandas se dieron cita en el recinto del Pabellón Francés, donde se habían dispuesto dos escenarios para no perder tiempo entre una actuación y otra, dotados de 12.000 vatios de sonido y toda la infraestructura necesaria. Las actuaciones se repartieron en los tres días de aquel memorable y largo fin de semana. Además de los grupos punteros de la movida zaragozana, como Tza-Tza, Doctor Simón y sus Enfermos Mentales, Alta Sociedad, Ferrobós, Golden Zippers, Pedro Botero y Parkinson, subieron al escenario cuatro futuros Héroes del Silencio: Enrique lo hizo con Proceso Entrópico, banda que había fundado junto a su hermano Rafael en octubre de 1983 y que practicaba, como ellos mismos decían, un «pop rock vanguardista con escenificación incluida», y que se presentaron sobre el escenario disfrazados con plásticos y máscaras; Joaquín, que tocó el bajo y cantó con Edición Fría, de estética siniestra y partidaria del rock oscuro, y tan solo el bajo con Tres de Ellos, que versionaba canciones de Lou Reed; y los hermanos Juan y Pedro Valdivia con Zumo de Vidrio, a la postre la banda que salió mejor parada.

Zumo de Vidrio tocó el primer día, el viernes 23 de marzo de 1984, a las doce de la noche, justo después de Alta Sociedad. Su directo tuvo cierta repercusión en la prensa local. Así, Matías Uribe, crítico musical del *Heraldo de Aragón*, escribió:

> De lo nuevo, con respecto al concurso de 1982, lo mejor vino por parte de Tza-Tza, Materia Degenerada y Zumo de Vidrio, a nuestro modo de ver lo mejor de la muestra y con-

tando con dos de los guitarras más creativos (el de Tza-Tza y el de Materia Degenerada) de todos los que pasaron por el entarimado del Pabellón Francés. Lo suyo es de tener en cuenta a la hora de buscar proyecciones externas e incluso de grabar.

Es curioso que no mencionara la guitarra de Juan, de la que sería, poco después, un ferviente defensor. En todo caso, un cierto triunfo en la convención de grupos zaragozanos que reforzaría la autoestima de Zumo de Vidrio y serviría para que, apenas unas semanas después, dos talentos de la música llegaran a conocerse y a iniciar una etapa de colaboración que los llevaría a lo más alto.

El local de ensayo era otra de las obsesiones de los músicos, un problema que los desvelaba y que no era fácil solventar. Era el anhelo de cualquier banda, conseguir un sitio donde explayarse, donde subir el volumen de los amplificadores sin padecer las quejas de los vecinos y donde dejar guardados los elementos del equipo que no podían acarrearse cada día. Aunque las condiciones que reunían no eran precisamente las mejores, sobre todo en lo que atañía a la instalación eléctrica. Era habitual que a un solo enchufe de corriente de 120 voltios, el único que había por habitación, se fueran acoplando diferentes adaptadores y ladrones para conectar todos los instrumentos, guitarras, amplificadores, pedales de efectos, hasta formar un extraño artilugio que parecía dotado de vida propia, como una especie de insecto inviable y a punto siempre de desmoronarse.

Por descontado, se pasaba un frío atroz en invierno y un calor insoportable durante el verano, ambos agravados por el clima zaragozano, que exageraba hasta lo insufrible las sensaciones térmicas entre esas cuatro paredes desconchadas. Pero, a pesar de todo, eran los lugares donde más tiempo pasaban, a los que acudían a cualquier hora para componer sus canciones e interpretarlas. O para pasar el rato, simplemente, como una manera de divertirse alternativa a los bares y discotecas, un punto de reunión entre afines, un lugar de intercambio de ideas, de nacimiento, crecimiento y desaparición de grupos de música, de proyectos personales, con las miras puestas en un futuro de éxito que a muy pocos de esos grupos llegaría a sonreírles.

Para los Valdivia, ensayar en el dormitorio no era una solución a gusto de todos. Ni el resto de la familia ni, por supuesto, los vecinos veían con buenos ojos ese disparate, así que se hacía necesario buscar un local donde poder hacerlo sin problemas. Y la oportunidad surgió gracias a un amigo de los padres, José Conte, que les prestó un local en la calle San Pablo, en el casco antiguo de Zaragoza, un decrépito almacén lleno de trastos y custodiado por varios perros, pero con corriente eléctrica y espacio suficiente para instalar su equipo. Así que tomaron posesión de él y empezaron a frecuentarlo para hacer sus ensayos. Este fue el primero de los muchos que tuvieron hasta conseguir el definitivo en la calle Rodríguez de la Fuente, un largo peregrinar motivado por sus casi inexistentes recursos económicos y la falta endémica de este tipo de equipamientos. Sin embargo, tuvieron que desalojarlo y trasladarse a otro muy cerca, en el callejón Sacramento. Este era un sótano apenas protegido por una desvencijada puerta de madera y un candado, un local abovedado, húmedo y lóbrego, al que se accedía después de bajar dos tramos de escaleras, lleno de huecos por los que se vislumbraban pasadizos sin iluminar que debían internarse por el subsuelo del casco viejo de la ciudad. De tamaño considerable, tenía además la peculiaridad de estar dividido en dos partes, una a nivel del suelo y otra más elevada al fondo, como si fuera un escenario al que subían gracias a una puerta de madera que habían colocado a modo de rampa, por lo que la sensación de ensayar allí arriba era parecida a la de tocar en un escenario sin público.

Fue también el momento, coincidente con el cambio de local, en que pasaron a llamarse Zumo de Vidrio, un nombre más incisivo y vitriólico; uno podía imaginarse un vaso lleno de pasta transparente y espesa, ardiente y letal, y su paso por el tracto digestivo; un mal trago, en todo caso, algo incómodo y con su punto de rebeldía; una música corrosiva que no dejara indiferente a nadie y que costara olvidar. Además, el trío formado por Juan, Pedro y Javier Guajardo, primo hermano de los Valdivia, se amplió con dos nuevos miembros: Javier Loperena, que se haría cargo, por fin, del imprescindible bajo, y Enrique Vicente con otra guitarra; un quinteto capaz de tejer una estructura sonora mucho más compleja y profesional. Y mejoraron el equipo con la adquisición de un sencillo amplificador sin *reverb* ni efectos de la marca FBT para la guitarra de Juan. Se hacía, entonces, imprescindible reorganizar el repertorio, mejorar los temas ya compuestos, trabajar en otros y ensayar.

Cosa que hacían sin tantos agobios los hermanos Ortiz, que tenían un local mucho más cómodo en la calle Capitán Pina, en el barrio zaragozano de Las Delicias. Se lo habían arreglado a su gusto y, después de mucho esfuerzo, lo habían convertido en un rincón ordenado y limpio que disponía de un equipo de sonido más que decente: una batería que pertenecía a un músico experimentado que se ganaba sus cuartos en las orquestas que giraban durante el verano por los pueblos de la región; un amplificador de la marca Roland Cube para conectar la guitarra eléctrica de Rafael, y el bajo Ibanez y el amplificador Rickenbacker de Enrique.

Hay encuentros que marcan el destino de sus protagonistas, y el de Juan y Enrique es un buen ejemplo de ello. Fue poco después de que acabara la Muestra de Pop, Rock y otros Rollos, en la primavera de 1984. El bajista de Zumo de Vidrio, Javier Loperena, decidió abandonar el grupo, momento en el que Juan se puso a la tarea de buscar otro que le sustituyera. El encuentro con Enrique sigue vivo en la memoria de Juan:

Estoy un día tomando cervezas con mis amigos de la Academia Cima, al lado de la Puerta del Carmen, en el Mesón del Carmen, ya después de la Muestra. De repente, uno me dice: «Oye, Juan, hay allí sentado un tío que me han dicho que toca el bajo». Era una mesa con tres personas sentadas y veo a Enrique. No me corto y voy y le digo: «¡Hola! Me han dicho que tú tocas el bajo». «Sí, sí, sí.» «Yo soy de Zumo de Vidrio, mira Matías lo que ha dicho de nosotros.» Y el tío: «Vale». «¿Quieres tocar el bajo con nosotros?» Y dice: «Sí». Y digo yo: «Pues nada, si quieres quedamos mañana o pasado y nos vemos y hablamos». Y el tío: «Tengo un bajo Ibanez y un amplificador Rickenbacker». «Hostia, tío, ese es buen material.»

En esas fechas, en 1984, ser poseedor de semejante equipo casi daba derecho instantáneo a ingresar en cualquier banda de rock, teniendo en cuenta la penuria de medios casi general que se sufría. Así que se citaron para charlar y concretar detalles unos días más tarde en el piso de los Valdivia de la plaza Salamero.

El día convenido, a mediodía, Enrique pasó a visitar a Juan. Había venido desde su casa, en la avenida Cesáreo Alierta, bastante lejos del piso de los Valdivia, arrastrando tanto el bajo como el amplificador, un peso más que extraordinario, cerca de cincuenta kilos. Tal proeza física, además de mostrar su determinación y sus ganas de tocar, por encima de todas las cosas, en una banda de creciente prestigio (más, desde luego, que la suya propia, Proceso Entrópico), tenía por objeto causar la mejor impresión posible en el líder de Zumo de Vidrio y hacer gala de su excelente equipamiento, en la seguridad de que serían credenciales más que suficientes para obtener el puesto. Aquel día estuvieron hablando de sus gustos musicales, que compartían ampliamente. Enrique tenía ya por entonces una buena colección de discos, construida junto a su hermano mediante compras casi compulsivas. En particular, fueron los discos de U2 *Boy* y

War que le prestó Enrique los que más le gustaron a Juan, sobre todo el tema *Sunday Bloody Sunday*, en el que la guitarra de The Edge se manifiesta en todo su esplendor. Eso era otra cosa, no el pop blando de los grupos que había escuchado hasta el momento, sino una propuesta más arriesgada y oscura. Además de hablar de sus músicos favoritos, quedaron para ensayar en el local del callejón Sacramento unos días después, momento en el que estuvieron tocando junto a Pedro Valdivia, en una especie de reválida o prueba que Enrique pasó con holgura. A partir de entonces, se convertiría en el segundo bajista de Zumo de Vidrio y durante un tiempo compaginaría la actividad con Proceso Entrópico.

Pero no sería solo el sonido del bajo lo que Enrique aportaría a Zumo de Vidrio. Un día de ensayos en el local de Sacramento, ya consolidada la nueva formación, y entre bromas, Enrique se puso a cantar el *Rock and Roll Suicide* de David Bowie, demostrando poseer una gran voz. Poco después, Proceso Entrópico dio un concierto, el 21 de junio de 1984, en la plaza Tauste de Zaragoza. Juan fue a verlo y enseguida comprendió el potencial de Enrique como cantante, no solo por su espléndida voz, que ya había escuchado en el local, sino también por su actitud desenvuelta sobre el escenario y su desparpajo a la hora de interactuar con el público.

Joaquín también tuvo la oportunidad de ver un directo de Zumo de Vidrio celebrado el 21 de noviembre de 1984 en el Campus de la Universidad de Zaragoza con ocasión de la llamada Apertura Paralela, una fiesta universitaria que se celebra en Zaragoza cada año coincidiendo con el arranque del curso:

> Me parece que fue el último concierto de Zumo de Vidrio. Enrique ya cantó un par de canciones y ya se veía clarísimo quién cantaba bien y quién no. Tocaron canciones de Zumo de Vidrio, que cantó su vocalista, y alguna de las nuevas en que trabajaban Enrique y Juan, que cantó Enrique. Me dije, hostia, cómo canta este y qué presencia tiene, con su

bajo, su pelo corto, trajeado. Se movía muy al estilo de The Police.

Por aquellas fechas, Juan era el líder y fundador de la banda, y todas las decisiones de esa etapa incipiente se debieron a él. Más adelante, a mediados de 1985, se le ocurrió sugerir a Enrique que se centrara en la interpretación y dejara el bajo. Como explica el periodista aragonés Matías Uribe en su libro *Héroes del Silencio. El sueño de un destino*:

> Bunbury apenas sabía tocar la guitarra y sin esperarlo se encontró con un maestro en ciernes: Juan Valdivia. Con la misma intensidad que aspiraba el humo, sorbía notas y directrices del verdadero guía de Héroes en los inicios. «Deja el bajo y canta.» Lo hizo, y vaya si acertó.

Los meses iban pasando y los progresos de la banda eran escasos. La incorporación de Enrique había supuesto un notable salto cualitativo, pero todavía había muchas cosas que cambiar. Juan le daba vueltas y más vueltas, insatisfecho por el derrotero que llevaban y los malos conciertos que habían ido ofreciendo ese año. El gran problema de Zumo de Vidrio, al menos según su punto de vista, era la poca seriedad y la falta de profesionalidad del resto de los componentes. Era algo habitual en el panorama musical que los menos entusiastas de entre los músicos pusieran excusas continuas a los requerimientos para ir al local de ensayo y gastar las pocas horas de ocio en la difícil tarea de la composición de temas nuevos, que generalmente solo progresaban después de invertir horas y horas que, a veces, no llegaban a reflejarse en resultados satisfactorios. Razón por la que muchos de ellos preferían no complicarse la vida y salir de copas, quedar con la novia, hacer escapadas de fin de semana para subir a la montaña o montar una juerga con los amigos.

Para acabar de complicarlo, un concierto que ofrecieron en diciembre de 1984 en una discoteca de la localidad aragonesa de Ateca resultó un verdadero desastre, a pesar de que actuaron ante un público escasísimo y que pocos testigos hubo del desaguisado. Todo salió mal ese día, el sonido, la conexión entre los músicos. Las cosas no podían seguir así. No solo era una cuestión de actitud ante las obligaciones inherentes a una banda, sino que también se trataba de un criterio musical: no había calidad en determinadas composiciones, ni cohesión del grupo sobre el escenario, nadie era capaz de tocar bien su instrumento. A la vuelta de Ateca, hecha la autocrítica por parte de Juan, que reconoce que él mismo había tocado fatal y había subido el volumen de su guitarra más allá de lo razonable, tomó la decisión de disolver Zumo de Vidrio.

Juan comprendió que era una lástima que se desaprovechara una voz como la de Enrique, mal acompañada por las mediocres composiciones y el sonido de una banda que no tenía futuro. Así que le propuso a su hermano Pedro y a Enrique seguir ensayando por su cuenta. Se citaron en el local que Proceso Entrópico, la banda paralela de Enrique, tenía en la calle Capitán Pina, casi de una manera clandestina, sin haber pedido permiso previamente. Allí fue donde compusieron la primera canción del nuevo trío.

En diciembre de 1984 terminaron *Olvidado*, la única composición iniciada en la etapa de Zumo de Vidrio que pasaría a engrosar el repertorio futuro de Héroes del Silencio. La habían comenzado a trabajar en el local del callejón Sacramento, en aquel sótano en el que habían instalado luces de tonos oscuros para ambientarse mejor, a la moda siniestra del rock gótico que capitaneaba la banda inglesa The Cure, que ellos consideraban una influencia directa. Eran admiradores confesos de sus discos *Faith* y *Pornography*, de comienzos de los ochenta, caracterizados por un rock de tintes góticos y unas letras depresivas, así como de la música de otras bandas de la misma onda, como U2 o Bauhaus.

Las líneas melódicas de *Olvidado*, aportadas por Juan, ya no eran poperas, estilo predominante en la primitiva formación de Zumo de Vidrio, sino que fueron oscurecidas para hacer vislumbrar un giro importante en la música que compondrían en esa nueva etapa. La canción se fue trabando con naturalidad, de una manera casi milagrosa, como en el futuro pasaría con muchos de los temas de Héroes del Silencio, como si las notas se pidieran unas a otras y todo rodara en la dirección correcta. La voz de Enrique hacía el resto.

Hubo también un cambio en lo que respecta a los textos. No querían escribir letras tópicas, las que solían emplearse en el mundo del pop. Así que se fijaron en otros grupos del panorama musical de esos días, como Radio Futura, y en las letras de los grupos anglosajones que ellos escuchaban. Cuando se pusieron a escribir la letra de *Olvidado*, cada uno fue diciendo una frase, a modo de broma, cuanto más incomprensible y enrevesada, mejor, con la única premisa de que tuviera algo que ver con la anterior y conservara cierto aire poético; y así, entre risas, fueron completando los versos. Al final, la letra era ininteligible, y buscaba, deliberadamente, que esa ambigüedad sirviera para que cada aficionado la interpretara a su manera, según su personalidad, estado de ánimo e intereses personales. Por eso siguen haciendo tanta gracia, hoy en día, las interpretaciones tan peregrinas que se han volcado sobre esta canción, que buscaban mensajes trascendentes y ocultos donde solo había ganas de divertirse. Es el caso de la que hizo Vicente Molina Foix en un artículo editado en *El País Semanal*, el 27 de octubre de 1996, con ocasión de un viaje a Zaragoza del escritor para entrevistar a Enrique, justo después de la disolución del grupo:

> Las letras que Enrique Bunbury escribe son de corte adolescente, comprometidas a veces, libertarias, y de vez en cuando, y es cuando más me atraen, de un romanticismo

algo oscuro y ambiguo. Las imágenes de tiniebla, oscuridad e incertidumbre predominan; ya en el primer disco, publicado cuando aún no tenían los veinte años, la canción *Olvidado* empezaba así: «Buscando entre las sombras / voy sin rumbo hacia la luz / con la mente desnutrida / y cegado por mi destino».

La nueva estructura del grupo, un trío de guitarra, bajo y batería, era mucho más manejable que el quinteto anterior, aparte de que ya no había nadie que pusiera obstáculos a los ensayos casi diarios, ni al esfuerzo titánico de componer nuevas canciones. Además, disponían de un local en buenas condiciones, céntrico y bien comunicado, aunque fuera prestado, y de unos instrumentos más que decentes, dadas las circunstancias. Ya solo necesitaban otra cosa: un nombre nuevo. Se hacía obligado y urgente dar con uno que definiera bien su estilo, recientemente escorado hacia el after punk de corte siniestro, que fuera pegadizo y original, que les abriera las puertas de las emisoras de radio y de los ambientes musicales de Zaragoza. Para ello, habían elaborado una lista con todas las opciones que se les habían ocurrido, pero no acababan de decidirse. Uno de esos nombres fue La Última Daga, que más adelante utilizarían para titular una de las maquetas que grabaron. Así rememora Juan ese momento:

> Enrique y yo, subiendo por Sagasta hacia el parque Pignatelli, estamos hablando de que vamos a cambiar el nombre del grupo, que nos tenemos que llamar de alguna manera mi hermano, él y yo. Ya estamos haciendo *Héroe de leyenda*, que entonces se llamaba *Héroe del silencio*, y dice Enrique: «Nos vamos a llamar Héroes de Leyenda». Pero suena un poco así. En la canción había un verso que decía: «El héroe de leyenda pertenece al sueño de un destino». Y entonces, no sé por qué, cambiamos y decimos, *Héroe de leyenda* será el título de la canción y Héroes del Silencio, el nombre del gru-

po. Nos parece un poco rimbombante y pretencioso, pero nos gusta. Héroes del Silencio suena oscuro, suena al rollo musical que estamos investigando.

Las letras de Héroes del Silencio fueron tarea exclusiva de Enrique. Siempre estaba escribiendo, tomando notas en sus cuadernos, en servilletas de papel de bares y restaurantes, dándoles vueltas a los temas que trabajaba, a las metáforas que se inventaba, a los detalles del lenguaje que empleaba. A eso se dedicó con denuedo a lo largo de su carrera. Ninguno de los otros miembros de la banda intervino nunca, salvo el caso de *Olvidado* en la época del trío y algún detalle anecdótico, como la expresión «alma de alhelí», de *Agosto*, que repetía Joaquín, o alguna palabra cambiada ocasionalmente. Hacía lo que quería en este aspecto y sus compañeros respetaban esa actitud. Como declaró a Javier Losilla en *Diván: conversaciones con Enrique Bunbury*:

> Pensaba entonces en autores extranjeros que me gustaban. Un poco por lo que entendía en inglés, que tampoco era demasiado. Pensaba en Leonard Cohen y en Dylan. En gente así, que consideraba grandes escritores de canciones y que no me parecían fáciles de comprender. Así que creía que había dos formas de escribir: cosas como *She loves you, yeah, yeah, yeah...* o *Tutti fruti orruti* o, por el contrario, acercarse un poco a la poesía culta, a la literatura. Y en cierto modo provoqué, sin grandes conocimientos, que las letras de Héroes fueran así. La verdad es que no sabía escribir letras; ni de una forma, ni de otra. Pero me salió naturalmente hacerlas así.

Enrique no acostumbraba a dar explicaciones acerca del significado de sus letras, muchas de ellas herméticas y metafóricas, que solían esconder aspectos de la vida real y de sus relaciones personales, pero que en general no revelaba. Nadie sabe exactamente a quiénes hacen referencia, en la seguridad, por otro lado, de que parten siempre de historias reales. Era un tema que Enrique dejaba en la ambigüedad, contribuyendo a que algunos se creyeran protagonistas de asuntos que no tenían nada que ver con ellos, lo que sucedió con mucha frecuencia. Ya lo decía en la letra de *La apariencia no es sincera*, del álbum *El espíritu del vino*: «¿Sabes? Nunca estuviste en la canción».

Textos llenos de misterio y recientemente puestos en entredicho, sobre todo los que conforman el último trabajo de la banda, *Avalancha*, por el libro *El método Bunbury*, de Fernando del Val. No así las letras de los dos primeros discos de Héroes del Silencio, *El mar no cesa* y *Senderos de traición*, y la mayoría de las que entraron en *El espíritu del vino*, salvo dos canciones, *El camino del exceso* y *Bendecida*.

Como él mismo había declarado, su infancia fue dichosa, al menos para los estándares de un muchacho zaragozano de clase acomodada y perfectamente estructurada. La rutina diaria era tan apacible como previsible: los colegios, los juegos con los hermanos, los fines de semana de escapadas a la costa. Sus padres eran propietarios de un chalé en Cambrils, en la Costa Dorada, y los meses de verano transcurrían entre los baños en el mar, el sopor de las siestas y unas veladas calurosas y estrelladas que se prolongaban hasta la medianoche. Las cosas deberían haber transcurrido así, pero comenzaron a cambiar cuando Enrique entró en la adolescencia. Elvis Presley se había colado en sus venas, el cine y la poesía también, y el conflicto dentro de la familia y en los colegios se manifestó en toda su crudeza. De nada sirvió que lo fueran cambiando de centro escolar. De todos acababa siendo expulsado, acumulando malas experiencias. Sacerdotes intransigentes se cruzaban en su camino. Y él los retaba con el tupé que se había dejado crecer, con su actitud indomable e inconformista. Ya tenía el material necesario para empezar a escribir sus letras.

Sobre todo, en los primeros álbumes, *El mar no cesa* y *Senderos de traición*, solía describir conflictos, malas experiencias, traiciones, penas de amor, desengaños, sentimientos de culpabilidad y de arrepentimiento, dando pie a la construcción de una poética impregnada de desesperación y no exenta de cierto romanticismo. La incomprensión que padecía un muchacho de diecisiete años, el choque con la sociedad convencional y conservadora de la Zaragoza de principios de los ochenta. Para Enrique, esta poética reflejaba un modo de vida integral que abarcaba las relaciones personales, sus creencias o descreencias religiosas, su identidad como sujeto político, su labor artística concebida un paso más allá de lo simplemente lúdico y que le acercaría a ciertas formas de misticismo. Desde *Héroe de leyenda* hasta *La espuma de Venus*, sus letras reflejaron su tormentosa y agitada personalidad, en conflicto continuo consigo mismo, con sus semejantes y su entorno. Con su familia. ¿Escogió por esto su nombre artístico? De esta manera se lo contó a Javier Losilla:

> Viene de una chica que se llamaba Eva Bunbury y de una serie de circunstancias que rodearon ese momento de mi vida. Estoy hablando de cuando tenía catorce años. Era un momento en que con las personas que trataba tenía conversaciones en torno a que quería montar un grupo o a que ya tenía uno y quería tener otro y alguien sugirió nombres. Vivía también una «época Oscar Wilde», estaba leyendo sus obras de teatro, y en *La importancia de llamarse Ernesto* estaba ese personaje que utiliza el nombre Bunbury para ocultar una vida paralela que lleva. Y en cierto modo me pareció un buen seudónimo. Pero en principio iba a ser el nombre de un grupo... En aquel momento me parecía que un músico debía tener una doble vida; una cara pública y una vida privada que consistiría en las cosas que todo el mundo hacemos... Entonces veía lógico diferenciar ya desde el principio esas dos facetas, quizá incluso para no confundirme.

Así, si su padre veía por la calle o en la prensa el anuncio de una de sus actuaciones, no se daría cuenta, no se presentaría para impedírselo, no le atosigaría con la eterna cantinela de su futuro profesional. Él quería lazarse al complicado terreno de la música, a pesar de todos los inconvenientes, y quizá creyó que con ese cambio de nombre las cosas serían más fáciles o, al menos, más discretas.

Y todo eso se reflejaba ya en *Héroe de leyenda*, una canción formada por tres estrofas llenas de palabras y expresiones depresivas, que no dejaban dudas sobre la actitud vital de su autor, atormentada y romántica, una forma de desgarramiento propia de la adolescencia. El tema nació de unos acordes de guitarra aportados por Enrique y la letra ya escrita, a diferencia de *Olvidado*, que se improvisó en el local. A partir de eso, Juan desarrolló las melodías de guitarra, y entre ambos trabajaron la estructura y los cambios a los que serían tan proclives a lo largo de su carrera compositiva, siempre buscando dar a sus temas ciertos giros para no hacerlos repetitivos. Fue la canción básica para comprender su contundente apuesta inicial, la voz de Enrique, la base rítmica implacable, los fraseos de guitarra y el característico sonido de la Stagg imitación de Stratocaster de Juan, a la vez que el nacimiento de Héroes del Silencio en diciembre de 1984.

Tiempo de maquetas

La inestabilidad es la característica principal de las bandas primerizas. Nada es fácil, múltiples factores intervienen en los primeros pasos haciendo peligrar la subsistencia. El caso de Héroes del Silencio no fue distinto. Estaban las diferentes personalidades de los músicos, que debían amoldarse unas a otras en busca de una amistad o, cuando menos, de un equilibrio que consolidara al grupo. Nada más comenzar su andadura en la nueva formación, Juan y Enrique tuvieron una disputa.

En enero de 1985, recién formada la banda, todavía seguían ensayando en secreto en el local de la calle Capitán Pina que pertenecía a Proceso Entrópico. Nadie debía enterarse, esa era una de las condiciones que había exigido Enrique, puesto que temía que si su hermano se percataba de ese uso no consentido los expulsara sin más miramientos. Pues bien, una tarde de ensayos, al desenchufar su guitarra Stagg del amplificador Roland Cube de Rafael Ortiz, Juan se olvidó de dejar las cosas tal y como se las había encontrado. Un simple detalle que no pasó desapercibido y que provocó la ira instantánea de Rafael. La bronca que le echó a su hermano fue monumental. Enrique también se enfadó y, a su vez, recriminó a Juan su descuido en una conversación telefónica. Siguió una discusión entre los dos que a punto estuvo de terminar con la incipiente vida del grupo. Sin embargo, todo se solucionó a tiempo con las consiguientes disculpas, y la banda pudo seguir su carrera.

Además de la inestabilidad, también suponía otra desventaja el deficiente material que tenían a su disposición, algo que se puso de manifiesto cuando decidieron grabar la primera maqueta. Con un simple radiocasete, quedaron registrados por primera vez y en una calidad ínfima *Olvidado, Hologramas, Funky Go Go* y *Sindicato del riesgo. Funky Go Go* fue compuesta bajo la influencia de The Talking Heads, como pasaría con otros temas de esa misma etapa, como *La isla de las iguanas* y *La visión. Sindicato del riesgo* tenía una letra antimilitarista y unas melodías poco originales. Ninguna de las dos daría el salto a sus grabaciones futuras, y solo se interpretaron en los primeros conciertos, cuando su repertorio era tan corto que no había más remedio que recurrir a ellas.

Con la cinta resultante Juan se fue a las puertas de Radio Zaragoza en busca de Julián Torres «Cachi», a quien no conocía personalmente. Sabía que su programa, *El selector*, empezaba a las tres de la tarde, y se plantó unos minutos antes en el vestíbulo del edificio esperando verle entrar. Cachi era uno de los locutores estrella de la época y desde su programa pinchaba la mejor música anglosajona y española del momento. Todo un personaje, vestido con ropa traída desde Londres, que amedrentaba a Juan, que allí estuvo esperando hecho un manojo de nervios. Cuando apareció, Juan se acercó a él y se la entregó. Cachi, sin decirle nada, se llevó un dedo al oído, como dándole a entender que la escucharía, y se internó en la emisora. Al día siguiente, en la sección *Sangre española*, anunció que iba a poner una cinta de un grupo nuevo de Zaragoza, Héroes del Silencio. Lo primero que se oía era la voz de Enrique diciendo: «¡Qué lío de cables hay aquí!». Juan sintió tal vergüenza que se refugió en el cuarto de baño de su casa. Solo le dio tiempo a escuchar las primeras notas de *Olvidado*, todavía sin *reverb*.

Seguían sin resolver una de las necesidades básicas del grupo, el local de ensayo. ¿Dónde estaban los más baratos? Había que estirar los bolsillos y hacer malabares, ellos eran estudiantes y dependían de las propinas familiares y de los ocasionales trabajos que pudieran encontrar. En la calle Capitán Pina no eran caros, por una módica cantidad te alquilaban una casa entera que era inservible como vivienda. Fue allí donde se instalaron, compartiendo local con otro grupo de la onda siniestra, La Máscara, que tenía un amplificador de válvulas de 100 vatios con efecto *reverb* que prestaba a Juan:

> Ahí nos conectamos Quique, seguramente va con su bajo Ibanez y su amplificador Rickenbacker, y yo con mi Stagg. Y ya estamos un batería, Enrique con el bajo colgado y yo, que me enchufo al amplificador con *reverb*. Pongo la *reverb* a tope y toco *Olvidado*. La *reverb* da mucha profundidad y digo: «¡Hostia, qué sonido más increíble!». Me suena *Olvidado* mucho más The Cure. Con ese amplificador yo me encuentro súper a gusto. Tenía 100 vatios y a mí me suena eso súper profundo y me encanta. Y empiezo a tocar todo con la *reverb*, a tope. Yo sigo con mi Stagg, que además la llevo en la funda de la guitarra española y la llamaba «el jamón». Decía: «¡Que vengo con el jamón!», porque me la colgaba a la espalda. Con la Stagg y la *reverb* descubro ese efecto que también me suena a U2.

Ocuparon ese local compartido durante unos meses, hasta que les robaron el material que tenían. Un verdadero varapalo que los obligó a cambiar a otro en el número 16 que era un poco menos inseguro. Una trayectoria en verdad inestable, pero si se tenía un poco de paciencia a veces se conseguía un concierto con el que ganar unas pesetas y reconstruir el equipo o grabar una maqueta en condiciones. Eso era lo mejor, tocar en directo, aunque solo asistieran un puñado de locos. La sensación de estar sobre un escenario y que la guitarra sonara a través de unos amplificadores de 100, de 200 vatios, era inigualable.

Después de la vergüenza pasada con la maqueta radiada en *Sangre española*, se hacía necesario volver a registrar los primeros temas para tener una segunda en condiciones. Entonces eran la clave para dar a conocer el trabajo a través de las emisoras locales y sus programas musicales, tan de moda en esas fechas. Cumplían una función importante para publicitar a los grupos y servirles de lanzadera en sus primeros pasos dentro del mundo de la música comercial, en sus contactos con discográficas tanto independientes como multinacionales, en sus intentos de conseguir conciertos en los que bregarse en directo y perfeccionar su técnica. Y todo ello personalizado en sus locutores, verdaderas figuras mediáticas de la época, tipos importantes y populares, a la última en música, que eran la envidia de sus correligionarios. Entre ellos, además de Cachi: Matías Uribe, que dirigía *Página pop* en Radio Heraldo los domingos, y colaboraba como crítico en la prensa escrita de la misma empresa; Emilio Velilla desde *El observatorio*, los domingos en Radio Popular; Javier Losilla desde Radiocadena, y Miguel Mena con su programa *Parafernalia*, también de Radio Zaragoza. Todos ellos parecieron dispuestos a apoyarlos desde el primer momento, como no tardaría en pasar con el Centro Regional en Aragón de Televisión Española, que ya el 30 de abril de 1985 emitió una tempranísima actuación de la banda en la que hicieron *playback* de Hologramas, Olvidado y Héroe de leyenda con la base de esta segunda maqueta.

Para ello, escogieron el estudio Recording, que estaba en la calle María Moliner, que alquilaron el día 7 de enero de 1985 por un precio de 15.000 pesetas (90 euros), aportadas a partes iguales por los tres miembros de la banda. Las habían ganado tocando en sus primeros conciertos de diciembre de 1984, todavía como Zumo de Vidrio. Se instalaron en el estudio, enchufaron sus instrumentos a los amplificadores, que también tenían *reverb*, e interpretaron las cuatro canciones —*Héroe de leyenda, Olvidado, Hologramas* y *Sindicato del riesgo*— sin interrupciones. No hubo tiempo material para ir grabando cada instrumento. Solo la voz de Enrique se incorporó al final, ya por la tarde, después de una pausa que hicieron al mediodía y que aprovecharon para tomar un refrigerio en un bar de las inmediaciones donde los hermanos Valdivia se bebieron unas cañas mientras Enrique se conformaba con una manzanilla con miel para cuidar su garganta.

El resultado fue una maqueta con un colorido dibujo de portada que hizo un amigo de Juan de la academia CIMA, Toño Portolés, y que ya sonaba relativamente bien, sobre todo comparada con la chapucera casete que habían grabado unas semanas antes. En ella incluyeron *Hologramas*, un tema nuevo que se fijaría en su repertorio durante buena parte de su carrera. Partía de unas ideas musicales de Juan inspiradas en la banda Bauhaus, de Peter Murphy. Tiene una letra casi incomprensible, fruto de la pluma de Enrique, que introduce uno de los temas que será una constante desde ese mismo momento: el conflicto con el otro y la incomprensión entre semejantes.

Para terminar de redondear ese mes de enero de 1985, tan lleno de novedades, el día 28 se editó en la *Hoja del Lunes* su primera entrevista, «Héroes del Silencio quieren sonar fuerte», que concedieron al periodista Manuel Español. No se debió a unos méritos todavía inexistentes, puesto que eran unos perfectos desconocidos en la escena musical zaragozana, sino a favores y recomendaciones hechas a través de la familia de Juan. Ilustrada por una foto del trío tomada en las escaleras de la vivienda de los Valdivia, contenía ya atrevidas declaraciones que dejaban ver la ambición que los guiaba y el sentimiento de superioridad del que estaban imbuidos, lo que les iba a granjear no pocas enemistades en la escena musical zaragozana. Para justificar el nombre escogido, declararon perlas como esta:

> En realidad, nos llamamos así porque queremos romper el silencio que hay en Zaragoza en cuanto a rock y pop. Pensamos que falta el grupo puntero en nuestra ciudad, pues actualmente se copia mucho lo que se hace por ahí y así cunde en demasía la falta de originalidad.

Teniendo en cuenta que solo habían actuado media docena de veces ante el público, que apenas habían compuesto cinco canciones que casi nadie había escuchado y que solo habían grabado dos maquetas, sus declaraciones debieron de parecer, al menos entre los grupos veteranos de la ciudad, una auténtica salida de tono. Ni cortos ni perezosos, también añadieron:

> Porque creemos tener personalidad, porque somos un grupo original, que hace algo diferente. No deseamos encuadrarnos en ningún estilo, pensamos que las nuestras son canciones bonitas y el sonido es limpio. Alejándonos del radicalismo, si de algo estamos más cerca es del pop británico... Nos hemos ido juntando la gente que mejor funcionaba en los conjuntos a nivel individual, y así hemos surgido nosotros.

No fue extraño que empezaran a caer mal en la escena musical zaragozana. Las bandas que más sonaban debieron de recibir sus declaraciones como un insulto. Poco después, el 8 de mayo de 1985, en la sala Garden, ganarían la fase provincial del festival El Nuevo Pop Español, cuya final, a la que no accedieron, iba a celebrarse en Benidorm. Los derrotados, Tza-Tza, Más Birras y Doctor Simón y sus Enfermos Mentales, debieron de quedarse perplejos al constatar cómo unos advenedizos casi adolescentes se llevaban el triunfo haciendo gala de unas composiciones de gran calidad, como *Olvidado* y *Héroe de leyenda*. Pero este no sería el último capítulo de esa enconada lucha.

La maqueta de Recording, un producto digno que contenía tres buenos temas, tendría algunas consecuencias relevantes para la banda. La primera, las entrevistas que les hicieron en sus respectivos programas de radio cuatro de los locutores estrella de la ciudad: Cachi, Matías Uribe, Javier Losilla y Emilio Velilla. Empezó a ser habitual que canciones como *Héroe de leyenda* y *Olvidado* sonaran en las emisoras locales, lo que les iba a granjear las primeras muestras de simpatía por parte de unos fans cuyo número iría creciendo paulatinamente, al menos en Zaragoza. Además, la relación con Cachi se estrechó notablemente. No solo pinchaba en *El selector*, una y otra vez, la maqueta de Recording, sino que los puso en contacto con el cantante del grupo leonés Los Cardíacos, Maco Pérez, que a su vez viajó para hablar con el trío en la sede de Radio Zaragoza y proponerles la grabación de un disco en Madrid. Sin embargo, ni Maco Pérez representaba a una discográfica ni la oferta que les hizo merecía ser considerada. La realidad es que se quedaron horrorizados cuando les dijo la cantidad que costaría la grabación y que correría enteramente por cuenta del grupo: 500.000 pesetas (3.005 euros). Solo después de grabarlo buscaría venderlo a alguna discográfica para que lo lanzara al mercado e hiciera la promoción.

Gracias a Antonio Tenas, miembro del grupo de tecno-pop Vocoder, consiguieron que su maqueta llegara a manos de Servando Carballar, del sello discográfico independiente Discos Radiactivos Organizados (DRO), pero el asunto no cuajó, quizá por la diferencia entre los estilos musicales de Héroes del Silencio y de Vocoder y El Aviador Dro y sus Obreros Especializados, el grupo de Carballar, los primeros incardinados dentro de un pop de corte siniestro y los otros dentro de la onda del tecno-pop, o quizá porque, simplemente, no vieron futuro en una banda que daba sus primeros pasos.

Tenas también los invitó a tocar en las Matinales del Cine Pax el domingo 10 de marzo de 1985, junto a Boda de Rubias y

Alphaville. Todo un privilegio para una banda tan inexperta colarse en ese cartel junto a Alphaville, una de las propuestas más interesantes de la Movida. Fue su primer concierto relevante como trío en Zaragoza. Comenzaron tocando *El cuadro*, una composición reciente de la banda, un tema que daría mucho juego posteriormente, al incorporarse a *Senderos de traición*. Es, posiblemente, la primera vez que Enrique escribe, de forma metafórica, acerca del consumo de sustancias alucinógenas:

> *Mis ojos van al cuadro*
> *Algo se ha iluminado*
> *Y en su interior*
> *Las figuras danzan*
> *Me miran fijamente y se agrandan*

Interpretaron *La isla de las iguanas*, una *rara avis* dentro del repertorio primitivo del grupo ya que no tenía letra en sentido estricto, más allá del tarareo de Enrique y la repetición de las palabras «la iguana». Y, finalmente, ya para concluir el concierto, que no llegó a la media hora de duración, *La visión*, a la que posteriormente se le añadiría la subordinada «de vuestras almas al pecar», frase que apunta a la obsesión del letrista por la fe católica. Cabe destacar que la letra, salvo el estribillo, era completamente distinta a la que quedó registrada en la grabación de *El mar no cesa*. Enrique debió de quedar insatisfecho de esa primera escritura, al menos de sus dos primeras estrofas, y decidió corregirla.

Nada más constituirse como trío, Héroes del Silencio empezó su largo y fructífero idilio con los conciertos en directo, de los que acabarían convirtiéndose en unos verdaderos expertos. Para ellos eran una exigencia ineludible si querían progresar en su carrera. De esos primeros conciertos de la banda no quedan registros, ni grabaciones ni fotografías ni contratos. El sonido de la banda era bastante popero y limpio, no usaban distorsión ni efectos, solamente una *reverb*. Habría que esperar hasta después del verano, ya en octubre de 1985, para que la guitarra de Juan incorporara nuevos elementos que la llevarían a un sonido más personal. Además, el repertorio era limitado y la banda se veía obligada a repetir algún que otro tema, por lo que los conciertos no eran demasiado largos, media hora, tres cuartos a lo sumo si añadían versiones de otros grupos.

Además del concierto del Primero de Mayo de 1985 con 091, el más importante de ese año fue el que ofrecieron el 29 de junio en el Anfiteatro del Rincón de Goya como teloneros de La Unión, por entonces en pleno apogeo con su canción *Lobo hombre en París*. Fue una forma de premiarlos por ganar, en la primavera de ese mismo año, la fase provincial del festival El Nuevo Pop Español. La recomendación para que fueran contratados partió de los locutores locales, convencidos ya de que se trataba de la banda zaragozana con más posibilidades de éxito y proyección nacional. Sonaron muy conjuntados y contundentes en los cuatro o cinco temas que ofrecieron, y la gente coreó, por primera vez en uno de sus conciertos, *Olvidado*.

Durante el verano, siguieron en esa dinámica de aceptar cualquier bolo que se pusiera a tiro y presentarse en los pueblos de la comunidad aragonesa, todos ellos localidades no demasiado alejadas de la capital y a las que empezaron a viajar en el R8 propiedad de Rafael Ortiz, vehículo que dio mucho juego a la banda en sus primeros desplazamientos. Cómo metían en su maletero los instrumentos y cómo se acomodaban los tres en el interior sigue siendo un misterio de imposible resolución. Enrique había cumplido dieciocho años en agosto, y debió de sacarse el carnet de conducir por entonces, inaugurando de esta forma una nueva fase en las incipientes giras, cuando el radio de acción de la banda se abría poco a poco y las condiciones de los viajes se hacían más autónomas a pesar de las incomodidades de unas carreteras infernales y unos coches sin equipamiento.

Otra de las características de estos primeros conciertos era la forma que tenía Enrique de interpretar las canciones. Aunque ya daba muestras de la desenvoltura y arrolladora energía que le caracterizarían durante toda su carrera, todavía era mucho más estática, quizá por el hecho de que tuviera que compaginar el bajo con el canto, circunstancia que le limitaba.

Y aunque no había mucho público en esos pueblos de la región, menos que en Zaragoza capital, las impresiones que estas experiencias empezaban a causar a los miembros de la banda no diferirían mucho de las del futuro cercano: los viajes incómodos, la gente expectante, el alcohol que se trincaban en las barras de los pabellones de festejos, los primeros escarceos con las más alocadas de las fans, y ese regusto a triunfo y locura que siempre dejaba la experiencia de la interpretación en directo.

Los conciertos del verano de 1985 habían dejado bien claro que la banda necesitaba seguir progresando. Era primordial explotar toda la potencialidad de Enrique como cantante, que ya había dejado notables pruebas de su capacidad en los escenarios de los pueblos aragoneses. Dueño de un físico atractivo, de unas cualidades vocales innegables y de una capacidad de convocatoria más que sobresaliente, y no solo para las fans del sexo opuesto de las primeras filas, debía liberarse del bajo y sus servidumbres para dedicarse exclusivamente a la interpretación vocal. Compaginar ambas tareas era complicado. Pocos músicos eran capaces de hacer las dos cosas con solvencia y soltura, por lo que el modelo a seguir se fijó en bandas como U2, con Bono al frente de los micrófonos, o, en España, Radio Futura, en este caso con Santiago Auserón evolucionando sobre el escenario a su antojo. ¿Qué pasaría si Enrique se centraba en la interpretación, en explotar sus cualidades vocales sin estar pendiente de nada más, en cultivar esa capacidad de seducción que parecía connatural a su físico y personalidad?

Convencidos de que el papel de Enrique debía centrarse en la interpretación vocal de las canciones, decidieron ponerse a la búsqueda de un bajista. Un primer contacto con Javier Loperena, al que ya conocían de Zumo de Vidrio, resultó infructuoso. Loperena formaba parte de una generación de músicos anterior a la de los hermanos Valdivia y Bunbury, todos ellos buenos instrumentistas, más avezados, de un nivel técnico superior, y que no daban valor a ese experimento de advenedizos que se hacía llamar Héroes del Silencio, formado por tres muchachos pijos y apocados, rubios y modosos, que apenas tenían grabadas un par de maquetas intrascendentes y que solo habían tocado en directo una docena de veces.

Su imagen todavía estaba muy lejos de la que mostrarían años después. Los hermanos Valdivia vestían con extrema corrección, como si la ropa la hubiera elegido su madre: jerséis de cuello redondo y rayas, camisas impolutas asomando por debajo, pantalones vaqueros y mocasines marrones. Solo Enrique se permitía ciertas licencias: pañuelos alrededor del cuello, chaquetas negras, cinturones con hebillas y el tupé que no disimulaba. Además, los tres pertenecían a buenas familias zaragozanas, con viviendas céntricas, no habían necesitado trabajar y sus vidas transcurrían entre colegios, academias privadas y una total falta de complicaciones en la vida cotidiana. Como recuerda Juan:

> Nosotros no íbamos de negro porque en casa no nos dejaban. Nos ven ahí a los tres rubitos y no gusta mucho eso. Yo es que soy poco reconocido, parezco poca cosa. Yo soy rubito, bajito, flaco y hablo despacio. Soy como un pijo, y eso que no tengo padre y no tenemos pasta. Mi educación es muy clasista, tengo una familia bien. Yo soy apocado, pero me esfuerzo mucho con la guitarra.

Tampoco quiso incorporarse a la banda el bajista del grupo de jazz-rock Principal Izquierda, a quien le hicieron la propuesta después de verle actuar en un concierto en el Rincón de Goya.

No eran muy populares entre los músicos de la movida zaragozana. Sin embargo, pronto habrían de fijarse en un bajista con el que se cruzaban casi cada día entrando y saliendo de los locales de ensayo de la calle Capitán Pina, y que sería fundamental para la evolución musical y estética de la banda.

La música se iba a convertir para Joaquín Cardiel en una presencia constante en su primera adolescencia gracias a las cintas de música clásica que entraban en su casa y que reproducía en el radiocasete Grundig que había en su habitación. Eran grabaciones de orquestas de segunda categoría de los principales compositores del barroco (Mozart, Haendel o Bach), también del siglo XIX (Beethoven, Schubert o Tchaikovski), incluso de los primeros revolucionarios de comienzos del siglo XX (Mahler, Falla o Stravinsky). Una buena manera de educar el oído, sin duda, y que serviría para que su sentido de la armonía comenzara a formarse.

Con el paso de los años, sus gustos musicales se irían ampliando a los terrenos más convencionales de la música popular y el rock una vez que el viejo Grundig fue sustituido por un amplificador JVC, un giradiscos y un par de altavoces de estantería. Fue entonces cuando el espectro de audiciones se amplió con los primeros vinilos de rock de finales de los años setenta: el primero de Ramones y el quinto trabajo de AC/DC, *Powerage*, que sonaban a todo volumen y soliviantaban a los vecinos, el *Rattus Norvegicus* de The Stranglers, o los más clásicos de Led Zeppelin, *The Dark Side of the Moon* de Pink Floyd, cuya canción *Time* sonaba a modo de despertador los fines de semana, el *Sticky Fingers* de los Stones, Bob Dylan, Status Quo y su versión del *Rockin' All Over the World* de John Fogerty. Y Bob Marley y Fischer-Z y el álbum *Word Salad*. Entonces se produjo un momento mágico:

> Recuerdo un fin de semana en que estoy solo en casa. Ya teníamos los discos de Led Zeppelin, AC/DC, Pink Floyd, Status Quo. Estaba solo, escuchando música muy alta, muy alta,

cogí el *stick* de hockey hierba de mi hermano, me puse junto al armario de la habitación, en el punto en que asomaba una llave de la parte superior que parecía un micrófono, y canción tras canción, berreando y haciendo como si tocara la guitarra con el *stick*, sintiéndome pleno, dentro de la música, flipando y diciendo: «¡Buah! Esto tiene que ser la leche, esto hay que probarlo, no sé si algún día lo podré hacer, pero bueno». Sentí el poderío de la música rock fluyendo por las venas a todo volumen y sintiéndome parte de aquello.

Para redondear sus gustos musicales, y gracias al préstamo de su amigo José Luis Obrador, pudo escuchar la llamada trilogía gótica de la banda inglesa The Cure, *Seventeen Seconds*, *Faith* y *Pornography*, que tan importantes serían para su trayectoria musical y la de la banda en la que acabaría triunfando, Héroes del Silencio.

En 1982, cursando COU, Joaquín iba cada día al colegio de los Jesuitas con su amigo Ramón Subías, un músico autodidacta que tenía un bajo acústico modificado por él mismo a base de pastillas y que formaba parte del grupo Edición Fría. Alguna vez había ido a verlos ensayar en los locales cochambrosos que tenían, otras también en la tienda de discos Star del pasaje Ciuvasa, en la avenida Tenor Fleta, hasta que un día le invitaron a cantar. Aceptó:

> Ramón Subías, mi compañero de colegio, era el bajista de Edición Fría, y me invitaron a algunos ensayos. Al principio, yo no era parte del grupo, simplemente era un espectador. Pero como Ramón no podía cantar y tocar el bajo a la vez, al final me invitaron a cantar. El primer concierto que hicimos fue en la discoteca de los Jesuitas, sobre 1982. Yo cantaba, no tocaba el bajo. Aquello fue muy especial. Realmente me sentí en ello muy a gusto.

Más adelante, también asumió la labor de bajista cuando Ramón lo dejó, e interpretaban canciones propias, generalmente compuestas por Jorge Obrador, como *El tren de Estambul* y *En la autopista*, y versiones de sus bandas favoritas, The Cure y Gabinete Caligari. Fueron pocos los conciertos que hicieron en esas fechas, como uno en Montañana en una discoteca, otro en la plaza del Pilar, o el de la Muestra de Pop Rock, donde también tocó el bajo con Tres de Ellos, antes de trasladarse a Capitán Pina a compartir local con otras bandas.

Poco a poco iría haciéndose con los instrumentos musicales que le definirían profesionalmente. Primero le compró a Javier Guajardo, cantante de Zumo de Vidrio, una guitarra roja de fabricación italiana y de marca Galanti que tenía cuatro pastillas y que enchufaba a una entrada auxiliar de una vieja radio de válvulas Philips que su padre había adquirido en los años cincuenta con su primer sueldo. Fue la guitarra con la que aprendió a tocar, dedicando horas y horas, copiando los acordes y punteos de sus grupos favoritos. Autodidactismo total, puesto que nunca recibió clases de guitarra. Más tarde, en octubre de 1985, compró su primer bajo, un Ibanez de color negro, por 57.000 pesetas (342 euros), cantidad que había acumulado dando clases particulares y con dinero prestado, y que sufrió una vida de lo más azarosa. Se lo dejó a su amigo Chencho Lartítegui, que lo necesitaba para unos conciertos de su grupo Lágrimas de Mermelada por el sur de Francia, a quien se lo robaron. Para poder sufragar el coste del bajo que le sustituyó, uno de marca Westone que tenía dos mástiles intercambiables, uno con trastes y otro liso, organizaron un concierto de homenaje a The Cure en la Sala M-tro de Zaragoza. Participaron Pedro Andreu a la batería, Juan Valdivia a los teclados, Chencho a la guitarra y el mismo Joaquín al bajo.

Antes de ese suceso, se produjeron los primeros contactos con los miembros del trío Héroes del Silencio:

> Fui con Chencho a verlos a la discoteca Garden. Eso creo que era para la fase previa del festival El Nuevo Pop

Español, que ganaron. Estaban Pedro Valdivia, Juan y Enrique, compitiendo contra Los Enfermos Mentales y otros. Yo no los conocía. Más tarde, en los locales de Capitán Pina, coincidí con ellos. Teníamos los locales de ensayo muy cerca. A través de Javier Guajardo conocí a Juan, y nos veríamos algún día, entrando en los locales algún fin de semana.

No fue raro, entonces, que se prestaran los unos a los otros instrumentos, que pasaran a escucharse de local en local, que empezaran a compartir ciertas experiencias musicales y comenzaran, asimismo, ciertas formas de colaboración, como ocurrió con la maqueta de octubre de 1985, *La última daga*, que contaría con la participación de Joaquín como asistente de Juan.

La última daga fue el título de la siguiente maqueta del grupo. Se registró en octubre de 1985 en el improvisado estudio que tenía el músico Carlos Frisas en su casa de Torrero, una vivienda unifamiliar de dos plantas en la que había reservado una pequeña habitación para esos fines, dotada con una grabadora Revox de cinta de ocho pistas. De esta manera, Frisas podía ofrecer un precio más competitivo que el de los estudios profesionales de la ciudad, lo que le permitió, a lo largo de esos años, grabar un gran número de las maquetas que distribuyeron los grupos de la movida local. En todo caso, la de Héroes del Silencio la pagó el ayuntamiento a través de la Delegación de la Juventud, cuyos responsables estaban convencidos del prometedor futuro que aguardaba a la banda.

El máster de Frisas contenía siete de las diez canciones que el trío había compuesto en menos de un año, desde que se fundara en diciembre de 1984: *El cuadro*, *Héroe de leyenda*, *La decadencia*, *La iguana*, *La visión*, *Hologramas* y *Olvidado*. Como primera decisión notable, los tres músicos decidieron que temas como *Sindicato del riesgo*, *El caos* y *Funky Go Go* no pasaran a engrosar su nueva maqueta, quizá porque eran conscientes de que no reunían las condiciones que se suponía debían adornar una buena canción.

Era imprescindible registrar correctamente los nuevos temas que estaba componiendo el trío, no solo para darse a conocer en la escena musical y pasar copias a los locutores de radio, sino también para fijarlos en el tiempo en un soporte que pudiera sobrevivir a su paso. Algo ilusionante para todos, desde luego para Juan, Pedro Valdivia y Enrique, pero también para Frisas, que llevaba poco tiempo manejando su Revox e iba aprendiendo a base de intuición. Demasiado amateurismo, pero a la vez mucho entusiasmo; las horas se pasaban volando y había que terminar antes de las diez de la noche para evitar las quejas de los vecinos. Frisas tenía la mesa en el pequeño dormitorio de su hijo y se veía obligado a instalar la Hoshino de Pedro Valdivia en el salón. Ponía los micrófonos, cableaba hasta la mesa y ya podía enfrascarse en el largo proceso de grabarla, utilizando una claqueta para que el baterista no se perdiera. Sería esta la última contribución de Pedro Valdivia al sonido y a la historia de la banda, puesto que pronto la dejaría definitivamente. Luego llegaba el turno del bajo Ibanez de Enrique, en la que también sería su última participación como bajista antes de centrarse en la interpretación vocal. Enrique lo enchufaba directamente a la mesa y tocaba su parte escuchando por los auriculares la pista de la batería; eso solía llevar poco tiempo, daba igual que de vez en cuando pasara un coche por la calle puesto que en nada interfería en la grabación. Ya verían más tarde cómo se las ingeniaban con la voz. ¿Grabar de madrugada? Imposible, dadas las circunstancias; al fin y al cabo, esa era la vivienda de una familia que tenía sus horarios. Habría que confiar en la suerte, siempre se estaba a tiempo de repetir si coincidía el acelerón de un camión junto a la ventana en el momento más inconveniente. Pero antes había que grabar las dos guitarras de Juan, la rítmica y la solista. Frisas le había dejado una Fender Telecaster americana, de las pocas que había en Zaragoza. Y aquí sí que se produjeron novedades, ya que Joaquín estaba por allí y había llevado unos pedales que le había dejado su compañero en Edición Fría Chencho Lartítegui.

Hasta ese día, la guitarra de Juan se había caracterizado por su limpieza, apenas había descubierto los efectos de la *reverb*, que como indica su nombre procuraba una leve reverberación o eco, pero nada más; los punteos eran casi puros, muy sencillos, lo que influía directamente en las composiciones del trío en esa época, menos complejas de lo que serían a partir de la entrada en la banda de Joaquín Cardiel y Pedro Andreu. Así recuerda Joaquín cómo utilizaban los nuevos efectos de guitarra por entonces:

> Cuando grabaron *La última daga*, un día me dejó Chencho un distorsionador naranja de marca Boss, un *chorus* azul y el *delay*. Los empezaron a utilizar en esa grabación. A Juan le encantó el tema de los pedales. Era un distorsionador que si mantenías apretado el pedal era como si la nota se acoplara, mantenía el sonido. El *chorus* le daba un sonido como si tocaras dos cosas a la vez. Y el *delay* repite la nota las veces que tú quieres y a la velocidad que quieres.

Juan enseguida fue consciente de las peculiaridades que podrían reportar a su estilo. Podría experimentar, jugar con los efectos en busca de un sonido con personalidad, que reforzara las canciones y las llevara a otro terreno.

Habría que situar aquí el momento en que Juan se encontró con el particular sonido del distorsionador, el *chorus* y, sobre todo, el *delay*. Su guitarra se enriqueció de un modo notable, acercándose levemente al rock, en un viaje muy temprano desde los primeros postulados de la banda, más poperos, proceso acentuado por los numerosos conciertos que empezaron a dar por la geografía aragonesa. Fue quizá el primer escarceo en la búsqueda de un sonido roquero. El primer paso de una batalla todavía no formulada, inconsciente, que se presentaba al margen de los deseos y la voluntad. Por ejemplo, *Olvidado* sufrió un cambio radical. La distorsión le daba cuerpo, como pasó con el resto de los temas grabados, el repertorio acumulado hasta la fecha. Poco después, Juan se compró un *delay* idéntico al que le prestaron:

> Es la primera vez que aparece el *delay*. Luego yo ya no me pude separar de él, lo llevaba siempre. El *delay* crea un espacio muy grande. Es para hacer guitarras etéreas, no para hacer blues. Yo me lo ponía muy largo, como U2, incluso más todavía.

Sería el inicio de una forma de tocar la guitarra que se impondría en el arranque de su carrera musical. La banda daba otro salto de calidad, las canciones comenzaban a sonar decentemente, lo que los indujo a redoblar sus esfuerzos en pos de una profesionalización que tendría sus consecuencias: la entrada de Joaquín al bajo para liberar a Enrique y darle libertad de movimientos; la salida de Pedro Valdivia, que escogió el camino con menos incertidumbre entre los que se le abrían: la carrera de Medicina, y la posterior entrada de Pedro Andreu para completar la formación definitiva de la banda.

De regreso a casa desde los locales de Capitán Pina, días después de la grabación de *La última daga*, Juan se entretuvo acompañando a Joaquín y vendiéndole las maravillas de Héroes del Silencio, avalado por la repercusión de temas como *Olvidado* y *Héroe de leyenda* en las radios locales y por las entrevistas que ya habían concedido, cuyo puesto de bajista le ofreció en ese momento. El músico de Edición Fría ya tenía cierta destreza con el instrumento, además de su faceta como cantante, que con el tiempo le llevaría a encargarse de los coros de la banda. Así describe Juan a su nuevo compañero:

> Edición Fría se metían con los Héroes del Silencio. Joaquín ya iba vestido de siniestro. Por eso luego me cuesta con-

vencerle para que se meta en los Héroes. Recuerdo que íbamos hacia casa y yo le iba diciendo que íbamos a ser la hostia porque Enrique canta de puta madre, aunque digan que somos unos pijos... Joaquín al final me dice: «Vale, me meto con vosotros». Además, tenía una imagen de puta madre y le da empaque al grupo porque es uno de los respetados, uno de los que dan miedo, que no le van las tonterías, va de negro y es siniestro, es del gremio de los oscuros de Bauhaus... Es un tío auténtico, se permite el lujo de vestir como quiere. Yo tenía que ir de tergal, no me podía permitir esos lujos, si no mi madre me metía un paquete que... Y me llevo una alegría enorme cuando me dice que va a probar con nosotros.

Un bajista que reforzaría la imagen del grupo, algo bisoña por esas fechas, y que los demás acabarían imitando, lo que a la postre supuso una manera de armonizarla que serviría para acercarla a la estética after punk y siniestra. Por si fuera poco, algo debió de influir también en la decisión de incorporarle su carácter afable. Mayor que el resto del trío, Joaquín, además de sus habilidades como bajista y compositor, siempre aportaría equilibrio emocional a la banda.

Pedro Andreu abrió el armario del dormitorio que compartía con su hermano Javier. No recuerda bien qué estaba buscando, quizá un puzle, un juego olvidado después de las últimas Navidades, o números atrasados de cómics. Algo para pasar el rato, una distracción para una tarde que se hacía demasiado larga. Lo que encontró le dejó algo descolocado, no recordaba haberlo visto nunca y eso era extraño, no había secretos para él en ese armario. Y, además, con esa portada tan llamativa, un dibujo psicodélico de un apuesto melenudo en un sillón; un tipo, con toda seguridad, del Swinging London, con ese pantalón a rayas amarillas y rojas, la chaqueta morada, la corbata extravagante en medio del pecho y unos botines blancos y marrones. ¿Cómo le había pasado desapercibido? ¿O es que su hermano lo había comprado hacía poco y, lo que aún era más extraño, lo había escondido allí dentro? Cogió el vinilo y lo llevó hasta el tocadiscos. Su título, *A Collection of Beatles Oldies*, no le decía nada. Poco después, empezaron a sonar las notas de *She Loves You*. ¿Qué música era esa, tan brillante y sugestiva? Y *From Me to You*. ¿Y esos ritmos, esas melodías vocales tan armoniosas? *We Can Work It Out*, *Paperback Writer* y *I Want to Hold Your Hand* se sucedieron sin dejarle tiempo a respirar. ¿Y esa batería limpia y contundente? ¿Quién la tocaba? ¿Cómo se llamaba ese grupo? Pedro Andreu acababa de descubrir la música de The Beatles y la figura discreta y efectiva de Ringo Starr.

Tenía catorce años y se le metió en la cabeza tocar la batería. Comenzó a golpearlo todo, con los dedos y los puños, en las paredes, sobre las mesas, en los pupitres del colegio. Con bolígrafos de la marca BIC a modo de baquetas. Cuando sus padres se marchaban de casa y se quedaba solo, se montaba sus primeros sets de batería con cacerolas, sillas, cualquier cosa que pudiera golpear, como aquellos cubos de detergente para lavadoras, Dixan o Colón, cilíndricos y perfectos, de un tamaño ideal, cincuenta centímetros de alto, veinte de ancho y una tapa de cartón rígido que casi sonaba bien, y que fueron el recurso más socorrido para casi todos los bateristas de su época, a finales de los setenta y primeros ochenta. Imitaba a Ringo. Quería ser como Ringo. Empezó a comprar toda la discografía de The Beatles. Unas Navidades su madre le regaló el *White Album* y entonces aquello fue el acabose, la vida dejó de ser una sucesión de aburridos ritos diarios para convertirse en una repetición *ad infinitum* de las canciones de los ingleses. Con ellos aprendió a escuchar. No solamente se sabía de memoria la mayor parte de las letras y melodías de las canciones, sino que bien pronto aprendió a distinguir entre las líneas de bajo, los solos de guitarra, la batería, los coros, las armonías: todos los componentes que dan forma a una canción y que se van grabando en las diferentes pistas. Eso le hizo aprenderse de memoria las canciones de la banda de Liverpool.

Pero no estaba solo. Algunos compañeros de su clase, Carlos Belda y Sergio Llombart, estaban tan locos como él. Pedro recuerda que los primeros discos de Lennon, McCartney, Harrison y Starr —*Please Please Me, With the Beatles* o *A Hard Day's Night*— estaban grabados en mono, de tal manera que las voces principales sonaban solo por un canal y los instrumentos por el otro. Así que, silenciando el canal de voces, podían dedicarse a cantarlos a voz en grito, como solían hacer en la bodega de la casa familiar de Llombart. De ahí a formar el primer grupo musical solo había que dar un paso. Decidieron llamarse Ducks Power, influidos por la vertiente más humorística de The Beatles. La risa, el divertimento y el sentido del humor marcaron estos primeros pasos musicales.

Esta forma de entretenimiento se quedaba corta para sus ambiciones, y pronto comenzaron la búsqueda de los instrumentos básicos necesarios para montar un grupo en condiciones. Al principio, Pedro tenía que recurrir al préstamo que le hacía Borja Martínez de Pisón, batería del grupo Goff, que le dejaba su Honsuy. Tenía que ir a buscarla hasta el local de esa banda, en el barrio zaragozano de Casablanca, acarrearla hasta la bodega de la familia Llombart donde ensayaban y devolverla el mismo día. Y en todo momento imitando a The Beatles:

> Tocábamos siempre con los Beatles de fondo, siempre con los Beatles de fondo. Yo no recuerdo nada más que Beatles. No estaba escuchando a la vez nada más. Yo no recuerdo haber escuchado a Elvis Presley, a los clásicos, ni música española, ni pop en español.

Entretanto, en su afán por proveerse de una batería en condiciones, una vez vio un anuncio en la prensa y acudió a interesarse por su estado y su precio. Se llevó una sorpresa:

> Quería una batería y fui a caer en casa de Enrique, que tenía una batería muy bonita, por cierto, una Ludwig, en el

trastero de su casa. Esa fue la primera vez que yo hablé con Enrique en la historia de la humanidad. Fue porque había anunciado una batería en el *Heraldo de Aragón*. Y fui a verla a su casa y él me bajó al trastero y me enseñó la batería. Luego resultó que no tenía tanta capacidad económica y no la pude comprar. Y me acuerdo de que estuve en su casa, pasé por los cuartos y estaba su hermano Rafa con la guitarra y sus amplis. Y Enrique tenía sus cosas, sus discos.

Acabaría por comprarle a Martínez de Pisón la Honsuy, que constaba de bombo, un timbal al aire que no sujetaba bien, dos platos y *chaston*. Sin embargo, carecía de caja, y tuvo que esperar algo más hasta que le regalaron la Ballester que completaría su set.
Su segunda banda fue Punto Débil, que solía ensayar tanto en una caseta de campo junto a la Fuente de la Junquera como en los domicilios particulares de sus miembros cuando los padres salían fuera los fines de semana. Llegaron a tocar una vez en directo, el día 14 de junio de 1984, en una fiesta en la Academia CIMA, pero no tenían canciones propias y seguían con su beatlemanía. Otra banda que duró poco y que fue sustituida por Modos, un grupo más serio, que se tomaba los ensayos con más responsabilidad y que dejó a un lado la manía de The Beatles. Un grupo ya no de versiones, sino que llegó a tener repertorio propio, compuesto, entre otras, por canciones como *Medianoche*, *No sé qué hacer*, *La tesis*, *Niñas tontas* o *Niño mimado*, que grabaron en una maqueta también en casa de Carlos Frisas y que circuló por las emisoras zaragozanas pero que nunca fue enviada a compañías discográficas. Y que comenzó a ensayar en los locales de Capitán Pina, como los hermanos Valdivia y Enrique Bunbury en la época del trío, en 1985:

Todo empezó porque mi hermano Javier era muy amigo de Pedro Valdivia. Y estos ensayaban en la calle Capitán Pina, que no está muy lejos de mi casa en el Parque Roma, donde vivía con mis padres. Entonces alguna vez fui con él. Y luego creo recordar que me encontraba a Juan alguna vez. Íbamos a la misma zona de bares, teníamos la misma edad. Nos reíamos mucho, estábamos todo el día haciendo el tonto.

Esa incipiente amistad le animó a pedirles prestado el local cuando Modos tenían que preparar uno de sus conciertos. Así que todo parecía encaminado a una forma futura de colaboración. Las circunstancias parecían jugar a favor de la entrada de Pedro como el cuarto elemento del grupo.

Llegó un momento en el que Pedro Valdivia ya no pudo compaginar sus estudios de Medicina con la actividad en el grupo, cada vez más exigente. No podía ensayar todos los días como pretendían los demás miembros de la banda, tampoco estar pendiente de la eventualidad de dar un concierto que trastocara sus planes de estudio, circunstancias que fueron minando la paciencia del batería, que no tuvo más remedio que decantarse por una de sus dos actividades. Y se decidió por la más lógica en ese momento, una profesión para toda la vida que aportaría certeza y seguridad, en contra de una actividad, esa de la música rock, llena de incertidumbre.

Pero antes de que entrara Pedro Andreu, al principio como batería provisional, hicieron pruebas a otros músicos. Probaron a Nacho Herráiz, que tenía un estilo más cercano al jazz que al rock y que luego tocaría en Imágenes de Archivo y Los Intrusos, con quienes grabaría disco. También contactaron con Javier Kühnel, amigo de Enrique y compañero en su grupo Proceso Entrópico, que no se mostró interesado. Por último, probaron al baterista de La Máscara, Fernando García, sin que la cosa funcionara.

Mientras tanto, Pedro Andreu ocupó ese puesto de forma interina y compaginándolo con su grupo de siempre, Modos, en un proceso que le permitió ir consolidándose poco a poco:

Me acuerdo de que Héroes decidió hacer una prueba para encontrar al batería que iba a sustituir a Pedro Valdivia. Mientras tanto se hizo cargo Enrique, que siempre la había tocado muy bien. Entonces ahí probaron a los baterías de la ciudad. Yo tocaba en los Modos, de forma amateur, y me dijeron: «Oye, mientras buscamos batería, vamos a probarte a ti».

Pedro demostró una capacidad de trabajo y una determinación envidiables. Iba a ensayar él solo al local a cualquier hora del día, desatendiendo sus obligaciones escolares, para desconsuelo de padres y profesores. Poniéndose los auriculares de su radiocasete, pasaba las horas tocando sobre las canciones de sus grupos y baterías favoritos —U2 y Larry Mullen, The Cure y Boris Williams, Simple Minds y Mel Gaynor—, por lo que mejoraba día tras día, ostensiblemente, haciendo méritos para quedarse en la banda, cosa que no tardaría en pasar, unas semanas después de los primeros ensayos, y que cayó por su propio peso. Fue la evolución natural de unos amigos que compartían también las salidas por los bares y pubs de la movida zaragozana, las charlas interminables por las calles de la ciudad, y unas ganas irreprimibles por dedicar todo su tiempo y energía a la música.

Un buen día, Enrique le enseñó a tocar *El mar no cesa*, la primera composición en que intervino Joaquín nada más incorporarse. Supuso la confirmación de la confianza que habían ido depositando en él, hacerle partícipe del trabajo en común de una nueva canción. Por la vía de hecho, como fruto de un trabajo inagotable y un tesón a prueba de bombas, Pedro se convirtió en el batería de Héroes del Silencio. La banda, con esta formación, iba a triunfar sobre los escenarios de medio mundo.

La cuenta atrás

Los cuatro músicos salieron al pequeño escenario de la discoteca Oh! De Bailar ante las caras de expectación de la gente allí reunida. Pedro se sentó ante su batería y aferró las baquetas con determinación. Joaquín y Juan enchufaron su bajo y su guitarra a los amplificadores y regularon el volumen. Y Enrique se situó frente al público con gesto decidido, mirando con fijeza los bultos de los espectadores que se movían sobre la pista de baile, cogió el micrófono y presentó a sus compañeros, como haría en el futuro cientos de veces, disponiéndose a cantar el corto repertorio reunido hasta la fecha con la pasión y el arrojo de una banda que siempre haría lo mismo, independientemente del recinto y del número de entradas vendidas. No hubo vacilaciones ni dudas, no se las podían permitir.

Fue la primera vez que el nuevo cuarteto se reunió sobre un escenario, el viernes 21 de marzo de 1986 en una discoteca que estaba en el Camino de las Torres, después de un pase de modelos del diseñador zaragozano Ricardo Miñana, evento que se repetiría al día siguiente, el 22 de marzo, también con su participación. Los presentó Cachi, que parecía literalmente su sombra en aquellas fechas, y tocaron todas sus canciones, incluidas las más recientes, *El mar no cesa* y *No más lágrimas*. Apenas llevaban unos meses ensayando juntos, eso sí, en sesiones maratonianas, pero las cosas funcionaban, funcionaba la química entre los músicos y la de los músicos con los espectadores. No había miedo escénico, solo ganas de enfrentarse a la realidad y de salir airosos del envite. Las premisas estaban claras: únicamente el trabajo diario y las ganas de tocar en directo, fuera donde fuese, al precio que les ofrecieran, podían forjar a una verdadera banda. Estos iban a ser los dos primeros conciertos de los cerca de setecientos que darían a lo largo de su carrera, cada uno como si fuera una batalla en la lucha por el rock and roll. Era el inicio de la cuenta atrás.

Con la entrada de Joaquín y Pedro, Héroes del Silencio se transformó radicalmente. Si bien es cierto que las composiciones del trío de los hermanos Valdivia y Enrique Bunbury, las siete canciones terminadas en octubre de 1985 y recogidas en la maqueta *La última daga*, no sufrirían cambios sustanciales, la nueva sección rítmica del recién estrenado cuarteto confirió a los directos y a las composiciones profundidad y robustez de sonido. Los dos músicos aportaron dedicación absoluta al proyecto y entusiasmo, que culminaron en una mejora de la profesionalidad del grupo. Así lo describe Pedro:

> Joaquín y yo formamos una sección rítmica fuera de lo habitual. Porque las secciones rítmicas se supone que deben ir acompasadas: si el bombo hace dos golpes, entonces el bajo también debe hacerlos. Se atan unos a otros. Lo que me parece una tontada. Nosotros éramos más libres, hacíamos las cosas de otra manera. Joaquín aportaba mucha musicalidad, no es un bajista simplemente percutivo al uso, sino que aporta armonías que no son comunes, y eso enriquecía lo demás. Y yo intentaba complementarme con él, no seguirle.

Joaquín y Pedro se coordinaban creando estructuras más complejas, lo que vendría a conferir al peculiar sonido del que ya gozaba Héroes del Silencio, con la guitarra de Juan y la voz de Enrique, contundencia y determinación roquera.

Ya estaban los cuatro, ya no cabían vacilaciones. Solventados los problemas básicos de un grupo de rock, local e instrumentos, el siguiente paso era trabajar, lo que pasó a ser una verdadera obsesión para el cuarteto. Si querían llegar lejos, no había otra fórmula posible. Así, el local de la calle Capitán Pina se convirtió en el lugar más visitado, solo después de la casa familiar y la universidad, aunque a veces se invertía el orden de prioridades y esas viejas habitaciones carentes de las más elementales condiciones de salubridad se transformaban en una segunda residencia, en una segunda aula. En cuanto disponían de un rato libre, unas horas, una tarde arrancada a las obligaciones cotidianas, se citaban allí y se encerraban a perfeccionar las canciones ya compuestas y a crear otras. Fue siempre una de las premisas de la banda, el trabajo inagotable tanto durante los días laborables que podían como los fines de semana, en un horario más propio de una oficina que de un lugar de ocio, algo que pocas bandas hacían, generalmente más remolonas a la hora de afrontar ese tipo de obligaciones. Esto, unido también a su interés por actuar en directo y su particular método de composición, explicaría la rápida maduración de su repertorio y de su destreza como instrumentistas.

Desde la primera composición, *No más lágrimas*, empezó a imponerse un método que se iría perfeccionando con el paso de los años. Disciplina que, unida al trabajo, pronto comenzaría a dar sus frutos. Así, la propuesta inicial solía partir de Juan, a veces también de Joaquín, en forma de acorde o arpegio de guitarra sobre la que se ponían a trabajar. Este arpegio de arranque no se inspiraba en nada en concreto, era música en abstracto, una intuición de la mente que debía amoldarse al gusto personal, educado desde la infancia y cargado de referencias, en el caso de Juan, desde Bach hasta U2, desde Radio Futura hasta Manuel de Falla y, sobre todo, de aquellos guitarristas que le habían llamado la atención, como The Edge, Johnny Marr, Mark

Knopfler, Peter Frampton, Ariel Rot o Jimmy Page. Una pieza de creación pura que llegaba al local de ensayo en estado embrionario, dispuesta a enriquecerse con las aportaciones del resto, la línea de bajo, el ritmo de la batería, la letra de tintes poéticos arropada por su correspondiente melodía vocal. Juan, entonces, repetía su arpegio y los demás se iban acoplando con una disciplina casi marcial, siguiendo la estructura clásica de un tema de rock. Siempre armonizando las líneas melódicas de bajo, guitarra y voz, buscando cambios que ofrecieran novedades, huyendo de la simple repetición de esquemas, dotando de complejidad a su música y a sus letras. Daban mucha importancia al solo de guitarra, introducido en casi todas las canciones, al que Juan se aplicaba con especial dedicación, llevándose la tarea muchos días a su casa para seguir en la búsqueda de ese punteo que cuadrara con la canción y le insuflara un valor añadido en el más puro estilo del rock and roll. Igual sucedía con la sección rítmica, que se construía entre Joaquín y Pedro con la conformidad del resto de la banda. Una línea de bajo, una propuesta de ritmo, los cambios necesarios, a veces el arranque memorable de una canción, o el final de otra.

Por el simple procedimiento de repetir las partes de la canción, así como su estructura final, se iban puliendo los temas hasta darles su forma final, mientras Enrique reescribía las letras y las líneas melódicas de la voz, que seguían la pauta del bajo de Joaquín y no de la guitarra de Juan, mucho más difícil dada su complejidad. Siempre las llevaba ya escritas y solo sufrían un proceso de adaptación a la música. Una y otra vez probaba la mejor solución para cada estrofa, para el estribillo, cantando entre dientes, anotando palabras, borrando otras, hasta tener alguna propuesta consistente que pudiera escuchar la banda. Todo hecho en un orden estricto, de tal manera que no pasaban a otra fase si la anterior no estaba terminada a satisfacción de los cuatro. Al final, con la estructura definida, las partes de la canción ensambladas y la letra y sus diferentes melodías listas para ser introducidas, otra vez la banda se entregaba a la interpretación hasta que la canción iba puliéndose y todos quedaban satisfechos. Nunca se corrigieron los unos a los otros, las cosas fluían y apuntaban hacia un mismo objetivo, las buenas formas y la sincronía imperaban en un proceso colaborativo que iba puliendo la canción hasta darle su forma, siempre susceptible de ir cambiando gracias a que las nuevas composiciones eran sometidas a la verificación del local de ensayo y del concierto en directo, esta última fundamental para constatar la potencia de la canción y las reacciones del público.

Todos aportaban algo, fuera en un grado u otro, con mayor o menor trascendencia, y las cosas solo progresaban con la conformidad de los cuatro. De la misma forma, también era democrática la toma de decisiones sobre lo que debía descartarse. Bastaba que uno de ellos pusiera mala cara a una idea, un ritmo, una melodía o un puente para que el resto aceptara su criterio y se descartara. De igual manera, solo seguían adelante con lo que a todos convencía, en un sistema de composición que hacía del consenso su valor principal, como si se entendieran instintivamente, como si hubiera un duende, en este caso no precisamente maldito, guiándolos paso a paso. Y así, canción tras canción, hasta completar la cifra de cincuenta y nueve grabadas por la banda; incluso en la época en que las relaciones entre los músicos no pasaban por su mejor momento. Algunas salían enseguida, como si hubieran sido compuestas en estado de gracia, y otras podían tardar años en concretarse, y se retomaban de vez en cuando, en diferentes sesiones de composición, hasta que llegaba el día en que surgía la idea que les daba su forma final.

La entrada de Joaquín le permitió a Enrique asumir su papel de cantante sin la limitación del bajo, un hecho fundamental para la posterior evolución de Héroes del Silencio. Enrique, liberado de su instrumento, pudo entregarse a la interpretación vocal del repertorio con la intensidad de la que haría gala durante toda su carrera. Y no solo a la interpretación, ya que, con el tiempo, iría asumiendo otras funciones que le habrían de convertir en el líder *de facto*, al haberse encargado en exclusiva de la escritura de las letras y, por ende, de la elaboración del mensaje ideológico de la banda, y al haber asumido la interlocución con los medios en la mayoría de las numerosísimas entrevistas que concedieron a lo largo de su carrera. Fue un papel que se fue construyendo por la vía de hecho, en parte por el interés de Enrique en asumirlo y en parte por el desinterés de sus compañeros en participar en todo eso. Nunca se discutirían las letras de las canciones, ni los contenidos subyacentes de estas, que hoy en día siguen siendo un misterio incluso para los compañeros de Enrique. Asimismo, cuando las letras comenzaron a ordenarse en un discurso más coherente, como empezó a ocurrir en *El espíritu del vino*, nadie puso en tela de juicio la ideología que subyacía, la intención del letrista, los objetivos que pretendía alcanzar. Por ejemplo, el discurso político que podía rastrearse en *Avalancha* era un asunto de la exclusiva incumbencia del cantante, que no pedía opinión a los demás.

Fue algo que ya intuyeron ellos mismos desde el principio, como quedó de manifiesto en la entrevista «En busca del triunfo» de octubre de 1985, realizada por Matías Uribe para el *Suplemento Semanal* del *Heraldo de Aragón*, en unas declaraciones de la banda muy significativas y tempranas sobre el papel de un cantante en una banda de rock:

> Siempre ha sido el cantante de un grupo el que ha detentado el liderato por ser la figura más representativa de ese grupo. En nuestro caso hemos de señalar que hasta ahora no ha ocurrido así, que todos hemos llevado papeles muy similares, aunque sabemos que el cantante nuestro es el que más está dando que hablar; también les pasó a los Rolling Stones. De cualquier forma, nos llevamos muy bien entre nosotros y no existe ningún tipo de rivalidad Sabemos que todos acabaremos grabando en solitario (risas) y que cada uno será su propio líder.

El mar no cesa y *No más lágrimas* se habían compuesto durante el otoño y el invierno de 1985 y 1986 en el local de la calle Capitán Pina, y eran los primeros ejemplos de lo que daría de sí el talento reunido de los cuatro músicos. Canciones más complejas que algunas de las que se terminaron en la fase de trío. Eran la prueba de que las aportaciones de Joaquín en el plano armónico y de Pedro en el rítmico estaban contribuyendo a un salto cualitativo. Quizá por esto fueron las escogidas, junto a *Héroe de leyenda*, para formar parte de la quinta maqueta que grabó la banda a primeros de junio de 1986 en un estudio que había en la Parroquia del Carmen, en el paseo María Agustín, precisamente frente al Mesón del Carmen donde solo dos años antes se habían conocido Juan y Enrique. En unas dependencias de la parroquia de uso exclusivo de una congregación de monjas se había instalado un estudio que reunía, dadas las circunstancias, unas condiciones casi inmejorables para la grabación, y que era utilizado precisamente para el registro de música religiosa. Dotado de unas proporciones considerables, tenía una pecera separada del resto de la dependencia por un vidrio donde se podían grabar bien las voces y una mesa de doce pistas, una Akai Mg 1212, pionera en España y de lo mejor que se podía encontrar en el mercado por entonces. A cargo de este estudio religioso estaba Martín Caja Mur. Se hacía llamar José Martín y era un avezado y experimentado técnico que ya había grabado a otros grupos de la movida zaragozana, como a Distrito 14.

Siguiendo la mecánica habitual de este tipo de trabajos, primero se grabaron las percusiones de todos los temas, para lo que se utilizó, en lugar de la batería de Pedro Andreu, una caja de ritmos Yamaha RX5, quizá por dos razones: por el consabido mantra de abaratar costes y acelerar el proceso, y porque estaba de moda en esos años. En un primer momento, el responsable de programarla fue Chema Peralta, guitarrista de la banda zaragozana La Curroplastic, grupo paralelo a Puturrú de Fuá, pero solo estuvo un día para completar la programación de un tema. El resto de las percusiones, hasta las nueve canciones que se grabaron, aunque solo se aprovecharían tres para la maqueta, fueron programadas por Pedro y Martín. Después de la caja, se grabó el bajo en unas pocas tomas, tarea que a Joaquín le costó bien poco, como le pasaría casi siempre, puesto que no tuvo dificultades mayores para interpretar sus líneas melódicas. Luego fue el turno de las guitarras de Juan, que utilizó su *delay* y tocó, además de su Stagg, alguna que otra guitarra propiedad de Martín. Ambos instrumentos, bajo y guitarra, se conectaron directamente a la mesa, por lo que la grabación de caja, bajo y guitarra se pudo hacer a cualquier hora del día, dentro de las dos semanas que costó culminar todo el proceso. Sin embargo, la voz de Enrique, registrada con micrófono y dentro de la pecera, fue más delicada de grabar. Para evitar los ruidos propios del convento, quizá los correspondientes a las tareas cotidianas de las monjas, como la limpieza general o la cocción de alimentos en la cocina, o sus rezos a las horas canónicas, se grababa de madrugada, entre completas y maitines, buscando el silencio de esas horas de nula actividad conventual.

También la mezcla y la masterización se hicieron en el mismo estudio y en un formato novedoso por entonces, en cinta de vídeo Beta, una primitiva forma de grabación digital que llevaba una línea de tiempo incorporada y que permitía eliminar el zumbido de fondo. Incluso se hizo una especie de remix de *No más lágrimas*, quitando y poniendo bajos, guitarras, algo similar a lo que meses después sucedería durante la posproducción del primer disco del grupo, *Héroes del Silencio*, pero con *Héroe de leyenda*. Una versión de *No más lágrimas* que Cachi pinchó en Radio Zaragoza durante aquel verano. Sin embargo, la cinta original en Beta se perdió. Debido al precio de esas cintas, se utilizaban una y otra vez para hacer diferentes grabaciones, y en el caso de la empleada para la maqueta de Héroes del Silencio se dio la circunstancia de que el cura de la parroquia, sin consultar con Martín, hizo un nuevo registro de música religiosa sobre la preexistente de Héroes del Silencio. Con todo, la maqueta tenía un sonido potente y robusto. Su defecto fue la utilización de la caja de ritmos en vez de la batería de Pedro, que indudablemente hubiera enriquecido mucho el resultado final, error que también se cometería en los estudios de Hispavox, en Madrid, unos meses después.

La maqueta la sufragó el Ayuntamiento de Zaragoza. Al salir de una entrevista en los locales que tenía Radiocadena en la Gran Vía zaragozana, los miembros de la banda se toparon de bruces con el entonces alcalde de la ciudad, Antonio González Triviño, a quien se dirigieron para pedirle que les pagara la maqueta que necesitaban, entre otros fines, para presentarla al concurso El Nuevo Pop Español, que organizaba esa misma emisora y cuya convocatoria estaba abierta por esos días. El alcalde les dijo que la grabaran y mandaran la factura al ayuntamiento. Pero a Martín le costó año y medio cobrarla. Se presentaba en las dependencias municipales pidiendo hablar con Triviño, para extrañeza de los funcionarios que le atendían, y que no le hacían ningún caso. Antes de saber que sería el consistorio el que le pagaría, Martín redactó el 9 de julio de 1986 un recibo dirigido a la banda con sus honorarios profesionales que bien merece reproducirse por su lirismo, muy en consonancia con la ubicación de los estudios en un convento:

> He recibido de Héroes del Silencio la cantidad de 70.000 pesetas (setenta mil) en concepto de la grabación de sus cantos, más 1.510 pesetas por cintas TDK. Total: 71.510 pesetas.

Esta maqueta, como ya había pasado con las anteriores, tuvo diferentes usos. El más inmediato, ser distribuida entre las radios y los medios de comunicación de la ciudad, cosa a la que contribuyó otra vez el locutor de moda en esos años, Cachi. Los nuevos temas de Héroes del Silencio, los novedosos *El mar no cesa* y *No más lágrimas*, empezaron a sonar en las emisoras locales, contribuyendo al crecimiento del número de sus fans. También fue la maqueta que utilizaron para los envíos a las discográficas de la época, como recuerda Joaquín:

> Estábamos moviéndonos para sacar disco. Estaban CBS, Hispavox, EMI, BMG, Ariola. Muchas se han unificado y han desaparecido. Había un montón, también independientes, DRO, Tres Cipreses, GASA. Nos movimos mucho. De todo esto estaba muy pendiente Enrique. Recuerdo una vez que decía: «¡Nos han llamado, que vamos a grabar un disco!». Pero fue un malentendido, una ilusión que nos hicimos.

Introducían las cintas de casete grabadas a partir del máster en sobres y las enviaban esperando obtener una respuesta, lo que casi nunca conseguían. Lo más habitual era que ni siquiera se molestaran en acusar recibo o que les respondieran con una carta de agradecimiento o negativa. Y de esas respuestas, enviadas por cortesía y redactadas con ese lenguaje burocrático y repetido como un cliché, ha quedado la que recibieron de la CBS, para escarnio de sus directivos:

> Estimado amigo/a:
> Adjunto le estamos devolviendo la cassette/cinta que nos entregó para su escucha.
> Sentimos comunicarle que por el momento no pensamos hacer nada con el producto, ya que actualmente no encaja dentro de nuestra futura planificación de grabaciones.
> Agradecemos no obstante su envío, y si en el futuro hiciera algo que considerara interesante, rogamos nos lo envíe sin dudarlo.
> Sin más por el momento, reciba un cordial saludo.
> Departamento artístico de Discos CBS, SA.

Por último, también fue la maqueta que enviaron para el segundo concurso de Radiocadena, El Nuevo Pop Español, el que tomaba el relevo del Festival de Benidorm, cuya final habría de celebrarse en Salamanca en el mes de septiembre de 1986. Era un requisito indispensable, si se quería concursar, enviar el registro de unos temas para que el jurado los escuchara y se pronunciara. Con las tres canciones seleccionadas —*Héroe de leyenda*, *El mar no cesa* y *No más lágrimas*— convencieron al jurado regional y fueron seleccionados para la fase final de Aragón.

Al concurso El Nuevo Pop Español se habían presentado la friolera de cuatrocientos noventa y cuatro grupos de toda la geografía nacional, lo que ponía en evidencia, si no la calidad y la buena salud de la música española, al menos la ingente legión de jóvenes deseosos de triunfar sobre los escenarios. La final aragonesa tuvo lugar en el Anfiteatro del Rincón de Goya la noche del 30 de junio de 1986. Participaron Héroes del Silencio, Acolla, Pécora Jarris y Modos, en el que todavía colaboraba como batería Pedro Andreu, circunstancia por la que fue el único músico que tocó dos veces aquella noche de verano. Sin embargo, los grupos más importantes e influyentes de la movida aragonesa, que ya habían perdido ante Héroes del Silencio la final provincial del festival de 1985, Tza-Tza, Más Birras y Doctor Simón y sus Enfermos Mentales, ni siquiera se habían presentado a la fase previa, quizá escocidos por la derrota anterior y temerosos de volver a enfrentarse con ellos, como tampoco lo hicieron otros en proyección, como De Materia o los oscenses Los Mestizos. Es posible que esta renuncia a participar tuviera que ver con la trayectoria de Héroes del Silencio, el grupo de moda en esas fechas, el que más sonaba en las emisoras de radio gracias a las maquetas y a sus nuevas composiciones, el más apoyado desde la prensa y los medios locales, y que parecía destinado a dar el salto hacia la grabación del disco. En todo caso, la victoria en esta fase aragonesa fue para Héroes del Silencio y Acolla, veterano grupo de rock de Andorra, provincia de Teruel, que había comenzado su aventura musical en 1978.

Antes de llegar a la final de Salamanca, todavía tendrían que superar otra prueba, junto a los otros veintiocho seleccionados, en una fase previa que requería la grabación de una nueva maqueta, esta vez de forma gratuita y en los estudios que Radiocadena tenía en Zaragoza, en la Gran Vía. Y allí se encerraron, con la presencia del locutor Javier Losilla, que haría de jurado por parte de Aragón en la fase clasificatoria, pero esta se quedó en los estudios para ser retransmitida y nunca llegó al público. Se dio la circunstancia de que allí había un sintetizador, y que Juan intentó introducir en los temas algunas melodías a la manera de The Cure, aunque la cosa no prosperó.

Poco después, durante dos días consecutivos, el 21 y el 22 de julio de 1986, en horario de nueve a doce de la noche, la emisora emitió dos programas titulados *Destino Salamanca* en los que se pudieron escuchar las canciones de los grupos seleccionados, entre ellas *No más lágrimas*. En un formato que recordaba al veterano concurso de Eurovisión, después de las emisiones se iba conectando con las diferentes sedes regionales de Radiocadena para que los jurados fueran votando a sus grupos favoritos. Fueron un par de noches de emoción que culminaron con el pase a la final de ocho bandas. Los componentes de Héroes del Silencio se fueron a celebrarlo esa misma noche a la sala M-tro, junto a Cachi, Javier Losilla y Matías Uribe. Además de ellos, pasaron a la final Arden Lágrimas, El Enano Copulador y los Espermatozoides Incontrolados, K2 (que no se presentó), La Granja, Misión Imposible, Las Ruedas y Tomato.

La experiencia agridulce de Salamanca quedaría grabada en la memoria de los cuatro músicos por su ambivalencia, por los sentimientos encontrados que todavía les provoca: unos, de connotaciones positivas, que siempre son rescatados de la memoria con una sonrisa; los otros, la derrota final, que sirvieron para que su determinación y tozudez quedaran si cabe más reforzadas. Entre los primeros, Juan rememora:

Lo pasamos bien allí. Creo que tocó Talk Talk. Les di una maqueta. Vino Matías, vino Cachi, un grupillo de gente de Zaragoza. Me dejó ropa Cachi para salir a tocar. Recuerdo estar en su habitación hablando con él de música. Recuerdo todos los grupos comiendo juntos en el restaurante del hotel. Había presentadores de televisión también. En la prueba de sonido tocamos *El mar no cesa* y sonó muy bien. Lo hicimos muy bien, la gente nos decía que íbamos a ganar.

Y, sobre todo, el concierto del día 11 de septiembre de 1986 en la plaza Mayor, un escenario magnífico en el que se entregaron a tope a pesar de los nervios que provocaba la masa rugiente, a pesar de la lluvia que hizo acto de presencia y obligó a recortar la actuación a solo diez minutos, tres canciones, a pesar de la aceleración que Pedro dio a su batería en *No más lágrimas*:

Joder, yo era un crío, todos éramos unos chiquillos. Estaba nerviosísimo. Tocamos en la semifinal y con *No más lágrimas*, si su tempo natural, vamos a decir, era de ochenta, pues yo toqué a ciento diez. Dije: «Madre mía, si vamos a toda hostia». Pero bueno, era el momento. En los directos, a mi juicio, el impulso vital es mayor. La música en vivo tiene ese punto. Un poquito más rápido no es un problema, siempre que esté dentro de una coherencia.

Las cosas se rectificaron y tanto *Héroe de leyenda* como *El mar no cesa* sonaron a su debido tempo, ante el entusiasmo del público de las primeras filas, ante el entusiasmo, también, de los seguidores incondicionales de Zaragoza y del crítico Matías Uribe, convencido de que la banda zaragozana iba a llevarse el triunfo.

Y la derrota, entre los sentimientos negativos. Los miembros del jurado ni siquiera los seleccionaron para la gran final del sábado 13 de septiembre, a la que sí pasaron Las Ruedas y Misión Imposible, ambas de Madrid, y Tomato, de Murcia. El enfado fue monumental, también la incredulidad de una banda que confiaba ciegamente en sus posibilidades y ya se veía premiada con la grabación del primer vinilo. *El viejo pop español* llegó a titular su columna Matías Uribe, completamente escandalizado por ese tongo del que con el tiempo iría reuniendo pruebas irrefutables, tal y como recoge en su libro:

> Un mes más tarde, en Zaragoza, Ramoncín, bien lejos todavía de la SGAE y sin pelos en la lengua, me declara sin ambages para *Heraldo del Lunes* (13-10-1986) que lo de Radiocadena fue un tongo: «Tío, llamaban a los mánager diez días antes del festival diciéndoles que acudieran a ver a un grupo, Las Ruedas, que iban a ganar el concurso». Y años más tarde me desvelan definitivamente el secreto del navajazo, del tongo de Salamanca: «Estaba amañado», me confiesa una fuente muy directa. Las Ruedas ganó porque ya tenía un disco grabado, a punto de editarse con DRO, y eso facilitaba las cosas para que saliera rápidamente al mercado y se pudiera hacer promoción rápida del grupo y del festival.

Como buenos aragoneses, tozudos y determinados, ellos hicieron de tripas corazón, se resignaron en su derrota y redoblaron sus ansias por alcanzar el estrellato. Y para ello, nada como un verano de conciertos, los que habían dado antes de ir a Salamanca y los que darían después, con la apoteosis final del ofrecido en el estadio de La Romareda para las fiestas del Pilar. Nada como el memorable concierto que ofrecerían en enero de 1987 en la sala En Bruto. Los contactos con los discográficas se intensificarían a partir de entonces y los dejarían a las puertas de grabar. El 17 de septiembre de 1991, cuatro años después del concurso de Radiocadena, en el transcurso de su gira *Senda 91*, volverían a Salamanca, a su plaza Mayor, para ofrecer un concierto multitudinario que les serviría para resarcirse.

Los conciertos en directo fueron la razón de ser del grupo, probablemente más que la composición de las canciones y su posterior registro en los estudios. La épica del rock and roll exigía furgonetas, largos desplazamientos por carreteras tercermundistas, pruebas de sonido agotadoras, el contacto con los seguidores desde el escenario, la juerga que venía después, indefectiblemente, y el regreso a casa a altas horas de la madrugada. Toda una forma de vida que, desde el principio de la historia de la banda, se fue imponiendo por deseo propio.

Al tratarse generalmente de pueblos pequeños, eran conciertos que se programaban para las fiestas patronales, que siempre se celebraban durante los calurosos veranos aragoneses. El ayuntamiento era el encargado de contratar a los técnicos de sonido y de luces que se desplazaban con el sencillo y elemental equipo que solían instalar en la plaza o en el pabellón municipal, y que luego sería utilizado para todos los eventos que lo necesitaran, generalmente orquestas de verbena que interpretaban los clásicos éxitos veraniegos, y ocasionales grupos de rock principiantes gracias al patrocinio de la Diputación Provincial de Zaragoza. Siempre se reservaba un espacio detrás del escenario o en las oficinas de la discoteca donde tocaban a modo de elemental camerino que procurara cierta intimidad a los músicos y sirviera también para evitar los hurtos de instrumental, lo que no era raro que ocurriera, aunque habrían de pasar algunos años para que esos *backstages* se llenaran de bebidas, bocadillos, *snacks* y, también, amigos y fans privilegiados a los que se permitiría el acceso. Los equipos de sonido eran muy sencillos: cuatro focos de colores, un par de monitores, un micrófono, una mesa de mezclas y un escenario de dimensiones limitadas que a veces no respetaba las más elementales medidas de seguridad. Sin embargo, siempre hacían una prueba de sonido, fueran cuales fuesen los elementos técnicos del concierto. Todo hecho de manera casi amateur. Lo que no les impedía seguir adelante, canción tras canción, y completar el repertorio, que incluía tanto los temas acabados como los que estaban en proceso y todavía habían de sufrir cambios.

Siempre quisieron dar a conocer sus nuevas composiciones ante su público, aunque todavía no estuvieran registradas en formato vinilo o CD, ya que de esta manera el rodaje del directo permitía pulirlas y ensayarlas lo suficiente de cara a futuros trabajos en el estudio. Además, el riesgo de que alguien las grabara era remoto; nadie se desplazaba siguiendo al grupo en esas fechas, cuando todavía no eran conocidos ni habían grabado para discográficas, más allá de cuatro o cinco amigos. El público lo componía la gente del pueblo en fiestas, que no siempre respondía como cabía esperar. Este recuerdo conserva Joaquín de un concierto en Remolinos:

> Tocamos con Distrito 14, con Mariano Chueca. Fue en un pabellón. Y me acuerdo de que fue un concierto en el que mientras tocaban ellos estábamos nosotros mirándolos, y mientras tocábamos nosotros nos miraban ellos. No había nadie. El pueblo debía de estar en las vaquillas o lo que fuera. Debió de coincidir con algún otro acto.

Al final llegaba la hora de cobrar, siempre en metálico, y el escaso caché nunca era repartido, se destinaba a una bolsa común para invertirlo en la adquisición de instrumentos y equipo. Eso si no debían conformarse con echarse unos tragos en el casino del pueblo, por las peñas, en compañía de los más enrollados y del alcalde de turno si era joven y fiestero.

Otro fenómeno digno de reseñar de aquel verano de 1986 fue el progresivo endurecimiento del sonido del grupo. Concierto tras concierto, la manera de interpretar las canciones fue cambiando rápidamente debido al uso de diferentes tipos de efectos, como el *delay*. Del sonido popero y blando del local de ensayo se fue pasando a otro más cercano al rock, lógica consecuencia de la libertad y la improvisación que se dan sobre un escenario. A fin de cuentas, es rock lo que demanda el público, jaleo y ruido, velocidad y fuerza, una música que arrastre hacia el baile y el desenfreno. Sin embargo, a pesar de llegar bien rodados a las fechas en que grabaron para la EMI sus primeros álbumes, los productores y el ingeniero no vieron (o quizá no quisieron ver) esta característica del sonido que la banda había ido desarrollando en su peregrinar por los pueblos de Aragón, y registrarían sus canciones decantándose más por criterios posibilistas y comerciales antes que por su verdadera esencia.

Como culminación de ese verano de conciertos, les ofrecieron la oportunidad de tocar en un escenario de primera, el estadio de La Romareda para las fiestas del Pilar, el día 10 de octubre de 1986, y como teloneros de dos grupos consolidados: El Último de la Fila y el italiano Franco Battiato, concierto al que asistieron 10.000 personas. Era normal que firmaran un contrato por actuación, pero el que rubrica la del Pilar de 1986 es el primero de los que conserva Joaquín en su archivo. En él se estipulaba la cantidad que cobraría por ello la banda: 100.000 pesetas (600 euros).

Hicieron una breve prueba de sonido a mediodía. El escenario y el equipo estaban montados a mayor gloria de la estrella de esa noche, Franco Battiato, en la cúspide de su fama en esas fechas, y, en todo caso, ajustado al sonido del telonero principal, El Último de la Fila, también de carrera más consolidada que Héroes del Silencio. Hubo una buena acogida por parte de los numerosos fans que ya empezaban a seguirlos en la ciudad de Zaragoza. Más tarde, una vez terminado su turno, ni siquiera tuvieron la ocasión de conocer a tan eminentes músicos, encerrados en sus camerinos respectivos, y después de la actuación se marcharon a tomarse unas copas con sus amigos.

Con las ganancias del verano, incluidas las del concierto de La Romareda, y siguiendo su política de invertirlas, corrieron a Musical Serrano, su tienda de música preferida, a comprar una batería Tama para Pedro y una Fender Stratocaster roja y un amplificador Roland Jazz Chorus JC-50 para Juan. Empezaban a tener ya un equipo competente, al que habían de sumar las acústicas y los micros de Enrique y el bajo de Joaquín, que hacía poco se había hecho con un Weston de mástil intercambiable. También decidieron mejorar las condiciones de los ensayos y alquilaron un nuevo local en la calle Hernán Cortés. Fue allí donde Javier Clos, el que sería su fotógrafo durante muchos años y autor de la célebre portada de *Senderos de traición*, les hizo su primer reportaje en noviembre de 1986. Fue el local en el que comenzaron *El estanque* y *La lluvia gris*, y en donde sonaron por primera vez los acordes iniciales de la canción más celebrada del grupo, *Entre dos tierras*. Seguirían avanzando en esos temas en el siguiente local, un sótano muy húmedo y lleno de tinajas de la calle San Vicente de Paul, en el casco antiguo de la ciudad. *Entre dos tierras* tendría que esperar unos meses más, hasta que se mudaran al local definitivo, el de la calle Rodríguez de la Fuente, donde sería finalmente concluido.

Estaban componiendo sin descanso y con un acierto extraordinario. Ya eran el grupo más compacto de la escena musical zaragozana y temas como *El mar no cesa*, *No más lágrimas*, *La lluvia gris*, *El estanque* y *Mar adentro* pedían a gritos su plasmación en un LP, objetivo al que se habían volcado. Y cómo consiguieron Héroes del Silencio el suyo con la EMI es una historia con varios protagonistas.

Los dos personajes claves fueron Roberto Azorín «Durruti», director de Radio Vinilo, y Gustavo Montesano, guitarrista de Olé Olé, ambos de nacionalidad argentina, quienes buscaban nuevos talentos a los que producir. El primer acto de esta futura colaboración se verificó en la sala Universal de Madrid, en abril de 1986, en un concierto de Los Enfermos Mentales patrocinado por el Ayuntamiento de Zaragoza. Así recuerda Juan fechas tan decisivas:

> Para llegar a Montesano, se va Cachi a Madrid con nuestra maqueta de la parroquia. Van Los Enfermos Mentales a Madrid y Cachi le da nuestra maqueta a Montesano. Yo llamé a su oficina de contratación alguna vez, me acuerdo hablando

desde el hall de mi casa en la plaza Salamero. Y el tío: «Me tengo que ir a Argentina, entonces no hagáis nada». Y yo cojo maquetas y las empiezo a mandar a Madrid. Yo mirando las direcciones en los discos. Hacía mi sobre, me iba a Correos y las mandaba, y luego me decían que no y tal. Y Montesano, cuando llega de Argentina, me echa una bronca: «¡Qué has hecho, has empezado a mandar maquetas, te dije que no lo hicieras!».

Pero habrían de pasar todavía unos meses para que las cosas fructificaran. Habría de gastar sus energías Montesano buscando una compañía que se interesara por ellos. Y habrían de esperar los componentes de la banda hasta el concierto que organizó Mariano Chueca en la sala En Bruto, con ocasión del ciclo llamado *Zaragoza sobre el escenario*, para que su historia se aprestara a dar un giro de ciento ochenta grados.

El 10 de enero de 1987 tuvo lugar el concierto de la sala En Bruto que sirvió para que los vieran Montesano y Azorín, llegados ex profeso desde Madrid. Fue un éxito rotundo, también de público, que llenó el recinto; incluso hubo cerca de trescientas personas que se quedaron en la calle sin poder entrar. Se dedicaron a los preparativos con energías renovadas, conscientes de lo que se jugaban con la visita de los dos cazatalentos. Aprovechando cuatro fotos del concierto de La Romareda como teloneros de Franco Battiato, confeccionaron ellos mismos un cartel para anunciar el evento, que pegaron personalmente por las calles de la ciudad. Fue la primera vez que el escenario estaba decorado con un telón con el nombre de la banda, sin logo todavía.

Fue un concierto ofrecido bajo una enorme responsabilidad debido, precisamente, a la visita de Montesano y Azorín, así como a las expectativas generadas. Si todo salía bien y los convencían, podrían grabar su primer disco. Una ocasión muy especial que obligó a la banda, y en particular a Enrique, que ya empezaba a desenvolverse sobre el escenario con la pasión y la entrega de las que siempre haría gala, a bordar su directo entre el entusiasmo de sus seguidores zaragozanos. Además de su repertorio habitual en esas fechas, fue la noche que interpretaron por primera vez un tema ajeno, *Have You Ever Seen the Rain*, de Credence Clearwater Revival, que durante un tiempo formaría parte de la *playlist* de sus conciertos. El sonido de la banda estaba en franca progresión. No era una banda popera, sino un grupo de rock que daba ya los primeros pasos en pos de un sonido demoledor capaz de hacer retumbar estadios. Y no es de extrañar que tanto Montesano como Azorín quedaran encandilados.

Una vez terminada la actuación, Montesano y Azorín se acercaron hasta el camerino para saludarlos y citarse para charlar de su futuro. El lugar elegido fue El Bandido, de la calle Manuel Lasala, que servía de punto de reunión de los fans del grupo antes de la inauguración, poco después, el 27 de marzo de 1987, de La Estación del Silencio, el pub de Antonio Estación y José Manuel Martínez «Boch». Precisamente fue Antonio Estación, buen amigo y confidente de la banda, quien les propuso reunirse allí, ya que tenía las llaves y a esa hora estaba cerrado. Fue el lugar y el momento, esa madrugada del 11 de enero de 1987, en el que Montesano les informó de sus planes de representarlos personalmente, para lo cual, en breve, les ofrecería a la firma el oportuno contrato. Y si todo salía bien, sería el momento de hablar con la EMI acerca de la posibilidad de grabar algún tema, propuesta que luego se concretaría en el proyecto de registro de *Héroes del Silencio*.

Todavía tuvieron que vivir unas semanas de incertidumbre, sin apenas noticias, hasta que Montesano los convocó a una reunión en Madrid con la EMI. Juan detalla esos momentos de tensión:

> Luego nos recibieron en la EMI, con el productor de Mecano, Jorge Álvarez, nada menos. Nos presentamos en la EMI,

subimos los cuatro al despacho del tío, y al rato vino Montesano: «¡Mira, aquí los tienes, como te dije!». Y el productor con cuidado, no vayamos a ser una mierda o un bluf: «Bueno, pero vosotros qué queréis». «Nosotros queremos grabar un disco.» «Bueno, un disco, un disco... Tenéis que grabar primero una buena maqueta.» «Nosotros queremos un disco porque ya hemos grabado muchas maquetas.» «No, primero tenéis que dar unas vueltas por Madrid, ir a los bares de los grupos, que os conozcan...» Nosotros sin un puto duro. Pero ¿cómo vamos a estar aquí en Madrid si somos de Zaragoza? Bueno, les caímos medio bien, y al final nos pagaron una noche en Madrid y el billete de vuelta, y nosotros como locos, en el despacho de la EMI, flipando. Más adelante, llego un día a mi casa a las cuatro de la mañana y me encuentro una nota de mi madre encima de mi cama en la que pone: «Juan, te ha llamado Roberto Azorín de Madrid. Que le llames inmediatamente».

Al día siguiente le llamó. Azorín le dio la noticia de que la EMI estaba interesada en contratarlos. Habían llegado a un acuerdo con la discográfica para grabarles cuatro temas en los antiguos estudios de Hispavox en la calle Torrelaguna. Reservarían fechas y la producción comenzaría en breve.

Como último acto de esta larga etapa que va desde 1982 hasta 1987, todavía tendrían que grabar otra maqueta, esta vez por petición expresa de la compañía de discos, EMI, que quería conocer de primera mano todo su potencial de cara a la grabación. Así que se pusieron, otra vez, en manos de Carlos Frisas, acudiendo a su estudio del barrio de Torrero, para utilizar su Revox de ocho pistas, en la primavera de 1987, entre los meses de abril y mayo, poco antes de la fecha reservada para grabar en Torrelaguna.

En esta ocasión se utilizó una caja de ritmos, cuyas programaciones ya llevaron los músicos terminadas, y quedaron registrados los siguientes siete temas, con este orden y con estos títulos: *El castigo* (que luego cambió su título por ...*16*), *El estanque* (ya con la bella introducción de guitarras que la caracteriza, sin embargo bastante más corta que en la versión futura, pues solo dura 35"), *La fuente* (que aparece por primera vez en un registro de Héroes del Silencio, y que se convertiría en *Fuente esperanza*), *La flor venenosa* (también registrado por primera vez), *La iguana*, *La visión*, *Mar adentro* (un gran tema en una versión que poco difiere de la que registrarían en Madrid) y *Olvidado* (notablemente endurecida por la distorsión si se compara con la primera grabada allí, en Torrero, aunque todavía no incorporaba el solo que se haría célebre en los conciertos). La maqueta no llegó nunca al público porque se envió directamente a la EMI.

Todo estaba ya preparado y dispuesto para perseguir el triunfo: los cuatro miembros definitivos de la banda —Juan Valdivia, Enrique Bunbury, Joaquín Cardiel y Pedro Andreu— perfectamente sincronizados en todas las tareas propias de su actividad profesional, desde la composición hasta la interpretación en directo; una compañía discográfica multinacional, EMI, que quería apostar por ellos y abrirles camino en el mercado de los grupos nacionales, y un público que, al menos en su ciudad natal, en Zaragoza, había dado muestras ya del fanatismo que caracterizaría su comportamiento en los años siguientes, y que garantizaría las ventas de los discos y la asistencia masiva a sus conciertos. La cuenta atrás terminaba así, con Héroes del Silencio en el disparadero.

En el estudio de grabación

Eran tiempos difíciles para los grupos de música, pero cabría preguntarse si alguna vez los ha habido fáciles. El número de bandas alcanzaba cifras estratosféricas, no había rincón del país que no tuviera las suyas, y de los estilos más dispares, como pasaba en Zaragoza, donde decenas de ellas habían surgido desde la instauración de la democracia. Por ejemplo, al festival El Nuevo Pop Español se habían presentado casi quinientas. ¿Cuántas discográficas estaban dispuestas a arriesgar una inversión en ese duro y competitivo mercado? El negocio musical tenía y tiene sus reglas, y para acceder a ese estatus había que pagar un peaje alto. Entonces, la labor de los productores era capital. Ellos debían pulir las debilidades de los músicos y hacerles comprender que transitaban por el camino equivocado, que debían rectificar sus postulados musicales y aceptar cambios en las estructuras de sus canciones, en la instrumentación, en los arreglos, en aras de un fin que nadie ocultaba: colarse en las listas de ventas, entrar en Los 40 Principales, alcanzar el disco de oro o, tanto mejor, el de platino. Algo así les pasó también a Héroes del Silencio. Un trance que tuvo su lado positivo, de consolidación de la banda, y otro negativo, de encasillamiento en una corriente musical de la que no se sentían parte.

El contrato con Ego Musical, SA, la editora de Hispavox, que la EMI había comprado en mayo de 1985 y que a pesar de ello siguió operando con su propio nombre, se firmó el 21 de mayo de 1987, e incluía la cesión de la totalidad de los derechos de las tres canciones del EP (*Extended Play*, un formato de duración intermedia entre el sencillo y el larga duración o LP, *Long Play*), *Héroe de leyenda*, *La lluvia gris* y *El mar no cesa*. Esta «totalidad de los derechos» englobaba los de explotación de las canciones, que incluían tanto los de reproducción (la posibilidad de registrarlas en todo tipo de soportes, como vinilos y CD), los de distribución (la venta al público de dichos soportes), los de comunicación pública (los derivados de conciertos y galas o radiodifusión) y los de transformación (posibles traducciones, en este caso, de las letras).

Teniendo en cuenta que se trataba de un grupo joven e inédito, no era de extrañar que las estipulaciones que se acordaron fueran tan leoninas. El precio de esa cesión de derechos para todo el mundo fue de 75 pesetas (menos de 50 céntimos de euro). Los autores se comprometían a ceder al editor el 50% de todos los derechos que pudieran producir esas composiciones, quedando el 50% restante para el grupo, un 12,50% por cabeza, que serían los que percibirían directamente de la entidad gestora, la Sociedad General de Autores y Editores (SGAE), circunstancia por la que todos ellos procedieron a darse de alta. Nada se dice en el contrato del porcentaje que los autores deberían cobrar por cada ejemplar editado, en el soporte que fuera (vinilo en la época), y que, en todo caso, era muy bajo, lo normal en una banda primeriza. Como declaró Enrique a Losilla:

> Era rentable aguantarnos. Creo que hemos dado muchísimo dinero a la compañía, y más teniendo en cuenta que alguno de los contratos —creo que tuvimos tantos como discos— era «contrato de lentejas». Y un contrato de lentejas que pega el petardazo que dio *Senderos de traición* tuvo que ser muy rentable para la compañía.

A pesar de todo, al grupo le hacía una enorme ilusión ir hasta la capital de España a encerrarse en un estudio de verdad para grabar su obra en un soporte que la perpetuara y, además, que pudiera venderse; algo inimaginable unos meses antes, que es con lo que sueñan todos los grupos. Un orgullo inigualable, una oportunidad única que muchas bandas ni siquiera llegan a imaginar, y que Juan rememora con sentido del humor:

> Es que todavía no había CD. Vas a grabar un disco sólido, que es dificilísimo. Estábamos en Madrid para grabar un disco. Es como *Operación Triunfo* ahora. El dinero nos da igual, vivimos con nuestros padres y para nosotros que nos den 10.000 pesetas es una pasada. Las dietas, una palabra que dices: soy un capo. Me hablan a mí de dietas, qué palabra más curiosa, de dónde habrá salido eso. Luego, en el metro, unos macarras nos asaltan y nos roban. Y nos quedamos sin las dietas.

Habían firmado un contrato discográfico con Hispavox y se sentían los seres más afortunados de la Tierra, a pesar de que Ricardo Ortiz, director de la compañía, les advirtió que si no vendían más de 5.000 copias no habría continuidad del proyecto y deberían volverse a su casa.

Los estudios de Hispavox en Madrid estaban situados en la calle Torrelaguna, 64, en el barrio de Ciudad Lineal, un edificio donde también estaban las oficinas de la discográfica. Para unos primerizos Héroes del Silencio, sus instalaciones resultaron una agradable sorpresa, tanto por las dimensiones del local y los espacios en que estaba dividido como por el material de grabación que contenía. Además, tanto los productores, Gustavo Montesano y Roberto Azorín «Durruti», a quien también llamaban «el tío Canda», como el ingeniero de sonido inglés, Steve Taylor, bregado ya en mil batallas en su país, parecían unos profesionales más avezados que los técnicos con los que habían contactado en su etapa zaragozana, y eran una garantía de profesionalidad, saber hacer y éxito asegurado. Por si fuera poco, el ambiente en esos días fue distendido y las bromas entre los músicos y los productores, constantes en parte gracias al cáustico humor de Juan y a la socarronería de Pedro, Joaquín y Enrique. Es por ello que, confiados, se pusieron en sus manos, sabedores de que poca participación activa iban a tener en el proceso de grabación y mezcla del EP. Se limitaron a cumplir órdenes estrictas y a tocar sus instrumentos según las indicaciones que recibían. Todavía no estaban acostumbrados a ese tipo de situaciones y no se atrevían a inmiscuirse, como sí harían en producciones posteriores.

Montesano fue el productor principal. La EMI le había dado un presupuesto mínimo y un calendario muy reducido, puesto que todo debió terminarse en el curso de dos o tres noches de grabación. Esto no fue extraño dado el amplio elenco de artistas del catálogo de Hispavox que iban entrando en el estudio uno tras otro, como en una verdadera factoría. La relación con él fue cordial y productiva, aunque cuesta creer que los hubiera visto en directo en la sala En Bruto. En realidad, el verdadero desacuerdo durante la grabación lo tuvieron con Steve Taylor, el ingeniero. El inglés era un tipo con carácter, experimentado y autosuficiente. Se había curtido en los estudios londinenses en los primeros ochenta, la época de eclosión de ciertas corrientes tecno-pop caracterizadas por el uso y abuso de sintetizadores, cajas de ritmos y demás efectos sonoros. En su país había firmado trabajos para Olé Olé, como su álbum *Voy a mil*, en la época en que cantaba Vicky Larraz, y el LP de Daniela Romo, *Dueña de mi corazón*, trufado de baterías electrónicas, ambos en los estudios de la CBS. Ya en España, había trabajado con grupos como Loquillo y los Trogloditas, a quienes produjo *Mis problemas con las mujeres*, en 1987, y *Morir en primavera*, en 1988, también para la EMI. ¿Cómo fue posible que Taylor grabara varios álbumes del mejor grupo de rock and roll de esos años? ¿No era toda una incongruencia dada su experiencia en Inglaterra? No del todo si atendemos a las explicaciones que Sabino Méndez, compositor y guitarrista de Loquillo, escribió en su autobiografía *Corre, rocker* a propósito de la grabación de un LP anterior, *La mafia del baile*:

> Steve Taylor, el productor traído de Londres por la compañía, nos fue presentado como el técnico de sonido de Iggy Pop en *Raw Power*, un disco que yo adoraba. Luego resultó que había desempeñado esa tarea como una obligación más de su contrato como técnico de plantilla en la CBS. En realidad, sus gustos se decantaban por la música comercial de pretensiones lujosas y resultados vulgares. Ni siquiera eso pudo ahogar la energía de temas como «Rock suave», «Carne para Linda» o «Bajo banderas», pero el resultado final estaba edulcorado y la crítica alternativa decretó nuestro traslado al cajón de los aburguesados.

Loquillo y Héroes, una relación que no empezó con buen pie, como atestigua esta anécdota de Juan:

> De hecho, estoy yo un día en Huesca y voy a ver un concierto de Loquillo. Todavía estamos apalabrando que vamos a grabar el maxi. Y me encuentro a Loquillo en un bar. Los he visto y me han gustado mucho. Voy hacia él y le digo: «Hola, ¿sabes que vamos a grabar con la EMI?». El tío: «¿Qué?» «Con Steve Taylor.» Y de repente viene uno de sus guardaespaldas: «Oye, ¿te está molestando?». «No sé qué me dice este», le dice Loquillo al otro. Y me voy.

Los roces con Taylor empezaron a surgir pronto, cuando optó por prescindir de la batería y utilizar una caja de ritmos, decisión motivada por una serie de razones: la premura en la grabación, esas dos o tres noches de estudio, que exigía ahorrar tiempo en el largo y difícil proceso de afinar y grabar una batería; la costumbre de la época en esta parcela técnica, teniendo en cuenta el auge del sonido de discoteca; incluso el concepto erróneo que se había hecho la compañía sobre el carácter de la música y la imagen de Héroes del Silencio, que pensaba que iba destinada a un público quinceañero; o la necesidad, como alguna vez declaró Montesano, de facturar un disco pop y comercial para el debut, un producto que fuera vendible y asequible a un amplio espectro de público.

A pesar de quedarse perplejos, no hubo reacción en contra por parte de la banda, que asumió la decisión de la discográfica sin poner objeciones, como correspondía a su nula experiencia en lances como este. Pedro se lo tomó de la mejor manera posible y se resignó a ser sustituido por una máquina, lo que a la postre sería uno de los grandes defectos del EP, que suena metálico y robotizado en este aspecto:

> Se decide grabar con la caja de ritmos. Obviamente, para mí fue una putada. Yo me acordé del día en que Ringo Starr llega a grabar *Love Me Do* y le ponen a un músico de estudio. Eso le salva a Steve Taylor, porque, si no, me hubiera cagado en su madre directamente. Pero como yo tenía a Ringo en la mente y a Ringo le habían hecho la misma putada, incluso me pareció de puta madre para mi leyenda personal que me hicieran eso en las cuatro primeras canciones. A mí no me molestó jamás porque Ringo no grabó *Love Me Do*. Consideraba que yo era el último que tenía derecho a protestar. Si Enrique, que era mi hermano, Joaquín, que era un apoyo formidable, y Juan, vamos, mis chicos, no decían nada, yo pensaba que entonces debía de estar bien así. Mientras no me mandaran a casa...

Había que darle la vuelta al suceso, algo propio del carácter de Pedro: algún día pondrían verde a Steve Taylor por haber tomado esa decisión, por mucha premura de tiempo que hubiera, y las interpretaciones del batería en directo, así como las grabaciones de álbumes sucesivos, vendrían a darle toda la razón.

Con el paso del tiempo, Pedro fue consciente de los errores que se cometieron, como el abuso de la *reverb*, el sonido del *charles* pasando en estéreo de un canal a otro de forma poco natural, los timbales estallando sin control ni mesura. Resultaba particularmente molesta la caja de ritmos aplicada a *La lluvia gris*, sobre todo en el arranque del tema, al sonar en solitario antes de la incorporación de la guitarra y del bajo. Steve Taylor fue incapaz de dar naturalidad a la caja, matices que la humanizaran, quizá siguiendo la moda de la época.

La mecánica de la grabación siguió el orden lógico de ese tipo de producciones. Eran los tiempos de las mesas analógicas que utilizaban cintas de dos o tres pulgadas y de doble bobina sobre las que iban grabándose las diferentes pistas, la caja de ritmos, el bajo, las guitarras y las voces. Lo primero que se hacía era marcar y grabar el tempo de cada canción, los *beats* o golpes por minuto (por ejemplo, *Héroe de leyenda* tenía ciento veinte), con un par de compases antes a modo de claqueta. Entonces se programaban los ritmos de cada canción, utilizando una pista para el bombo, otra para la caja, el *charles*, cada timbal en la suya, igual que los platos, ecualizadas para conseguir el sonido deseado. Esa era la pauta rítmica que seguía el bajista para grabar su línea en cada tema. Sentado en una silla, con su Westone negro conectado directamente a la mesa de sonido y siguiendo las instrucciones del ingeniero, no le costó mucho a Joaquín grabar sus tomas al tener completamente interiorizadas las estructuras de las canciones.

La guitarra era más difícil de grabar por la misma complejidad del instrumento, con más cuerdas y posiciones que el bajo. Juan también tomaba asiento ante la mesa, con los cascos por los que oía las pistas de la caja de ritmos y el bajo, e interpretaba su parte de la canción siguiendo, ya en este caso, una estructura sonora más rica y reconocible. Su guitarra Fender Stratocaster de color rojo, comprada tras el concierto con Battiato en La Romareda, no estaba conectada a un amplificador de válvulas cuyo sonido, a su vez, se recogiera mediante micrófonos, lo que era considerado el método natural de grabarla, sino directamente a la mesa, donde se introducían los efectos con un *rack* Yamaha que daban como resultado una grabación de peor calidad. El sonido así resultante era más artificial y nasal. Otra vez lo mismo. Dada la premura de presupuesto y tiempo de que se disponía, es probable que se optara por este método más simple y directo. O quizá fue por comodidad, por falta de compromiso, y eso que Montesano estaba al cabo de la calle de lo que esa elección podía suponer. Haber grabado la guitarra mediante amplificador y micrófonos hubiera requerido más pruebas y esfuerzos, como habría pasado con la batería de Pedro si se hubiera utilizado esta en lugar de la caja de ritmos.

La voz era lo último que se registraba en una pecera adyacente al estudio, separada de este por cristales, insonorizada y revestida con cortinas para dispersar el sonido y evitar los ecos. Con los cascos puestos, por los que escuchaba las pistas ya grabadas, Enrique cantaba los temas hasta conseguir la interpretación perfecta, procurando, al repetirlas, alcanzar el mismo tono e intensidad. Y no solamente la voz principal, sino también los coros, que hizo él mismo para *Héroe de leyenda*.

El máster de la grabación de los tres temas, *Héroe de leyenda*, *La lluvia gris* y *El mar no cesa*, lleva por fecha el 8 de julio de 1987, aunque el parte de fin de trabajo es del 30 de julio, momento en el que se terminaron las mezclas. La fecha de publicación estaba prevista para el mes de septiembre de 1987, pero debido a un conflicto entre las emisoras de radio y las discográficas por el pago del canon de la SGAE solo salió a la venta el 25 de febrero de 1988, perdiendo la oportunidad de una imprescindible promoción navideña, un contratiempo notable dada la cifra mínima de ventas que les habían exigido: 5.000 copias. Mucha paciencia tuvieron que invertir los cuatro músicos, como se ve, y tragarse la ansiedad que debió de suponerles ese largo período de espera, entre la grabación y la venta, máxime si se tiene en cuenta que durante esos meses apenas ofrecieron actuaciones en directo.

Y todo para facturar un disco pop en el que la banda apenas tuvo margen de maniobra. No fue consultada sobre toda la serie de decisiones que iban a repercutir en el resultado final. Fueron los productores y el ingeniero quienes las tomaron. Los músicos se limitaron a seguir las pautas que les daban, algo en cierto modo lógico, pues todavía no conocían los factores que intervenían en el proceso de grabación de un vinilo. Más adelante, acostumbrados ya a estas situaciones, sobre todo desde la colaboración con Phil Manzanera, las decisiones serían tomadas siempre con la participación de los músicos. Pero entonces, en 1988, era demasiado pronto. Incluso a ellos mismos, al escucharlo por los altavoces del estudio, les pareció un producto más que competente, como recuerda Joaquín:

> En su momento nos llenaba. Lo escuchabas por las pantallas grandes de 200 vatios, a plena potencia y directamente de la cinta y resultaba espectacular. Sobrecogía. El sonido muy alto siempre enmascara los defectos. El resultado general es bueno, teniendo en cuenta que es una caja de ritmos y que se grabó en dos noches. Tampoco se podía hacer más.

En lo que abunda Juan:

> Entonces tampoco tocamos muy bien, también influye tener destreza para hacer más cosas. En En Bruto todavía somos un poco pop; *Héroe de leyenda*, todas las canciones

del primer LP son pop. Intentábamos interpretarlas más duras, pero yo no me ponía distorsión.

Sin embargo, el paso del tiempo fue cambiando la visión que ellos tenían sobre su primer trabajo: se había fabricado un disco blando, pop y sin garra, con una deficiente caja de ritmos, unas guitarras sin profundidad, un bajo casi inaudible y la voz de Enrique sobredimensionada. Dice Joaquín al respecto:

> El resultado final no pegaba mucho con nuestra música. No fue lo esperado. Luego vas desarrollando con el tiempo el espíritu crítico. Aunque, realmente, con esos medios no se podía hacer gran cosa.

Ellos, a esas alturas de su carrera, no se consideraban un grupo pop. Desde la incorporación a la guitarra de los efectos de la *reverb*, el *chorus* y el *delay*, en el otoño de 1985, la banda había evolucionado rápidamente en un camino imparable hacia el rock; una progresión confirmada día tras día por los más de treinta conciertos que ofrecieron entre el otoño de 1985 y la fecha de inicio de la grabación en Torrelaguna, en julio de 1987. Fue un proceso natural que seguiría ahondándose año tras año, gira tras gira, conforme la banda iba creciendo. Era la dirección que querían tomar por influencias musicales, gustos propios, actitud, modo de vida y la querencia al directo.

El mar no cesa se compuso nada más incorporarse Joaquín a la banda, cuando todavía estaba al frente de la batería Pedro Valdivia. Partía de un arpegio de guitarra de Juan, que tenía la idea instrumental bastante clara, y su progresión fue rápida. Otra canción compuesta en estado de gracia. Lo que más llama la atención son el desatado solo de guitarra y el texto adolescente de Enrique, otra vez cargado de sustantivos y adjetivos deprimentes. Pero ¿qué pasaba por la cabeza del letrista? Es algo que solo puede explicarse por la edad, los dieciocho años que tenía cuando escribió *El mar no cesa*, y esa falta de adaptación de los adolescentes a la realidad, siempre interpretada en tonos dramáticos. Era su estilo, así facturaba sus letras, y tardaría aún varios años en sacudirse esa tendencia.

Es también sorprendente que la canción, unos meses después, no se incluyera en el LP al que da título, aunque supera en calidad a otras que sí se editaron, como *La isla de las iguanas*, que desentona con el resto al ser un tema instrumental y con ritmo funky. A la banda, dejar *El mar no cesa* fuera del álbum homónimo le pareció una idea extravagante, un toque de rareza. Además, la habían reservado para la cara B de un sencillo. De esta manera, ambas decisiones buscaban suscitar el afán de los seguidores al ofrecerles sendos productos raros.

¿Por qué, entonces, se escogió *El mar no cesa* para el EP de debut? ¿Y *Olvidado*, el clásico de la banda? ¿Por qué quedaron también fuera otras composiciones recientes, que ya se habían registrado en el estudio de Carlos Frisas, como *Mar adentro*, *Flor venenosa* o *El estanque*? ¿Por qué entraron *Héroe de leyenda* y *La lluvia gris*? Así lo explica Joaquín:

> Se escogieron en consenso con Gustavo. Visto lo que teníamos entonces, estas tres canciones parecían las más significativas. Y para lo que Héroes fue después. Entraban más en la dinámica de lo que el grupo quería hacer. En *El mar no cesa* no estaba Pedro aún, pero en *La lluvia gris*, sí. Son las que más nos llegaban. Tiendes a grabar lo mejor. ¿Qué tenemos? *Héroe de leyenda* es una gran canción. *El mar no cesa* era de las nuevas que habíamos compuesto, tenía más musicalidad que el material anterior. Y *La lluvia gris*, igual.

Las tres se adaptaban mejor que otras, sobre todo las de la primera etapa que quedaron registradas en la tercera maqueta, *La última daga*, a las nuevas expectativas del grupo y a la evolución natural de sus composiciones. Además, habían sido interpretadas en los conciertos. Y eran también las que más gustaban, nadie se guarda en un cajón un gran tema si entra en un estudio para producir un disco que podría ser el último, como ya les habían advertido, si no alcanzaba las ventas exigidas por la discográfica. La decisión de abrir el EP con la versión maxi de *Héroe de leyenda*, característica de aquellos años, fue tomada por la compañía con el objeto de ayudar a la comercialización de su producto entre los ambientes discotequeros, decisión que, a la postre, y aparte del criterio artístico, tendría efectos beneficiosos para la banda. Y *La lluvia gris*. Su arpegio inicial fue creado por Juan en la habitación del hotel de Salamanca donde se alojaron para la final de 1986 del concurso de Radiocadena El Nuevo Pop Español. Luego, la canción fue completada ya por los cuatro miembros definitivos, consolidada la presencia de Pedro Andreu al frente de la batería, aunque él no pudiera tocarla en el estudio. Su ritmo festivo se deja notar ya en la introducción, en los limpios punteos de guitarra que la estructuran y en la voz melodiosa de Enrique, que apenas aporta dramatismo.

La primera edición del EP, la editada en febrero de 1988, se vendió deprisa. Lucía la portada que ellos denominan «azul», obra de Rafael Torres «Purpurina» sobre una fotografía de Pepe Belio, como rezan los créditos. En ella se ven los rostros de los cuatro Héroes, en tonos azulados y anaranjados, como en un negativo, sobre un fondo negro. Fueron a casa de Purpurina para comentar el diseño, que ellos veían en tonos oscuros, como la música que practicaban, adscrita a la onda siniestra del rock. Entonces, un verdadero acierto que satisfizo al grupo, que prefería no reconocerse en ese primer trabajo y mantener cierto anonimato, cosa que pronto sería imposible.

Las ventas se encargaron de que las cosas dieran un vuelco. Al superar las 5.000 copias previstas, la compañía comprendió que tenía un diamante en bruto en su catálogo y cambió radicalmente su política. No era cuestión de ocultar la cara de cuatro jóvenes apuestos. El público potencial que vislumbró era el de las quinceañeras enamoradizas, que entonces constituían un segmento muy determinado de clientes de las discográficas. Así que la segunda portada incorporó la fotografía de los cuatro músicos en actitud roquera, en plano americano contrapicado, posando sobre las vías de una estación de ferrocarril abandonada, un escenario casi apocalíptico, obra de Antonio Díaz. El diseño corrió a cargo de Pedro Delgado, propuesto por la discográfica y llamado a colaborar con la banda en años sucesivos.

Bien distribuido por los centenares de tiendas de discos que había entonces, el EP superó con creces las expectativas de la compañía. No solo vendieron los 5.000 ejemplares que les habían marcado como barrera para seguir trabajando para la discográfica, sino que llegaron a la friolera de 30.000, todo un récord en un producto de ese tipo y en una banda debutante. Un éxito que se convertiría en la norma en los siguientes trabajos, ya que todos sus nuevos álbumes alcanzaron las ventas suficientes para conseguir más de un disco de platino cada uno. Se han dado muchas cifras de lo que vendieron a lo largo de su carrera, generalmente basadas en estimaciones. Pero existe un dossier de la EMI, confeccionado en 2010, que contiene números concretos y fieles. Son ventas totales basadas en el sistema informático de la empresa, eso sin contar las que se produjeron con anterioridad. A estas habría que añadir las comprendidas entre 2010 y 2020, seguro que menores, pero no despreciables. En total, se estima que las ventas en España fueron de dos millones y medio; si sumamos las de Europa, con Alemania a la cabeza, y Latinoamérica, en este caso México, nos da un total de unos seis millones de ejemplares. Estos son los números para España de su discografía oficial:

Héroe de leyenda (EP): 95.000.
El mar no cesa: 373.000.
Senderos de traición: 617.000.
El espíritu del vino: 334.000.
Avalancha: 307.000.

Parasiempre: 275.000.
Rarezas: 148.000.
Canciones 84-96: 187.000.

Los derechos de autor de las canciones eran otro de los temas sobre los que tenían que definir una posición. Lo habían hablado con anterioridad y tenían una idea bastante clara, pero después de la grabación del EP y por la lógica insistencia de la compañía, preparada para distribuirlo en breve, se hizo imprescindible cerrar el asunto con un acuerdo formal. Fue en Madrid, en una habitación del hostal California, cuando rubricaron esa decisión, que Joaquín describe de este modo:

> Estando en una habitación de un hostal de la zona de Callao, cerca de la Gran Vía, decidimos entre los cuatro que la autoría de las canciones, independientemente de cómo fueran compuestas y quién las compusiera, sería de los cuatro. También las canciones de la primera época del trío. Teníamos muy buen rollo entonces, eran risas todos los días. En general, los derechos de autor se reparten un 50% para la música y un 50% para la letra. Pero decidimos que fuera al 25% todo, estuviera ya compuesto o por componer.

Aunque no se formalizaron por escrito ese día, los objetivos perseguidos pueden resumirse de este modo: por un lado, dar cohesión al grupo al garantizar esa posición de igualdad, en la que ninguno se viera relegado en lo artístico; evitar también discusiones interminables sobre el nivel de implicación de cada uno en las composiciones y los porcentajes respectivos, casi imposibles de calcular en actividades creativas colectivas, como era el caso; evitar, asimismo, que la elección de las ideas sobre las que la banda debía trabajar para construir sus canciones se convirtiera en una discusión eterna por razones de ego creativo o retribuciones; asegurar una implicación total en el trabajo de los cuatro músicos y que ninguno de ellos se sintiera poco comprometido o arrinconado del proceso, y, por último, garantizar la igualdad de retribuciones.

Fue un pacto entre amigos que no se trasladó a ningún documento y que dio el impulso definitivo que necesitaba la banda, una decisión que ellos piensan que los hizo más fuertes, los unió como grupo y los ayudó a centrarse en su carrera. En este punto debe reconocerse la generosidad de que hicieron gala tanto Enrique, autor de todas las letras, salvo la de *Olvidado*, y de las melodías vocales, como Juan, creador de un alto porcentaje de los arpegios que sirvieron de base a las canciones. La Ley de Propiedad Intelectual establece para las composiciones musicales un 50% de derechos para la letra y otro 50% para la música. La renuncia de Enrique a tres cuartas partes de estos derechos es digna de elogio. No quiso acaparar la remuneración total de las letras, cediendo a sus compañeros, en igualdad de condiciones, gran parte de lo que le correspondía. Algo parecido a lo que hizo Juan, autor de la mayoría de las melodías de guitarra del repertorio.

No obstante, cabe matizar que también Joaquín y Pedro intervenían en lo musical, completando las canciones con las líneas de bajo, las soluciones armónicas, las decisiones sobre estructuras y los ritmos de la batería. Por eso hubiera sido un trabajo penoso determinar la implicación exacta de cada uno. Un objetivo imposible. ¿Había que contar las notas, descomponer cada canción con una fórmula matemática? ¿Y a qué solución se le daba más valor? ¿A un cambio de tono, a un arranque de batería acertado, a una melodía vocal en un estribillo?

Por todo ello, es necesario reivindicar el papel que Pedro y Joaquín jugaron en la banda. Nadie duda de que los talentos de Juan, como guitarrista y compositor, y de Enrique, como letrista y cantante, fueran claves para la existencia y el éxito de Héroes del Silencio. Pero ¿qué hubiera sido de ellos sin la llegada del bajista y el batería? ¿Cuánto tiempo hubieran aguantado juntos, en guerra continua de caracteres? Tenían personalidades casi contradictorias. Juan, ensimismado y creativo, prefería abstraerse con su guitarra, y dedicar horas y horas a tareas de composición, trabajo que le daba confianza en sí mismo. Era esa su forma de comunicarse con el mundo, a través de su música, de una manera abstracta, puesto que así no necesitaba dar explicaciones. Estaba convencido de que sus arpegios y *riffs* debían ser el material que nutriera el alma creativa de la banda. Por el contrario, Enrique era un ser camaleónico que necesitaba el cambio tanto como respirar. Y mostrarse ante los demás sobre un escenario, aunque se sometiera al juicio de los otros y este juicio no siempre le gustase. Bebió de muchas fuentes literarias y musicales, llenó su cabeza con influencias de lo más variadas. Eso podría explicar su afán por montar y desmontar bandas musicales, incluso ya en la época en que se estaba consolidando la propuesta de Héroes del Silencio, cuando grabó maquetas con La Censura de los Cuentos y con Niños del Brasil, grupo con el que flirteó hasta que sus compañeros de Héroes, a las puertas de grabar el LP, le instaron a abandonarlo. Y dueño, también, de un carácter que estallaba ante la adversidad, incapaz de enfrentarse a los conflictos mediante el diálogo: él prefería sublimar las afrentas en sus letras y trasladar las traiciones al papel antes que solventarlas de tú a tú. Dadas las circunstancias, es posible que la colaboración de ambos en Héroes del Silencio hubiera estado abocada a un final prematuro y dramático.

Frente a ello, Pedro y Joaquín sirvieron infinidad de veces como antídoto de la discordia. Eran el colchón de la banda, la cohesión. Pedro y su vitalismo, que arrastró a los demás a la acción, a seguir hacia delante, a no desfallecer ni entretenerse en disputas. Joaquín y su equilibrio, que sirvió de referente, no en vano fue el único de los cuatro que siguió estudiando hasta que completó su carrera de Químicas en 1988. Sin ellos dos, es muy probable que Juan y Enrique se hubieran tirado los trastos a la cabeza muy pronto. Si no se hubieran juntado los cuatro, ellos y nadie más, la historia de Héroes del Silencio habría sido muy diferente. Seguramente hubiera existido un grupo con ese nombre, sí, pero con otras canciones, con otra dinámica, con otra perspectiva de supervivencia notablemente más corta. La labor compositiva y humana de Pedro y Joaquín fue fundamental para que se trabaran esas canciones y no otras, para que la banda durara once años y no once meses.

No hay constancia de que ofrecieran muchos conciertos ese verano de 1987. Hubo uno en Tardienta, que promovió la Diputación Provincial de Zaragoza, del que Juan no ha olvidado esta anécdota:

> Estábamos Joaquín y yo en una habitación. Veníamos los dos contentos después de irnos de marcha al acabar el concierto. Me tumbé en la cama, que era de lamas de madera, y se fueron rompiendo una a una y yo me iba hundiendo poco a poco. Joaquín se descojonaba.

Y otro en Robres, el pueblo de la familia de Juan. El ayuntamiento de esta localidad oscense y el parentesco del guitarrista propiciaron el evento, por el que no cobraron nada. El escenario era de tablas de madera. Cubriéndolo todo, en previsión de una tormenta estival, una carpa de tela blanca delimitaba un espacio de unos cincuenta metros cuadrados en medio del lugar elegido, el Plegadero. La gente del pueblo no hizo mucho caso del concierto. Los ancianos permanecían ante las puertas de sus casas, sentados en sus sillas de anea, un poco ajenos a todo ese tinglado que hacía un ruido infernal. Los jóvenes, con contadas excepciones, preferirían seguir en sus peñas, no en vano, en ese ambiente festivo estaba completamente normalizada la borrachera. Solo unos cuantos niños correteaban por allí, entre los pocos que esperaban el inicio del concierto. Sin mayor protocolo, los cuatro músicos subieron al inestable escenario, cogieron sus instrumentos y empezaron a tocar. Enrique, con una fórmula de cortesía, se dirigió al público. Las canciones se iban sucediendo de manera informal. En un momento dado, una enorme langosta llegó volando por el aire y se posó sobre la camisa de Juan. Pero el insecto siguió su vuelo sin que Juan se apercibiera del suceso. Como recuerda Pedro:

> El escenario tenía unas tablillas juntas que se iban separando, y se me metía el asiento de la batería por allí. Estuvo gracioso. Luego, cuando acabó la última canción, tiré las baquetas. Y decidimos tocar otra canción y tuve que pedirle las baquetas al que se las había quedado.

La juerga que se corrieron después fue de campeonato. Como iban a dormir en la casa de los abuelos de Juan, que había sido cuartel del ejército republicano durante la Guerra Civil, no tuvieron reparos en recorrer los bares y peñas de la localidad hasta el amanecer.

Por último, el concierto de las fiestas del Pilar con Puturrú de Fuá. Fue una noche fría y desapacible, de esas en las que Zaragoza resulta casi inhabitable por la combinación de factores: el cierzo despiadado, la cortina de lluvia, el frío de un otoño que anticipa el invierno. Sin embargo, 60.000 personas se congregaron en el paseo de la Independencia el 10 de octubre, casi todas para ver al grupo de Curro Fatás, Pepe Gros y Juanma Labordeta. En primera fila ya se veían las primeras hordas de seguidores de la banda, jóvenes y siniestros, bien distintos a los seguidores de Puturrú. Dice Juan:

> Después de tocar en el paseo de la Independencia con Puturrú, Roberto Azorín y Gustavo Montesano nos traen

una copia del primer disco de los Héroes, que todavía no estaba en las tiendas. Me lo quedé yo y lo escuché en mi casa. Ese disco nos lo entregaron en el Vips de la plaza de Aragón. Luego la salida se retrasó hasta 1988 y nos pusimos todos muy nerviosos. Estábamos deseando tanto que saliera que nos jodió mucho que se retrasara.

Adelantamientos

La de 1988 no fue una gira en sentido estricto. Ni siquiera tuvo nombre, a ninguno de los cuatro músicos se le ocurrió bautizarla. Más bien puede hablarse de conciertos sueltos, casi todos ofrecidos los sábados y en pequeñas ciudades de la Comunidad Valenciana y Aragón, con escapadas ocasionales a otras regiones del país. Respondían a las llamadas de los ayuntamientos que querían ofrecer, con ocasión de sus fiestas patronales, un entretenimiento distinto a sus conciudadanos. Gestionados ya por 10/Diez, la que sería su oficina de contratación hasta 1995, tampoco movían grandes medios técnicos. Como no podía ser de otra forma, les tocó empezar desde abajo, de una manera modesta, incluso teloneando a otros grupos de la misma agencia, como Loquillo y los Trogloditas, Gabinete Caligari y Alaska y Dinarama, ellos sí en la cresta de la ola.

El esquema de trabajo se repetía semana tras semana. El sábado por la mañana se reunían en el local de ensayo de la calle Rodríguez de la Fuente y procedían a cargar la furgoneta con sus instrumentos. Acto seguido, se subían a ella y salían de la ciudad, generalmente hacia el sur. La furgoneta. Cuántas horas llegaron a pasar sentados allí dentro, recorriendo las infernales carreteras del país, cuando todavía no había comenzado la construcción de la red de autovías que, a partir de 1992, vertebraría la geografía nacional. Era el lugar en el que pasaban más horas, medio dormidos, o escuchando música con esas cintas de casete que ellos mismos grababan con sus grupos favoritos, fumando sin parar, sin poder conectar el aire acondicionado, eso si el vehículo de alquiler lo tenía. A toda costa se debía preservar la voz de Enrique, sometida a mil peligros, el frío amenazando su garganta. Y vestidos ya de negro riguroso, con los sempiternos pantalones de cuero, las botas de tacón cubano, las cazadoras a modo de almohadas. Si aquel año, 1988, hicieron, aproximadamente, 17.700 kilómetros para atender 31 conciertos, basta hacer una sencilla operación matemática para calcular las horas de encierro en la furgoneta: una media de seis horas y treinta minutos para cada concierto, entre ida y vuelta.

Entonces, la palabra «autovía» no formaba parte del vocabulario del automovilista español. Todo lo más, «autopista», y estas limitadas a las que unían Barcelona con Zaragoza, Zaragoza con Bilbao y La Jonquera con Alicante. Por ejemplo, para ir desde Zaragoza hasta la Comunidad Valenciana, polo de atracción de la mayoría de los conciertos, tenían que tomar la N-234, un suplicio que Joaquín todavía rememora:

> Había tramos desde Daroca a Monreal del Campo malísimos, estuvo mucho tiempo la carretera reventada y sin asfaltar. Íbamos en la furgoneta con los instrumentos dando botes durante muchos kilómetros. Era una auténtica locura, un infierno. Luego llegabas a Valencia y había mucho tráfico. Antes de llegar a Sagunto muchas veces nos quedamos parados por atascos. Y luego los camiones, que no eran como los de ahora, iban a sesenta o setenta. Era muy difícil adelantarlos. Eran viajes somnolientos.

Un infierno, aunque ellos no se lo tomaban como tal. Eran muy jóvenes —Joaquín, el mayor, tenía veintidós años, Enrique, veinte— y la sensación general que les embargaba era la de estar viviendo una fiesta continua.

Lo daban todo sobre el escenario. Lo hicieron en 1988, como lo habían hecho desde 1985 y seguirían haciéndolo hasta 1996. Era su razón de ser, quizá más que la composición, que la grabación, eso de subirse al escenario, tomar los instrumentos y pasarse una hora interpretando su todavía escaso repertorio. Con entrega y pasión, para no defraudar, para que el público sintiese la necesidad de repetir, para que los primeros fans se plantearan ya, en fechas tan tempranas, la posibilidad de seguirlos concierto tras concierto gastándose el dinero en gasolina, cámpines baratos y bocadillos.

Y luego la euforia. Nada más terminar, la adrenalina estaba tan alta, circulaba con tal virulencia por las venas de sus cuerpos, que ya no podían estarse quietos. Necesitaban fumarse unos canutos, beberse unas cervezas, comentar las vicisitudes de su espectáculo. ¿Quién les podía traer una caja de cervezas? ¿Dónde quedaba el bar más cercano? Y atender a los fans que se agolpaban a la puerta del camerino. También a algún medio de prensa local, revistas de aficionados, fanzines de copistería. Se hacía tarde, había que regresar, y entonces el hambre hacía acto de presencia para sustituir, como sensación reinante, a la excitación del concierto.

No había nada para comer. Como «autovía», la palabra «cáterin» estaba fuera del vocabulario para un grupo de rock en gira en 1988. O al menos en su nivel. Ya de madrugada, después de la descarga de adrenalina del directo y de atender a medios y fans, cuando cerraba la discoteca o tenían que abandonar los improvisados camerinos, llegaba la hora del hambre. Ya no había bares abiertos y mucho menos restaurantes, tampoco los que se alineaban a lo largo de las carreteras nacionales para dar servicio a los camioneros, que debían de estar durmiendo en sus cabinas. Ninguna posibilidad. Una manera muy natural de adelgazar, esa de no comer nada después de una hora de ejercicio sobre el escenario, sudando bajo los focos y con las prendas de cuero adheridas a la piel. A veces, Joaquín, el más previsor, se llevaba un bocadillo:

A las tres o cuatro de la mañana entraba el apetito. Nos tragábamos a puñados los cacahuetes del minibar de la habitación. Yo me llevaba bocatas en una mochila. Los demás no solían hacerlo. Me encerraba en mi habitación para comérmelo.

Desde el mediodía, no se habían metido nada en el cuerpo, aquella comida de menú barato de carretera quedaba tan lejana que ya no era ni un recuerdo, esos restaurantes que se escogían porque a la puerta había muchos camiones estacionados y si allí paraban los camioneros, los gourmets de la carretera, eso significaba que debía de comerse bien y sobre todo en abundancia y barato: fuentes de pasta y carne con patatas, huevos y chorizo, chuletas de cordero, pan abundante, vino con gaseosa y flanes de la casa, bien grandes y con mucho caramelo, para postre. Y luego doce horas sin comer. Y sin posibilidad de enmienda. Recogerían sus instrumentos, se subirían a la furgoneta, pondrían rumbo a Zaragoza con la mirada puesta en los restaurantes cerrados, las luces apagadas, que se encontraban en las nacionales. Quizá, si había suerte y localizaban alguna gasolinera abierta, podrían comprarse bolsas de patatas fritas, chocolatinas, fruslerías que habrían de devorar como si no hubiera un mañana. Luego, ya en Zaragoza, todavía les aguardaba la penosa tarea de bajar los instrumentos al local, un sótano que tenía unas escaleras endemoniadas. Pero sí había mañana. Y alegría, todo era fiesta y celebración; ríe Pedro al recordar:

> Tenías un hambre del copón, no podías comer nada, te volvías medio loco. Llevábamos unas ampollas rojas para darte hambre. Estábamos en un sitio y nos entró el hambre absoluta, pero no teníamos nada para comer. Así que nos tomamos las ampollas a ver si podíamos darle la vuelta al marcador, para que la propia hambre te quitara el hambre. Creo que lo conseguimos porque no me acuerdo de más.

A pesar de que entre concierto y concierto disponían de muchos días libres, no por ello se quedaban de brazos cruzados. Otro tipo de actividades los mantenían ocupados. Por un lado, los trabajos de composición y arreglo de las nuevas canciones, temas como *Agosto* o *Hace tiempo*, que pasarían a engrosar el primer LP completo de la banda. Y la grabación de este LP, *El mar no cesa*, que se verificó en dos tandas, entre el 2 y el 6 de mayo y entre el 5 y el 9 de septiembre de 1988. Por otro, una de las obligaciones a las que debían someterse los grupos que fichaban por multinacionales como la EMI: la promoción. Eran actos que no podían eludir, formaban parte de sus cláusulas contractuales, aparte de que ellos, en el arranque de su carrera, seguían viendo cualquier acontecimiento, hasta la más tediosa entrevista, como una oportunidad para conocer mundo y divertirse.

La consigna era aprovechar el tiempo al máximo. Llegaban a la ciudad escogida, hubiera o no concierto programado en ella, y se ponían en manos del personal especializado de la discográfica. Una rápida visita al hotel para dejar el equipaje y enseguida comenzaba el periplo por las emisoras de radio. Allí, los periodistas de turno los sometían a su batería de preguntas, más o menos afortunadas, y ellos iban respondiendo entre los cuatro, como una banda unida, al menos en estos primeros compases de su carrera musical. El miedo que los invadía antes de comenzar se disipaba pronto. Nadie mejor que ellos conocía su trabajo, su forma de componer, sus aptitudes para el directo, los proyectos que les rondaban en sus cabezas en forma de nuevas canciones. Las preguntas, entonces, se iban sucediendo conforme ellos ganaban en confianza, y al final se tenía la sensación de que la entrevista se había hecho corta. Eso sí, debían tener un cuidado especial cuando les preguntaban sobre los responsables de la grabación tanto de su EP, *Héroes del Silencio*, como del LP, *El mar no cesa*, los productores, Gustavo Montesano y Roberto Azorín, y el ingeniero de sonido, Steve Taylor. Los defectos de las grabaciones, que los había, quedaban ocultos entre expresiones de reconocimiento y entusiasmo. Lo contrario hubiera sido contraproducente.

Y luego estaban las televisiones. En 1988 y 1989 no había cadenas privadas y la oferta se circunscribía a los dos canales de TVE y las televisiones regionales, con ETB, TV3 y TV Galicia a la cabeza, y las incipientes Canal Sur y Canal Nou de Valencia, recién llegadas a las ondas en 1989. En todas ellas, el ritual era algo más sofisticado, puesto que requería pasar por maquillaje y enfrentarse a las cámaras en el plató. Nada a lo que no pudieran habituarse con rapidez, sobre todo teniendo en cuenta lo fácil que era simular que tocaban en los *playbacks*. Bastaba con preocuparse de que sus movimientos coincidieran con la música, de que sus manos se amoldaran a sus guitarras según se sucedían las notas, teniendo en cuenta que ni siquiera estaban enchufadas a los amplificadores. Y la recompensa era notable cuando coincidían en las salas de maquillaje y los platós con artistas españoles como Gila, Martes y Trece o Los Chunguitos, y con grupos de la escena internacional de la talla de REM, Eric Clapton, Johny Cash o Jerry Lee Lewis. En una ocasión, al final de un programa presentado por José Luis Moreno, se produjo la escena típica en la que todos los artistas invitados coincidían en el plató, en un posado final ante las cámaras entre sonrisas, aplausos y saludos. Ellos, serios y circunspectos, situados junto a Enya, asistieron al paripé con cierto aire de suficiencia, distantes y de negro riguroso, como si aquello no fuera con ellos. Pero iba también con ellos, claro que sí. Desde entonces, cada vez que la compañía editaba un sencillo y Los 40 Principales lo promocionaban —*Flor venenosa*, *Mar adentro*, *Fuente esperanza* o *Agosto*—, viajaban a Madrid, hasta los platós de Prado del Rey, para grabar su *playback* en los diferentes programas musicales de la época. Luego era todo un lujo, un orgullo indisimulable, ver desde casa la retransmisión en diferido del evento, entre halagos de la familia, llamadas de amigos y una indisimulable sensación de triunfo.

Así, de 1988 cabe destacar la actuación, el 24 de febrero, en *A tope*, de TVE 1, la primera vez que hicieron *playback* en un programa de alcance nacional. Interpretaron *Héroe de leyenda*, el sencillo en promoción en esas fechas. Si se repasa el vídeo, colgado en internet, lo que más llama la atención es la actitud de Enrique. Con su imagen típica, de negro y su larga melena rubia, apenas se mueve sobre el escenario, en acentuado contraste con lo que solía hacer en los conciertos. Lleva su guitarra acústica colgada del cuello y mira directamente a la cámara casi todo el tiempo que dura la actuación, como si quisiera fijar su mirada justo en los ojos de sus fans. Viendo su estampa, no es extraño que la EMI intentara, en esta primera etapa de vida de Héroes del Silencio, basar la promoción del grupo en su imagen personal.

Y este esquema se repetiría en otros tantos programas de la época, como *3 x 4*, presentado por Julia Otero, *Tal cual*, de Manuel Hidalgo, y *Por la mañana*, el matinal de Jesús Hermida donde interpretaron *El mar no cesa*. Y también en Sant Cugat del Vallès y el programa *Si lo sé no vengo*, donde coincidieron con dos bandas con las que tantas cosas compartirían, además de agencia de contratación y compañía discográfica: Gabinete Caligari, que paseaba por el país su exitoso *Camino Soria*, y Alaska y Dinarama, con el no menos superventas *Bailando*. Más tarde, el 18 de febrero de 1990, con ocasión de la salida al mercado del LP *El mar no cesa*, presentarían en *Rockopop Flor venenosa*. Lo cierto es que eran programas que la juventud seguía en masa, en horarios de máxima audiencia.

Otro de los actos de promoción a los que tenían que atender era la firma de discos. La discográfica solía acordarlas con El Corte Inglés, que se encargaba de publicitar el evento. El 24 de febrero de 1990 firmaron en el gran almacén de la marca en Zaragoza. Se vendieron, y por lo tanto tuvieron que firmar entre los cuatro, 270 ejemplares, entre el EP y el LP. Unos días después, el primero de marzo, en el de Valencia, superaron la cifra al alcanzar los 375 discos vendidos. Y lo más notable: tuvieron que salir corriendo hasta el taxi que los esperaba ante el acoso de las decenas de fans que allí se agolpaban. Un fenómeno, este de las fans, chicas muy jóvenes enfervorizadas sobre todo con Enrique, que iría multiplicándose año tras año. La EMI había intentado encasillarlos entre los grupos para adolescentes de la época. Ellos nunca se lo tomaron bien, se consideraban una banda de rock, a la vez que defendieron a esas muchachas apasionadas ante los ataques irracionales de cierto tipo de críticos. Además, y esto saltaba a la vista en sus conciertos, el público que acudía a verlos, cada día más numeroso, estaba formado por jóvenes de ambos sexos pertenecientes a diferentes tribus urbanas. Las fans más aguerridas ocupaban las primeras filas. Solo eran un sector de sus seguidores, aunque las más ruidosas.

Es probable que el concierto más importante del año 1988 fuera el que ofrecieron el 5 de marzo en Castellón, patrocinado por la Cadena SER, y que fue emitido para toda España a través del programa *El gran musical*. Y la razón fue el cúmulo de novedades que experimentaron esa noche en un recinto al aire libre, eso sí, con poco público.

Fue la primera vez que la agencia de Ignacio Cubillas «Pito», 10/Diez, se encargaba de la organización del concierto. Se les asignó a la que sería su primera *road manager*, Eugenia López, que venía de atender en sus giras al grupo gallego Golpes Bajos, de Germán Copini y Teo Cardalda. Fue ella la responsable de que por primera vez tuvieran cada uno de los cuatro músicos una *playlist* o lista de los temas que iban a tocar, escrita pulcramente a mano sobre un papel de propaganda de Estrella Dorada: *La última daga* (que pasaría a llamarse ...*16*), *El mar no cesa*, *Flor venenosa*, *La isla de las iguanas*, *El estanque*, *La lluvia gris*, *No más lágrimas*, *Héroe de leyenda*, *Fuente esperanza*, *Mar adentro*, *La visión* y *Olvidado*. Eugenia, además de *road manager*, sería la pareja sentimental de Juan, y terminarían por casarse en el verano de 1994. Sería sustituida como mánager por Martín Druille para la gira del LP *Senderos de traición*, a finales de 1990.

Otra novedad fue la incorporación del técnico de sonido conocido como Jota, de la empresa Sonosur, que venía de trabajar con Danza Invisible. Escéptico como casi todo el mundo ante el sonido pop y blando del EP de debut de la banda, quedó sorprendido por la apuesta decididamente roquera de Héroes del Silencio.

Tuvieron que compartir escenario con Los Ronaldos, sus más claros competidores en la escalada hacia el estrellato al coincidir en una propuesta musical parecida y dirigida al mismo tipo de público. Los Ronaldos eran los chicos malos de Madrid, desafiantes y descarados, que practicaban un rock and roll con influencias de rythm & blues y letras directas escritas por Coque Malla. Por el contrario, ellos pasaban por ser los muchachos de provincias que, supuestamente, practicaban un pop blando dirigido a niñas, con letras poéticas y prácticamente ininteligibles. La rivalidad entre ellos podía remontarse al año 1986 y al festival de Radiocadena en Salamanca. El ganador del amañado concurso, el grupo madrileño Las Ruedas, estaba integrado, entre otros miembros, por Miguel Malla, hermano de Coque, y Ricardo Moreno, que se convertiría también en el batería de Los Ronaldos. Sin embargo, después de su exitoso *Saca la lengua*, su segundo álbum editado en ese mismo año de 1988, que contenía el *hit Adiós papá*, el grupo madrileño iniciaría un lento declive que coincidiría, casi punto por punto, con la eclosión de sus rivales de esa noche, que verían acercarse el éxito con *El mar no cesa* y confirmarlo con *Senderos de traición*.

También fue la primera vez que se vieron rodeados por los jefes de la Cadena SER, por José Antonio Abellán, que había viajado a Castellón desde Madrid, y por Fernando Martínez, que hizo lo propio desde Barcelona. Incluso Rafael Revert, fundador de Los 40 Principales allá por 1966, se desplazó para asistir al concierto de las dos promesas más firmes del rock español. Todos fueron al Grao de Castellón para celebrar el encuentro en un restaurante. Empezaban a estar en la cresta de la ola, disponían de unas condiciones técnicas por primera vez decentes, rodeados de la plana mayor de las radios nacionales, que estaban dispuestas a apostar fuertemente por ellos. Y, lo más importante, la retransmisión por radio del concierto los ponía en el candelero. Que tu música sonara en las emisoras de la SER por toda la geografía nacional era algo al alcance de pocos. Habían grabado el EP, estaban a punto de entrar en el estudio para registrar *El mar no cesa*, se codeaban con los jefazos del negocio, compartían cartel con otro grupo en progresión. ¿Qué más podían pedir?

A lo largo de 1988 tuvieron que tomar una decisión que sería de suma importancia para su carrera: quién sería su representante. En un principio, y debido a la firma del contrato con Gustavo Montesano y Roberto Azorín, eran ellos dos los que se habían convertido, además de productores, en los representantes artísticos en exclusiva. Una de las cláusulas del contrato estipulaba que gestionarían todo lo relacionado con la banda, desde los compromisos con la discográfica hasta la contratación de actuaciones y galas tanto en España como en el extranjero, a cambio del 20% de las sumas percibidas. El objetivo de Montesano y Azorín parecía claro: puesto que ellos se habían erigido en sus descubridores, desde el concierto celebrado en la sala En Bruto el 10 de enero de 1987, puesto que ellos habían conseguido el contrato con la EMI y habían codirigido, como productores, la grabación del EP *Héroes del Silencio* y se disponían a hacer lo mismo con el LP *El mar no cesa*, también controlarían las actuaciones en directo de la banda. Parecía lógico que se blindaran de esa manera. Luego, a la hora de la salida a la carretera, les bastaría con escoger un mánager competente y cederle esa parte del negocio. Ellos no podían asumir ese papel. Montesano era el principal compositor de Olé Olé, grupo en gira casi continua durante ese año, y Azorín estaba permanentemente ocupado entre sus trabajos en la radio y sus labores de productor. Es entonces cuando entra Pito en la vida del grupo, como cesionario de la representación para los conciertos que se contratasen a lo largo de 1988. A cambio, debía reservar el 1% de las ganancias para Montesano y otro tanto para Azorín. Este fue el pacto. Después de la gira, la decisión sobre con quién continuar sería un asunto que atañería en exclusiva a la banda.

Hubo varios candidatos para hacerse con un puesto que se revelaría inmensamente lucrativo. Se barajó a Toni Caravaca, peripecia que todavía recuerda fielmente Juan:

> Ese era representante de Rocío Jurado, de los grandes de la música española, de Olé Olé. Nos invita a comer a todo el grupo y a Gustavo Montesano en el hotel Corona de Aragón, en Zaragoza. Quieren quitarse a Pito y que nos lleve Toni Caravaca. Nos promete el oro y el moro y nos convence. Le decimos que sí, que nos vamos a ir con él y que vamos a dejar a Pito. Lo hablamos en el local de Rodríguez de la Fuente y decidimos quedarnos con él, pero le decimos que se lo vamos a decir nosotros a Pito, que sobre todo no le diga nada a Pito antes de que nosotros hablemos con él. Estamos un poco acojonados de dejar a Pito, nos autoengañamos de que nos ha conseguido pocos conciertos. Y llamo yo a Pito desde la cabina de teléfono de al lado de Rodríguez de la Fuente: «Pito, que soy Juan». «¡Eh! Que ya sé lo que me habéis hecho, porque ya sé que os vais con Toni Caravaca.» Total, que nos sentimos engañados y lo que hago yo es llamar a Toni Caravaca y echarle la bronca: «Te dijimos que no se lo dijeras a Pito y se ha enterado, pues ya no nos vamos contigo». Y lo mandamos a paseo.

En todo caso, ¿podría haber funcionado un representante especializado en cantantes melódicos, de una escena musical tan diferente a la que ellos querían adscribirse?

Descartado Caravaca, se pusieron en contacto, en este caso gracias a la intermediación de Roberto Azorín, con Cristóbal Cintas, representante de grupos como Barricada o Leño. Un giro de ciento ochenta grados. Cintas era el mánager más curtido de la escena del rock urbano español, aquella que apostaba por el heavy, los equipos sofisticados y el virtuosismo de los músicos. Fueron a visitarle a su casa en Madrid, que estaba prácticamente vacía, sin muebles. En la pared principal de su desangelado salón tenía un gran mapa de España con tres o cuatro alfileres clavados en otras tantas ciudades: eran los conciertos previstos para sus representados. Aquello les pareció poca cosa, aunque Azorín y Montesano le dieron la vuelta al argumento: puesto que Cintas solo llevaba dos grupos y estos no parecían suscitar mucho interés en los promotores, podría dedicar más tiempo y esfuerzos a la tarea de buscarles conciertos a ellos. Lo contrario que Pito, argumentaban, que tenía muchos grupos y una agenda muy exigente, y que por lo tanto les dedicaría menos tiempo y esfuerzos. Pero ellos no quedaron muy convencidos de estos razonamientos y decidieron seguir buscando.

Un nuevo cambio de rumbo los lleva a pensar en las representantes de los grupos más importantes de la Movida. Barajaron los nombres de Paz Tejedor, que organizaba las giras de Radio Futura, y de Rosa Lagarrigue, que hacía lo propio con Mecano. Sin embargo, estas elucubraciones no pasaron de allí, y ni siquiera llegaron a ponerse en contacto con ellas. Su objetivo estaba ya fijado en el que parecía ser el mánager del momento. Además, ¿no estaba llevando con buen criterio la contratación de conciertos de 1988? Es cierto que no eran muchos, que el caché no era para tirar cohetes, pero se habían sentido bien tratados por él al haberles cedido un buen técnico de sonido, Jota, y una *road manager* bregada en la carretera, Eugenia.

Pito se había hecho a sí mismo desde los inicios de la Movida. Acompañante de Alaska y los Pegamoides en sus primeras giras, pronto decidió tomar las riendas de ese negocio emergente y convertirse en representante de los grupos que empezaban a proliferar en el panorama español. Se hizo con los más importantes, como la mencionada Alaska, tanto en su etapa de Dinarama como de Fangoria, Loquillo y los Trogloditas, Gabinete Caligari, Derribos Arias, Nacha Pop o Los Coyotes, entre otros. Su agencia, 10/Diez, empezó a crecer de forma exponencial. Incluso había llegado a negociar con Rafael Revert la entrada de los grupos de las discográficas independientes en la rueda de Los 40 Principales. Era el hombre de moda. Llegaba en su Toyota Celica blanco con esos aires juveniles y desenvueltos, vistiendo a la última, y los invitaba a cenar en los restaurantes más chics de Madrid, pagando ostentosamente con su Visa Oro. Luego los llevaba por los garitos de la noche madrileña, y, saludando a unos y a otros, daba la sensación de ser uno de los personajes más influyentes del momento. Además, su cartera de grupos era digna de respeto. Pedro comprendió el lugar que ocupaban entre sus preferencias:

> Igual que Pito era fan de Alaska y era, quizá, fan de Gabinete, y un poco menos de Loquillo, no era fan de Héroes. Quizá era fan de Enrique, pero de Héroes, no. Pito estaba más cerca de un tipo de música que hasta cierto punto nos podía encajar, aunque luego Alaska y Nacho Canut nos pusieran a parir. A nosotros no hay nadie que no nos haya puesto a parir, que yo conozca.

Ellos se sentían mucho más afines en lo musical con la empresa de Pito que con las de Toni Caravaca, obviamente, o Cristóbal Cintas. ¿Había otra posibilidad? ¿Podrían oponerse Gustavo Montesano y Roberto Azorín?

No, no pudieron oponerse. El acuerdo al que habían llegado para la representación a cambio del 1% para cada uno se habría de romper. Al final, Montesano y Azorín se vieron forzados a rescindir el contrato por varias razones: los dos parecían demasiado enfrascados en sus respectivos trabajos como para poder ocuparse dignamente de la carrera de Héroes del Silencio; la banda prefería a Pito, después de haber barajado diversas opciones y de haber constatado que era el más adecuado para ellos, y quizá lo más importante: teniendo en cuenta el tipo de producción que habían hecho tanto del EP como del LP, también tenían claro que necesitaban otro profesional que dirigiera las futuras grabaciones. Así que el negocio se saldó con una intervención de la discográfica, que tuvo que indemnizar a Montesano y a Azorín con una cantidad suficiente para apartarlos. Una buena noticia para la banda. Los entendidos les auguraban un futuro brillante. Pito también les auguraba ese horizonte de triunfo y popularidad. Y todo a cambio del 20 % de la facturación. Tan solo una parte de las cinco en que deberían, a partir de entonces, dividirse las ganancias de la banda. Una cifra que daría mucho que hablar en el futuro, pero que entonces parecía un trato equitativo y habitual en el mundo musical en el que se movían.

Conviene, también, hacer una lectura menos ingenua del contrato que cerraron con Pito. El grupo se ponía en las manos, confiando de esta manera sus intereses económicos, de una empresa acostumbrada a ganar dinero como fuera, a costa de la ilusión desmedida de cuatro muchachos por subirse a los escenarios y tocar ante su público. Para la gestión del nuevo y lucrativo negocio, se ponían en marcha las estratagemas características de este tipo de empresas, a las que no era ajena 10/Diez: la confianza ciega en el prestigio de su líder y factótum, Pito, acostumbrado a engatusar a sus clientes con la redacción de unos contratos enrevesados y crípticos, de difícil comprensión para los músicos, quienes, además, carecían de representación legal, y a rendir unas cuentas también de dudosa verosimilitud que escondían mil triquiñuelas para sacar el máximo provecho económico de la ignorancia. Una gestión, en fin, llevada más por el afán de lucro que por la profesionalidad, ni que decir tiene que por la honradez.

El resultado: ya en 1988, las cuentas que la agencia pasó a Héroes del Silencio como liquidación del año fueron un ejemplo de incongruencia y falta de rigor, por hablar suavemente. Todo se reducía a un listado de los conciertos, con una columna de Debe y otra de Haber. Sin embargo, ni había ingresos en todos los conciertos, ni gastos en muchos de ellos, solo cifras cambiantes y sin sentido.

Debe reconocerse que, en cuanto a la contratación de conciertos, la oficina de Pito se puso las pilas. No lo tenían muy difícil, ya que le bastaba con incluirlos como teloneros en los largos listados de actuaciones de sus grupos estrella. Por un lado, estaba la posibilidad de que acompañaran a Loquillo y los Trogloditas, en la cresta de la ola en esos momentos. Acababan de editar en la EMI, en febrero de 1988, *Morir en primavera*, que fue doble disco de oro, y solían congregar a miles de seguidores en cada uno de los muchos conciertos que ofrecían en sus interminables giras.

La primera vez que telonearon a Loquillo y los Trogloditas fue el 9 de mayo de 1988 en el Pabellón de Deportes del Real Madrid, en un concierto multitudinario en el que también participó Germán Copini, en solitario después de haber disuelto Golpes Bajos. Héroes del Silencio fueron los primeros en subir al escenario y la cosa no pudo salir peor. Después de haber interpretado siete u ocho temas, el sonido de la guitarra de Juan cayó en mitad del concierto, algo que todavía le sigue doliendo:

> A mitad de concierto, estoy yo tocando y de repente deja de sonar la guitarra y van todos los técnicos de sonido y tal. Pasa la canción muy mal y no puedo tocar, y la siguiente. Mis compañeros siguen tocando, pero mi guitarra no suena. Luego yo estoy muy hecho polvo en el camerino y el jefe de

EMI me viene y me abraza: «No te preocupes, no pasa nada». Todo me afectaba mucho, había mucha gente. Pero, con el mini LP grabado, teníamos motivos para estar contentos.

En 1989 llegaron a tocar tres veces con Loquillo y los Trogloditas, la última de ellas el 22 de septiembre en Castellón. De nuevo en Castellón, esta vez acompañando al mejor grupo de directos y en una plaza de toros a reventar de gente. No podían fallar. Y no fallaron: no hubo problemas técnicos, no se cayó la guitarra. Al revés, las quejas vinieron del lado de Loquillo, que se enfadó con Pito airadamente. Estando los músicos en el *backstage*, junto a Pito y Floren Moreno, el técnico de sonido de Héroes del Silencio, e Iñaki Altolaguirre, técnico de sonido de los Trogloditas, Loquillo empezó a despotricar de la potencia que se le había dado a su banda, a su juicio menor que a Héroes. Era algo que no podía volver a pasar nunca más. No era de recibo que la banda invitada hubiera disfrutado de ventajas técnicas sobre la suya, estrella indiscutible de la noche. Las cosas empezaban a cambiar.

Fue el 12 de mayo de 1990 cuando cambiaron definitivamente. Ese día, en el Auditorio de la Casa de Campo, en Madrid, de nuevo compartían cartel con Loquillo y los Trogloditas. Después del concierto, la opinión generalizada entre el público y la prensa fue que los verdaderos triunfadores de la noche habían sido Héroes del Silencio. Ya estaban ofreciendo como primicia algunas canciones del exitoso *Senderos de traición*. *Entre dos tierras* era un *hit* imbatible, que funcionaba perfectamente en el arranque de los directos. La gente quería verlos y escucharlos a ellos, y empezaban a sobrarles los grupos añadidos. De este adelantamiento en toda regla se hizo eco la prensa. Así, en el diario *ABC*, edición del 14 de mayo de 1990, M. M. C. escribe:

> El grupo invitado de la noche, Héroes del Silencio, merecía, a fuer de la respuesta del público, haber disfrutado

de un concierto propio en condiciones estelares. Fue, sin duda, un buen aperitivo la actuación de los zaragozanos, una de las pocas bandas españolas que se inspiran en los grupos siniestros y neopsicodélicos británicos, con claras referencias al rock épico. Infatigables guitarras «atmosféricas» y arrolladora personalidad de su vocalista, Enrique Bunbury, aunque algo monótono y grandilocuente.

Loquillo se veía como la gran estrella del rock cuando, entre 1988 y 1990, sintió llegar la alargada sombra de Enrique Bunbury, quien le arrebataría el papel de gran divo de la música española. Son cosas que duelen, aunque también es cierto que, con el tiempo, Bunbury y Loquillo harían buenas migas y colaborarían en diferentes proyectos.

Otra opción de 10/Diez era sumarlos a los conciertos de Gabinete Caligari. Así se hizo en la plaza de toros de Ávila, el 19 de julio de 1988, en una noche que transcurrió sin incidentes. El técnico de sonido del concierto, Floren Moreno, máximo responsable de la empresa Turborent, que hacía la gira de Gabinete, pudo conocer de primera mano la decidida apuesta roquera del grupo de Zaragoza. La escena está grabada en la cabeza de Juan:

> Somos unos pardillos. Estamos ahí, pero con los ojos como platos, viendo a las grandes estrellas. Queríamos ser como ellos. Ellos nos llevaban unos años de ventaja. Íbamos de teloneros, con una gira ya programada, despegando, con un poco de éxito. Son momentos muy bonitos. Daban miedo porque tenían cinco años más que nosotros, eran de la Movida de Madrid. Nosotros llegamos pisando fuerte, fuimos a Ávila a tocar con ellos. Conocimos a Floren. Floren vio que de repente empiezo a sacar Marshall, uno, dos, tres, grises, enormes. Y Floren, que en el fondo quería rock, empieza: «¡Hostia! ¿Quién es este tío?».

Justo dos años después, el 19 de julio de 1990, también en la plaza de toros de Ávila, se repitió el cartel. Gabinete de artista principal, aunque después de la grabación de *Privado* en 1989 había comenzado su lento declive, y Héroes del Silencio como telonero. De nuevo una noche de juerga confirmó las buenas relaciones que existían entre las dos bandas. Sin embargo, en esta ocasión la respuesta del público fue algo diferente. O al menos esa impresión le quedó a Jaime Urrutia, que en unas declaraciones de 2007 para el documental *Senderos de gloria: el regreso de Héroes del Silencio*, dijo:

> Recuerdo perfectamente a Enrique Bunbury tirándose al público con su melena rubia espectacular. La verdad es que todavía el repertorio de Héroes no era muy conocido, pero tenían la plaza de toros dando botes. Tenían algo especial, que se habían quedado con la gente. Yo le dije a Pito después de acabar el concierto: «Mira, tío, no me pongas más a estos teloneros, que yo también quiero un poco mi espacio de gloria».

Otro adelantamiento. Como pasaría con Alaska y Dinarama y con Fangoria, aunque en este caso las afinidades musicales fueran notablemente menores. Alaska y Nacho Canut abominaban de la música, la imagen y el estilo de Héroes. Sin embargo, Pito organizó varios conciertos para ambos grupos, a pesar de esas divergencias de fondo.

El primero de ellos, el 1 de octubre de 1988. Dos años después, en Valencia, se produciría un fenómeno parecido al que habían vivido con Loquillo y los Trogloditas y Gabinete Caligari. Esto es lo que escribió el crítico Dany Grau en *Mediterráneo* en junio de 1991:

> Sin embargo, la nueva formación de Alaska no recibió tan magno recibimiento. Los reyes de la noche eran los maños y ni

la avalancha de sonidos sintetizados ni la proyección de vídeos e imágenes sobre el escenario pudo despertar a una audiencia excesivamente volcada en el grupo estrella. No obstante, Fangoria hicieron lo que de ellos se esperaba: espectáculo. Y a sus fans, que alguno habría, difícilmente los defraudaron.

En solo dos años, de 1988 a 1990, se habían invertido los términos: el telonero adquiría, por derecho propio y aclamación popular, la condición de principal, y el principal, mal que le pesara, la condición de telonero. Un recambio generacional tan lógico como necesario, no en vano aquellos grupos habían comenzado sus actividades a finales de los setenta e inicios de los ochenta, y diez años después, en los estertores de la Post Movida, la savia nueva del rock and roll reclamaba su espacio.

22 de junio de 1991. Otra fecha importante en la historia de la banda. Aquel día se celebraron sendos conciertos por el 25.º aniversario de Los 40 Principales, retransmitidos por Canal +. Uno de ellos en el Hipódromo de la Zarzuela, a tan solo 12 kilómetros de Madrid; el otro en el estadio de Sarrià, en el mismo centro de Barcelona. En la Zarzuela se instaló un enorme escenario ante la gran explanada de hierba que recibió la visita de 120.000 espectadores, quienes tuvieron enormes dificultades para llegar hasta allí. El atasco circulatorio que se montó fue monumental, tanto la autopista A6 como la carretera de Castilla quedaron completamente colapsadas por los miles de automóviles que intentaban acceder al recinto. Hubo gente que, atrapada en el caos circulatorio, no tuvo más remedio que seguir el concierto desde la radio de sus coches. Otros se acercaban a la Zarzuela caminando, después de abandonar sus vehículos en los arcenes. Algo idéntico a lo que pasó muchos años después, en 2007, en el último concierto que Héroes del Silencio ofreció en su historia, el de Cheste. Hasta Jaime Urrutia

tuvo problemas para llegar a tiempo de tocar. Como el vehículo en el que viajaba quedó en medio del follón, se vio obligado a pedir a un motorista que le llevara hasta el hipódromo. Incluso tuvo que quitarse el casco que le prestaron para que la gente le reconociera y le dejara pasar entre esa masa humana. Y otro tanto sucedió al final, el mismo atasco circulatorio en sentido inverso para regresar a Madrid. Rafael Revert les pidió que le acercaran a la ciudad, puesto que a Héroes del Silencio los iba a escoltar la policía circulando por los arcenes.

Esa noche subieron al escenario simplemente para saludar o para interpretar una canción en acústico grupos como Loquillo y los Trogloditas, Greta y los Garbo, La Década Prodigiosa, Modestia Aparte, No me Pises que Llevo Chanclas, La Trampa, La Frontera y Los Ronaldos, y solistas como Miguel Ríos y Miguel Bosé. Solo tres grupos tuvieron el privilegio de tocar en directo, enchufados a sus amplificadores: Gabinete Caligari primero, El Último de la Fila después y Héroes del Silencio al final, como las verdaderas estrellas del acontecimiento. Dos meses antes, el 28 de abril, habían abarrotado, en solitario, el Palacio de Deportes del Real Madrid. Esto es lo que escribió el periodista musical Miguel Ángel Bargueño en el Libro CD del 25.º aniversario de la edición de *Senderos de traición*, en un artículo que titula «La noche heroica»:

> No creo equivocarme si afirmo que para la mayoría de los asistentes Héroes del Silencio era el verdadero reclamo de aquel magno evento. Sí, las otras dos bandas también tenían hordas de seguidores, pero en 1991 el grupo al que había que ver en directo era Héroes. En una escena dominada por el pop ligero y desenfadado, Héroes brindaban tal vez la única oportunidad de presenciar un gran espectáculo de rock, solemne, épico. Además, en la no excesivamente larga carrera del cuarteto, aquel período parecía ya entonces provisto de la mítica de lo irrepetible. Su mejor disco, su mejor gira, el grupo en su mejor momento.

Fue sorprendente el éxito que tuvieron en la Comunidad Valenciana, donde llegaron a tocar, durante 1988, en nueve ocasiones, más que en Aragón. Algo que se repetiría año tras año y que alimentaría un fenómeno fan sin parangón en el resto del país. En sus conciertos de años posteriores fue habitual la presencia de seguidores llegados desde Castellón, Valencia y Alicante. Tanto fue así que ya en 2007, para su gira de regreso, decidieron que su último concierto lo ofrecerían en el circuito Ricardo Tormo, en Cheste, cerca de Valencia, en homenaje a unos fans incondicionales que siempre los habían apoyado. Y la causa de esta relación tan especial entre la banda y sus seguidores valencianos quizá haya que buscarla en una extraña canción editada en su EP de debut y sobre la que no tuvieron ningún control: *Héroe de leyenda (versión maxi)*.

Fue una decisión de la compañía, tomada a espaldas del grupo. Montesano y Taylor prepararon una versión de *Héroe de leyenda* pensada para ser escuchada en discotecas, algo que estaba muy en boga en esos años. Los sonidos grabados por la banda en el estudio fueron sampleados y modificados sin miramientos. Sin embargo, el resultado no disgustó a la banda. Cuando la escucharon por primera vez en el estudio, a través de los potentes altavoces, se quedaron entre alucinados y sorprendidos. Aquello sonaba bien, era un producto pensado para llamar la atención, para dar a conocer al grupo ante un público determinado, y tendría consecuencias positivas.

La más inmediata fue que empezó a escucharse por las discotecas del país, acercando a Héroes del Silencio un público que quizá nunca se hubiera interesado por una propuesta musical que se movía en un terreno más propio del rock. Y esto ocurrió especialmente en la Comunidad Valenciana, que vivía el fenómeno de la Ruta del Bakalao o Ruta Destroy, con decenas de discotecas que proponían una forma de ocio alternativa y extrema. De viernes a domingo, miles de jóvenes, alentados por el alcohol y las anfetaminas, el éxtasis y el speed, iniciaban una ruta discotequera sin interrupciones, de local en local, bailando música tecno, electrónica y synt pop. La consigna era no dormir, no parar de bailar de un local a otro, que iban sucediéndose en horarios. Las únicas pausas eran para reponer fuerzas, comerse una paella o unas torradas, y hacer *parking* o botellón. Y parece ser que la versión maxi de *Héroe de leyenda* pegó fuerte en esos ambientes, circunstancia por la que algunas discotecas de la zona, como KU, en Manises, Albades, en Muro de Alcoy, o Alkimia, en Játiva, contrataron a la banda en 1988.

Por eso, para satisfacer a ese público, incluyeron en su repertorio esta versión maxi, con ese arranque tan particular a base de bombo, caja y *charles*, a la que luego se suman la voz de Enrique, el bajo de Joaquín y la limpia melodía de guitarra de Juan. Los espectadores la reclamaban, la reconocían, la aplaudían de manera especial. Y no solo en los conciertos de la Comunidad Valenciana. Al menos ese año y durante 1989, en espera de que el repertorio se fuera enriqueciendo con nuevas aportaciones, fue un clásico en sus directos.

Obsesionados por la imagen de blandos y poperos que había alentado la publicación del EP, uno de los objetivos que se marcaron en los conciertos de 1988 fue sonar como una verdadera banda de rock, tal y como ellos se sentían desde sus comienzos en Zaragoza. No era cierto, como sostenía la crítica, que su propuesta fuera un pop insustancial pensado para triunfar entre adolescentes. Ellos habían mamado desde su juventud las influencias del rock de origen anglosajón, con grupos como The Cure, Bauhaus, U2 y tantos otros que no tenían nada que ver con una música meliflua y de melodías pegadizas y suaves. Su público de siempre lo tenía claro, lo habían demostrado con creces sobre los escenarios de Zaragoza y de todo Aragón, pero ahora debían hacerlo también en otras regiones del país, en la esperanza de que poco a poco cambiara la opinión general y se les reconocieran sus méritos roqueros. ¿Qué hacían, si no, tocando con Loquillo y los Trogloditas o con Gabinete Caligari? ¿Hubiera sido posible telonearlos con una propuesta musical en las antípodas de las suyas?

Loquillo no los habría admitido más de una vez si se hubieran mostrado como un grupo de esas características. Incluso su técnico, Iñaqui Altolaguirre, llegó a sonorizarlos en alguna ocasión, como en un concierto que dieron en una discoteca cerca de Sevilla, el 17 de septiembre de 1988, con ocasión de una fiesta para empleados de El Corte Inglés. Quizá espoleados por las circunstancias, se encargaron de que aquella noche su música sonara más dura que nunca, como recuerda Juan:

> Conocimos a Iñaqui Altolaguirre. Y le gustamos. Tenemos complejo de ser demasiado blandos. Y le preguntamos: «¿Te hemos parecido muy blandos?». Porque él es el técnico de Loquillo, y para nosotros Loquillo es casi como Judas Priest. Si este va con Loquillo, debe de estar más curtido que El Lute. Y nosotros todavía somos unos pardillos. Pero nos dice: «No, no, muy bien. Hay que ver el disco lo blando que suena». Pero nosotros ya llevamos la versión cañera de *Olvidado*, con el punteo heavy. Entonces lo ven y dicen: «Joder, no sois lo que parecéis, hasta que no se os ve en directo no se sabe. No hay que fiarse de los discos. Es un buen grupo». Nosotros tenemos muy mala prensa en Madrid, que si somos un montaje. En Radio 3 dicen que somos de las niñas de Don Algodón porque nos ven a todos rubitos. Pero se van colando algunos críticos por los conciertos y poco a poco van cambiando de opinión.

Aquella noche tocaron lo que ellos vendrían en llamar «final thrash metal», y que sería una constante en sus conciertos de 1988 a 1993. Consistía en una interpretación acelerada y endurecida, cargada de distorsión, con un ritmo endiablado de batería, de cuatro o cinco temas de su repertorio. La banda, en ese trance, se acercaba casi hasta el paroxismo, llevando el rock a sus límites, mostrando sobre el escenario toda la contundencia y la agresividad de las que eran capaces. A la vez, Enrique forzaba su voz hasta rozar lo imposible, exageraba sus gestos en la misma medida, yendo de un lado a otro del escenario, lanzando el micrófono al aire, arrastrándose sobre el entarimado como una serpiente. Una descarga de adrenalina que dejaba a la banda exhausta. Podía ser una reacción a las críticas, es cierto, una manera de responder con las armas de sus instrumentos ante un público alucinado, pero también es verdad que lo llevaban en la sangre, que las canciones lo permitían y que su pericia sobre el escenario podía estar a la altura. Y parece ser que impactaron. Como lo harían en todas sus actuaciones, en una manera de reivindicarse que supuso un cambio en su música hacia terrenos hard rock ya desde el inicio de sus giras.

Para ese final thrash resultaban muy apropiadas algunas canciones de la primera etapa del grupo, aquella del trío formado por los hermanos Valdivia y Enrique Bunbury. Eran composiciones más simples y esquemáticas, que admitían mejor la aceleración instrumental y las distorsiones de guitarra. Por ejemplo, *Hologramas*, inspirada en una canción de la banda de Peter Murphy, Bauhaus, con su ritmo sostenido, o *El cuadro*, con su alocado punteo de guitarra. Ambas se prestaban perfectamente a este juego de aceleración. También *Olvidado*, uno de los primeros éxitos de la banda. Fue una canción que sufrió cambios en la época en que se mudaron al local de la calle Rodríguez de la Fuente, como el solo de guitarra de estilo heavy que introdujo Juan, tan apropiado para los directos. Enrique la aprovechaba, además, para presentar a la banda, momento que remataba Juan con su solo distorsionado. Y *Hace tiempo*, que se incluyó a veces en este final debido al exigente y complicado punteo de guitarra, que permitía el lucimiento de Juan.

Pero la canción que más se amoldaba a este final acelerado, y que figuraría en el repertorio de Héroes hasta el final, era *Decadencia*, un tema que se fue alargando conforme se tocaba y que llegó a utilizarse como vehículo expresivo de los músicos. Sobre todo de Enrique, que la interpretaba haciendo gala de unos recursos escénicos extraordinarios. Reptaba por el escenario, se arrojaba sobre el público, se subía por los altavoces o las pasarelas cuando se introdujeron en el espectáculo, gritaba, aullaba, agarraba el pie del micrófono hasta tumbarlo, o lo volteaba sobre su cabeza Las improvisaciones de la guitarra, el bajo y la batería se iban incorporando a la canción. Todo empezó de manera espontánea, sin previsión ni planes. Así lo recuerda Joaquín:

> Lo de meter partes del *Rock and Roll* de Led Zeppelin y todo lo que metíamos se iba improvisando y luego estandarizando, normalmente en bloques y por giras. Un día salía algo nuevo, gustaba y se iba quedando. Y la duración, pues ya veremos cuándo acabamos. Siempre había alguna norma para acabar, como ir creciendo, una serie de compases, y entonces llegaba Juan y metía algo relativo a la *Decadencia* que sonara claro y enganchábamos con la canción.

En este sentido, introdujeron fragmentos del *Rock and Roll* de Led Zeppelin, de *Hound Dog* de Elvis, *Suzie Q* de la Credence, *It's Only Rock and Roll* de Rolling Stones, *Gloria* de The Doors, *La mala hora* de Radio Futura, *The Passanger* de Iggy Pop, *Paranoid* de Black Sabbath, incluso un fragmento de un tema popular mexicano, *Canción mixteca*, con la letra adaptada a su estilo: «Quisiera llorar, quisiera morir como Kurt Cobain, de sentimiento». Y fragmentos de canciones suyas, como *Bendecida II*.

Juan aprovechaba para introducir algunos acordes del *Concierto de Aranjuez*. Y Pedro también hacía sus particulares tanteos:

> Nunca he sido muy baterista. Nunca he pretendido demostrar que fuera bueno o malo. Yo no quería ser un buen batería, solo quería ser el mejor batería de Héroes del Silencio. Entonces, como me gustaba Ringo, hacía en *Decadencia*

un solito de unos quince segundos de una canción de *Abbey Road*, *The end*.

¿Demostraron, entonces, toda su carga roquera sobre los escenarios de España con esa propuesta? ¿Convencieron a alguien? Puede que a los técnicos de sonido, a sus colegas de gira, a una parte del público. Sin embargo, todavía habrían de pasar algunos años, en concreto hasta mediados de 1993, para que el grueso de la crítica acabara reconociendo la evidencia.

Visiones del mar

A lo largo de 1988, mientras se codeaban sobre los escenarios del país con los grupos más representativos de la Movida, volvieron a los estudios de Hispavox para grabar su primer LP, *El mar no cesa*. Fueron dos sesiones, la primera entre el 2 y el 6 de mayo, la segunda del 5 al 9 de septiembre; diez días en total en los que trabajaron con el mismo productor, Gustavo Montesano, y el mismo ingeniero de sonido, Steve Taylor. En esta ocasión ya no los relegaron a la grabación nocturna, sino que les dieron horario de día, quizá teniendo en cuenta las ventas del EP y el creciente aumento del fenómeno fan. Había que cuidar más al grupo y ofrecerle mejores condiciones.

El mar no cesa se puede calificar como un disco de aluvión que recoge el impulso creativo del grupo durante un período de trabajo de casi cinco años, desde finales de 1984, cuando compusieron *Olvidado* y *Héroe de leyenda*, hasta el verano de 1988, solo unas semanas antes de la segunda sesión de registro, cuando se terminaron temas como *Agosto* y *Hace tiempo*. Y si algo tenían claro a la hora de entrar en los estudios de la calle Torrelaguna, era que esperaban que el disco reflejara la música que hacían en directo, el banco de pruebas al que sometían las nuevas composiciones.

No se haría así. El resultado, como en el EP anterior, fue una decepción para la banda, al menos en retrospectiva. Otra vez se limitaron a tocar sus instrumentos bajo las directrices de Steve Taylor. La discográfica se limitó a elevar el presupuesto, que rondó los dos millones de pesetas (12.020 euros), y a darles diez días de grabación en horario diurno. Esas fueron las únicas mejoras.

Sin embargo, la primera decisión fue esperanzadora, ya que se prescindió de la caja de ritmos y se decidió utilizar la batería de Pedro. Los días reservados lo permitían, aunque no debía perderse ni un minuto, ya que solo la afinación de este instrumento requería un largo proceso. Es, con diferencia, el más complejo, formado de diversos elementos, cada uno de los cuales precisaba su micrófono y su pista: bombo, caja, *charles*, timbales... Incluso se ponían micrófonos de ambiente para recoger una toma global. Y llegó el momento en que Pedro se sentó a interpretar las canciones, una tras otra, siguiendo la claqueta. La labor del ingeniero de sonido en este punto continuó siendo determinante, según las palabras de Pedro:

> Como entonces se utilizaba mucho la mesa, todo tenía compresión a saco. Le des más o menos fuerte, todo va a sonar igual, con una dinámica muy corta. Si le das flojo, suena de una manera, si le das fuerte, suena igual. Hasta cierto punto ayuda, pero, claro, le quita toda la intención del intérprete. Hay que entender que era un clásico de la época, todo era trabajo de mesa, más grave o más agudo, más o menos largo, todo muy cortado, con mucha posproducción. Y los efectos, muchas *reverbs*, algún *delay* ocasional. Era un reflejo de lo que se estaba haciendo en esos momentos. Yo no tenía nada que ver con esas decisiones, eran del ingeniero. La capacidad de expresión quedaba muy coartada. Al fin y al cabo, eres como una máquina, eres una caja de ritmos, aunque golpees físicamente. Una batería típica de finales de los ochenta, menos natural. Luego, la tendencia fue la contraria, la de ir naturalizando los instrumentos, en particular la batería.

Y lo mismo puede decirse del bajo, que apenas resulta audible. Y las guitarras, enchufadas directamente a la mesa y al *rack* de efectos, que sonaban sin cuerpo, sin presencia de graves, poco naturales al emplearse una distorsión artificiosa. Tan descontento quedó Juan con las tomas de sus guitarras que tuvo que repetir alguna:

> Hubo una vez que me fui a Eurosonic a grabar unas guitarras que no habían quedado muy bien. Fue con *Flor venenosa*. Y llegué yo al estudio Eurosonic con el ingeniero que había allí y me empezó a poner otros efectos. Yo tenía más voz. Y conseguí un sonido más Héroes, un color más profundo. Le había puesto un poco más de *echo*, el *chorus* un poco más a mi gusto, y me puse a tocar y estaba contento.

Estas nuevas tomas no se emplearon y deben de estar perdidas en los archivos de la discográfica.

Y a la voz de Enrique le sucedió lo mismo, grabada con demasiada *reverb* y muy crecida, por encima del conjunto de los otros tres instrumentos. Y con una peculiaridad que, a partir de ese momento, sería habitual en las grabaciones de la banda: la utilización del efecto *d-esser*. A los ingenieros ingleses, como fue el caso de Steve Taylor en *El mar no cesa* o sería el de Keith Bessey en *Senderos de traición*, les molestaba la pronunciación que de la letra «s» hacían los cantantes españoles, que les parecía exagerada, y en concreto la de Enrique. La solución era recurrir a un procedimiento para suavizar su sonido, llamado *d-esser*, que lo hacía menos explosivo: se seleccionaba la frecuencia en la que estaba la «s» y se le aplicaba una compresión para capar los excesos en su pronunciación.

Pero todo eso no fue lo peor. Lo peor se hizo a espaldas del grupo, que quedó alucinado cuando les pusieron los añadidos que habían introducido Taylor y Montesano. Esto declaró Enrique en *Diván*:

Mientras grabábamos *El mar no cesa*, nos enteramos de que por la noche habían metido trompetas en el disco, sin que nos diéramos cuenta. Unas trompetas de tecladillo. Fuimos, las escuchamos y me entró la risa cuando las oí. Pensaba: «Esto no puede estar sucediendo». Creo que ese fue un momento clave. Estábamos grabando en el estudio de Hispavox, subí al despacho del capo y le dije: «Bueno, habéis metido esas trompetas, que son una puta mierda, y no quiero que estén en el disco. Prefiero que el disco no se edite, me vuelvo a Zaragoza y me dedico a la carpintería, pero no quiero que salga eso». Y vieron que realmente teníamos las cosas lo suficientemente claras para dejarnos decidir.

Algo habitual en esos años que los productores se arrogaran esas facultades por su cuenta y riesgo, asumiendo tareas de creadores sin consultarlo con nadie. Esta es la crítica de Joaquín:

> Consideraban que era mucho más comercial. Al final se quitaron trompetas y teclados. En la introducción de *La visión de vuestras almas al pecar* había unas trompetas que te tiraban para atrás. En *Mar adentro* hay un piano que está muy bien. *Fuente esperanza* quedó muy mal.

Al fin y al cabo, el registro de unas canciones supone fijarlas en el tiempo en un soporte inalterable, como muestra de una obra determinada de unos músicos en un tiempo concreto. No debe exagerarse la importancia real de estos fallos, pero tampoco justificarlos. Fueron errores de su época. La calidad de las canciones —*Hace tiempo*, *Flor venenosa* o *Agosto*— estaba por encima de la lectura que hicieron Taylor y Montesano. Un buen puñado de *hits*. Además, la trayectoria futura del grupo y las grabaciones que hicieron después son prueba de cuanto se ha dicho.

Montesano siempre defendió esta forma de proceder. Dadas las circunstancias, se hizo la mejor grabación posible. Esto es lo que declaró al especial de la revista *Rockzone* sobre Héroes del Silencio:

> No sé qué hubiera pasado con *Mar adentro* en las listas de ventas si hubiera tenido otro tipo de sonido, sea más duro, más heavy o más dark... Solo sé lo que pasó, la realidad, y aquí es muy fácil a toro pasado hacer todo tipo de conjeturas, pero en aquel momento clave de la historia de la banda, la responsabilidad caía sobre mis hombros.

Queda margen para la duda. *El espíritu del vino*, un álbum infinitamente más roquero que los anteriores, se vendió menos. Es probable que de haberse grabado *El mar no cesa* al estilo de *El espíritu del vino*, nunca hubiera vendido tanto. Entonces, también hubieran tocado menos en directo. Una fama atenuada. Una carrera quizá diferente. El siguiente trabajo de la banda, *Senderos de traición*, que muchos consideran su cumbre artística, también fue el más exitoso a nivel internacional y, salvo *Entre dos tierras*, las canciones tienen más afinidad con *El mar no cesa* que con *El espíritu del vino*. Entonces, lo que sostuvo Montesano parece razonable.

Unos años más tarde, en 2000, aprovechando la edición del doble CD *Canciones*, la banda quiso mejorar algunos temas de su primer LP —*Héroe de leyenda*, *Fuente esperanza*, *Agosto* y *Flor venenosa*— sometiéndolos a un nuevo proceso de mezclas. Enrique volvió a cantar esas canciones, que ganaron extraordinariamente; su voz sonaba menos adolescente y chillona, más compacta y con más cuerpo, y a partir de ese momento quedaron fijados de manera definitiva con un plus de calidad, convirtiéndose en las versiones definitivas. Además de la voz, las cuatro experimentaron notables progresos.

Héroe de leyenda mejoró al haberse reducido el efecto *reverb* del *charles* de la caja de ritmos, y por el hecho de que a la guitarra acústica se le diera más presencia y se oyera más nítidamente, ya que en la versión del EP estaba casi oculta.

También *Fuente Esperanza* ganó muchos enteros con la nueva mezcla. Fue un tema compuesto a partir de una idea original de Joaquín, que creó el arpegio que sirve de base. Juan lo fue transformando, a la vez que añadía nuevos arpegios y acordes, y un solo muy original inspirado en Robert Smith, cantante de The Cure, con un sonido parecido al de una guitarra española clásica a tresillos. Se eliminaron los teclados, que sonaban demasiado nítidos y sobredimensionados, tanto las notas agudas que se van repitiendo sin descanso a lo largo de todo el tema como las más graves que se colocaron justo antes del punteo, se mejoró la batería al haber suavizado la caja y los excesos en los redobles de los timbales que destacaban sobre el resto del instrumento. Así que los cambios hicieron que el tema quedara más cercano al espíritu con el que la banda lo compuso.

Las otras dos canciones que se mejoraron, *Agosto* y *Flor venenosa*, fueron compuestas partiendo de sendos arpegios de guitarra de Juan. *Agosto* arrancaba con una breve introducción de guitarra y un punteo de notable complejidad por los cambios continuos de notas. El sonido de la guitarra era prístino y limpio, debido a que Juan no utilizó distorsión. Por su parte, el arpegio de *Flor venenosa* lo compuso sentado en un sofá que había en el vestíbulo de la casa familiar de la plaza Salamero. La solución fue rebajar en ambas canciones la *reverb* de la caja de la batería, que suena mucho menos exagerada, igual que la voz, también sin los excesos de la *reverb* y un poco bajada de volumen.

Los contratos de edición con Ego Musical, SA, la editora de Hispavox, para el LP *El mar no cesa* se firmaron el 17 de mayo de 1988, unos días después de que terminara la primera tanda de grabaciones. En esta ocasión, cada componente de la banda firmó el suyo por separado, mediante el que cedía la mitad de su parte de los derechos de las canciones. De esta manera, Ego Musical, SA se quedaba con el 12,5% de cada uno de los cuatro músicos, la mitad del negocio, incluidos también los derechos de autor que gestionaba la SGAE. No hubo pactos sobre el precio de venta al público, de ámbito geográfico o duración de la relación contractual. Nada se dice, asimismo, del porcentaje que los autores deberían cobrar por cada ejemplar editado, en el soporte que fuera; una laguna notable. Las cosas seguían igual, ¿por qué tendrían que haber cambiado? Solo comenzarían a normalizarse a partir del contrato del LP *El espíritu del vino*, cinco años después.

Un hecho realmente curioso fue que dicho contrato solo relacionara ocho temas del LP: *Flor venenosa*, *Fuente esperanza*, *Mar adentro*, *La visión de vuestras almas al pecar*, *El estanque*, *No más lágrimas*, *Olvidado* y *...16*. Sumados a los tres del contrato anterior, daban un total de once temas. Sin embargo, quedaron fuera *Hace tiempo*, *Agosto* y *La isla de las iguanas*. En el caso de las dos primeras, esto fue así porque se terminaron de componer después de la firma del contrato. En el caso de *La isla de las iguanas*, seguramente porque se decidió a última hora grabarla e incluirla en el LP, quizá para que no se perdiera en el olvido. Por todo ello, el 24 de noviembre de 1988 se firmó un nuevo contrato con las mismas cláusulas y que incluía esas tres canciones además de *El cuadro* y *Hologramas*, que no fueron editadas pero sí grabadas, y que saldrían mucho tiempo después, en 1998, en el álbum titulado *Rarezas*.

Hoy en día, *El mar no cesa* sigue generando la misma opinión entre los músicos que ya suscitó en el momento de su registro, como reconoce Joaquín:

Grabando con batería y algo más de tiempo, el resultado final no fue tan malo. Pero hay pecados de sonido: excesiva *reverb*, la caja muy alta, el bajo muy al fondo, la voz también muy alta sobre la música y tiene un efecto *reverb* demasiado grueso, los planos de los instrumentos no están muy bien correlacionados De hecho, la guitarra, al grabarla por mesa directamente, ya está perdiendo el cuerpo que debería tener, no tiene graves apenas ni presencia. Es un disco de caja, voz y lo que queda por detrás. Eso en directo no es así. Son vicios de mezcla de la época, de finales de los ochenta. La primera vez que lo escuché lo hice en un walkman en la furgoneta y no daba crédito. Me pareció pobrísimo, como perdido. No me daba la impresión de lo que éramos.

O como declaró Enrique a Losilla:

Es un disco adolescente, con una producción que es la que más nota el paso del tiempo, entre otras cosas porque es muy de los ochenta. Pero tiene algunas de las canciones que más me gustan de la carrera de Héroes. Y creo que en esas canciones está definida la que para mí ha sido la mejor aportación de Héroes: aquello en lo que yo contribuyo melódicamente y en los textos, y la forma de tocar la guitarra de Juan. Es un disco que no puedo oír porque parece que tengo voz de pito.

Se trata de un disco que reflejaba las contradicciones que se daban entre la actitud de la banda en los conciertos y la manera que eligieron Taylor y Montesano para registrarla. El público que los había escuchado tocar en directo, sobre todo aragonés y valenciano, estaría de acuerdo en esta aseveración, pero la gran mayoría jamás había podido asistir a un espectáculo del grupo y no podía valorar convenientemente el trabajo. A partir de ese momento, sobre todo durante la larga gira que los llevó por España durante los años 1989 y 1990, se encargarían ellos mismos de desmontar ese mito, reforzado por la promoción que hizo la discográfica. Una lucha al principio desigual, entre una poderosa compañía que vendía al grupo basándose en la atractiva imagen de Enrique y en el lirismo popero de las canciones, y un cuarteto que se dejaba la piel en los conciertos para demostrar su competencia roquera.

Merece la pena destacar el talento de Enrique para titular las canciones y los álbumes. Tanto *Senderos de traición* como *El espíritu del vino* son formidables ejemplos. O *Morir todavía*, uno de los grandes títulos del rock en español. A la misma altura se podrían situar *Los placeres de la pobreza*, *En brazos de la fiebre* o *Mar adentro*. No es fácil acertar con los títulos. Es esta una cualidad que poseen pocos escritores, y Enrique la tiene con creces. Y no es un tema menor, resulta clave para suscitar la atención del público y dar a conocer el trabajo. Si a todo eso le sumamos la carga poética que traslucen sus títulos, como los textos en general, tanto mejor.

El mar no cesa surgió por una equivocación. Como explica Matías Uribe en el libro ya citado:

> El primer LP de Héroes se llama *El mar no cesa* por culpa de un error de Bunbury al ir a comprar un disco del grupo de vanguardia Mar Otra Vez, de Javier Corcobado, y pedir un disco de El Mar No Cesa. Leyó mal el periódico o le traicionó la memoria.

Curiosamente, la canción que da título al LP se quedó fuera. Solo fue incluida en el EP. Una decisión algo torpe teniendo en cuenta que podría haber reemplazado a la mucho más floja *La isla de las iguanas*, que tanto desentona con el resto. *El mar no cesa* estaba más a la altura del LP; de hecho, la incluyeron en el repertorio de sus conciertos durante muchos años, también en la gira de 2007, cosa que no sucedió con *La isla de las iguanas*, que desapareció tan pronto como hubo repertorio suficiente para ignorarla.

¿Hubo, por otro lado, una intencionalidad compositiva relacionada con el mar? No lo cree así Pedro:

> El agua sí que estaba presente en el disco; el mar, no. Solo estaban *Mar adentro* y *El mar no cesa*, y esta última no estaba en el LP. Luego están *La lluvia gris*, que no es el mar, *El estanque*, que no es el mar... Ahora vamos a pensar que el cantante es del signo Leo, por lo tanto, fuego total, entonces igual es una reacción ante el agua. No había un plan, es una coincidencia total. El álbum no tiene una temática marina. Hubo un tipo que me preguntó por el disco *El magno César*: «¿A quién os referís, al César de Roma?». «Sí, a ese, la has clavado, chaval.»

Es cierto, en *Fuente esperanza*, *No más lágrimas*, *La lluvia gris*, *El estanque* y *La isla de las iguanas* no hay una referencia al mar sino al agua o a los fluidos corporales. Aunque lo de la isla ya es llevar esta interpretación demasiado lejos. Y el resto de los temas —*Hace tiempo*, *Olvidado*, *Agosto*, *La visión de vuestras almas*, *...16* y *Héroe de leyenda*— nada tienen que ver con el líquido elemento. Un empate técnico a seis entre los temas que hablan del agua salada o dulce y los que no la mencionan. Y luego alguien tuvo la feliz ocurrencia de enviar a Héroes del Silencio a Suances para hacerse las fotos de portada y contraportada posando delante de un Cantábrico embravecido.

Fue más una casualidad felizmente señalada la que permitió acercar a *El mar no cesa* al estatus de álbum conceptual, lo que le añadía valor y pedigrí, cuando la realidad era diferente: ese afortunado grupo de composiciones no respondía a un programa de trabajo concreto, preconcebido y finalista, sino al acierto compositivo de varios años, desde los tiempos de Zumo de Vidrio, en 1984, hasta unas semanas antes de entrar por segunda vez en el estudio, en septiembre de 1988. Cinco años durante los cuales las canciones fueron componiéndose independientemente unas de otras, igual que las letras, que no formaban parte de una colección, como tampoco parece que los títulos se añadieran como en un poemario, buscando una coherencia interna. Llámese casualidad o destino, azar o fatalidad, lo cierto es que gustó esa coincidencia, también a los miembros de la banda, y como tal ha quedado fijada en artículos y entrevistas.

Pasa algo parecido con la fotografía de la cubierta. Tampoco parece que hubiera una intención artística en el diseño más allá de relacionar la foto del grupo ante el mar Cantábrico con el título de la obra. Ni siquiera se hace mención en los créditos a la participación de algún diseñador, como sí se hacía en la obra anterior, tanto para la portada azul como la que incorpora la fotografía. Lo cierto es que la discográfica quería mostrar la imagen de los cuatro jóvenes y guapos músicos como reclamo, sin mayores complicaciones, y, dado el título, qué mejor lugar para tomar las fotos que un acantilado rocoso y turbulento, como muchas de las letras de la banda. El mar no cesa de romper contra las rocas, su movimiento es incansable, y la instantánea capta ese momento preciso de fuerza inmovilizada, la espuma detrás de los músicos.

La sesión de fotos se hizo en unos acantilados llamados la Piedra Blanca, en Suances, cerca de Santander. Llevaron a la banda en furgoneta de Madrid a Cantabria. Después de un buen madrugón, la sesión duró un día entero, desde el amanecer. El acceso a los acantilados no era tarea fácil, además ellos llevaban sus sempiternas botas que aún dificultaban más llegar a determinados puntos, como el que se ve en la foto de la portada. Una mala combinación, botas lustrosas sobre piedras blancas e irregulares, mojadas y resbaladizas, un raro equilibrio. Y las caras de circunstancias de los acróbatas con el mar rompiendo al fondo. Tardaron varios minutos en acercarse, con infinita precaución, al lugar escogido. Otros tantos para colocarse en la pose más fotogénica, Enrique un paso adelante. Y los disparos del fotógrafo hasta capturar el instante perfecto. Luego, otra vez con cuidado infinito, salir de allí hasta terreno seco caminando con pies de plomo. Pantalones negros para los cuatro, camisas o jerséis también negros sin dibujos o estampados, la cazadora vaquera de Pedro, que siempre le ha avergonzado, un cinturón con hebillas, un colgante. Una estética en formación, una banda que se iba aproximando al que sería su vestuario favorito, pero tímidamente.

Un disco de aluvión, al igual que los textos de Enrique, escritos en un margen temporal de cinco años, desde los diecisiete hasta los veintiuno, el final de la adolescencia y la primera juventud, un período de maduración y conflictividad que marca la forma de ser de los adultos. Eso queda perfectamente reflejado en las letras de las canciones, muchas de las cuales tienen esa visión juvenil de incomprensión ante la vida y la consiguiente rebeldía. Como es el caso de ...16, una de las primeras de la banda y que hace alusión, ya en el título, a la adolescencia; no en vano Héroes del Silencio fue fundado en 1984, cuando Enrique tenía diecisiete años y Juan, dieciocho. Las experiencias relacionadas con esa fase de la vida estaban en todo su apogeo. En su personal búsqueda de identidad, da la impresión de que Enrique fue un joven con tendencia al conflicto. Las elecciones y los gustos personales chocaban directamente con la ideología conservadora de una familia de origen católico, de clase acomodada, que enviaba a sus hijos a colegios religiosos de una disciplina trasnochada y férrea. ¿Cómo compaginar el creciente interés por la literatura, el cine y la música rock con la visión conservadora del entorno? Solo podía canalizarse a través del conflicto. Ante la imposibilidad de solucionar los continuos desencuentros mediante el diálogo, Enrique tomaba la pluma y se desahogaba escribiendo sus letras, verdaderos cantos a la desesperación, la culpa y el enfrentamiento. Como escribe en ...16:

Y no sé cómo podré cumplir el castigo

Quizá por todo eso, la visión que se iba imponiendo en su personalidad era esencialmente dramática. En esos años, los conflictos superaban en balance a los momentos de dicha, al menos si se atiende a sus letras. La actitud poética se decantaba por el negativismo, es evidente que le resultaba mucho más fácil, más necesario, escribir sobre los desencuentros y las traiciones, sobre las peleas y las calamidades, que sobre la felicidad. Como escribe en *No más lágrimas*:

> *No puedo dormir con esas lágrimas*
> *Goteando encima de mí*

A la hora de sublimar la existencia, que es la esencia misma del arte de la poesía, Enrique se fijaba en el drama. Hasta para describir el erotismo necesitaba inspirarse en los malos encuentros. Esto es lo que escribe en *Mar adentro*:

> *Y aunque deba cavar en la tierra*
> *La tumba que sé que me espera*
> *Jamás me vio nadie llorar así*
> *Que termine un momento precioso*
> *Y le suceda la vulgaridad*
> *Y nadar mar adentro y no poder salir*
> *En la prisión del deseo estoy junto a ti*

Por si el texto no fuera lo suficientemente dramático por sí mismo, Enrique admitió la sugerencia que le hizo Joaquín y lo reforzó con un cambio sutil pero contundente, multiplicando su fatalismo: donde decía por segunda vez «y nadar mar adentro y no poder salir», pasó a decir «y nadar mar adentro y no querer salir».

La letra de *Flor venenosa* hace referencia al bourbon, el whisky americano, y a una de las marcas más renombradas, o al menos popular, de esa bebida espirituosa, Four Roses, muy de moda en la época por varias razones. Entre ellas, y no una menor, el hecho de que Gabinete Caligari le hubiera dedicado una canción en 1984, y que hubieran inaugurado en 1987 un pub en el centro de Madrid con ese nombre. Los músicos aragoneses, cuando estaban en la capital, acudían al local de los Gabinete, con quienes mantenían una buena relación desde el concierto de Ávila del 19 de julio de 1988. Fue una bebida que también se puso de moda en El Bandido y La Estación del Silencio, los bares que los músicos frecuentaban en Zaragoza. Así que Enrique se inspiró en todo esto para escribir:

> *Prefiero explotar de tanto alcohol*
> *Con tu jarabe de flor venenosa*
> *Y vender a una madre por otra copa*

Agosto es una *rara avis* en la producción literaria de Enrique, al menos en su etapa en Héroes del Silencio. La letra es de las pocas que parecen transmitir un mensaje positivo de mezcla interracial y hermandad entre personas diferentes. Parece ser que en su familia había algún tipo de ascendencia gitana, y que, de alguna manera, aunque diluida, quedó también en su propia sangre. Lo de «alma de alhelí», en el sentido de alma cándida, era una expresión que se usaba en casa de Joaquín, por lo que Enrique la introdujo en esta letra:

> *La sangre gitana que llevo dentro*
> *Se mezcla en cóctel de dulce sabor*
> *En la sangre gitana que llevo dentro*
> *Me arde el fuego*
> *De mis manos*
> *Directo al corazón*

El mar no cesa fue debidamente promocionado en los medios de comunicación y se organizaron multitud de actos para ello, desde visitas a emisoras de radio en todo el país hasta encuentros con la prensa, desde entrevistas en exclusiva hasta apariciones en los programas de televisión de esos años. En cuanto la discográfica comprobó, con números en las manos, que eran un grupo que podía vender, y los 30.000 ejemplares del EP *Héroes del Silencio* eran la prueba, cambiaron radicalmente de estrategia: había que aprovechar la belleza del grupo, sobre todo la de Enrique, eso saltaba a la vista.

Un día, los cuatro músicos fueron a las oficinas de la EMI en Madrid, en la etapa de promoción de *El mar no cesa*, y se llevaron una sorpresa, como relata Juan:

> Llegamos un día a la EMI y nos encontramos pegados en las paredes de la oficina los carteles de promoción de *El mar no cesa*. Y vemos una foto de Enrique así de grande y las nuestras pequeñas. Y eso para mí es una desilusión muy grande, porque ya me la veo venir. Y eso lo hace la EMI sin consultar. Y la EMI, de alguna manera, se carga el grupo. Un zarpazo de la compañía.

Fue una decisión que sentó muy mal a todos, y que significaba una diferenciación de papeles muy peligrosa. Dar preponderancia a la imagen de uno de los cuatro músicos significaba menospreciar a los demás, minar en cierto modo la conjunción de una banda que había hecho de la camaradería y del trabajo en común, de la generosidad y los principios democráticos en la toma de decisiones, sus señas de identidad. Una estratagema comercial que traicionaba todos los valores adquiridos desde la formación del cuarteto a finales de 1985, maquinada a espaldas de los músicos, que se encontraron el hecho consumado antes de haberlo visto directamente por las calles.

La discográfica siguió dando pasos en el mismo sentido. Primero editó un Maxi Picture Disc con *Flor venenosa*, *La vi-*

sión de vuestras almas y *Olvidado* cuya cara A estaba ocupada por un primer plano de Enrique a todo color, su melena rubia bien presente, y en la B una foto de los cuatro músicos en las playas de Cantabria, ambas de la misma sesión en Suances. Además, también editó un single promocional de *Mar adentro* con una foto de Enrique en portada bastante más grande que las de sus tres compañeros.

Decisiones muy controvertidas, por otra parte, que supusieron el pistoletazo de salida de los problemas de ego entre algunos de sus componentes. Enrique había ido asumiendo un papel más relevante que el resto de sus compañeros desde que se quitó el bajo de encima y pudo dedicarse por entero a la interpretación, que tan bien se le daba. Había ido asumiendo paulatinamente el papel de portavoz de la banda en las entrevistas que empezaban a conceder, y el papel de letrista e ideólogo, al haber dejado los demás en sus manos ese rol fundamental sobre el que nunca se preocuparon. Todo ello sin un plan previo, sin un propósito predeterminado, algo que fue saliendo así por las circunstancias que se vivieron pero que tendría sus consecuencias.

Eran los primeros indicios de un choque con Juan, el fundador de la banda, que por carácter tendía a ceder el protagonismo pero que a la vez no veía con buenos ojos ese afán de destacar que empezaba a revelar el comportamiento de Enrique. Un choque no querido, urdido por personas ajenas a la banda, pero que daba sus primeros pasos con las decisiones tomadas por la EMI. Es verdad que más adelante la discográfica rectificaría al comprobar el potencial de ventas de la banda, triple platino con *El mar no cesa*, hasta el punto de que nunca más intentaría inmiscuirse en los asuntos de imagen de Héroes del Silencio, como queda bien patente en las portadas de los discos sucesivos.

Esas decisiones también tuvieron sus consecuencias en los ambientes roqueros tanto de Madrid como del resto de España, que empezaron a identificar a Héroes del Silencio

Zumo de Vidrio en la Muestra de Pop, Rock y otros Rollos, Zaragoza, 23 de marzo de 1984.

Héroes del Silencio en la época del trío con Pedro Valdivia, Zaragoza, 1985.

Héroes del Silencio en la época del trío con Pedro Valdivia, Zaragoza, enero de 1985.

Enrique Bunbury, 1985.

Joaquín Cardiel, 1985.

Juan Valdivia, 1985.

Pedro Andreu, 1985.

En el local de la calle Hernán Cortés, Zaragoza, 15 de noviembre de 1986.

Parque Grande de Zaragoza, octubre de 1987.

Foto: Javier Clos

Sala Jácara, Madrid, 22 de junio de 1989.

Imagen: colección HDS

Entrada para el concierto de la Sala En Bruto,
Zaragoza, 10 de enero de 1987.

Local de ensayo de la calle Rodríguez de la Fuente, Zaragoza, febrero de 1990.

Foto: Daniel Pérez

Local de ensayo de la calle Rodríguez de la Fuente, Zaragoza, febrero de 1990.

Foto: Daniel Pérez

Local de ensayo de la calle Rodríguez de la Fuente, Zaragoza, febrero de 1990.

Foto: Daniel Pérez

Local de ensayo de la calle Rodríguez de la Fuente, Zaragoza, febrero de 1990.

En el hotel antes del concierto de la Sala Zeleste, Barcelona, 20 de abril de 1990.

Galacho de Juslibol, 23 de agosto de 1990.

Foto: Javier Clos

Alfajarín, 7 de septiembre de 1990.

Foto: Javier Clos

Estudio del fotógrafo, Zaragoza, 20 de septiembre de 1990.

Foto: Javier Clos

Estudio del fotógrafo, Zaragoza, 20 de septiembre de 1990.

Grabación de *Senderos de traición* en los estudios Kirios, Madrid, 1 de octubre de 1990.

Grabación de *Senderos de traición* en los estudios Kirios, Madrid, 1 de octubre de 1990.

Grabación de *Senderos de traición* en los estudios Kirios, Madrid, 1 de octubre de 1990.

Estudio del fotógrafo, Zaragoza, 8 de noviembre de 1990.

como un grupo para adolescentes basado en la imagen de su cantante y el pop blando y melódico de *El mar no cesa*. Algo que haría mucho daño, al menos de 1988 a 1993, fecha del triunfo de la banda en Alemania y Europa, cuando la consideración que les tenía la crítica empieza a cambiar. A pesar de que habían demostrado con creces, en los numerosos conciertos ofrecidos antes de la grabación del LP, y en los muchos más que darían desde entonces, su competencia roquera sobre el escenario, el estereotipo estaba listo: grupo de provincias con cantante guapo que practica un pop melódico destinado al consumo masivo de adolescentes y producido por una multinacional bajo la dirección del guitarrista de Olé Olé. Todo un cóctel letal para la consideración de la banda como lo que realmente era: un potente grupo de rock and roll.

Esta política de la discográfica era rechazada de plano por todos los componentes de la banda. Así, en una entrevista concedida al *Semanal* del *Heraldo de Aragón*, publicada el 30 de junio de 1989, Enrique manifestaba:

> No me gusta que se me reconozca o se me admire por mi pelo o por mi imagen, prefiero que lo hagan por mi música y por mi voz. Soy uno más del grupo y me molesta cuando alguien trata de separarme de él para centrar la atención en mí. Héroes es un grupo compacto, un bloque en el que yo soy una pieza más. Comprendo que a veces haya gente que quiera identificar el grupo por mi imagen, pero está equivocado y desde luego no es algo potenciado desde dentro del grupo, sino todo lo contrario.

Pero por mucho que lo intentara y se sincerara con determinados periodistas, siempre había medios que seguían considerándolo el líder del grupo, el más atractivo de los cuatro, y centraban toda su atención en él. Así, la revista ZZ Pop de diciembre de 1989 publicaba perlas como esta:

> Kike posee una voz agradable; persona crítica, trabajadora y de mal genio. Rubio de ojos verdes, para él el amor es pasión, locura y sexo. Le gusta la comida china y sus aficiones, aparte de la música, son el cine y el teatro.

Y, todavía en abril de 1990, el diario *El Mundo* decía esto en un artículo ilustrado con un primer plano del cantante:

> La voz del silencio. Se llama Enrique Bomburi (sic) y conserva aún el candor de la juventud en la mirada, aunque las horas de trabajo acumulado le están haciendo madurar por momentos en el escenario. Es el cantante de los Héroes del Silencio... Sus letras son trascendentes, su música, oscura, y su público, joven, extraordinariamente joven y mayoritariamente femenino, decidido a llenar los recintos y a escucharle con devoción.

Y es que nadie le había conferido ese título, como reflexiona Pedro:

> El problema de esto es el nombramiento. ¿Quién es el líder de Metallica? ¿Quién es el líder de los Beatles? ¿John Lennon? Ummm. ¿Y el de los Stones? Les ponen el titulito y luego se lo van a creer. Es el que tiene la presencia y ya está. Yo lo llamaría letrista, ideólogo, cantante... ¿Quién le nombró?

Para Juan había un trasfondo algo ambiguo en el comportamiento de Enrique. Además de un afán por luchar por la banda en todos los frentes, de darlo todo como letrista y cantante, Juan había detectado actitudes extrañas ya incluso antes de las decisiones que adoptó la EMI.

Uno de los primeros sucesos de este tipo tuvo lugar en Salamanca, en septiembre de 1986, cuando fueron a actuar en el concurso El Nuevo Pop Español y tuvo un desplante con un periodista, según cuenta Matías Uribe en su libro:

> Unas horas antes de que salten al escenario, asisto a una desagradable escena que, al tiempo, aunque en ese momento no me percate, es el nacimiento ante sus compañeros y ante mí del Bunbury polémico, el del «pronto borde». Y de la manera más simple: en la habitación del hotel donde se alojan. Un colaborador del fanzine *96 Lágrimas*, el más prestigioso entonces en el mundillo «fanzineroso», entrevista al grupo de manera afable y cuando hace una pregunta sobre sus influjos o los grupos a los que ellos creen que se pueden parecer, no recuerdo bien, en todo caso no es una pregunta rebuscada ni malintencionada, Enrique se levanta bruscamente y se larga de la habitación lanzando exabruptos porque la pregunta le ha molestado. Todos nos quedamos petrificados. Héroes es un grupo todavía absolutamente desconocido, y más fuera de Zaragoza. ¿Cómo es posible tanta arrogancia y gilipollez? Nadie dice palabra. Solo Pedro, al cabo de unos segundos, exclama: «¡Esto no puede ser!». Pero lo es. La cara del Enrique irascible, caprichoso, prepotente, asoma entonces y seguirá asomando a lo largo de los años.

Hubo otros parecidos. Uno de ellos es rememorado por Juan:

> En La Estación del Silencio, cuando vamos a grabar el maxi, de repente llega un día Enrique y dice: «Oye, que tengo la portada del disco». Y nos enseña una foto de él solo en sombras, bailando, con su gorra. Pero es él solo. Y digo yo: «Oye, yo también quiero salir en la portada. Y Pedro y Joaquín también tienen que salir. Somos los cuatro,

somos como U2. ¿Has visto algún disco de U2 que salga solo Bono?».

Esa foto fue rechazada por sus compañeros. No podía apropiarse de la imagen de la banda, ellos eran un grupo unido y sin líder. Poco después, ya durante la grabación de *El mar no cesa*, Enrique anunció en plena sesión de trabajo que quería dejar la banda. Salió de los estudios, seguido de Gustavo Montesano, que intentó convencerlo de que regresara al trabajo durante un largo paseo que dieron por las inmediaciones. Unas horas después, ambos regresaron y la cosa, finalmente, no pasó a mayores.

No sería la última vez que sucediera algo parecido en esos meses. Ya con el LP en el mercado y antes de comenzar en febrero de 1989 la campaña de promoción, sin que mediara explicación o causa aparente, Enrique les comunicó que el grupo se había terminado. Juan se enteró al llegar una noche a La Estación del Silencio, cuando le salieron al paso Pedro y Joaquín para decírselo mientras Enrique pinchaba discos como si tal cosa. Gracias a la mediación de amigos comunes, al final reconsideró esa extraña decisión dos o tres días después, jornadas de verdadera inquietud para el resto de la banda, aunque nunca quiso dar ni explicaciones de su decisión ni de los motivos para haberla revocado. La banda, para limar asperezas, se marchó en bloque a San Sebastián el 12 de febrero de 1989 para asistir a una actuación de Ramones.

Acontecimientos como estos tuvieron lugar varias veces a lo largo de la historia del grupo. También Pedro tuvo que ir en su busca porque decía que se marchaba, convencerle de que no era buena idea y pedirle que reconsiderara su actitud. Enrique tenía esta tendencia, estos prontos de carácter que le llevaban a abandonarlo todo para arrepentirse poco después. Era un rasgo de su personalidad que funcionaba a modo de espada de Damocles sobre el resto de la banda: el riesgo cierto de que pudiera dejar a los demás en la estacada, sin cantante y en el paro. Con el tiempo, serían bien conocidos sus desplantes a la prensa por preguntas insignificantes, su decisión final de cambiar el rumbo del grupo con un pliego de condiciones que los demás no pudieron asumir, sus espantadas en conciertos en la etapa de Héroes del Silencio y también en solitario, con el Huracán Ambulante, cuando dejó a sus músicos plantados en mitad de un concierto en Zuera, en agosto de 2005. Incluso él mismo llegó a reconocer que esta era una forma de proceder a la que tendía con frecuencia. Durante la gira de presentación del último disco del grupo, *Avalancha*, escribió un diario que tituló *Fragmentos de un diario europeo (Avalancha tour '95), un divertimento de Enrique Bunbury*, y que tiempo después sería editado por Las Líneas Del Kaos, el principal club de fans de la banda, con una tirada en papel de 3.000 ejemplares, y que actualmente puede descargarse en formato PDF en la página del club de fans. En la última entrada, de 6 de diciembre de 1995, Enrique confesaba:

> Tengo miedo, soy un cobarde. Salomé me lo decía. No me sé enfrentar a las relaciones interpersonales: a la hora de las dificultades, huyo.

La huida como solución a los conflictos. Los conflictos como material de su poesía. La poesía como artimaña para huir de la realidad.

Los problemas de comunicación entre los componentes del grupo comenzaron en esas fechas. Así al menos lo sentía Juan, una bomba de relojería que en cualquier momento podía estallar para llevarse por delante la ilusión de su vida, vivir como un guitarrista de rock. Siempre existía el riesgo de que Enrique amenazara con abandonar o abandonara efectivamente la banda. Era mejor tragar según qué cosas y no decir nada, por puro afán de supervivencia, porque daba miedo que se confirmara el peor de los presagios. Mejor no contrariar antes de que todo se desmoronara. Y así durante unos años, hasta que todo estalló en 1996 por donde tenía que estallar. Juan reconoce su parte de culpa en este conflicto que comenzó tan pronto y que se extenderá a lo largo de la existencia de la banda:

> Yo a veces podía hablar más de la cuenta y decir cosas inconvenientes. Yo sé que cogí pedos gordos y que la pude cagar. Tanta relación nos estaba quemando. Entonces había cosas que sentaban mal. Algo te sentaba mal y por no montar la bronca te lo callabas, pero se iba acumulando. Y luego por alguna tontería alguno saltaba.

Confiesa que muchas veces tendía a no aceptar el material compositivo que presentaban sus compañeros en el local de ensayo, acaparando de esta manera el papel creativo. Además de los problemas de convivencia provocados por la vida en común mes tras mes, año tras año, a bordo de la furgoneta, en los hoteles, camerinos y escenarios, viviendo las mismas experiencias, pero desde puntos de vista divergentes, problemas que se dejaban correr, que no se afrontaban y se iban acumulando en el debe de cada uno y que tarde o temprano estallaban en conflictos de convivencia, creativos, personales, de grupo.

Aunque, en sentido contrario, cabría preguntarse si Enrique tenía la obligación de permanecer en la banda. Quizá el grupo dependía demasiado de él, ya desde el principio. ¿Hubiera sido posible que siguiera sin su «frontman»? Alentados por la EMI, esos conatos de individualismo demuestran que ya desde la grabación del primer LP casi todo iba a girar en torno a su figura. Era el cantante, el letrista, el interlocutor. Con el tiempo se convertiría también en ideólogo y gestor. Su imagen empezaba a abrirse camino en el imaginario colectivo. En cualquier momento podía irse con ese bagaje a otra banda, o iniciar una carrera en solitario. ¿Qué se lo podía impedir? Puede que la amistad, al menos mientras esta durara, o el éxito, hasta que se hiciera demasiado insoportable.

Finalmente, *El mar no cesa* se presentó el 6 de febrero de 1989 en La Estación del Silencio, una manera de rodearse de amigos en su ciudad natal y dar un espaldarazo al bar en donde había trabajado Enrique como pinchadiscos y Joaquín sirviendo cervezas. Era uno de los puntos de reunión favorito de músicos, poetas y artistas de la ciudad. Con el tiempo, se convertiría en centro de peregrinaje de los numerosos fans de la banda, venidos desde los cuatro puntos cardinales de España y de gran parte de Europa, particularmente desde Alemania. Fue una fiesta casi desproporcionada que se prolongó hasta altas horas de la madrugada en otros locales de la ciudad. Motivos tenían para celebrar la puesta de largo, en forma de nuevo y flamante vinilo, de una de las bandas que iban a sonar con más fuerza en los próximos tiempos. Con una nueva gira en ciernes, los cuatro músicos se aprestaban a subirse en una furgoneta para reír sin parar durante dos años y 100.000 kilómetros de carretera.

100.000 kilómetros

7 de enero de 1989, San Adrián, Navarra, primer concierto de la gira de presentación de *El mar no cesa*. El camerino cedido por los organizadores es un espacio diminuto de unos ocho metros cuadrados amueblado con cuatro sillas. Como animales enjaulados, los músicos viven los instantes previos a su actuación con una mezcla de nerviosismo y excitación. Igual que había pasado en los años anteriores y seguiría pasando en el futuro. Sensaciones que siguen presentes para Pedro:

> Eran momentos muy especiales. Te ibas a enfrentar al toro. Tu vida depende de lo que vas a hacer en ese momento. Hay cosas que hay que hacerlas en el momento, no puedes hacerlas dentro de cinco minutos, y en los escenarios pasa eso. Todo lo que no hagas bien ahora mismo está mal hecho. Una responsabilidad mayor, porque tienes que hacerlo ahora. Ahora. No puedes corregir ni borrar. Obviamente, es un reto. Para mí, durante muchos años, fue un momento de mucha tensión. Estás ahí. Sabes lo que vamos a hacer, ¿no? Vale. Estamos, ¿no? Sí. Ok, pues venga, vamos allá. Te tomas un trago, te das un abrazo. Estás preparado para lo que tienes que hacer. A mí a veces me daba por darles a las baquetas, cosa que siempre me ha parecido muy molesta y he procurado no hacer por los demás. Juan y Joaquín digitaban un poco con sus instrumentos. A Enrique

nunca le vi cantar o hacer gorgoritos con la voz. Tampoco cenábamos antes de salir. Te tomabas tu agua, tu zumo, una cerveza, lo que fuera. Aquí estamos. Estar sobre el escenario era una responsabilidad.

Y salieron. Juan ocupó la derecha del escenario. Llevaba colgada la Fender Stratocaster, modelo Eric Clapton, que se había comprado en la tienda Bosco de Madrid justo después de la grabación de *El mar no cesa*. Era gris, pero le pidió al encargado, ante su extrañeza, que se la pintara de negro y que le sustituyera el golpeador blanco por otro también negro. E iba cambiando los efectos de sonido desde el *rack* de válvulas ADA que también había comprado hacía poco. Sobre todo, la distorsión, que iba probando día tras día; con el *delay* y el *chorus* necesitaba experimentar menos. Eso, distorsión que no faltara, para que luego fueran diciendo que eran un grupo blando y popero, si encima ya utilizaban las recién compradas pantallas Marshall. Y Joaquín en el otro extremo, a la izquierda del público, como haría siempre, con su Weston de mástil intercambiable. Su imagen estaba en plena transformación, se estaba dejando crecer el pelo y llevaba una especie de cascote; todavía tendría que esperar unos meses hasta que tuviera la largura necesaria para no sentirse incómodo. El cheroqui del rock, le llamaban, y es cierto que con su larga melena y su tez morena parecería un indio de esa tribu tiempo después. A Pedro se le veía poco detrás de su Tama de estructura tubular, y que él había configurado con una caja, dos timbales, de los que era tan partidario, el base, el bombo, los *charles* y los platos. Y Enrique en el medio; él no había tenido que renovar su instrumento últimamente, como sus compañeros, lo llevaba siempre encima, lo cuidaba, iba evolucionando poco a poco desde la voz chillona y aguda hacia otra más varonil y compacta. Se movía más sobre el escenario, se acercaba a Joaquín y simulaba él también tocar otra guitarra, o a la batería para imitar los redobles de Pedro, o volteaba el micrófono sobre su cabeza. Entonces llegaba *Flor venenosa*, el *hit* de 1989 que él bordaba y cuya interpretación solía adornar bebiendo a morro de una botella de vino rosado, su jarabe de flor venenosa que iba pasando entre las primeras filas de los fans, tan contentos ellos de posar sus labios en la misma botella que su ídolo.

Fue uno de esos conciertos que salían redondos, en los que se daba una perfecta sincronía entre el público y los músicos. El camerino no tenía ningún sistema de ventilación. Empezaron a rular los tercios de cerveza y los canutos. El humo dulce flotaba en el ambiente, se revolvía entre los músicos, entrando y saliendo de los pulmones, una y otra vez. Como dice Pedro, todo era una risa continua, desde que abrían los ojos en la habitación de un hotel hasta que los cerraban en la siguiente:

> En aquellos días nos reímos mucho, muchísimo. Los Héroes, cuando empezamos, estábamos todo el día descojonándonos, todo el día. Entre Juan, que era un no parar, Joaquín, Enrique, que se descojonaba el que más, y yo, que tampoco me quedaba nunca atrás... Nos hemos reído lo que no está escrito.

Un grupo de cuatro amigos entregados a su pasión recorriendo la geografía nacional a bordo de furgonetas llenas de humo y música. Y las chicas pendientes de ellos, dispuestas a todo a las puertas de los camerinos. Las risas siempre a flor de piel, las bromas y las guasas. Ganando dinero, viajando, explorando el mundo desde la altura de un escenario y delante de unos altavoces de 18.000 vatios, toda esa gente entregada allá abajo, a los pies, chillando, idolatrando. Lo que siempre habían querido hacer, y cobrando un caché de 1.500.000 pesetas (9.015 euros) a los veinte años. El país entero a sus pies calzados con botas de cuero negro.

Flor venenosa llegó al número uno de Los 40 Principales el 13 de mayo de 1989. Fue el primer éxito de la banda. Y para conseguirlo, tuvieron que seguir el mismo camino que seguían todos los *hits* en esas fechas.

La Cadena SER, con su programa estrella *Los 40 Principales*, era la que hacía y deshacía a su antojo los éxitos del panorama musical español. Se reunían sus directivos en Madrid y entonces decidían qué grupos, qué canciones y con qué periodicidad iban a sonar en la red de emisoras. Un auténtico monopolio. Llegar hasta allí era un proceso lento que requería tiempo y, sobre todo, la decisión de la discográfica y los acuerdos con las radios. La canción escogida empezaba a sonar en las emisoras con la frecuencia pactada, a la vez que la banda se entregaba a la promoción, viajando por provincias, concediendo entrevistas a los medios, fueran televisión, radio o prensa, haciendo a veces conciertos para públicos restringidos.

El sistema calificaba las canciones en varias categorías: disco blanco, negro, azul, verde y rojo, el mejor de todos. Cuanto más pagaba la discográfica, más alto subía el tema, hasta el rojo, que suponía que se radiara cada dos horas en toda la red de emisoras. La decisión sobre los colores de las canciones se pactaba en esas reuniones en Madrid. Entonces comenzaban a machacar con el tema, lo que arrastraba al público a la compra y a los conciertos. Era una bola que crecía conforme echaba a rodar. Era un pacto entre empresas dispuestas a ganar dinero sin escrúpulos. Era una apuesta por un grupo en concreto, que salía enormemente beneficiado en cuanto a ventas y actuaciones. Era una espiral que se retroalimentaba sin fin y que indicaba el camino hacia el éxito. Héroes del Silencio entró en el juego al haber grabado sus primeros trabajos con una discográfica importante, no con una independiente. Y debía rentabilizar la inversión. Además, los chicos tenían buenas canciones e imagen, daban de sí en las fotografías y ante las cámaras, delante de los micrófonos. La fórmula tenía que funcionar. Y funcionó.

Era una buena inversión mover a cuatro personas por el país haciendo el trabajo de promoción, convencer a las radios, pagar los favores, una campaña de márquetin en toda regla, una apuesta por un grupo que había vendido bien su primer EP y en el que confiaban. Cierta prensa escrita se cebó en ellos al calificarlos así: «Héroes del márquetin». Sin embargo, ningún grupo mediocre, por mucho que lo apoye una buena campaña publicitaria, se convierte a la excelencia. La suma de factores que ellos ofrecían —cantante atractivo, imagen rompedora, multinacional a la sombra, campaña de márquetin por todo lo alto apoyada desde Los 40 Principales— hizo que se ensañaran con ellos pensando que eran un simple montaje sin contenido. Incluso hubo algunas revistas, como *Rock de Lux* o *Ruta 66*, y emisoras como Radio 3, de Radio Nacional de España, que los ningunearon obsesivamente.

Y como parte de esa liturgia, de esa carrera en pos del número uno, tocaron en la sala Ya'sta, en Madrid, tres veces en un corto intervalo de tiempo, siempre ante un público formado en exclusiva por directivos, gente de las discográficas, la prensa y la SER. Las dos primeras, los días 12 y 13 de enero de 1989; la última, el 31 de ese mismo mes. Es en esas fechas cuando *Flor venenosa* comienza su andadura hacia el éxito. Y cuando suena por primera vez un tema que, mucho tiempo después, se convertiría en uno de los más celebrados de la banda. De lo que además hay prueba documental gracias a una cinta VHS de Juan:

> Después del concierto nos entregan nuestro primer disco, *El mar no cesa*. Pues antes, en la prueba de sonido de ese concierto del 31 de enero de 1989, la presentación del LP a los medios, y sin que nadie se diera cuenta, yo toqué la idea de lo que iba a ser *La chispa adecuada*. Eso lo tengo grabado en vídeo porque alguien estaba manejando mi cámara. Ten-

go adelantado el trabajo para diez años vista. En la cinta de casete que tengo en mi casa está *La chispa adecuada*. Antes de que me den el primer LP ya tengo el single del cuarto.

Ya en marzo, el día 25, el grupo fue a Soria. Como tocaban en una discoteca, Locura de nombre para más inri, se hizo precisa una buena cena en previsión de que la actuación comenzara tarde como era habitual en ese tipo de establecimientos. Después a la discoteca, y aquello no acababa nunca. Venga a sonar la música a todo meter por los altavoces y la gente dando botes por la pista. Se dio la circunstancia de que era el último sábado de marzo y se cambiaba la hora. ¿A qué hora se iba a tocar?, le preguntaban al propietario, ¿a la antigua o a la nueva? A las dos se debía adelantar el reloj hasta las tres, claro, y el tiempo seguía corriendo entre visitas a la barra y charlas en la habitación que habían reservado como camerino.

Fue algo demencial. Llegaron las dos, se adelantó la hora y allí nadie parecía tener interés en que el concierto comenzara. Los músicos estaban cansados y protestaban, el dueño sonreía y pedía paciencia, la venta de cubatas iba viento en popa. Contaba las cajas para saber en qué momento podría cubrir el caché del grupo; solo entonces autorizaría que tocara. Ya nadie sabía a ciencia cierta qué hora era en realidad. Subieron al escenario a las cuatro de la madrugada; se emplearon a fondo, como siempre, durante una hora y media, y el concierto terminó hacia las cinco y media de la mañana. Al salir de allí rumbo al hotel, sobre las seis, todavía era noche cerrada. Antes, Eugenia, la *road manager*, tuvo que ir al despacho del jefe a cobrar el caché del grupo, que siempre se hacía en metálico.

Era curioso que tuviera que llevar el dinero encima de un sitio a otro. Entonces cobraban 1.500.000 pesetas (9.015 euros) que servía para pagar a Turborent, la empresa que los sonorizaba, los desplazamientos del grupo y los gastos de la *road manager*, y con lo que quedaba se hacían cinco partes, una para cada músico y la otra para la agencia, para Pito, que no solía aparecer por los conciertos casi nunca. Y todo en metálico; el fajo de billetes iba sufragando los costos hasta el nuevo cobro, pagar la comida del mediodía, el siguiente hotel, y así sucesivamente. A la mañana siguiente, Eugenia se acercaría a una sucursal del banco con el que trabajaba la agencia para depositar una parte, siempre reservándose la cuantía necesaria para el día a día.

El 19 de mayo de 1989, en el estadio de fútbol Rico Pérez de Alicante, tuvo lugar la primera grabación de un videoclip de la banda. Se desplazó desde Madrid un equipo dirigido por Antonio Díaz, que ya les había hecho la sesión de fotos para la segunda portada del EP. Estuvieron todo el día pululando por el estadio, filmando los trabajos de montaje, la actuación, las reacciones del público. Planos del grupo sobre el césped, frente a las gradas, caminando por los pasillos interiores de la instalación. Pidieron a uno de los técnicos que abriera y cerrara las puertas del camión que Turborent utilizaba para desplazar el material, recién pintado para la gira de Héroes del Silencio. Luego, entre el 21 y el 23 de mayo, los cuatro músicos estuvieron en Madrid grabando más planos en un estudio. Habían dispuesto telones blancos para que resaltara la ropa negra que, indefectiblemente, vestían entonces. Salvo Pedro, los otros tres músicos hacían esfuerzos por no permanecer estáticos, dando dinamismo a su interpretación con pasos laterales, hacia delante, hacia atrás.

Fue el primer vídeo de la banda y la canción escogida, *Mar adentro*. El montaje resulta dinámico, va intercalando planos del rodaje en el campo de fútbol alicantino con los que se filmaron en el estudio madrileño. Y destaca por su sencillez, por la ausencia de pretensiones. La única licencia que se toma el realizador es utilizar un plano de la apertura de las puertas del camión de Turborent para empezar, y otro del cierre de estas para terminar. Una simple metáfora que envuelve un producto dinámico y barato, efectivo y de buen recuerdo para los músicos. Con el paso de los años y la eclosión de este formato artístico, sobre todo desde la popularización de la cadena MTV, tendrían que hacer muchos más, y todos ellos con más presupuesto, mucho más sofisticados.

La crítica musical fue la bestia negra del grupo. Amados y odiados por igual, ya desde la grabación de su primer trabajo habían sentido en sus carnes los embates de gran parte del sector. Fue algo con lo que tendrían que luchar durante su carrera. Y para comenzar esa lucha y dar la batalla, nada como un concierto a todo volumen en la sala madrileña Jácara, uno de los templos de la Movida. Se lo tomaron como una especie de reválida. Había que hacerlo especialmente bien. Y lo consiguieron, sonaron conjuntados y contundentes, y dejaron buen sabor de boca entre el público que asistió. Javier Pérez de Albéniz, en un artículo publicado en *El País* el 25 de junio, alabó el directo de la banda en contraposición con el sonido estándar, con poco carácter, de sus grabaciones.

Pero no fue el único. Un caso singular fue el de Jesús Rodríguez «Lenin», crítico de *Rock de Lux* y del diario *Ya*. *Rock de Lux* era una revista musical barcelonesa fundada en 1984 que ignoró a Héroes del Silencio. Caían mal entre los miembros de la redacción. Es por eso que su crítico, Lenin, acudió a regañadientes al concierto de la sala Jácara. No tenía ninguna gana de verlos, como él mismo confesó. Sin embargo, como san Pablo, se cayó del caballo y se hizo un incondicional de la banda, como se refleja, por ejemplo, en la crónica que hizo del concierto en *Ya*, el 24 de junio de 1989, o en el artículo para *Un Año de Rock 1989*, con ocasión de la entrega a la banda del premio al Grupo Revelación del año:

Esta es la hora de recordar la perplejidad que me supuso su presentación en directo en una conocida sala de conciertos madrileña. Reconociendo los prejuicios con los que iba a presenciar la actuación de la que quería creer una banda «niñata», lo que allí vi hizo cambiar diametralmente mis opiniones... La música que fabrican, un líquido denso y oscuro, responde por igual al patrón coriáceo y duro que unos Doors, unos U2 puedan marcar como referencia. Pero es ese blindaje especial que significa su directo lo que hace pensar que, dentro de dos o tres años, cuando su nombre sea *vox populi*, estaremos delante de un fenómeno difícil de parar. Que no decaiga.

Un caso loable de rectificación ante la evidencia, de reconocimiento de los falsos prejuicios, que no sería muy común, por desgracia. Los palos, en el futuro, seguirían llegándoles de todos los lados.

Floren Moreno fue el técnico de sonido que hizo la gira *Camino Soria* con Gabinete Caligari de mayo de 1987 a octubre de 1988. Así que Pito debió negociar con él las condiciones para que hiciera lo propio con la gira que Héroes del Silencio había comenzado en enero de 1989 y se intensificaría en el verano. Un tipo realmente experimentado, eficaz como pocos en el trabajo, dueño de una empresa que crecía conforme el mercado profesional de su sector se iba consolidando. Era, probablemente, de los mejores en ese momento en España. Y bastante caro, por cierto, prueba de que la banda nunca escatimó en medios para ofrecer buenos espectáculos, causa también de la obsesión de sus fans en seguirlos incansablemente. Al fin y al cabo, ellos lo veían como una inversión.

Gracias a la gira que había contratado con Héroes, había podido acometer algunas inversiones en la empresa. Por ejemplo, pintar su camión de negro y ordenar que estamparan a los lados y en las puertas traseras el logo de Turborent. Y había contratado más personal, a quienes en el mundillo se los llama «pipas», para las labores de montaje y desmontaje de toda la infraestructura. El control de la mesa de monitores era labor de Miguel Tapia «Miguelico», como le llamaban cariñosamente los cuatro músicos, y a quien cada uno señalaba sus preferencias, pero en general tanto Pedro como Joaquín y Enrique necesitaban oírse bien entre ellos, y no tanto la guitarra de Juan, que quedaba un poco huérfana en este sentido, cosa que este aprovechaba para subir el volumen cuanto podía. Y Floren Moreno como el artífice del sonido. Era el encargado de la mesa y, como tal, de ir puliendo la puesta a punto de cada instrumento y de todos ellos juntos y con la voz. Era muy proclive, como era moda en la época tanto en las grabaciones como en los directos, a cargar mucho de *reverb* los sonidos. Pero eso no era todo; después del concierto había que desmontar el material, meterlo en el camión y salir pitando hacia el nuevo destino para tenerlo a punto en la siguiente prueba de sonido.

En el concierto ofrecido en la pequeña ciudad leonesa de La Bañeza, el 9 de agosto de 1989, sonaron por primera vez los célebres acordes del arranque de *Entre dos tierras*. No les daba reparo tocarla en la gira, ya que en esos días no había tecnología capaz de grabar decentemente un concierto, excepción hecha de si se pinchaba la mesa de sonido, cosa que Floren, desde luego, jamás consentiría. Joaquín tiene estas imágenes grabadas en su memoria:

> Era un sitio supercerrado y pequeño, una discoteca enana. Podías tocar el techo con la mano. Teníamos delante una barra con luces, a cuatro palmos, para iluminarnos a nosotros. A cinco palmos por detrás, las luces traseras. Y pantalones de cuero. Era cocerte vivo. El sitio que más calor

he pasado en mi vida. Ese concierto lo empezamos con *Entre dos tierras*. Fue la primera canción porque yo estaba preparado cuando escuché los primeros acordes de Juan. Me empezaron a caer gotas de sudor encima del Weston y me dije: «La primera canción y ya sudando, cómo es posible». Cuando acabamos, parecíamos pilotos de fórmula uno que pierden tres kilos en una carrera de hora y media. Enrique llevaba unos pantalones de cuero y cuando se sentó en el camerino el tinte negro quedó marcado en el sofá de tanto que había sudado. Horroroso. Solo queríamos líquido, agua, cerveza, lo que fuera. Sin parar de beber. Muertos.

Durante el mes de agosto de 1989 ofrecieron dieciséis conciertos, nada menos. El mismo número que en 1990, pero nada comparable con lo que ocurriría en 1991, cuando tocaron veintiséis veces, todo un récord. Era el mes por antonomasia de las fiestas patronales de los pueblos y ciudades de España, y la agencia no perdía la oportunidad de ir cargándoles compromisos y más compromisos. Y eso que ellos habían exigido que se respetaran ciertos parámetros en ese sentido, como el de la distancia entre las localidades, que no podía exceder de los 500 kilómetros, o la necesidad de introducir días de descanso para no quemar a la banda. Exigencias que muchas veces la agencia incumplía al haber contratado más conciertos de la cuenta y al haberlos programado en ciudades demasiado lejanas unas de otras. Para nada parece que fueran despistes de la oficina, era la hora de explotar a la gallina de los huevos de oro mientras estuviera viva.

El 18 de agosto tocaron en Villar del Arzobispo, en la provincia de Valencia, y luego se desplazaron hasta Alfamén, en la provincia de Zaragoza, 250 kilómetros por una de las peores carreteras del momento, la N-234. Un buen madrugón y a la furgoneta, había que llegar a tiempo para la prueba de sonido en el pabellón de deportes de esa localidad aragonesa. Allí los esperaba Floren, que despotricaba sobre las condiciones del recinto para dar un concierto de rock. Luego Enrique se puso hecho un basilisco por ese mismo motivo. La forma poligonal que tenía dificultaba enormemente la labor del técnico y soliviantaba la paciencia del cantante. Conseguir que la batería sonara con cierta decencia fue todo un suplicio. Corría el reloj y la cosa apenas mejoraba. Aquello se llenaba de ondas estacionarias que rebotaban de pared en pared hasta ir desintegrándose demasiado lentamente. Nadie se había preocupado de instalar materiales absorbentes, telones, por ejemplo, o algo de mobiliario de madera, nada. Después, como sucedía siempre que las cosas no salían bien, caras largas, poca juerga y cabreo generalizado. ¿Había que contratar conciertos en recintos como ese?

Otros 250 kilómetros entre Alfamén y Benicarló, otra vez por la N-234. Sin embargo, en esta ocasión el lugar sí reunía mejores condiciones, aunque solo fuera porque estaba al aire libre, en los patios de una escuela. El espacio era amplio y permitía el lucimiento de los técnicos de Turborent. Cuando llegaron, el montaje estaba a punto de terminar. Ya habían instalado el telón con el logo primitivo de la banda, el que salía en el álbum *El mar no cesa*, dos dragones enlazados formando una H y rodeados por un círculo que contenía el nombre, Héroes del Silencio. El diseñador de este primitivo logo no fue muy escrupuloso, puesto que plagió uno muy parecido de una marca de ropa. También habían situado los telones negros que servían para delimitar el espacio de actuación y que tapaban tanto el fondo como los costados. Menos mal que esa noche calurosa, de agosto, no hacía viento. Y las tarimas que, sobre la batería de Pedro, y gracias a sendas escaleras, permitían que se subieran allí Enrique y Juan para tocar sus guitarras.

Tímidamente y sobre la marcha, según se desarrollaba la gira y surgían necesidades, ideas y sugerencias, que podían provenir tanto del equipo, cada día más entusiasmado ante la profesionalidad de la banda, como de los mismos músicos, se empezaba a mejorar el espectáculo. Un salto de calidad ya notable. Sobre todo en el tema de luces, cuyo responsable, Miguel González, era un verdadero creador en la materia. Por ejemplo, a lo largo del año 1989 se incorporaron luces traseras que iluminaban las figuras de los músicos. Para favorecer su colocación correcta delante de esos focos, se hacían marcas en la tarima del escenario con cinta aislante en forma de cruz. Era el punto exacto donde debían situarse para conseguir ese espectacular efecto de silueta. Y luces que enfocaban directamente al público y que se usaban para acompañar determinados estallidos de sonido, como en *No más lágrimas* al entrar de golpe el bajo y la batería. Miguel accionaba los mandos cuando sonaba la música, utilizando su mesa de luces como un instrumento, como quien toca un sintetizador. También se fue definiendo la paleta de colores de los efectos lumínicos, pasando de un espectro multicolor a otro más volcado a los claroscuros. Y se empezó a utilizar humo, que, combinado con las luces traseras, realzaba notablemente las siluetas de los músicos.

Así que esa noche, al revés que en Alfamén, el concierto fue un éxito, la banda se encontraba cómoda, en su elemento, y el público respondió con largura. Sobre todo, cuando interpretaron *Hace tiempo*, el tema más roquero de *El mar no cesa*. Comenzaba con un contundente timbal izquierdo de Pedro:

> Hay una cosa que se llama doble bombo. A mí el doble bombo no me gusta, porque no voy por el lado del metal. Sin embargo, un timbal a la izquierda es una especie de doble bombo, pero tiene otro cariz melódico. Es un tema que yo he aprendido de Larry Mullen, puede que el batería del que más he aprendido. Él hace otras muchas cosas, pero a mí me gustó el tema del timbal a la izquierda, que me permitía jugar más. Y creo que la forma en que yo lo toqué provocó una buena reacción en mis compañeros.

Y luego Juan, para su solo, se subía a la tarima instalada sobre la batería. Era un punteo que requería un gran esfuerzo de digitación, que se parecía más a las guitarras que con los años introduciría en el tercer álbum de la banda, *El espíritu del vino*.

Debido al descontento de la banda con *El mar no cesa* y a las críticas de blandos que habían recibido de una parte de la crítica, pidieron a la discográfica la grabación de un directo que certificara su buen hacer en los conciertos. Y gracias a las ventas del EP y el LP, la EMI se dispuso gustosa a apoyarla. Se programó para el 8 de septiembre de 1989 en Villanueva del Arzobispo, provincia de Jaén. Era la oportunidad que pedía la banda para demostrar su energía sobre los escenarios y certificarla con un registro.

Antes de viajar a Villanueva del Arzobispo desde Zaragoza, donde habían tenido unos días de descanso a primeros de septiembre, recibieron la noticia de que unas fuertes lluvias habían provocado inundaciones en la zona, por lo que no sabían si efectivamente el concierto y la consiguiente grabación del directo se podrían llevar a término. No obstante, se montaron en la furgoneta para recorrer los 555 kilómetros entre ambas ciudades. Una vez en destino, el concierto y la grabación pudieron celebrarse, aunque el recinto, un parque de la localidad, estaba embarrado. Como recuerda Joaquín:

> Hasta allí fue un camión con un veinticuatro pistas analógico. Supongo que por el tamaño de las bobinas tendríamos que hacer pausas entre canciones: «Entre la canción quinta y sexta tenéis que darnos unos minutos para cambiar la bobina». Las cintas tienen una limitación de tiempo, de quince o veinte minutos como mucho. Se calculaba el tiempo y se paraba. Entonces Enrique tenía que entretener a la gente.

El responsable del equipo fue Carlos Martos, aunque en los créditos del disco sigue haciéndose mención a Gustavo Montesano y Roberto Durruty como realizadores de producción, quienes realmente no pisaron el recinto. También fue Martos el responsable de las mezclas, que se hicieron en los estudios Eurosonic de Madrid del 12 al 15 de septiembre. Ellos estuvieron el día 14 supervisándolas. El sonido resultante, escuchado a todo volumen en el potente equipo del estudio, les pareció el mejor del mundo, impresión a la que contribuyeron las rayas de coca que iban circulando. Allí estaba Pito, suministrándoles de todo.

Después de retocar alguna voz, se seleccionaron *Mar adentro*, *La visión de vuestras almas al pecar*, *Olvidado*, *El estanque* y *No más lágrimas*. Estas dos últimas estaban dando mucho juego a lo largo de la gira, se habían convertido en sendos puntos culminantes de los espectáculos; *No más lágrimas*, por su estructura y crescendo imparable, que culminaba en un final apoteósico especialmente adecuado para la interpretación en directo. Juan y Enrique, con guitarras solista y acústica, subían sobre sendas plataformas y eran iluminados por la espalda al interpretarla. Luego, una vez que Enrique había cantado la primera estrofa, dos golpes de bajo y batería, que se hacían coincidir con estallidos de luz sobre el escenario, anunciaban la base rítmica. La segunda estrofa se desarrollaba igual, culminando con los golpes de bajo y batería, remarcados por el efecto de luz, que ya introducían la base rítmica en todo su desarrollo. La canción se deslizaba contundente y dramática hacia su apoteosis. Enrique repetía los dos versos finales auxiliado por los coros de Joaquín. Ocurría algo parecido con *El estanque*. Las siluetas de Enrique y Juan eran iluminadas desde atrás durante la larga y bella introducción del tema, de cerca de dos minutos, que había sido compuesta por ellos dos inspirándose en The Waterboys. Cuando entraba la sección rítmica, con los efectos correspondientes de luz, la canción iba progresando hasta otro final igualmente apoteósico. Las dos funcionaban bien en directo, tanto que fueron sendos clásicos a lo largo de toda su carrera. También en la gira de regreso de 2007, cuando la banda disponía del repertorio al completo. Juan perfeccionó las guitarras de muchas de las canciones para esta gira. Se pasó meses enteros probando cosas nuevas que, si se hubieran introducido en las composiciones originales, habrían mejorado notablemente todos los temas.

Aquella noche de mezclas y cachondeo en Eurosonic no durmieron y al día siguiente cogieron un avión para volar hasta Barcelona, donde debían tocar para las fiestas de la Mercè. Tenían que actuar en el Sot del Migdia, una enorme explanada a los pies de Montjuïc, con ocasión de la *Festa del Treball* del PSUC, y de teloneros de Loquillo y los Trogloditas, a quienes todavía no habían adelantado. Se reunieron allí aquella noche más de 100.000 personas, según rezaba la prensa de los días posteriores. Habían colocado unas vallas entre el escenario y el público de tal manera que en ese espacio, de unos cinco metros de anchura, pudieran desenvolverse los fotógrafos y los técnicos. Luego, en la zona de *backstage*, formada por varias caravanas estacionadas detrás del enorme escenario, siguió la fiesta hasta bien entrada la madrugada.

En cuanto al disco titulado *En directo* y por expreso deseo de los músicos, solo se tiraron 5.000 copias numeradas, puesto que no quisieron que fuera un producto de venta ordinaria, sino algo especial para sus seguidores. Y se agotaron pronto, siendo hoy en día un apreciado fetiche para coleccionistas. La portada muestra el logotipo de la banda, pero modificado por el estudio de Pedro Delgado, y la contraportada, fotografías de Javier Clos. El disco fue dedicado a una serie de amigos y colaboradores que «estuvieron ahí» y que los seguían en la gira siempre que les era posible.

Demos un salto hasta abril de 1990. En ese tiempo, veintiún conciertos ofrecidos en otras tantas ciudades del país, también en Zaragoza y para las fiestas del Pilar, donde ya eran profetas. Y un largo paréntesis a principio de año para encerrarse a componer las nuevas canciones de *Senderos de traición*, que enseguida comenzaron a tocar en directo. Eso hicieron en la sala Zeleste de Barcelona el 20 de abril, tocar *Entre dos tierras*, *Despertar*, *Maldito duende*, *Hechizo* y *Oración*, nada menos. Vaya temazos, se vislumbraba ya la calidad del segundo LP. Y luego la crítica barcelonesa lanzando misiles con una mala uva verdaderamente sospechosa.

En Zeleste la banda vivió una situación singular. Como está muy cerca de la Barceloneta, el grupo y sus acompañantes decidieron acercarse a uno de sus restaurantes a comerse una paella. Era algo muy típico en la Barcelona preolímpica. Entonces, la línea litoral de ese barrio estaba llena de restaurantes a pie de playa, con las terrazas sobre la arena, que serían derribados con ocasión de los Juegos Olímpicos de 1992. Antes de entrar en el restaurante, se cruzaron con el set de un reportaje publicitario de una marca de cigarrillos muy en boga en esos días, Fortuna, de Tabacalera Española. Habían montado unos focos y pantallas, y tanto el director como el fotógrafo se movían diligentemente entre un grupo de modelos, chicos y chicas muy jóvenes, atractivos y desenvueltos, para corregirles las poses. Había también maquilladores y auxiliares de vestuario. El grupo de modelos iba ataviado con ropas modernas y desenfadadas, y en sus poses se adivinaba hacia qué sector de los consumidores estaba dirigido el reportaje. Pues bien, la banda y los acompañantes pasaron ante el set en su camino hacia el restaurante. Entonces el director se quedó mirando a los cuatro músicos con cara de asombro. Vestían ya con un estilo medio rocanrolero, medio urbano, con sus indefectibles pantalones de cuero negro, las botas de piel, las camisas compradas en Londres, adornado con toda una serie de complementos tipo gafas de sol, pañuelos en la cabeza, cinturones abultados y bisutería. Si a eso le sumamos las largas melenas, la altura de los cuatro y su atractivo natural, no resultó extraño que el director del anuncio se quedara mirándolos al pasar, con la boca abierta, como preguntándose: ¿qué hago yo con esta cuadrilla de modelos disfrazados? ¿No debería tener a unos tipos así para que el anuncio tuviera de verdad sentido? Pues bien, estando en plena comida, el director del anuncio y su fotógrafo entraron en el restaurante y se dirigieron hacia la banda. Se disculparon por la interrupción y les ofrecieron la posibilidad de posar para el anuncio en lugar de los modelos, que debían de estar tocándose las narices en el set. Los cuatro se quedaron mirando a aquellos tipos con cara de asombro, sin entender nada de lo que estaba pasando. Finalmente, los despacharon de buenas maneras y siguieron comiendo.

Ese concierto de Zeleste tiene una segunda peculiaridad: ellos mismos se convirtieron en empresarios para promoverlo, como declararon a *La Vanguardia* en esos días. Eso significaba alquilar Zeleste, asumir todos los gastos y los riesgos de organización y promoción del evento, cobrar las entradas y hacer las cuentas finales. ¿Cómo era posible que no hubiera empresarios en Barcelona dispuestos a contratarlos? ¿No era aval suficiente la venta de 120.000 ejemplares de *El mar no cesa*, que, precisamente, se presentaba en ese concierto? Puede parecer inconcebible, pero las relaciones de la banda con la escena musical catalana siempre fueron singulares, para calificarlas de una manera suave. La crítica barcelonesa se encargó de avinagrarlas en múltiples ocasiones.

El concierto, con la sala llena, fue más que contundente. Sonaron equilibrados, interpretaron cinco canciones nuevas, el público estuvo a la altura de las circunstancias al exigir varios bises. Sin embargo, la crítica se ensañó con la banda. A partir de ese día de abril de 1990, sería la tónica habitual cuando recalaban en los escenarios barceloneses, salvo extrañas y contadas excepciones. Críticos como Luis Hidalgo, Donat Putx, Xavier Cervantes o Karles Torra fueron especialmente beligerantes. Esta es la crítica que hizo este último y que salió publicada el 24 de abril en *La Vanguardia*:

El concierto del viernes no tuvo ni clímax, ni momentos álgidos, ni intensidad alguna, y se redujo a una simple sucesión de canciones, que en el fondo no eran sino la misma canción con la letra cambiada y con unos toques de maquillaje para disimular el olor a chamusquina que desprendía todo aquello. Sin ideas, escasos de técnica, pero, eso sí, con una potente luminotecnia y amplificación que avasallaban al más pintado. La eterna cantinela del ruido y las nueces.

Los conciertos en Cataluña, aunque con cuentagotas, se iban sucediendo. El sábado 5 de mayo de 1990 actuaron en la plaza de toros de Figueres. Las plazas de toros, cuántas veces llegaron a tocar en esos recintos tan especiales. Conforme el grupo iba creciendo en popularidad y ventas, se hizo más habitual que esto ocurriera. En principio, no les producía rechazo tocar allí, en aquellos años las tesis animalistas eran poco frecuentes y ellos no sentían una especial repulsión por esos recintos que habían albergado el sacrificio de miles de reses bravas. Al contrario, resultaban casi ideales para un concierto de rock en verano: primero, porque la forma redonda de la misma plaza, la ausencia de techumbre, el diseño curvo y ascendente de las gradas y el albero favorecían la sonorización del espacio, nada tenía que ver con un recinto cerrado de cemento; segundo, porque los espacios acotados para el equipo y la banda, el *backstage*, eran mucho más cómodos y espaciosos, zonas del albero y la gradería cerradas al paso, vestuarios de los toreros y otras estancias interiores, lo que, por otra parte, impedía o hacía mucho más difíciles los robos de material; tercero, porque, al ser recintos espaciosos y abiertos, resultaban muy cómodos para los fans del grupo, que se desenvolvían a sus anchas entre las barras instaladas, la arena y las gradas, y cuarto, porque las había en casi todas las ciudades importantes del país, de distintas categorías, eso sí, pero siempre con esas características comunes que las hacían tan especiales. Además, su gran capacidad permitía conciertos multitudinarios y memorables, pues no era extraño que se metieran allí, entre gradas y albero, más de 10.000 espectadores en las de primera. Eso sí, mejor emplearlas para conciertos que para corridas, pensaban y siguen pensando cuando ya hace mucho que dejaron de tocar en esos recintos. Aunque no faltaban las oportunidades de diversión y broma, como evoca Juan con sentido del humor:

> Me acuerdo de que cuando llegaba a una plaza de toros y había toros en los toriles por las fiestas patronales, yo iba a chincharlos, a hacerlos rabiar. Los veía desde arriba encerrados y empezaba a hacer ruidos extraños para mosquearlos. Me miraban con unas ganas... En Aitana nos dejaron subir encima de un elefante. Allí hice rabiar a la pantera negra. En un momento en que se despistaron los cuidadores le metí caña.

Aquella noche, como ya venía siendo habitual, sonaron los acordes de *Song to the Siren* antes de que los músicos salieran al escenario. Para sus seguidores, ese instante marcaba el inicio del concierto. Era un momento mágico, cargado de emoción. La bella canción sonaba a todo volumen por la PA instalada. Y los corazones se paraban.

Originalmente, la canción fue compuesta por Tim Buckley en 1967, aunque no se grabaría hasta 1969 con letra de Larry Beckett. La versión que utilizaban ellos era la que grabó en 1984 This Mortal Coil, el grupo inglés en el que militaba la excelente vocalista Elizabeth Fraser, que compaginaba con Cocteau Twins. Era un tema que se escuchaba en La Estación del Silencio auspiciado por Boch, gran admirador de esa banda. Héroes del Silencio estaba buscando una canción que sirviera para anunciar el inicio de los conciertos. Solían escuchar mucho a Enya, que había sacado su primer álbum en 1987, y la voz de la irlandesa les hizo interesarse por otras voces femeninas parecidas. De esta manera llegaron hasta el tema de This

Mortal Coil, que adoptaron, por sugerencia de Enrique, para la gira que comenzó en 1988, de presentación del primer LP, y que ya no abandonarían nunca, enamorados de su melodía y la bella voz de Elizabeth Fraser. También en la gira de 2007 abría sus espectáculos.

Todavía hoy, cada vez que la escuchan, a los cuatro músicos se les pone un nudo en la garganta. Al haber anunciado cada uno de los cerca de setecientos conciertos que hicieron en su carrera, enseguida les hace rememorar los instantes previos a su salida al escenario, con toda la carga de emoción y nervios que eso suponía. Se agolpaban todas las sensaciones que les provocaba la responsabilidad, el miedo a fallar, a los errores, a la posibilidad de un corte de luz, de un fallo en los equipos, a una entrada floja, a una reacción inapropiada del público, miedo al abucheo, a que tiraran objetos, a las críticas negativas del día siguiente, miedo al desprecio, a la mofa. La tensión flotaba en el ambiente del camerino. Juan vomitaba muchas veces, era su manera de manifestar esos nervios. Y eso que solían tocar en ayunas salvo en las sesiones de discotecas, tan intempestivas. Todo se pasaba mejor con el estómago vacío. Y cada uno sumido en sus pensamientos, pero a la vez coordinados ante el reto que se venía encima. Tocar las baquetas, rasguear la guitarra, siempre sin molestar a los demás ni hacerse pesado. Brindar con una copa o darse palabras de aliento mutuo. 10.000 personas pendientes. La carrera profesional se jugaba cada noche. Unos pocos malos conciertos y todo podía irse al traste. Pero fue justo lo contrario lo que sucedió, que dieron muchos y buenos conciertos, por eso la gente los seguía de localidad en localidad, llenando casi siempre los recintos, viviendo una experiencia única. Como la de Figueres.

O como en el campo de fútbol de Villarreal el 18 de mayo, solo dos semanas después. Había fans que los seguían de ciudad en ciudad, incansables, grupos que planificaban así sus vacaciones y que siempre se acercaban a las puertas de los camerinos por si había suerte y podían verlos de cerca, tocar la cazadora de Pedro, arrancarle a Enrique una sonrisa o unas palabras. Ellos fueron siempre sensibles a este fenómeno y, dentro de ciertos límites, accedían a ese tipo de contactos.

Había acabado el concierto y la gente había abandonado el recinto. Los cuatro músicos estaban en la furgoneta esperando para regresar al hotel. Enrique estaba sentado junto a la puerta lateral corredera, que estaba abierta. Hablaban de las vicisitudes del directo de esa noche. Entonces, dos chicas rezagadas, que no tendrían más de dieciséis años, se acercaron hacia ellos caminando con una precaución infinita, cuchicheando entre ellas, temerosas quizá de ser descubiertas y despachadas sin miramientos. No había nadie más sobre el césped, nadie se había dado cuenta de que ellas estaban allí. Poco después llegaron hasta la furgoneta, se pusieron justo al lado de Enrique y, con una emoción incontenida, casi temblando, le tocaron la espalda, quizá esperando un gesto airado del cantante, una bronca, que las sacaran de ahí con cajas destempladas. Pero nada de eso ocurrió. Enrique se quedó mirándolas. Ellas le tendieron un papel y un bolígrafo en silencio. Eran incapaces de articular palabra. Enrique entendió, les firmó el papel, se giró y siguió la animada charla del interior. Aquellas chicas, completamente maravilladas, en éxtasis, salieron dando saltos de alegría, abrazándose, locas de contento con su tesoro, que miraban y remiraban con ojos como platos.

Unos meses después, el 10 de agosto de 1990, tocaron en Calatayud, adonde fue a verlos Phil Manzanera, el exguitarrista de Roxy Music, el productor que los llevaría al éxito masivo. Lo conocieron en Madrid cuando Phil buscaba material para producir un álbum recopilatorio con grupos españoles, momento que aprovecharon para invitarle a uno de sus conciertos y que viera de primera mano su modo de trabajar, la calidad de su directo, que había subido muchos enteros gracias a la práctica y el buen hacer de Turborent, así como a la conexión que establecían con su público. Como recuerda Joaquín:

> Llevábamos muchos conciertos antes de que nos viera Phil. Te vas haciendo una apisonadora en directo. Los conciertos son como ensayos todos los días de todas las canciones. Como ya rodábamos algunas canciones de *Senderos*, pudo escuchar el material nuevo. Fueron tres meses de composición y tres de rodaje. Allí le dijimos que queríamos que el disco sonara como lo que acababa de ver, el directo, y no como *El mar no cesa*. No parecía una cosa muy complicada. Lo teníamos tan claro y se veía que funcionaba tan bien que había que hacerlo así.

El hecho de que hablara español facilitó las cosas. Y hubo entendimiento. Se reunieron con él después del concierto en el hotel de las afueras de la ciudad donde estaban alojados. Entonces hablaron de los detalles del futuro proyecto, de las posibles fechas de grabación, de las ideas que tenía la banda al respecto: básicamente, que el nuevo LP reflejara el sonido de los directos. Sin embargo, Manzanera recibió una llamada desde Inglaterra comunicándole la muerte de su madre, por lo que hubo de regresar precipitadamente.

El último concierto de la gira fue el 22 de septiembre de 1990, en la localidad valenciana de Canals. Sin apenas tiempo para el descanso, el 25 se metieron en los estudios Kirios de Madrid para grabar, con Manzanera, *Senderos de traición*, trabajo que les llevó tres semanas. Nada más terminar, volaron a Londres para hacer las mezclas del álbum en Metropolis. Y a finales de noviembre se embarcaron en la primera aventura europea de su carrera, aunque esta fuera extraordinariamente modesta. Fue como volver a empezar, como remontarse en el tiempo a los primeros conciertos que hicieron como cuarteto por los pueblos de la geografía aragonesa, algo pequeño e improvisado, con los elementos y la infraestructura mínimos, sin la injerencia de nadie ni los compromisos a los que ya estaban acostumbrados, sin la intromisión de la prensa ni de la crítica. Esto declaró Enrique a *Primera Línea*, n.º 99, en julio de 1993:

> Cuando nosotros dejamos soltar así, a nuestro mánager y a la compañía de discos, que queríamos salir al extranjero, sonaron poco menos que carcajadas en las oficinas de la EMI... Primero porque llevábamos un solo LP, y segundo porque el público que habíamos conseguido aquí, el público que la crítica nos echaba en cara, era evidentemente quinceañero... Pero realmente nos lo creíamos mucho, y supongo que la negativa nos hizo más fuertes todavía. Llegamos a tener un conflicto con nuestro mánager, y la condición para que las cosas se arreglaran era la salida a Europa para hacer cuatro o cinco galas con *El mar no cesa*. La compañía no puso ni un duro y financiamos la excursión de nuestro bolsillo Ahora podemos echar la vista atrás y decir: «¡Joder, ha sido de puta madre!». Pero durante el proceso era realmente fuerte pelearte continuamente, el cantar en castellano, el tocar en una mierda de sala y no cobrar un duro, el convencer a los técnicos porque ellos quieren cobrar como siempre y les importa un huevo que tú tengas aspiraciones de *megastar*... Y llegábamos a España y nadie sabía absolutamente nada de lo que estábamos haciendo fuera. La gente nos veía por la calle y nos preguntaba: ¿os habéis disuelto? Creo que llegó a publicarse en algún lado que nos habíamos disuelto y que yo me había muerto de sida. En serio, hubo varias publicaciones que dijeron que habíamos tenido un accidente de tráfico en Alemania y que habíamos muerto todos.

Solo cuatro conciertos, dos en Suiza, otros dos en Bélgica, auspiciados por una asociación de hijos de emigrantes y dos DJ belgas. Primero fueron hasta Suiza en un par de furgonetas. En una, todo el material, los instrumentos y la batería; en otra, los cuatro músicos, Floren Moreno, Miguelico y Martín Druille, que acababa de sustituir a Eugenia en las labores de *road manager*. Llegaron a Zúrich y tocaron en el Volkshause el 23 de noviembre junto a un grupo alemán y otro suizo. Tuvieron que dormir en un colegio mayor, arropados por la colonia de españoles. Al día siguiente, un breve viaje hasta Berna. El club ISC estaba a las afueras, en la comuna de Rubingen. Era poco más que una cabaña de madera en mitad de la nada. Unos días antes había tocado allí el grupo John Kay and Steppenwolf, heredero de aquel mítico Steppenwolf que había popularizado *Born to Be Wild* en 1968, la canción estrella de la película *Easy Rider*. Como recuerda Pedro:

> Llevaba una batería Tama monumental de estructura tubular. Había escenarios en que yo estaba encima y los demás no. Pero como éramos un puñetero equipo de locos, nadie me decía que no podía llevar esa batería. Y era más obvio que la madre que me parió.

Desde Berna volaron hasta Madrid para cubrir diferentes actos de promoción, como la actuación en *playback* para el programa *Rockopop*, el día 26 de noviembre, la entrevista que les hizo Joaquín Luqui dos días después en la sede de la Cadena SER en la Gran Vía madrileña, y la asistencia el 30 de noviembre a la entrega del premio al Grupo Revelación del año 1989 de la revista *Un Año de Rock*. Otro vuelo los llevó directamente de Madrid a Bruselas, donde tocaron el 1 de diciembre. El último de los conciertos lo ofrecieron el día 2 en Lieja. La experiencia belga fue algo más frustrante que la suiza, debido a que el público estuvo formado casi en exclusiva por hijos de inmigrantes.

Acostumbrados a llenar plazas de toros y a contar con una infraestructura de primera, a ser perseguidos por sus fans y requeridos por los medios de comunicación, los cuatro conciertos por Europa fueron una manera de invertir en un futuro en el que confiaban ciegamente. Acababa de salir a la venta *Senderos de traición* y sabían perfectamente el trabajo que habían terminado.

Estado de gracia

Juan llegó al local de ensayo un poco más tarde que los demás, que ya estaban afinando sus instrumentos. Tomó su Fender y se puso a interpretar un sencillo y emotivo arpegio de guitarra que había compuesto en su casa tiempo atrás. A veces pasaba esto, que se recurría a materiales antiguos y se ponían a trabajar sobre ellos mucho tiempo después de que fueran creados. Realmente, solo era poco más de medio minuto, lo que podría ser el inicio de un tema nuevo, quizá también la coda para el final, que había que desarrollar casi desde cero. Si a todos les parecía bien, se ponían a la labor. Si no, debían seguir buscando. Y en este caso la idea recibió el beneplácito de los cuatro; la belleza de esa breve composición subyugaba, había materia excelente sobre la que ponerse a trabajar. Si consiguieran darle el ritmo adecuado, si fueran capaces de sacar una buena línea de bajo, unas líneas vocales acertadas para las estrofas y el estribillo... Luego habría que escribir una letra sugerente, claro está, y un título de primera, entonces el proceso quedaría cerrado y ya tendrían una canción nueva para el próximo álbum, que ya empezaba a vislumbrarse. Sin más dilación, se pusieron entre todos a la tarea. Unos días después, gracias a un amigo de la banda, Antonio Estación, ya tendrían el nombre del nuevo tema: se llamaría *Maldito duende* y estaría llamado a situarse en un lugar de privilegio dentro de su producción.

Había que remontarse un par de años en el tiempo para descubrir su génesis en el piso de los Valdivia en la plaza Salamero:

> En 1988, cuando empezamos a girar después del mini LP y a ganar pasta, yo me compré el mejor Gallien Krueger que había, un amplificador buenísimo; me costó mucha pasta. Y me lo llevé a mi casa, me puse *chorus* y todo, lo conecté a una pletina y me pegué una tarde grabando guitarras, con ese sonido tan bueno, con amplificador nuevo y efectos. Tantas horas estuve que lo reventé. Y me salieron un montón de canciones que luego utilizaríamos durante mucho tiempo. Grabé *Maldito duende*, *La chispa adecuada*, unas cuantas de *Senderos* y algunas de *El espíritu del vino*. Quince o veinte ideas, que iba llevando al local para hacer canciones.

Aquella sesión en solitario en su dormitorio juvenil fue como un crisol creativo, un momento de epifanía compositiva del que el grupo bebería durante años. Es fácil imaginarse a Juan sentado en una silla, o sobre el colchón de su cama, encorvado sobre su Fender, sin atender a nada más, aislado del mundo, absorto en los sonidos que sus manos iban extrayendo, dejándose llevar por la imaginación. Hay momentos en la vida de una persona que tienen una especial trascendencia creativa. Y ese fue uno de ellos. Al menos, en esa cinta quedaron recogidas las ideas que alentarían canciones como *Despertar*, *Oración*, *Morir todavía*, *Tesoro*, *Virus*, *En los brazos de la fiebre*, *La chispa adecuada* y *Maldito duende*, estas dos últimas recogidas por Juan en *Trigonometralla*, su único trabajo discográfico en solitario hasta la fecha.

En fin, que compusieron *Maldito duende*, un himno, una de las canciones más importantes de la historia del rock en español, también una de las favoritas de los seguidores de la banda, que siempre la han votado en las encuestas; como también han votado a *Entre dos tierras*, con la que forma una dupla ininterrumpida y magnífica, y a *La sirena varada* y *La chispa adecuada*.

> *Amanece tan pronto*
> *Y yo estoy tan solo*
> *Y no me arrepiento de lo de ayer*
> *Sí, las estrellas te iluminan*
> *Y te sirven de guía*
> *Te sientes tan fuerte que piensas*
> *Que nadie te puede tocar*

La letra es excelente. El narrador cuenta una experiencia de ebriedad nocturna que, entre divagaciones y conversaciones, se prolonga hasta el amanecer, momento de soledad y de autoafirmación. La juerga deja al cuerpo y a la mente en un plano de euforia. El exceso se reafirma, es el camino del conocimiento y la fortaleza. Y parece que es la cocaína la protagonista de esa euforia incontenida:

> *Las distancias se hacen cortas*
> *Pasan rápidas las horas*
> *Y este cuarto no para de menguar*

En contra de una lectura literal, no se trata de una experiencia de alteración de la realidad, como si la habitación, quizá de un hotel, empequeñeciera, o como si fuera una imagen poética de una luna menguante. Nada de eso. Joaquín despeja las dudas:

> Habla de la cocaína, un duende que te invita a soñar. El «cuarto no para de menguar» no es la luna. Es un cuarto de gramo de cocaína menguante.

Ya se han hecho todas las rayas, ya se han esnifado, y el ebrio ve con desesperación que su droga merma y que todo tiende a su fin, a un amanecer demasiado temprano que es una promesa de un nuevo día y una nueva embriaguez.

El último local que alquiló la banda estaba situado en el número 7 de la calle Rodríguez de la Fuente, cerca del puente de Hierro que cruza sobre el río Ebro. Lo ocuparon durante un larguísimo intervalo de tiempo, entre octubre de 1987 y 2016, cuando finalmente rescindieron el contrato. Era un sótano al que se llegaba después de descender un pronunciado tramo de escalera, por lo que todo el proceso de carga y descarga del material para los conciertos se hacía verdaderamente penoso. Si ya era complicado subirlos para meterlos en la furgoneta, tanto más era bajarlos al regreso, después de un duro día de trabajo. Eran cosas que pesaban, la batería, los amplificadores y las guitarras. Y solo a partir de 1989, cuando empezaron a trabajar con Turborent, sería un asunto que delegarían.

Cuando lo alquilaron estaba en pésimas condiciones, incluso había un bajante de aguas fecales que perdía, pero que se reparó a cargo de la comunidad. Ellos mismos acometieron ciertas obras de mejora. Tapiaron una ventana para evitar que los fans de la banda, que se multiplicaban exponencialmente, pudieran espiarlos a su través, incluso grabar los ensayos. Juan llegó a amasar cemento en el local. Como lo había visto hacer en Robres, se lanzó a la faena: vertió un saco de cemento sobre el suelo, lo mezcló con arena, hizo el correspondiente cono en el centro, echó agua y se puso a remover. Luego, con los ladrillos que había conseguido, tapió una ventana, aunque se vieron obligados a dejar otra sin clausurar para que el local tuviera algo de ventilación. También consiguió que le dieran cartones de huevos en una pollería cerca de su casa, que él, tan aficionado a inventarse palabras, llamaba «ovafrectas», y que utilizaron para insonorizar las paredes y el techo. Y pusieron suelo nuevo de linóleo. Más adelante, en el verano de 1988, forraron las paredes con fibra de vidrio para aislarse mejor, lo que les provocó no pocas urticarias. A pesar de todos los esfuerzos, el vecino de arriba se quejaba de los ruidos y las vibraciones. Era camionero y se echaba a dormir algunos días justo cuando ellos empezaban los ensayos, por lo que, respetuosos, los interrumpían y se iban a La Estación del Silencio a echarse unas cervezas. Años después, cuando dispusieron de mayores recursos económicos, encargaron a una empresa especializada la construcción, dentro del local, de un habitáculo perfectamente insonorizado.

Daba gusto ir a ensayar allí. Pusieron la batería al fondo y en verdad quedó un espacio acogedor. La música sonaba muy bien, se sentían como una banda consolidada que por fin había solventado uno de los problemas más acuciantes, el lugar donde encerrarse a componer. Allí se perfiló la sección rítmica de *Entre dos tierras*, con la crucial colaboración de Pedro:

> Aquel día estaba Juan en el local probando *delays*. Había hecho el *riff* inicial. Yo llegué después al local y él estaba haciendo pruebas con las primeras notas de la canción. Me encantó y empecé a tocar con él, a toda hostia. Me provocó esa velocidad y entré directamente a saco. Noté enseguida que habíamos dado en el clavo. Y cuando vino Joaquín aportó también una energía muy particular, se convirtió en potencia, una fuerza bestial. A Enrique no le gustó mucho *Entre dos tierras*, era muy heavy, más rock de lo que llevaba él en la cabeza. Veníamos de *El estanque* y de *Flor venenosa*, aunque ya estábamos tocando en directo *La decadencia* y *Hologramas*.

Y en donde se encerraron entre el 21 de enero y el 19 de abril de 1990 para componer parte de los temas de *Senderos de traición*.

Un encierro deliberado. Anunciaron a la agencia y a la discográfica que se retiraban durante tres meses y se enclaustraron en el local de Rodríguez de la Fuente con un estricto horario. Para ellos era una forma nueva de plantearse el trabajo. Así, *El mar no cesa* reunía composiciones de diversas etapas creativas, correspondientes a cinco años, con las diferencias estilísticas que conllevaba esa manera de trabajar. ¿Qué tenían que ver *La isla de las iguanas* con *Flor venenosa*? ¿Y *...16* con *Hace tiempo*? Ahora, en enero de 1990, consideraron que tenían más experiencia para plantearse una secuencia compositiva acortada en el tiempo. Independientemente de dónde partiera el material, el trabajo en común durante un corto período debería notarse en los resultados: las canciones serían más uniformes en textura y temática, formarían un bloque mucho más coherente, reflejarían mejor el lugar donde se encontraban y al que apuntaban. Y el resultado sería un álbum más compacto, una obra casi redonda, cercana a la perfección: *Senderos de traición*. Pero que también adolecía de algunos defectos.

Es probable que en aquellas jornadas nacieran con su forma final cuatro temas que irían interpretando en la gira de 1990: *Despertar*, *Hechizo*, *Malas intenciones* y *Oración*. A los que hay que añadir *Entre dos tierras*, que ya tocaron al menos en agosto de 1989 en La Bañeza, y *Maldito duende*, que sonó por primera vez en un concierto ofrecido en Ibiza el 21 de enero de 1990, poco antes del enclaustramiento. El resto de los temas nuevos del álbum —*La carta*, *Con nombre de guerra* y *Senda*— no llegaron a terminarse durante esos días, puesto que nunca los incorporaron al repertorio de la gira de 1990. No los tocaron en Calatayud, el 10 de agosto de 1990, cuando fue a verlos Manzanera y la ocasión parecía tan apropiada.

Canciones que salían prácticamente solas, como en un parto natural sin asistencia médica. Parecía que no costara esfuerzo hacerlas, como si los cuatro músicos estuvieran en estado de gracia, inspirados por alguna divinidad, como meros escribas de un mensaje que caía del cielo. Otro de esos extraños momentos de epifanía compositiva. Ya nunca llegarían a alcanzar esa altura creativa. Ni las melodías de guitarra, ni las líneas vocales de Enrique, ni las armonías, ni los ritmos podrían ser superados en una obra posterior.

Tal vez la única excepción a esta regla, a esta pauta tan afortunada, sea *Senda*. Fue la última canción del álbum en componerse, y quizá debido a eso quedó sin perfilar, colgada en su diferencia, fuera de lugar, como una *rara avis* inacabada. Juan aún está convencido de su rareza:

> Fue la última canción del álbum. Hay unas notas que no me convencen, pero lo dejé pasar. Igual estaba ya cansado, teníamos que ir a hacer el disco. No es una canción redonda. No encontrábamos el cambio y al final dejamos un cambio que no gustó a todos. Es la primera vez que yo noto que algo no está bien. Falló un cambio que se hizo a do mayor. Yo creo que con prisas porque hay que seguir adelante. Y a lo mejor la melodía de la voz no está bien. Es la primera canción de Héroes que no me gusta. Pensábamos que todo era siempre bueno. Estábamos teniendo mucha suerte. De repente, ahí la canción pinchó. Estábamos atascados. Las canciones de *El mar no cesa* pueden tener peor sonido de producción, pero son redondas. Yo me quedé con la pena de decir, joder, esta canción no es buena. Hasta *Senda* todo fue fluido, no nos encontrábamos con un muro de decir: «Oye, y ahora, ¿qué hacemos?». Y luego, en *El espíritu del vino*, esto empieza a repetirse y se nubla todo, no sé si por las drogas, por el estrés, por el cansancio... Cambia la mentalidad y se pierde la inocencia. Aparece el sentimiento de que hay que vender discos, de que ya no estamos empezando y podemos hacer lo que queramos, la gente espera mucho de nosotros, no tenemos ni tiempo ni ganas para ensayar. A más presión no salen mejores cosas.

Era la primera vez que algo así les pasaba. De alguna manera, *Senda* fue la primera canción que dejaba un regusto amargo, que no convencía. Tanto que enseguida dejaron de tocarla en directo; lo que no funciona en el local tampoco funciona sobre el escenario, donde los fallos se manifiestan en toda su verdadera dimensión y esto, decepcionar al público, es lo más grave que le puede ocurrir a una banda de rock. Un verdadero punto de inflexión en la historia compositiva de Héroes del Silencio. Cierta clase de frustración que más adelante volverían a experimentar con algunos de los temas de sus dos siguientes trabajos, *El espíritu del vino* y *Avalancha*. Quizá la buena racha de esos meses de composición les hizo confiarse y creer que *Senda* era como las otras canciones. No se tuvo la valentía de haberla replanteado o, simplemente, rechazado.

A pesar de que *Senderos de traición* es una obra maestra del rock en español, algo corroborado por las abultadas ventas en España, Europa y América, no por ello puede considerarse una obra redonda. Adolece de algunos defectos. Aparte de la inacabada *Senda*, cabe señalar algunos otros. Por ejemplo, la prescindible *Sal*, un acorde que solo cumple una función de enlace, precisamente, con *Senda*. Luego hay dos temas que son herencia del pasado, *Decadencia* y *El cuadro II*, compuestos en fecha tan lejana como 1987 y que no habían sido editados en *El mar no cesa*. La única razón de incluirlos sería la falta de material. Eso deja el LP con nueve canciones originales, una de las cuales no era bien valorada. Sin embargo, no hubo composiciones encima de la mesa que hubieran quedado descartadas en beneficio de otras, que se hubieran abandonado al no ser consensuadas. Pero ¿qué habría pasado si temas como *Tesoro* o *La chispa adecuada*, que sí estaban pergeñados en la cinta de arpegios de Juan y que luego serían incorporados, respectivamente, a *El espíritu del vino* y *Avalancha*, se hubieran podido terminar en esos días? ¿Qué habría pasado si hubieran podido concluir satisfactoriamente *Senda* con un cambio brillante? ¿O si se hubiera reservado *Mar adentro* para *Senderos de traición*, como reconoce Juan que llegó a proponer? Imagínese el LP con *Senda* resuelta a la satisfacción de los músicos, y con *La chispa adecuada* y *Tesoro* en lugar de *Decadencia* y *El cuadro II*. En todo caso, lo que sí fue un acierto es el título, inspirado en *El sendero de la traición*, película de Costa-Gavras de 1988. Enrique lo escogió porque las letras de la mayor parte de las canciones convergían hacia ese poderoso mensaje.

El mensaje era la traición. Las deslealtades cometidas por personas allegadas a la banda, que parecían acumularse en esos días de escalada hacia la fama. ¿Cuántas envidias es capaz de soportar una persona? Y luego está la manera de percibirlas, la vileza solo culmina cuando alguien se siente traicionado. Puede que Enrique sea especialmente susceptible. El álbum está poblado de esta poética, textos que narran una situación de conflicto provocada por un desencuentro a cuyo instigador se menciona en segunda persona del singular, de una manera directa y sin subterfugios, recriminando un comportamiento que se siente anómalo y que trae como consecuencia una más que probable ruptura de relaciones. Aunque es una temática que ya se abordó en canciones anteriores, como en *Hace tiempo*, *No más lágrimas* y *...16*, ahora pasa a un primer plano, dando título al trabajo. Probablemente *a posteriori*, una vez constatado que en ese conjunto de grandes textos predomina ese mensaje.

Era algo que ellos sentían cuando regresaban a Zaragoza después de los conciertos, o de las sesiones de grabación. Impresiones que Pedro no ha olvidado:

> Había muy malos rollos. Estábamos siempre fuera de casa y cuando volvíamos a Zaragoza nos encontrábamos situaciones no deseables. En el caso de Enrique, la relación con Cachi y cierta gente de aquí. Los Héroes siempre han sido muy odiados, aunque ahora todo el mundo ponga buena cara. Muchos de los que ahora nos saludan antes nos

ponían a parir. Cosas de la vida. Por ejemplo, *Malas intenciones* es una vuelta a casa con alguna decepción fuerte.

Envidias en el mundo musical aragonés, no en vano el triunfo de la banda había supuesto, aunque indirectamente, el fin del camino de muchas otras. Como Enrique declaró al *Heraldo de Aragón* el 10 de diciembre de 1990, solo unos días después de que el álbum saliera a la venta:

> Las canciones del LP, que están compuestas en una época muy reciente, tienen que ver con relaciones con personas, con la industria discográfica, con las drogas... y, en general, relaciones traicionadas. Son cosas muy personales que no puedo explicar. *Entre dos tierras*, por ejemplo, habla del mundillo discográfico. La elección que tiene que tomar un grupo en un momento dado, entre el camino en el que siempre había creído o dejar que la industria le cambie. Hay mucha gente que, no sé si con buenas o malas intenciones, intenta guiar la trayectoria de un grupo.

La natural discreción del cantante le impedía poner nombres y apellidos a las traiciones. Sin embargo, de alguna manera estos nombres trascendieron, como es el caso de *Entre dos tierras*, que siempre se ha dicho que hace referencia a Cachi, el locutor de radio. Parece ser que se enemistó con la banda porque aspiraba a convertirse en su mánager y productor después de haberles hecho innumerables favores, como radiar sin descanso sus maquetas o haberlas distribuido entre otras emisoras e incluso entre discográficas. Pero nunca les presentó un proyecto concreto, ningún documento, jamás hubo reunión donde les explicara sus planes al respecto, ninguna propuesta seria o matizada, cuando menos. La banda acabaría siendo representada por Pito y surgiría una enemistad que tendría su corolario en esta canción.

Según Juan, Cachi se enfadó con ellos cuando salió el LP al

sentirse mencionado en *Entre dos tierras*, aunque él no tiene la certeza de que esto sea así. Está convencido de que, de ser cierto, Enrique jamás se lo dijo al locutor, no era su estilo revelar las fuentes de inspiración de sus textos. La relación entre el locutor y la banda se deterioró rápidamente. Así, durante una entrevista que les hizo Joaquín Luqui en la sede de la Cadena SER en Madrid, el 28 de noviembre de 1990, al día siguiente de la comercialización del LP, y retransmitida a todo el país, ya comenzó a percibirse esa tensión. Conectaron con la emisora zaragozana para dar paso a Cachi, quien no habló del todo bien de la banda y de su trabajo, por lo que el mismo Luqui se vio forzado a corregirle. Lo cierto es que la EMI le envió un ejemplar de *Senderos de traición* y que lo rompió en su programa de radio, en directo, como en un acto público de desagravio, momento en el que empezó a despotricar de la banda, lo que hizo que comenzara su caída en desgracia al haberse enfrentado a enemigos demasiado poderosos, como la misma Cadena SER que le empleaba. Quizá, concluye Juan, se sintió abandonado.

Sin embargo, no sería el único en verse reflejado en la letra. Lo mismo les pasaría a otros personajes relacionados con la historia de la banda, como Roberto Azorín, a quien la EMI le había dicho que la canción tenía partes dedicadas a él y a Gustavo Montesano.

La misma temática se reproduce en *La carta*, otra joya en ritmo, concisión y melodías, en la que Joaquín, al menos en lo musical, tuvo mucho protagonismo, al aportar el primer motivo de guitarra y la melodía que acompaña al estribillo. Juan, por su parte, fue transformando el arpegio de Joaquín, además de añadir las melodías de las estrofas. Entre los dos, completaron el estribillo. Como resultado de todo ello, la colaboración de ambos compositores muestra en este tema uno de los mejores momentos en la historia de la banda. En este caso, el conflicto narrado tuvo lugar entre Enrique y su padre. Pedro confiesa que vivió ese momento:

Su letra es obvia, yo viví ese día, que Enrique se peleó con su padre, que se fue de casa, que el padre le reventó la guitarra. A mí me llamó su padre: «Oye, y Enrique ¿dónde está?». «Es que yo no te lo puedo decir.» Una bronca familiar muy bien escrita.

La carta rota en mil pedazos, el deseo de huir a un país lejano para alejarse de la figura paterna y sus continuos reproches, relacionados, seguramente, con el modo de vida elegido por el hijo, ese lanzarse sin red de seguridad, ya desde su adolescencia, al mundo de la música, tan incierto y bohemio, tan lleno de inseguridad, sobre todo para un padre clásico que ansía la carrera universitaria y la estabilidad laboral, emocional y personal de su vástago. El conflicto en grado máximo, servido en bandeja en el hogar familiar, y que debió de alcanzar un dramatismo más que notable. Enrique, siempre proclive al drama, no dejó pasar la oportunidad que su padre le ofrecía.

Algo similar ocurre con otros dos temas del LP, *Malas intenciones* y *Senda*. De nuevo, solo hay sospechas por parte de los compañeros de Enrique sobre los protagonistas de esos poemas. Enrique, en su camino hacia el triunfo, perdió muchas amistades. Iba de decepción en decepción, y solo mediante la escritura conseguía sacudirse su porción de responsabilidad. En parte, responsabilidad por aquellos que se acercaban hasta él para exigirle cosas imposibles, para cobrarse favores a precios inasumibles, quizá para demandar una atención que él no podía otorgar a todos por igual. Se hubiera vuelto loco. Y la poesía le salvaba de ese extraño mundo de relaciones. Sin embargo, un ligero cambio se atisba en *Despertar*. El narrador parece dispuesto a perdonar al traidor. Un gesto de benevolencia inusual en los versos de Enrique que abre una puerta a la esperanza:

Cómo puedo olvidar
A alguien que un día me quiso ayudar
Si no sé perdonar
El daño que has hecho a mi alrededor
Todo se olvida al despertar
Una vez más
Solo puedo soñar
Entre arena y espuma

La búsqueda de un productor apropiado, que se ajustara a los intereses de la banda, se convertiría desde *El mar no cesa* en una de sus obsesiones. Debían dar con alguien que mejorara la calidad del trabajo anterior y que supiera interpretar el estado musical en el que se encontraban. Y la oportunidad surgió de la mano de Pito, que les presentó a Phil Manzanera en Madrid, circunstancia que aprovecharon para invitarlo al concierto de Calatayud, momento en el que las cosas empezaron a encajar. En algo estuvieron inmediatamente de acuerdo: se trataba de que el nuevo álbum reflejara lo más fielmente posible el sonido que ellos conseguían en sus directos, el de una banda que hacía rock and roll arropada por el entusiasmo de miles de seguidores. Y después de verlos y escucharlos en Calatayud, a Manzanera tampoco le cupo la mínima duda de que ese debía ser el camino a seguir. Era cierto que el grupo vivía en medio de una contradicción: el concepto de *El mar no cesa* no casaba ni con su imagen personal ni con la contundencia que mostraban sobre los escenarios. Se hacía, entonces, necesario armonizar esos factores para que la banda diera un paso adelante.

Y había que elegir un estudio adecuado y que respondiera a ese planteamiento. Por qué no se fueron a Londres, a los estudios que Manzanera tenía en medio de la campiña inglesa, los Gallery Studios, quizá fue una cuestión de presupuesto. La cautela aconsejaba quedarse en Madrid, en los estudios Kirios, situados en la localidad de Alcorcón, en todo caso una buena alternativa dentro de las posibilidades que ofrecía el mercado español. Kirios tenía varias salas, entre las que sobresalía la número uno, la más grande de todas, que permitía, si era necesario, meter una orquesta sinfónica al completo o una banda de rock con su público, como de hecho había sucedido en el pasado. Era ideal para seguir el programa diseñado por Manzanera; allí los músicos podrían trabajar a sus anchas, apenas separados por biombos, pero con contacto visual para conseguir el *feeling* que se buscaba. Y luego estaba la mesa de sonido de que disponía, una Neve de válvulas y mandos manuales. Tanto Manzanera como su ingeniero, Keith Bessey, estaban acostumbrados a trabajar con mesas de ese tipo, que eran sus favoritas. Sin ir más lejos, los estudios Gallery estaban dotados con una muy similar. Y Bessey estaba completamente familiarizado con su manejo. Como técnico de sonido había trabajado con grupos de la talla de Ramones o Nina Hagen. Entonces, tanto en lo personal como en lo material, la grabación de *Senderos de traición* no pudo empezar con mejores perspectivas.

Las jornadas de trabajo, que comenzaron el 25 de septiembre de 1990, fueron maratonianas, de mañana y tarde, incluso de noche si quedaban tareas pendientes que no podían dejarse para el día siguiente. Los estudios disponían de un buen servicio de cáterin donde hacían tanto las comidas como las cenas. Por allí pululaba Javier Clos, armado con su cámara de fotos, que se dedicó a ir documentando todo lo que veía con una constancia de profesional.

En Kirios, la comunicación entre los músicos, el productor y el ingeniero fue casi perfecta. Y no solo porque Manzanera, un hombre paternalista y tranquilo, quince años mayor que ellos, hablara un buen castellano al ser de madre colombiana, sino por la manera que tuvieron de encarar el proyecto, colaborativa y a gusto de todos. Los músicos no se limitaron a tocar sus instrumentos bajo una dirección estricta, sino que tuvieron una participación activa. Sus opiniones eran tenidas en cuenta, se les daba cancha ante la mesa de sonido, cuyos misterios empezaban a desentrañar. Incluso más adelante, durante las mezclas, estuvieron presentes. Al haber aportado un ramillete de canciones perfectamente terminadas y rodadas en directo, no hizo falta repensarlas, cambiar las estructuras, desmenuzarlas en busca de errores; tampoco hacer ensayos previos. Solo hacía falta encontrar el mejor método para que la grabación reflejara de la forma más fiel posible el sonido de Héroes del Silencio en sus conciertos. Y en este punto sí que hubo novedades.

No se utilizó el método de grabación tradicional, que requería seguir un orden determinado de instrumentos, comenzando por la batería, continuando por el bajo y las guitarras y terminando por la voz. Hubo cambios sustanciales, como rememora Joaquín:

> Necesitábamos una sala grande para poner los instrumentos. Había paneles de separación. Se buscaba el *feeling*, Juan y yo estábamos prácticamente al lado, uno enfrente del otro, mirándonos constantemente. Grabamos una pista con toda la microfonía puesta en todos los instrumentos, tocando todos a la vez, como una pista de guía. Como si fuera en el local de ensayo. Cuando se grababa una versión todos a la vez que estaba bien se seleccionaba. El objetivo de todo esto era grabar la batería lo más real posible. Normalmente la batería se graba sola con una claqueta. Phil optó por este método, así Pedro, escuchando el tema grabado por todos, conseguía una interpretación más natural.

Y esto fue así en todos los temas excepto en *Maldito duende*, debido a que esta canción iba acelerando ligeramente en los estribillos y desacelerando también, de manera casi imperceptible, en la parada.

Luego entró el bajo y el método de grabación volvió a lo tradicional. Y esto fue así porque a Joaquín no le hizo falta escuchar, como a Pedro, las canciones grabadas enteras, sino que tenía suficiente con las pistas de la batería. Otra vez la excepción fue *Maldito duende*. En esta canción necesitó también la pista de la guitarra de Juan para introducir más fielmente su línea melódica. Y Juan, por fin, pudo grabar sus guitarras mediante micrófonos colocados ante los amplificadores, no en vano Manzanera era guitarrista, incluso doblarlas o reforzarlas con rítmicas, creando una estructura mucho más compleja y satisfactoria. Por último, también Enrique vería mejorada notablemente su participación. Como él mismo declaró a la revista *El Gran Musical*, en noviembre de 1990:

> Yo, por ejemplo, he grabado la voz de forma totalmente diferente a la vez anterior. He grabado la voz en bloques enteros, sin hacerlo pedazo a pedazo, línea a línea. Phil no busca la perfección en cada línea para no perder un *feeling*.

El resultado, un álbum que satisfizo a todas las partes implicadas. Juan recuerda la primera escucha:

> Me acuerdo escuchando *Senderos de traición* cuando se acabó de grabar. No lo escuchamos todos juntos. Yo lo escuché por cascos. Estaban todos de fiesta en la cafetería de Kirios y yo me fui al estudio y me puse *Senderos* y me iba metiendo marcha. De puta madre. Luego lo teníamos que llevar a mezclar a Londres.

Las mezclas se hicieron en los míticos estudios Metropolis, situados en Chiswick, al oeste de Londres, adonde también se desplazaron los músicos siguiendo esa filosofía de colaboración que guio todo el proceso. Fundados en 1986, estaban situados en una enorme y vieja central eléctrica de 1911, y en ellos habían grabado o mezclado sus álbumes artistas como

Elton John, The Stone Roses, Madonna, Mick Jagger, Queen, Prince o Michael Jackson. Y ellos allí, sintiéndose unos verdaderos privilegiados. La sola mención de tales nombres los llenaba de orgullo.

El trabajo de mezclas no estaba exento de monotonía, pero ellos se lo tomaron como una parte más de su compromiso, sobre todo Joaquín, que siempre fue el que más interés mostró por esos procedimientos técnicos. El máster final lo llevó Pito a Madrid, no se quiso confiar en ningún sistema de envíos. Bien custodiado por el mánager de la banda, hizo el viaje en avión, en una cartera que nunca soltaba, poco antes de que comenzara la producción en masa de vinilos, CD y casetes. Entre diciembre de 1990 y marzo de 1991 vendió la friolera de 250.000 copias. Así que las máquinas echaban humo, sobre todo coincidiendo con las subidas al primer puesto de Los 40 Principales de *Entre dos tierras*, el 19 de enero de 1991, de *Maldito duende*, el 20 de abril de 1990, y de *Despertar*, el 10 de agosto de 1991. Y en las listas de AFYVE ocupó el primer lugar en ventas de discos entre el 4 y el 23 de febrero de 1991. Al final, solo en España, se venderían más de 600.000 copias. Y la locura en Alemania estaba a punto de explotar.

Una vez que terminaban los trabajos en Metropolis, aprovechaban su tiempo libre para ir al centro de la ciudad y hacer sus compras de ropa en Kensington Market, un edificio de tres plantas dedicado a la moda roquera, de discos y cedés en la tienda HMV de Oxford Street, de objetos de segunda mano en Portobello Road, así como ocasionales salidas nocturnas para asistir a conciertos y tomarse unas copas. Fueron días especiales, cargados de anécdotas, como recuerda Juan:

> Mezclado el álbum, nos fuimos con Pito al hotel donde estaba Alaska en Londres. Me acuerdo de que le dijo Pito: «Tienes que escuchar este disco». Estábamos todos en la habitación sobre las camas y ella estaba en el suelo tumbada con los pies apoyados en la pared. Y luego, otro día, a mí me

dice Phil Manzanera que ha metido a Brian May a escuchar *Entre dos tierras* porque Queen están en Metropolis grabando *Innuendo*, y que salió Brian May diciendo que está bien. De hecho, un día Phil nos llevó al estudio donde está grabando Queen y yo veo la guitarra de Brian May en el rincón. Y un día en que estábamos comiendo con Phil en el restaurante de Metropolis, se acercó a saludarnos nada menos que Roger Taylor, el batería de Queen.

Necesitaban un envoltorio de lujo que contuviera ese puñado de canciones extraordinarias. El elegido para hacer el diseño fue, otra vez, Pedro Delgado. La portada, además de la icónica fotografía de la banda, muestra una evolución del logotipo, con los dos dragones tras una cruz con el nombre del grupo y, debajo y en letras muy pequeñas, el título, *Senderos de traición*. La contraportada también tiene una variación del logo del grupo, así como dos fotos tomadas en la sesión que Javier Clos dirigió el 7 de septiembre de 1990 en Alfajarín. Dentro, la carátula que protege el vinilo tiene dos franjas, arriba y abajo, con fotografías del grupo tanto en actuaciones en directo como en la grabación en los estudios Kirios, todas salidas de la cámara de Clos, así como las letras de las canciones a un lado, y el mismo logo de la portada conteniendo los créditos de la obra al otro. Se ha especulado mucho sobre la foto de la cara B del vinilo. Los cuatro músicos, sentados en un sofá, posan en el estudio de Javier Clos frente a algunos objetos que, sin embargo, carecen de excesiva relevancia: una cinta de casete, pipas para fumar hachís, botellas de cerveza, tabaco, un cuenco para mezclas, cajitas de metal... El material necesario para pasar una buena tarde entre amigos escuchando música, bebiendo birras y fumando porros.

Pero el verdadero acierto de *Senderos de traición* es, sin ninguna duda, la espléndida foto seleccionada para la portada, obra de Javier Clos, que ya los había retratado en innumerables ocasiones desde la primera sesión que les hizo en el local de ensayo de la calle Hernán Cortés, el 15 de noviembre de 1986, motivo por el que la banda siempre tuvo claro que debería ser él y nadie más el encargado de esa tarea. Y eso a pesar de que la discográfica quería que fuera Alberto García-Alix, nada más y nada menos, el retratista de la Movida madrileña. De hecho, estuvieron en su estudio y se sometieron a una sesión fotográfica delante de su cámara. Parece una evidencia que, si la discográfica aceptó su petición de escoger a Clos, más cercano y buen amigo, antes que a García-Alix, más famoso y cotizado, es que ya les dejaban hacer a su antojo.

Ya el 23 de agosto de 1990, los cuatro Héroes habían salido con Clos para hacer una primera sesión de fotos en el Galacho de Juslibol, un pequeño espacio natural de cien hectáreas muy cercano a Zaragoza, formado por unos antiguos meandros del río Ebro y poblado por especies de plantas de ribera. Y de mosquitos, como recuerda Joaquín:

> Desde los Galachos de Juslibol nos tuvimos que ir a la droguería Gilca a comprar antimosquitos industrial. Te mojabas bien los brazos y los mosquitos se pegaban, no sé si muertos o no. No repelía absolutamente nada. Muertos de risa de la cantidad de mosquitos que había. Era horroroso.

No tuvieron más remedio que abortar la sesión y salir huyendo de ese infierno. La portada ya no mostraría la imagen de los cuatro músicos caminando bajo los álamos, sauces y fresnos típicos del lugar.

Unos días después, el 7 de septiembre, Clos les propuso reanudar la sesión fotográfica en otro paraje de características diametralmente opuestas al anterior. Ya lo había inspeccionado con Enrique unos días antes y al cantante le había gustado. Esta vez se desplazaron hasta el pueblo de Alfajarín, a 17 kilómetros de Zaragoza, en cuyas afueras estaban las ruinas de un castillo árabe del siglo X. Sin embargo, no escogieron este lugar por la aridez del terreno y la ausencia de insectos, sino porque el fotógrafo era natural de esa localidad y conocía bien tanto la geografía como las características de su luz. Pasaron casi todo el día recorriendo los alrededores del castillo, posando bajo sus ruinas, o sentados sobre el terreno árido y pedregoso que lo rodeaba. Clos gastó un buen puñado de carretes en su Hasselblad de formato 6 x 6 y mucha dosis de talento para terminar seleccionando la fotografía de los cuatro Héroes escalados y en plano americano, desafiantes y serios, arrogantes en la pose, jóvenes y modernos, músicos de rock and roll dispuestos a presentar la obra que los iba a hacer célebres en medio mundo, todavía sin saberlo. Otra gran idea fue virar a sepia el retrato, que se convertiría en uno de los iconos del rock español y daría seña de identidad a un puñado de canciones magistrales, recientemente reeditadas con ocasión de su 25.º aniversario.

Para muchos seguidores de la banda y una parte de la crítica, se trata de uno de los mejores discos de la historia del rock en español. Un puñado de excelentes canciones bien producido y bien grabado, con la particular estética que le confieren las fotos de Javier Clos y el diseño de la portada, la sección rítmica perfectamente ensamblada, las guitarras de Juan quizá en su mejor momento o, al menos, en el más original, y la voz de Enrique que ha llegado a su apogeo. Una grabación gloriosa, hecha en estado de gracia debido a la dirección de Phil Manzanera y a la sintonía entre los músicos de la banda en esos días. Si se hubiera podido grabar *El mar no cesa* de la misma manera, el arranque de la carrera de Héroes del Silencio habría sido memorable. Fue como una fiesta. Como las cosas iban saliendo bien, día tras día, el ambiente era excelente, tanto como el ánimo de los cuatro músicos. Algo que ya no volvería a pasar en las grabaciones del futuro. Para *El espíritu del vino* desapareció casi por completo la fiesta. En *Avalancha* todavía fue peor. Quizá este LP marque el momento de máximo esplendor de la banda, también por las ventas, que ya nunca alcanzarían cifras semejantes, y por la gira de ese 1991 por la geografía española, antes de dar el salto a Europa Central. Como declaró Enrique a Javier Losilla en *Diván*:

> Es un disco que refleja exactamente cómo éramos en ese momento y, en ese sentido, creo que es perfecto. Un disco que no tiene más ambiciones: lo que conseguimos es lo que queríamos hacer. No es *El mar no cesa*, que nos habría gustado que sonara de otra manera, ni *El espíritu del vino*, que en otras circunstancias habría sido mejor disco. En *Senderos de traición* están las canciones más emblemáticas de nuestra carrera —*Maldito duende* y *Entre dos tierras*—, y es un disco que nos ha dado muchas satisfacciones. Precisamente por *Entre dos tierras*, que en Europa ha vendido muchos singles y muchos elepés, y que hoy todavía se sigue escuchando en discotecas y clubes de Europa Central. La saben cantar hasta los alemanes.

Pero no todo iba a ser perfecto. Hubo una mancha en este proceso, el único pecado que cometieron, más por omisión que por propia voluntad. Y tenía nombre: Pito. Ya en 1989, Pito les propuso la constitución de una sociedad limitada con el accionariado dividido en cinco partes, una para cada músico y otra que se quedaba él mismo, y por la que además se reservaba el puesto de administrador único con plenos poderes en todos los ámbitos del tráfico mercantil de la nueva empresa. Hechas las oportunas consultas jurídicas en su entorno, a los músicos les quedó claro que no debían firmar ese documento a riesgo de convertirse en rehenes de sus caprichos. Además, el solo intento de colarles ese documento ya revelaba la madera de la que estaba hecho el mánager: si colaba, tanto mejor, si no, siempre habría tiempo de recular y desdecirse.

Con este precedente, no resultó extraño que les pasara a la firma, el 12 de marzo de 1991, a cada uno por separado, un contrato de cesión de derechos por el que transferían el 50% de estos a TRN, SL, sociedad de la que era administrador, y que ellos llamaban «Tirana». Bonito nombre, desde luego, para la empresa déspota que habría de guiar sus pasos en el futuro.

Fueron cuatro los contratos rubricados entre cada uno de los músicos y Pito y que afectaban a todas las canciones del LP menos *El cuadro II*, objeto del contrato firmado anteriormente con Ego Musical para *El mar no cesa*. El porcentaje negociado fue del 50% para cedente y 50% para cesionario de la cuarta parte de cada uno (12,5%), de tal manera que Pito, después de la firma, se hizo con el 50% de los derechos de todos.

Es de suponer que, a partir de la firma de estos cuatro contratos, sería Pito el encargado de negociar directamente con la discográfica las condiciones del nuevo LP, *Senderos de traición*, y los *royalties* que generara, sin que trascendiera otra información. ¿Qué porcentaje sobre la venta le quedaba a cada uno? Algo que hoy en día dejaría estupefacto a cualquiera pero que entonces, en plena vorágine de la escalada hacia el éxito, parecía natural, o al menos lo acostumbrado. ¿Y cómo oponerse a este negocio? Era imposible hacer frente a la autosuficiencia y soberbia de quienes se acercaban a ellos para hacerlos triunfar, con el manido argumento de que sin ellos nada sería posible. O la imposibilidad de escoger un camino diferente al que marcaban los profesionales del ramo, ese también clásico «lo tomas o lo dejas», que condenaba a una de las partes antes de comenzar a hablar de nada. ¿Era algo inusual? ¿No era, más bien, la tónica general en el mundo de la música? Hasta los grupos más grandes del rock internacional, también en Inglaterra y Estados Unidos, habían tenido siempre los mismos problemas, que solo se sacudirían poco a poco, después de alcanzar el éxito y, muchas veces, de pleitear en los tribunales en defensa de sus derechos. ¿Habrían de ser menos esos cuatro muchachos aragoneses? Ellos, con el tiempo, también tendrían que denunciar ante los tribunales la gestión de la agencia de Pito.

La gran gira española

Senda 91, como la llamarían después de la grabación del concierto en directo de Las Rozas el 26 de septiembre, fue la gira más importante que hicieron en España en toda su carrera. Los números así la avalan: 103 conciertos entre el 30 de marzo y el 31 de octubre de 1991, prácticamente uno cada dos días, con una asistencia media estimada de 10.000 personas; un millón de aficionados que fueron llenando día tras día los campos de fútbol y plazas de toros donde actuaron; una facturación de 350 millones de pesetas (más de 2.100.000 euros); un equipo, el de Turborent, que movía quince personas y que precisaba de un camión de gran tonelaje, un autobús para los técnicos y una furgoneta para desplazarse; una PA de 44.000 vatios de sonido, distribuidos en dos torres de 114 recintos acústicos a los lados y *subwoofers* en mono bajo el escenario; 200.000 vatios de luces; 40.000 kilómetros recorridos por toda la geografía nacional, desde el País Vasco hasta Galicia, de Cataluña a Andalucía, con vuelos a las islas Baleares y a Melilla; y en un ambiente festivo como nunca más volvería a repetirse. Las ganas de diversión permanecían intactas, así como las relaciones entre los cuatro músicos. Todo transcurría a velocidad de crucero, pero todavía no eran un buque ingobernable, como recuerda Pedro:

> Hotel. Te despiertas por la mañana. ¿A qué hora hemos quedado? A las once. Pues venga, te despiertas, desayunas

si quieres o no. Yo nunca he sido de desayunar. Me levantaba justo, bajaba y a la furgoneta. Camino, el que hubiera que hacer: un día 200 y otro 400 kilómetros. Se intentaba que no fuera una barbaridad. Había que hacer esfuerzos y los haces, y ya está. Éramos unos chiquillos. Cuánto tardamos, ¿cinco horas?, venga, cinco horas, al ataque. Parar a comer, escaso tiempo, media hora, no nos gustaba parar mucho para no llegar tarde. Era una gira. Hay que ir, venga, venga. Llegas. Directo a la prueba. Prueba de sonido, acabamos en una hora, hora y media, las que sean. Con Turborent siempre eran largas. Al hotel. Descanso, espera. Más espera que descanso. Y de ahí a tocar. Tocar y al hotel. Y unos días más pronto y otros más tarde, a dormir. Y al día siguiente, arriba y vámonos.

Organizar algo así había requerido buenas dosis de esfuerzo y de imaginación. Durante el mes de marzo de 1991 habían estado perfilando los detalles. Acudían al local de Rodríguez de la Fuente para seguir ensayando y, de paso, hablar de los diferentes aspectos de la gira que se avecinaba y el tipo de espectáculo que querían ofrecer, lo que incluía el diseño del escenario y de los juegos de luces. Ideas que se concretarían en los ensayos que hicieron en la nave que Turborent tenía en Alcalá de Henares, empresa a la que ya habían contratado en 1989 y 1990 con resultados más que satisfactorios.

Una de las novedades fue la introducción de rampas laterales y de una plataforma detrás de la batería de Pedro. Juan recuerda que fue a ver un concierto de Judas Priest en Zaragoza, el 8 de marzo de 1991, y que se inspiró en las que esa banda llevaba en su espectáculo. Una tentación irresistible para un guitarrista, subirse a la parte trasera del escenario y protagonizar un épico arranque de concierto allí arriba, convenientemente iluminado.

Fue capital la colaboración de Miguel González, el técnico de luces de Turborent. A sugerencias de Enrique y de Pedro en cuanto a la escala de colores, fue el responsable de diseñar el aparato lumínico. Miguel contaba con el precedente de la gira anterior, en la que ya había iluminado las cinco canciones de *Senderos de traición* que incluían en su repertorio. No obstante, había escuchado el LP tomando notas, ideas para cada tema, desmenuzándolos desde esa perspectiva, y no perdería la ocasión de ir perfeccionando su propuesta concierto tras concierto. Al frente de su mesa, hasta parecía un instrumentista más de la banda, ya que iba accionando manualmente los 200.000 vatios de luces de que disponía. Y no solamente eso, también se le ocurrió colocar un enorme ventilador en lo alto de la rampa para reforzar la presencia de Juan en el arranque de *Entre dos tierras*, ventilador que había fabricado él mismo partiendo de un motor de lavadora y cuya eficacia recuerda Joaquín:

> Después de *Song to the Siren* arrancaba el ventilador con el sonido del helicóptero, con un foco trasero. Empezaba a salir humo y se oían las primeras notas de *Entre dos tierras*. Y allí estaba Juan. Siempre empezábamos con *Entre dos tierras*.

¿Y si además se oía su guitarra en estéreo? Así se hizo. Los primeros acordes de la canción, con el característico sonido del *delay*, se oirían de una torre a otra.

¿Cuándo comenzaron a transitar por su particular camino del exceso? Quizá ya desde las noches zaragozanas de mediados de los ochenta, cuando lo más normal era salir de copas hasta el amanecer. El ambiente de la ciudad lo propiciaba. Llena de pubs y discotecas en donde se podía escuchar la mejor música del momento, New Wave y Movida incluidas, el deambular de los noctámbulos no conocía límites ni en forma de ordenanzas municipales ni de reproches de la ciudadanía. Y no faltaban los camellos que, apostados en cualquier esquina de las zonas de marcha, ofrecían talegos de hachís y todo tipo de sustancias. Por supuesto, los cuatro músicos también se habían habituado a esa moda de la ebriedad de viernes a domingo, y el éxito temprano en cuanto a ventas y popularidad de *El mar no cesa*, cuando apenas tenían entre veinte y veintidós años, les había dado el espaldarazo definitivo. No se harían de rogar en las giras. ¿Para qué? Y aunque todavía tardarían un tiempo en nombrar a una de ellas así, *El camino del exceso*, como la canción homónima del álbum *El espíritu del vino*, no por eso iban a dejar de poner en práctica esa propensión al desenfreno. ¿No era esta una de las premisas del rock and roll?

En el segundo concierto de la gira, el celebrado en Andorra la Vella el 1 de abril de 1991, un nutrido grupo de personas, la mayoría amigos de los músicos venidos desde Zaragoza, fue a cenar a un restaurante de esa localidad. No solo se bebieron unas cuantas botellas de vino para acompañar las raciones de quesos y embutidos, sino que al final empezaron a circular varias botellas de vodka que, entre gritos y carcajadas, quedaron completamente vacías. La juerga continuó en una habitación del hotel, completamente abarrotada de tipos que intentaban ligar con un par de chicas que aparecieron por allí, hasta altas horas de la madrugada, entre las quejas de los demás huéspedes y los inútiles intentos de los empleados por parar todo eso. Enrique, en su diario de la gira de 1995, la rememora así:

> Siguió recordándome anécdotas de la borrachera de vodka en el Ritz de Andorra, del recepcionista subiendo a la habitación y yo empujándola a esconderse debajo de la cama y echando al pesado del individuo, enviándolo a la habitación contigua donde estaban el Body, Martín, Pedro, Tomás... armándola bien gorda. Me recordó cómo íbamos en la furgoneta con unas cuantas chicas parando y continuando, grotescamente bebidos.

Unos días después, el 13 de abril, en el hotel Bruc, los cuatro músicos discutieron sobre la posible proyección internacional de la banda. ¿Debían conformarse con ser un grupo nacional de primera fila? ¿O debían plantearse salir del país, como habían hecho hacía poco, para introducirse en otros mercados? Héroes del Silencio era el grupo que más discos vendía, que más galas contrataba, que más público atraía a sus conciertos. Y el hecho de haber realizado la minigira por Suiza y Bélgica ya les había introducido ese gusanillo en el cuerpo. No estaba tan mal eso de empezar desde abajo otra vez, volver a lo simple, al esfuerzo de cargar ellos mismos el material en la furgoneta, a alojarse en hostales de tercera categoría, a conformarse con devorar un bocadillo de jamón a las dos de la madrugada. Recompensaba el esfuerzo de abrirse mercados nuevos desde la nada, como principiantes a los que no se les caen los anillos por embarcarse en proyectos aparentemente descabellados y cargados de incógnitas. Una manera de sembrar semillas en espera de una cosecha que sería abundante.

Madrid, Palacio de Deportes de la Comunidad, 28 de abril de 1991. Lleno absoluto, más de 10.000 espectadores enfebrecidos. Las entradas se habían agotado cinco días antes. Presentación en la capital del reino del nuevo y flamante LP de la banda, *Senderos de traición*, que estaba rompiendo los esquemas en cuanto a ventas. Poco después, el 22 de junio, en el concierto de aniversario de Los 40 Principales, volverían a epatar en Madrid. Sin embargo, numerosos periodistas fusilan a la banda con sus críticas negativas: Nacho Sáenz de Tejada desde *El País*; Tomás Fernández Flores en *El Mundo*, que tituló su artículo «Colección de tópicos»; algo similar redactaron los críticos de *El Independiente* y de *ABC*. Un tal P. P. Gil escribió lindezas como esta para *El Sol*:

(...) musicalmente dejan no poco que desear... Sus canciones no pasan de ser una monótona y repetitiva monserga mesiánica. Además, entre la voz de Quique, afectada y melodramática, y las letras de las canciones, sacadas del libro de las profecías o del apocalipsis, aquello parece el canto de las walkirias... Sus canciones suenan todas iguales, a música rancia.

Cierto sector de la crítica los seguía atacando sin motivación aparente, o con la única de denigrar y hundirlos, imbuidos de su poder de discriminar entre quienes debían triunfar o no. Había un conflicto más que evidente entre el gusto del público que compraba sus discos y acudía masivamente a sus conciertos, y el gusto de una crítica que ponía bajo sospecha a quienes vendían. Sobre todo, si ese público era femenino y adolescente, lo más alejado de la supuesta pureza del rock and roll personificada por tipos rudos y de edad avanzada, como esos mismos críticos que los vapuleaban. Y muchas veces el desprecio rayó en el insulto personal, al menos en estos primeros años de carrera.

Si esto ocurrió al comienzo de la gira en Madrid, algo similar pasaría en el último concierto en Barcelona, donde tocaron el 31 de octubre en un abarrotado Palacio de Deportes: 7.000 personas. Otra vez entrega total de la banda sobre el escenario y de sus seguidores. Diecinueve canciones, cinco bises. No obstante, de nuevo la artillería de la crítica catalana se cebó en ellos. Así, el periodista Albert Benach tituló su crítica «Sobredosis de Bunbury para tapar una música sin recursos»:

> Podrían llamarse Enrique Bunbury & Héroes del Silencio. Sí, el líder de Héroes del Silencio, todo un personaje, es el que lleva la dirección del directo. Su voz, sus gestos, su *look* son las bases donde se sustenta el éxito reciente del grupo de Zaragoza. Un éxito reciente y creo que efímero. Se quiere comparar con Jim Morrison, pero mientras que este

era un provocador nato, autodestructivo y lleno de contradicciones, poeta e iluminado, Bunbury es un aspirante a *star* con un *look* joven tipo Corte Inglés y con una voz que no llega ni de lejos a la del *King Lizard*.

Acababan de triunfar en Berlín solo unos días antes, el 26 de octubre, en el festival contra el racismo, y la prensa alemana describía su música como rock duro que gustaba por igual a hombres y a mujeres, a jóvenes quinceañeras y a curtidos moteros seguidores de Iron Maiden y ZZ Top.

Estos prejuicios eran especialmente virulentos en Cataluña. Y no solo por lo que respecta a la crítica. Era una comunidad que se les resistía, en donde hacían menos conciertos y vendían menos. No gustaban igual que en el resto del país. Podría deberse al componente nacionalista. En esas fechas estaba en plena vigencia el llamado *rock català*, promocionado y subvencionado por la Generalitat, y los grupos adscritos a este movimiento eran los que se repartían el pastel de las actuaciones en los pueblos y ciudades en fiestas: Sopa de Cabra, Sau, Els Pets, Sangtraït, Lax'n'Busto... Cantaban en catalán, lógicamente, por lo que no sentaron bien unas declaraciones de Enrique para *El Observador*, del 21 de abril de 1991:

> A Bunbury le parece «bien que cada cual cante en el idioma que quiera, pero creo que hacerlo en catalán es una forma de limitarse. La gente tiene que entender lo que dices. Yo, si escucho cantar en catalán, cambio de emisora».

En general, era más indiferencia lo que se respiraba en el ambiente que otra cosa, aparte de un par de sucesos menores en sendos conciertos. Por ejemplo, en Vic, el 28 de junio de 1991, tiraron una piedra al cantante, afortunadamente sin puntería, hecho recriminado por la mayoría de los asistentes. Más tarde, el 11 de octubre, en Mollerusa, se repartieron octavillas que contenían las declaraciones de *El Observador*, como una manera de soliviantar al público, cosa que se consiguió en parte, puesto que fueron solo unos pocos los que se entretuvieron tratando de boicotear el espectáculo lanzando líquidos a la mesa de sonido y envases a los músicos, hasta que uno impactó en Enrique con el consiguiente enfado y abandono del escenario.

Algo parecido ocurrió en el País Vasco y debido a las mismas razones, la escena musical del momento y el nacionalismo mal entendido. Lo cierto es que tocaron solo dos veces en Vitoria y una en Bilbao. ¡Ninguna en San Sebastián! Pobre bagaje si se compara con lo que ocurría en el resto del país. Quizá se debió al fenómeno del rock radical vasco, surgido a mediados de los años ochenta y también en pleno vigor entre 1989 y 1991. Grupos como Barricada, Hertzainak, Eskorbuto, La Polla Records o Cicatriz estaban muy de moda. Y todos parecían adscritos a la ideología de la izquierda *abertzale*, tan aficionada a organizar festivales con propuestas y público extremistas. En este caldo de cultivo, a Héroes del Silencio debían de verlos como a un grupo ñoño y apolítico, directamente relacionado con las odiadas estructuras del poder capitalista y español, tales como la discográfica multinacional, los poderosos 40 Principales, las televisiones estatales, las ventas masivas, las campañas de márquetin, el fenómeno fan... Justo lo contrario de lo que postulaba esa ideología. No los querían mucho en ciertos sectores de Euskadi, el antiespañolismo generalizado de la escena musical los asociaba a colonización cultural, aunque ellos vinieran de Zaragoza y su propuesta solo fuera un rock intenso, de un lirismo poético alejado de la política.

No hacía mucho que Enrique había comenzado a lanzarse sobre el público de las primeras filas. Era algo que le gustaba, que le estimulaba y que repetía siempre que se daban las condiciones precisas. Tampoco era algo inusual en el mundo del rock, había prestigiosos pioneros que lo habían practicado mucho antes, como Peter Gabriel o Iggy Pop, y seguidores de la escena grunge que lo iban actualizando. Sin embargo, en España no era algo que se viese todos los días, salvo el precedente de Manolo García. Respondía al deseo de teatralidad que mostraba la evolución de la personalidad de Enrique. Era una faceta que iba desarrollando poco a poco, desde los tiempos en que se limitaba a cantar prácticamente inmóvil, como se veía en las primeras actuaciones delante de las cámaras, hasta esos saltos no exentos de riesgo. Algo sumamente llamativo, sobre todo por la actitud de los fans, que no solo no se apartaban, sino que lo recibían como una piña humana, sin fisuras, lo sostenían durante unos minutos interminables y acababan devolviéndolo, casi siempre sano y salvo, al escenario, a veces con unos simples rasguños y arañazos. Eso sí, ya se encargaba él de tomar las debidas precauciones, como estudiar si se daban las condiciones para hacerlo, o como dejar en el suelo su envío de sonido y el micrófono, cualquier objeto que llevara encima, excepción hecha de su pantalón y sus botas, y lanzarse ligero de ropa, casi como si se zambullera en el mar. Pura adrenalina que contribuía al jolgorio que tan necesario es para un espectáculo de rock and roll. Gesto, además, que apoyaban todos sus compañeros, especialmente Juan:

> A mí me gustó que Enrique se tirara sobre el público. Yo, cuando vi que lo hizo, me pareció de puta madre. Lo había visto en un concierto de Guns N' Roses. Era una cosa que venía de lejos. Pero conseguir tirarse al público y que te sostengan así es haber encontrado un punto bueno de aceptación. Cuanto más cachondeo había en un concierto, más éxito habías tenido. Enrique se fue viciando, ya formaba parte de los conciertos a ver si caía en duro o en blando. Le seguían los pipas como una especie de guardaespaldas.

Aunque no siempre fue entendido así. El 28 de mayo, en la plaza de toros de Toledo, resultaron levemente heridas dos personas que tuvieron que ser atendidas por la Cruz Roja, lo que enseguida generó una polémica alentada por los medios de comunicación. La Agencia EFE exageró los incidentes y varios periódicos reprodujeron el supuesto escándalo. Pero era algo a lo que se iban acostumbrando, y que no era otra cosa que el choque entre su modo de vida y los esquemas conservadores que todavía imperaban.

Otro tipo de incidentes se dieron esas fechas y respondían a reacciones airadas de una parte de los espectadores, como ocurrió en Aranjuez el 29 de mayo, cuando la banda se vio obligada a abandonar el escenario ante la lluvia de objetos, tal como relata Pedro:

> Íbamos en el coche de la Guardia Civil, ese día llovía y todo. Y todavía se oía sobre el coche de la Guardia Civil: ¡clang!, ¡ping! Nos tiraban lo que fuera. Yo le decía al sargento: «¡Para, coño, vamos a bajar a darnos con estos!». Me decía: «Pero estás loco, te van a matar ahí fuera. Hala, venga, vámonos».

O en Santander el 31 de julio, en un concierto que debió suspenderse por el insistente y torrencial diluvio, lo que no fue bien entendido por cierto sector de los allí congregados, sobre los que, finalmente, tuvo que cargar la policía. Pedro creía que no tenían por qué soportar ese tipo de comportamientos, y que por eso era normal que se marcharan, aun a sabiendas de que esa retirada solo provocaría que las cosas se complicaran más, en una espiral imparable. Sin embargo, Juan pensaba que deberían haberse armado de paciencia en jornadas como esas y haber terminado las actuaciones, bises incluidos, para no tensar tanto la cuerda. Él hubiera sido partidario de no dar esas muestras de divismo, rasgo que, vislumbraba, se iba haciendo habitual en la respuesta de Enrique a ese tipo de provocaciones.

Uno de los días más complicados de la gira de 1991 fue el de Algeciras, el 13 de septiembre, que Joaquín rememora fielmente:

> El concierto de Algeciras en la plaza de toros no se tocó porque cuando llegó el equipo de Turborent y subieron al escenario vieron que había agujeros. Tenías que montar lo que sujeta las torres de luces y no era posible. Había una persona que iba por delante para controlar que las cosas estuvieran bien, el *stage manager*, que en esa época era Tomás Mateos; controlaba las condiciones en que se iba a montar el equipo. En Algeciras dijo que no se iba a poder tocar, que había que montar otro escenario. «No, no, que aquí tocó Miguel Ríos en no sé qué año.» «Pero es que está podrido ahora, si los has tenido tantos años a la intemperie o donde sea...» Y entonces entró el equipo con el camión y luego no los dejaban salir. Floren llevaba un primitivo móvil por satélite y pudo llamar a la Guardia Civil. Y tuvo que ir la Guardia Civil para que los dejaran salir.

Todo terminó con la suspensión del concierto y una denuncia de la organización a la banda por haberse presentado borrachos. Aunque nada tuvo que ver con la causa real de la cancelación, los promotores aprovecharon la juerga que se corrieron los músicos para proceder de esa forma.

El 13 de julio de 1991 tuvo lugar en Nueva York el New Music Seminar. Era una feria anual de profesionales de la industria discográfica de cierta relevancia. Aquel año tocaron trescientos grupos de todo el mundo en más de veinticinco salas de la Gran Manzana. Por parte española, y bajo el patrocinio de la SGAE, la Fundación Spain 92, el Ministerio de Cultura y la Casa de España, actuaron Héroes del Silencio, Seguridad Social, Jaleo y Azúcar Moreno bajo el lema común «*Spain live music. ¡Bravo!*».

La sola mención del nombre de la ciudad de los rascacielos excitaba tremendamente la imaginación. Iban a tocar en Nueva York, así que viajaron con unas expectativas y una ilusión más que notables. Pero las cosas no funcionaron nada bien. Ya la víspera del concierto, en un acto organizado por Teddy Bautista en la Casa de España, pudieron darse cuenta de lo poco que casaba la propuesta musical española, la de Jaelo y Azúcar Moreno, con el ambiente roquero neoyorquino. El concierto tuvo lugar en la discoteca Palladium, donde se reunieron unas 3.500 personas, y les dejó un sabor agridulce, la sensación de que había sido demasiado frío, con los espectadores apoltronados en sus butacas y una falta casi total de comunicación, de calor humano. Una mala experiencia en palabras de Pedro:

> Fuera de lugar, absolutamente. Bien, puesto que es en Nueva York y te hace ilusión. Ya la sensación era rara, hostias, con Azúcar Moreno, con Jaleo, el batería de Seguridad Social me tenía mucha tirria, como me pasaba con muchos baterías. Estábamos muy fuera de lugar.

Después, al camerino apenas se acercaron un par de periodistas. Uno de ellos era un tipo imponente que llevaba un enorme cinturón con una hebilla en forma de iguana, y ante quien ensalzaron las bondades de la movida zaragozana. En la prensa local se los comparó con U2, y aunque su presencia no se tradujo ni en más conciertos ni en la edición de sus discos, al menos sirvió para que contactaran con la MTV Latinoamericana, ya activa en Estados Unidos.

Y como terapia para superar el cansancio de la extenuante gira, nada como una navegación en velero alrededor de las islas Baleares. Como tenían contratados conciertos en Pollensa, El Arenal e Ibiza, tuvieron la sana ocurrencia de alquilar uno con patrón. Serviría para llevarlos de ciudad en ciudad a la vez que se relajaban del estrés de esos días de gira interminable y de juergas al límite.

Los acompañaron Tomás Mateos, Martín Druille y Juan Carlos Valle «Body», un fiel amigo zaragozano de los cuatro músicos. El relato que hace Pedro resulta tan detallado como desternillante:

> Me acuerdo de llegar al puerto todos con las botas camperas, la Samsonite... Y el patrón: «Pero, tíos, adónde vais, quitaos las botas». Total, uno de los camarotes lleno de Samsonites, bajándolas por las escaleras, joder, un barquico, tío. Es que no hay ascensor. Es acojonante. Y me acuerdo de subirme al barco y yo más feliz que la hostia. Pero, claro, yo es que me mareo en los barcos, seriamente, aunque no sabía que tanto. Salimos, los piratas, ja, ja, vodka, no sé qué, no sé cuántos A las dos horas yo quería irme. Y le digo al patrón: «Oye, adónde vamos». «Pues mira, tenemos como unas siete horas para llegar a puerto.» «No me jodas. ¡Date la vuelta!» «Hombre, Pedro, no seas así, que se te pasa enseguida.» Sí, sí, ya conozco ese «se te pasa enseguida». Un calor, un infierno. En fin. Y pasa que en un coche dices, me paro un momento, pero en el barco son siete horas como mínimo. Malísimo de la muerte, Dios mío. Llegamos y nos fuimos por ahí a tomar. Volvimos al barco a dormir y la botella de vodka trutrutru... A eso de las siete me consigo dormir. A la mañana siguiente me despierto y están todos ahí, jijiji, jajaja, y yo me cago en Dios el barco de los cojones este. Hoy no sigo, en cuanto lleguemos a puerto yo me piro, me voy en taxi, en bici o como sea. Entonces abro la escotilla del camarote y como está el mar un poquico crecidillo me hace una ola, raass, y digo: «¡Me cago en Poseidón y todos los reinos del mar y su puta madre! ¡Ojalá nos ahoguemos aquí todos!». «Venga, Peter, no te preocupes, toma un vodkita...» «¿Cuánto falta para llegar allí?» «No,

cinco horas y tal:» Y yo: «Dios mío». Yo me bajé y dije: «Ya no vuelvo a subir». Y ya no sé cómo hice para llegar al siguiente lugar... No llevaba biodramina. Si hubiera llevado me hubiera tomado seis, con cartón y todo.

Pedro, Tomás y Enrique optaron por quedarse en tierra y seguir rumbo a Pollensa por sus propios medios. Y los demás de nuevo a las órdenes del patrón, hasta el siguiente puerto, donde también abandonó Martín. Se quedaron Joaquín, Juan y Body, adaptados a las exigencias de la vida en alta mar. Ellos sí que disfrutaron de los baños, de la nueva amplitud de la cubierta, mucho menos poblada. Y de los encantos de la navegación, ya que el patrón dejó a Joaquín una medianoche a cargo del timón y no regresó hasta el alba. También Juan estuvo pilotando el velero una noche. El patrón le indicó que cuando viera la luz roja del faro del puerto pusiera rumbo hacia ella. Así que eso hizo al cabo de unas horas de soledad sobre cubierta, dirigir la nave hacia una luz roja que se veía en la distancia. Sin embargo, resultó que no era la señal de la bocana del puerto, sino la luz de posición de otro buque hacia el que se dirigían en rumbo de colisión. Afortunadamente, el patrón subió a cubierta y pudo corregir la dirección antes de que fuera demasiado tarde.

Y llegó el mes de agosto de 1991. Veintiséis conciertos contratados desde Avilés hasta Daimiel; 8.000 kilómetros, y otra vez esa media de 10.000 personas en cada recinto. Veintiséis, número que recuerda bien Juan:

> Es que son veintiséis cumpleaños. Veintiséis camerinos llenos de whisky. Y encima crees que tienes razón, porque forma parte de ese modo de vida. Tu trabajo también es pasarlo bien.

Era llevarlo todo al límite una y otra vez, eso estaba incluido en la profesión del rock and roll. No solo se actuaba en directo, también se vivía en la carretera, se viajaba por el país, se dormía en hoteles, se bebía a gusto de cada uno, se consumían drogas, también a gusto de cada uno, se ligaba y se reía, se llevaba todo al límite del aguante físico y psíquico. Juventud y éxito, qué más podían pedir.

El día 1 en Avilés. De ahí hasta La Coruña, sin descanso, para tocar el 2. Y hacia Sanxenxo, cerca de Pontevedra. Al menos en el comienzo del mes las distancias entre ciudades eran cortas y los desplazamientos, rápidos. La víspera, durante el concierto, Juan había subido el volumen de sus Marshall hasta hacerlo tan molesto que sus tres compañeros le pidieron a Miguelico que les bajara la entrada de su Gibson. Pero ¿no sería un problema de audición?, se preguntaban. Llevaban días recomendándole que se fuera a un otorrino para que le mirara. Así que, finalmente, dio su brazo a torcer y se fue a la consulta de un otorrino:

> Llevaba unos buenos tapones de cera en los oídos. Fui a un otorrino para que me los quitara. Los demás se volvieron en taxi al hotel y yo quise volver andando para cruzar un puente, para ir oyendo todo. Quería oír.

Quería escuchar la vida, el ruido de las olas, los coches pasando, las voces de la gente, literalmente alucinado por la cantidad de matices que percibía del exterior, como si estuviera paseando bajo los efectos del LSD. Otra consecuencia, esta mucho más perceptible para sus compañeros, fue que empezó a bajar el volumen de sus Marshall, lo que convino a todos y reequilibró el asunto de los monitores, al menos por un tiempo.

Al día siguiente había que viajar hasta Alcañices, en la provincia de Zamora, cerca de la frontera con Portugal, unos 400 kilómetros. Martín Druille llevaba la gira de 1991 con ellos, en sustitución de Eugenia. Era el factótum, el que hacía y deshacía, el que organizaba todo, los horarios, las paradas para descansar o comer, las gestiones en los hoteles, las entrevistas que siempre les solicitaban, los cáterin para los camerinos, los cobros y los pagos, que seguían haciéndose en metálico. Qué facilidad tenía en el trato humano este argentino de familia numerosa, experto acompañante de grupos de la agencia 10/Diez, a quien Pito había tenido el acierto de adscribir a la gira *Senda 91*. En solo unas semanas se había ganado la confianza y el corazón de los cuatro músicos, que se dejaban llevar por la geografía española con absoluta tranquilidad, en la seguridad de que nunca tendrían que ocuparse de otra cosa que no fuera tocar sus instrumentos y divertirse.

Así que Martín los avisó a las nueve y media. La furgoneta ya estaba aparcada a la puerta y a las diez saldrían. El concierto de la víspera había terminado muy tarde, a eso de las dos de la madrugada, y, entre unas cosas y otras, apenas habían descabezado un breve sueño de cinco horas. Pero tenían que llegar a Alcañices entre las cinco y las seis de la tarde para la prueba de sonido, y nadie rechistaba. Y nada de desayunar, el ritmo del día les imponía saltar de la cama directamente a la furgoneta a intentar seguir durmiendo tumbados en los asientos; no cabía tanta sutileza. A ninguno se le ocurría, después de un concierto y la juerga consiguiente, madrugar para bajar al restaurante del hotel y tomarse unas tostadas con mermelada, un café, un zumo de naranja, aquellos cruasanes de chocolate qué buena pinta tienen, y esos huevos con jamón, ni te digo, si los hacen al momento... Bueno, quizá Enrique desayunaba alguna vez, era algo más ordenado; con Martín y Tomás, se reunían los tres también apurando los minutos, y algunos días se podían permitir ese lujo, en el restaurante del hotel que tocase. Ese bufet libre del Gran Hotel La Toja estaba realmente bien provisto.

El 4 de agosto la furgoneta salió a las diez y veinte, solo con unos minutos de retraso, nadie había desaparecido y Martín no había tenido que remover cielo y tierra para buscarle en una época en que no había móviles. Salieron de Sanxenxo rumbo a Pontevedra, que estaba tan cerca, y tomaron la N-550 hasta O Porriño. Una zona densamente poblada, con mucho tráfico de turistas y lugareños en un día soleado y sin lluvia que permitía circular con las ventanillas abiertas, no hacía mucho calor y podrían prescindir del aire acondicionado, un desagradable chorro de aire frío que amenazaba la garganta de Enrique. Luego tomaron la N-120 hacia Orense. La música estaba más baja de lo habitual, Juan ya no necesitaba tanto volumen y así se podría echar una cabezada para completar las horas de sueño.

Martín siempre iba atento a la ruta, al momento que sería más conveniente para detenerse en una gasolinera. Además de llenar el depósito, los chicos podrían estirar las piernas, echar una meada en los retretes, comprarse algo para comer, patatas fritas, galletas y agua mineral; podrían empezar a desperezarse. Alguno liaría un porro, otra vez la música subiría de volumen, y la charla empezaría de nuevo, como recuerda Juan:

> Yo iba diciendo tonterías todo el rato, durante todo el viaje. Cuando pasábamos por los pueblos con la furgoneta íbamos saludando a la gente, para que tuvieran algo que recordar, unos tipos en una furgoneta blanca. Cómo nos reíamos. Iba en la furgoneta con Joaquín, dándole vueltas a la cabeza, imaginando, y se me ocurre un adjetivo para él y le digo: «Eres un dodecadesbastacumbres». Se moría de la risa. Y él me decía: «¿Te imaginas que viene de frente una estampida de árboles? ¡Mira, he visto pasar una jauría de acacias!».

Ya habían dejado atrás Orense y enfilaban la N-525 cuando la A-52 era todavía un proyecto que ni siquiera podían soñar los automovilistas más imaginativos. Martín había echado el ojo a un restaurante en el que pudieran parar a una hora prudencial, a eso de las tres de la tarde, lo que les permitiría avanzar lo máximo posible hacia Alcañices y hacer coincidir el tramo final con una siesta generalizada. La hora de la comida era obligada, seguramente iba a ser la única del día, ya se habían perdido el desayuno y era más que probable que tuvieran que conformarse con el cáterin para después del concierto. No escatimaban en gastos, no les hacía falta pedir un menú de carretera en esos restaurantes de mobiliario castellano, salones abarrotados de camioneros y platos recios y sencillos, así que Martín, con el fajo de billetes en el bolsillo, buscaba uno que tuviera cierto nivel, lo cual dependía mucho de la zona y de la ruta, claro. Podía guiarse por su experiencia pasada, no en vano había recorrido varias veces el país acompañando a las bandas de la agencia, como Nacha Pop, o a otros artistas como Víctor Manuel y Ana Belén, y se sabía unos cuantos sitios que merecían la pena. O podía tirar de una guía de carreteras y dejarse llevar por su intuición, que casi nunca le fallaba. Y el 4 de agosto tampoco le falló; salieron de la nacional y encontraron un restaurante de las características que ellos deseaban, tranquilo y de buena cocina, no sin cierta sofisticación, como recuerda Joaquín:

> Los hoteles eran de tres o cuatro estrellas. Y las comidas, unas señoras comidas. El mejor sitio que había de camino. Pablo, el conductor de la furgoneta, sabía muchos sitios, había sido camionero. Y Martín igual. Se buscaban Paradores o sitios majetes. Se paraba y se comía como Dios manda. Siempre pedíamos Viña Ardanza de 1981 o 1982. Tenía que ser ese. Si no había, otro buen vino, Rioja o Ribera del Duero. Bebimos mucho Viña Ardanza. Si luego viene *El espíritu del vino*...

Realmente, se hubiera podido seguir su rastro por España según los pedidos de Viña Ardanza que hacían los restaurantes. Y no era raro que pidieran a los postres un par de botellas más para llevarse a la furgoneta. Sin copas, entonces se las bebían a morro en pleno viaje; claro, no tenían que conducir.

A veces, Juan no bajaba a comer. Se quedaba durmiendo en la furgoneta y pedía que le trajeran un bocadillo de jamón. Y después de la comida, una buena siesta era lo que más convenía, había que llegar a tiempo para la prueba y despejados, a ser posible. Irían directamente a esa localidad zamorana de 12.000 habitantes, donde tenían previsto tocar en el campo de fútbol. Martín había reservado habitaciones en el Parador de Turismo de Zamora, al que solo irían después de la prueba, para recogerse un rato antes de volver a Alcañices para tocar, a solo 60 kilómetros de distancia. Merecía la pena, el Parador tenía unas buenas instalaciones, incluso una piscina que podrían utilizar para hacer unos largos y refrescarse. Y muy confortables habitaciones, con unos colchones de primera. A veces se tumbaban un rato para desconectar. Ese sueño invencible que entraba en el hotel, en el rato muerto que había entre la prueba de sonido y la misma actuación. Tampoco solían cenar antes de los conciertos, había que tocar en ayunas; a Juan todo eso le provocaba unas náuseas insoportables que casi siempre le hacían devolver en esos instantes previos a la actuación, tan cargados de nervios que solo desaparecían al pulsar las primeras notas de su Gibson. Además, tocar en ayunas hacía que estuviera más despierto, más vivo, más predispuesto a darlo todo. Un buen sitio, ese Parador. Se estaban malacostumbrando, puesto que al día siguiente pensaban desplazarse hasta el de Albacete, buena manera de hacer la gira.

Ya estaba todo preparado. Los de Turborent se habían puesto las pilas y el montaje lucía al cien por cien. La víspera, nada más recoger, se habían montado en los vehículos y se habían lanzado a la carretera. Menos mal que llevaban un autobús con camas, era el único momento en que los pipas y los técnicos podían dormir algo. Se habían pasado el día entero enfrascados en lo suyo: montar las torres de luces, las de sonido, cablearlo todo hasta las mesas, dejar los instrumentos listos sobre el escenario. Las cosas habían cambiado notablemente. Ahora, en agosto de 1991, la prueba de sonido era mucho más cómoda, no se podía ni comparar. Casi todo estaba controlado de los días anteriores. Floren sabía perfectamente qué *rack* de efectos llevaba Juan, qué compresión prefería Joaquín, cómo le gustaba que le dejaran la batería afinada a Pedro, y los efectos de voz que Enrique siempre pedía. Y la mesa tenía un sistema de protección y cierre que permitía que todos los parámetros se conservaran de un día a otro, solo tenían que estudiar las características acústicas del lugar para redondear el asunto. Y como aquel verano de 1991 casi todos los conciertos tenían lugar en plazas de toros y campos de fútbol, al aire libre de las estrelladas y calurosas noches españolas, el trabajo era bastante simple. Igual le pasaba a Miguelico. Se sabía de memoria las preferencias de cada uno y, en este sentido, el bajo, la batería y la voz se necesitaban mutuamente, no tanto la guitarra, que iba siempre por su cuenta, a pesar de que Juan, desde la víspera, ya no necesitara tantos vatios. Encima, disponían de sus propios *backliners* que les tenían sus instrumentos listos y afinados, proceso que era largo y engorroso, sobre todo para la batería, así que ellos llegaban con todo listo y tocaban un poco, primero Pedro, luego Joaquín y Juan, y los tres juntos antes de que se sumara Enrique para interpretar, ya los cuatro, un par de temas antes de retirarse al Parador de Zamora.

Por allí andaba siempre Tomás Mateos, que se preocupaba de que todo estuviera listo antes de la llegada de Turborent, el escenario en condiciones, las vallas de seguridad en su sitio, los camerinos y el cáterin que pedía la banda. Y Floren Moreno con su gigantesco móvil vía satélite —de los pocos que había en España en esas fechas— supervisando el montaje de sonido y luces como dueño de la empresa, de ese camión pintado de negro; tenía controlado el asunto, aunque solo fuera a base de repetirlo día tras día, y ordenaba a sus pipas todo lo que tenían que hacer, aunque ellos también se lo sabían de memoria. Siempre estaba en su mesa, desde la prueba hasta el final del concierto, y por allí iban pasando los músicos, los demás técnicos, como si ese fuera el punto de encuentro y reunión de todo el personal. También Miguelico, que llevaba con ellos al menos desde 1988. Se había encargado de conducir la furgoneta al principio, siempre con su Ducados entre los labios y su lata de cerveza al alcance sobre el salpicadero. Luego, porque es un tipo curioso e inquieto, había aprendido a llevar la mesa de monitores y se había ido especializando en esa labor, enviar el sonido de la banda a cada músico en los directos, para que se escucharan unos a otros y no se perdieran. Y seguiría hasta el final, hasta el 6 de octubre de 1996 en Los Ángeles; toda una vida. Por último, Miguel González, el de luces, el acertado diseñador de ese tremendo tinglado de 200.000 vatios. Venía del mundo del teatro, y esto explica por qué fue tan eficiente en el diseño de los juegos de luces, por qué les dio esa singularidad nada común en la época y que hacía de los conciertos de Héroes del Silencio algo realmente espectacular que daba ganas de repetir.

Por la noche, las cosas se complicaron un poco por culpa de la organización, que se empeñó en meter dos grupos teloneros, Cianuro y Proyecto Vinilo, que se alargaron demasiado. Los pobres eran unos perfectos desconocidos y querían aprovechar, lógico, ese directo ante tanta gente. Nunca habían tocado frente a 10.000 personas, tenía su lógica que se fueran alargando más de la cuenta, echando mano de todas las canciones que se sabían. Mientras tanto, los cuatro Héroes estaban en el camerino, esperando, algo que siempre los ponía especialmente nerviosos, esos ratos de incertidumbre con la tripa vacía. En fin, suerte que tenían algo para picar gracias al cáterin, que si no... Había un continuo ir y venir, se asomaban a ver cómo iba el concierto, Martín entraba y salía, se quejaba ante los responsables, se cagaba en todo, aquello no era serio y había que cortarlo ya, bastaba con desconectar los equipos y santas pascuas. Al fin, a la una de la madrugada, aquellos tipos parecieron comprender y se le dio la señal a Floren, quien puso *Song to the Siren* y la gente empezó a chillar. Era una reacción automática. Pero poco después se callaban, y así, recogidos, en silencio, escuchaban esa canción maravillosa otra vez. Una corriente de emoción circulaba por todo el recinto y llegaba hasta el camerino, donde los músicos, concentrados y nerviosos, sentían lo mismo que sus fans al escuchar la voz de Elizabeth Fraser. Una enorme emoción. El corazón en un puño. El alma en vilo. Uno tras otro, visiblemente nerviosos, salían al escenario. Cada uno en su sitio, ya estaba acabando «La canción de la sirena». Y Juan se subía a lo alto de la plataforma, se colgaba su Gibson, abría las piernas, encendía un cigarrillo que enseguida dejaba entre sus labios y el concierto empezaba a rodar con las notas de *Entre dos tierras*, las notas más reconocibles de la historia del rock en español.

La Gibson The Paul que Juan le había comprado a un profesor de guitarra de la academia Bela Bártok, en Zaragoza, había provocado un giro radical en su sonido. Más adelante, cuando fueron a Londres para las mezclas de *Senderos de traición*, se compró dos Gibson Les Paul. Este relevo de guitarra, de la Fender Stratocaster a la Gibson Les Paul, supuso también que la música de Héroes del Silencio diera un paso más hacia el endurecimiento. La Gibson es una guitarra con doble bobinado que hace que la distorsión se adapte mejor y el sonido sea más sucio, compacto y fuerte, más roquero. Si a eso le añadía un nuevo *rack* con más efectos, ya tenía la nueva propuesta musical lista para el rodaje, lo que haría durante la gira *Senda 91*.

Además de la Gibson, fueron varias las causas del proceso que los llevaría hacia las corrientes del rock duro. Como ya se ha explicado, una reacción ante las críticas por el tono popero de su primer LP, *El mar no cesa*, y la identificación como grupo de quinceañeras, quizá fue la primera. También su propensión a los conciertos en directo, que tanto les gustaban, y el haberse curtido por las carreteras del país desde 1985. Cuando termine la gira de 1991, ya habrán acumulado nada menos que trescientos, con el bagaje que este fenómeno supone. Y la presencia de Turborent, empresa acostumbrada a girar con grupos punteros y cuyo dueño, Floren Moreno, era partidario de un rock and roll contundente, que se oyera bien por las torres de sonido que solían llevar. Así definía su labor Edi Clavo, batería de Gabinete Caligari, en su libro *Camino Soria*:

> Su concepción de concierto de rock en vivo trataba de ofrecer una proyección novedosa, profesional, teniendo en cuenta las características propias de un negocio inmerso en la autarquía tecnológica y el atraso inmemorial, no obstante, su empresa de sonido —Turborent— se preocupó de proporcionar, importar y mantener unos equipos propios con una calidad sobresaliente El concepto sonoro de Floren Moreno se fundamentaba en la consecución de un espectáculo potente, rock sin ambages y sin miedo al volumen.

Por si todo esto fuera poco, estaban también los amplificadores Marshall que llevaban Juan y Joaquín, y la batería Sonor de Pedro, que también se había comprado hacía poco y a la que había añadido una caja de bronce que endurecía su sonido. De esta manera, la batería se iba haciendo cada vez más roquera. Aparte de la caja de bronce, Pedro la había configurado con tres aéreos, tres bases y timbales de 18 pulgadas, elementos que le daban más profundidad y potencia. Parecía un fenómeno imparable este del endurecimiento de la banda, que los llevaría a participar hasta en festivales heavies algunos años después. Pero que tendría, asimismo, graves consecuencias para su supervivencia.

Hoy en día, esta evolución se contempla desde otra perspectiva. Juan confiesa:

Yo debí haber seguido con la Fender Stratocaster, no hay ninguna guitarra que tenga más cuerpo. Cuando me cambio a Gibson yo creo que pierdo un poco mi sonido. Sigo tocando *Maldito duende*, *Entre dos tierras* y todo eso con la Gibson, pero, en el fondo, creo que conseguía mejor sonido con la Fender.

De hecho, en la gira de regreso del año 2007 recuperó esa marca de guitarra. Y si deja volar su imaginación se ve a sí mismo otra vez con la Fender, practicando un sonido más limpio, que probablemente daba más personalidad a su música, y componiendo canciones parecidas a las que había en *Senderos de traición* para los álbumes siguientes. Pero ¿cómo habrían sonado temas como *Malas intenciones* o *Despertar* en los conciertos si hubiera seguido con la Fender? ¿Demasiado blandas y poperas, justo el estereotipo del que ellos querían huir? Sin embargo, con la Gibson y la distorsión ganaban enteros... Una duda irresoluble, incluso hoy en día, en 2021.

Hechizo sí que quedaba bien en los directos, se convirtió en un tema habitual, no solía faltar. Era pura velocidad, tenía un ritmo acelerado y cañero muy apropiado. Y luego ese final con la cuenta atrás que hacía Enrique y que terminaba con un golpe contundente de batería, bajo y guitarra. Igual que *Oración*, que también iba acompañada de un halo dramático nada desdeñable. La contundencia de la banda al unísono, ligada a la interpretación vocal de Enrique, apasionada, desgarrada, hacían de ese tema una fantástica opción para el directo. Un final apoteósico, como esa noche en Alcañices, en la que no faltaron ninguna de las dos.

De vuelta al Parador de Zamora ya de madrugada. Entre que el concierto había comenzado a la una y el camino de regreso, se acostaron otra vez tarde. Y encima no los dejaron entrar con unas fans que habían conocido en el *backstage*. Qué paternalistas podían ser los directores de hotel, o los recepcionistas, de esos años. Y eso que al día siguiente libraban y no tendrían que madrugar, podrían incluso permitirse el lujo de bajar a desayunar. En todo caso, ni siquiera en estas circunstancias los dejaba Martín dormir demasiado. Él decía, y con razón, que era preferible levantarse pronto, montar en la furgoneta y viajar al siguiente destino; ya tendrían ocasión allí de solazarse convenientemente. Encima, había reservado en otro Parador, esta vez en Albacete, que también tenía piscina. Así que, dicho y hecho: diana a las once, ducha rápida, desayuno también rápido y a la carretera. De Zamora a La Roda, ya no pararían en todo el verano.

La Roda, Almería, Orihuela, Vélez Rubio, Tobarra, Ayora, Oliva de la Frontera... Una tras otra, irían recorriendo las ciudades de ese agosto de 1991 tan cargado de conciertos. ¿Y en todos esos municipios gobernaba el PSOE? Entonces era bastante común que la contratación la promovieran los ayuntamientos de esas localidades medianas repartidas por toda la geografía nacional, de Benidorm a Calahorra, de Huércal-Overa a Sanxenxo (precisamente de donde venían), de Lorca a Alcázar de San Juan. Y casi siempre estaban gobernadas por el PSOE, al que no le molestaba pagar esos cachés considerables si se trataba de animar las fiestas populares. Parecía que se nadaba en oro, sí, pero a ellos les venía de perlas; la agencia tenía que rechazar no pocas ofertas porque ya no quedaban fechas en el calendario. Si se hubieran doblado los días del año, como por arte de magia, también se habría doblado el número de actuaciones. Claro, era el año 1991, ya se encargaría la crisis de 1992 de dar por concluida aquella fiesta del despilfarro. Pero mientras durara la alegría, rumbo al Parador de Albacete en busca del merecido, aunque breve, descanso.

El 26 de septiembre se grabó en Las Rozas el segundo directo de la banda, *Senda 91*, título que, *a posteriori*, vendría a identificar a la gira entera. Una buena manera de dejar un registro de esos días, un recuerdo para aficionados y para el futuro de lo que había pasado ese año de 1991. Para bien y para mal. Estaba la respuesta masiva y entusiasta del público, que había llenado todos los recintos, y de parte de la crítica, respetuosa y moderada, o que al menos no se había dedicado a dinamitar su propuesta de manera visceral. Por eso, en un primer momento, habían pensado reproducir en el doble EP las críticas positivas que habían recibido. Sin embargo, Enrique lanzó una idea más provocadora: ¿y si ponían las malas? Sus tres compañeros aprobaron la sugerencia y la compañía no dijo nada, decidida ya a dejarlos hacer a su antojo. Seleccionaron siete, las más virulentas, seguramente dándoles una vida que jamás hubieran tenido, perdidas en un ejemplar de diario polvoriento en una hemeroteca. Dos de Karles Torra, «Yo no tengo la culpa de verlos caer» y «Nula creatividad»; «Héroes del aburrimiento», de A. Rubio; «Sobredosis de Bunbury para cubrir una música sin recursos», de Albert Benach; una anónima titulada «Decepcionante actuación de Héroes del Silencio en las fiestas de San Victorino», y otras dos de F. Muriel, «Más educación y menos silencio» y «Decepcionante actuación de Héroes del Silencio», en la que aseguraba que «realizaron el concierto con sonido grabado previamente», sin saber que había unas cosas que se llamaban «micrófonos inalámbricos»... En definitiva, hicieron un enorme favor a este puñado de críticos, quienes de alguna manera han pasado a la posteridad gracias a su inclusión en el doble EP.

El diseño de Pedro Delgado introduce por primera vez símbolos, inspirados en la iconografía de Led Zeppelin, algo que culminará en 1993 con *El espíritu del vino*. Juan escogió una calavera estrellada; Enrique, un corazón con espiral; Joaquín, un símbolo a medio camino entre Géminis y el yin-yang, y Pedro, una estrella de cinco puntas, aunque luego se intercambiaran los de Pedro y Juan. Y cuatro retratos de Javier Clos, Juan en su apartamento con su Gibson y su Gallien Krueger, Enrique en Las Bardenas con una botella de vino, Joaquín con una cámara de fotos y Pedro sentado sobre una Harley, delante de una mesa de billar. Al final del disco dejaron un mensaje de Enrique hablando al revés. Palabras doblemente encriptadas, de difícil interpretación y con esa tendencia innata a lo barroco:

> *Y entre cada palabra y sílaba pronunciada*
> *Como surco áspero al recorrer*
> *Quedarán mensajes sin descifrar*
> *Que escondan mentiras aprendidas*

25.000 personas fueron a escucharlos el 9 de octubre de 1991 al estadio de La Romareda, en Zaragoza. Eran las fiestas del Pilar y se había reservado para ellos la actuación estelar, la más multitudinaria, la que habitualmente se dejaba a una primera estrella internacional. El idilio entre la banda y el público era absoluto. Ninguna fisura podía vislumbrarse en esos momentos en la crítica de la ciudad, que se había rendido a la evidencia. En cierto modo, también supuso el punto culminante de la trayectoria de la movida zaragozana, aquella que había comenzado a principios de los ochenta a imitación de lo que ocurría en otras ciudades. Pero no se avisó a Los Enfermos Mentales, reconvertidos desde 1987 en Los Especialistas, ni a Más Birras, todavía activos, sino a dos grupos que compartían con Héroes del Silencio no solo afinidades musicales, sino también una buena amistad: Niños del Brasil, la banda de Santi Rex, Nacho Serrano y Antonio Estación, y Las Novias, a quienes Enrique produciría su primer disco. Una noche apoteósica para el rock aragonés, que por fin había triunfado en su tierra.

Para entonces ya se había editado *Senderos de traición* en Alemania. Lentamente, el fenómeno que sería Héroes del Silencio empezaba a despegar en ese país. Pequeñas emisoras de radio alternativas habían comenzado a pinchar sus discos. *Entre dos tierras* llamaba la atención. Juan recuerda que Angela Martens, de la EMI alemana, Electrola, estuvo en el camerino del estadio de La Romareda, interesada ya por el grupo y su propuesta, que pudo ver personalmente esa noche. Solo unos días después viajarían a Berlín para tocar en un festival contra el racismo. De nuevo estaban a punto de dar un salto en su carrera, esta vez de proporciones magníficas, que llevaría a millones de alemanes a recitar el nuevo mantra: Héroes, *über alles*; Héroes, sobre todo.

Héroes, *über alles*

Sucedió el jueves 19 de septiembre de 1991 en la pequeña ciudad de Hoyerswerda, en el estado de Sajonia, muy cerca de la frontera con Polonia. Con disciplina castrense y armados de piedras y bombas incendiarias, vitoreados por sus conciudadanos, los neonazis rodearon los albergues para extranjeros de la ciudad en el momento en que todos los ocupantes estaban dentro. Durante varios días atacaron los edificios sin que nadie osara intervenir. Lanzaron sus piedras y sus cócteles molotov con absoluta impunidad. Una semana después la policía intervino, los dispersó y sacó de los edificios a los aterrorizados inmigrantes que vivían allí. Sus caras reflejaban fielmente el horror vivido, el miedo ante los impactos en las fachadas de las bombas incendiarias, que a veces entraban por las ventanas y provocaban conatos de incendios que se veían obligados a sofocar con lo que tenían a mano. Justo ese mismo día 19, pero en el otro extremo del país, en la localidad de Saarlouis, estado de Sarre, muy cerca de la frontera con Francia, tuvo lugar un ataque similar. Los neonazis quemaron un albergue para inmigrantes. A resultas del incendio, un ghanés resultó muerto. Hoyerswerda estaba en territorio de la República Democrática Alemana; Saarlouis, en la República Federal Alemana. Ahora, esta división territorial, que había desaparecido solo hacía un año tras la reunificación, carecía de relevancia. La ideología neonazi crecía tanto en los *lander* del Este como del Oeste.

Sucesos parecidos se reprodujeron en los días siguientes. En octubre, dos niños libaneses sufrieron quemaduras graves en un incendio en Düsseldorf. En Kassel, destrozaron con barras de hierro y hachas otro albergue. En Luckenwalde, al sur de Berlín, se produjo un ataque similar. El mapa del país se iba llenando de sucesos con el mismo *modus operandi*. Sajonia-Anhalt, Renania del Norte-Westfalia, Baja Sajonia, Schleswig-Holstein, Brandemburgo... Fueron unos días de terror que los alemanes vivieron pegados a sus televisores, sin comprender nada, horrorizados ante el espectáculo de las llamas cercando a personas indefensas. Solo por ser extranjeros pobres. El fantasma del nazismo volvía al país cuarenta y cinco años después, la peor de las pesadillas cobraba forma otra vez.

El festival benéfico Ich Bin Ein Ausländer (Soy un Extranjero), que se iba a desarrollar en Berlín el 26 de octubre de 1991, fue la respuesta de la escena berlinesa a la ola de xenofobia que se había desatado en el país desde mediados de septiembre. Johnny Haeusler, líder del grupo alemán Plan B, propuso a Héroes del Silencio como uno más de los diecisiete grupos que actuarían esa noche en el Deutschlandhalle del barrio berlinés de Charlotenburg. La venta de las 8.000 localidades iba viento en popa y además se retransmitiría por radio y televisión para todo el país. Y los compañeros de cartel no estaban nada mal. Esa noche subieron al escenario la cantante inglesa Alison Moyet, el solista reggae de origen jamaicano Maxi Priest, el también inglés Paul Young, la banda australiana Crowded House y el grupo alemán Die Toten Hosen. Este último, Los Pantalones Muertos en su traducción literal, era uno de los grupos punk más importantes en Alemania, que llegaría a vender veintitrés millones de copias de sus discos a lo largo de su extensa carrera.

No cobraron nada. Se desplazaron en avión desde Madrid hasta Berlín pagándose ellos los pasajes, también los gastos de hotel y las comidas que hicieron. Fueron en taxi hasta el Deutschlandhalle llevando solo la Gibson de Juan y el Rickenbacker de Joaquín. Prácticamente pasaron desapercibidos entre tanta gente, multitudes que se acercaban a las puertas del pabellón esperando la apertura, músicos de todos los estilos que deambulaban por el extenso *backstage* que se había habilitado. Antes del concierto, apenas unos saludos, el de Johnny Haeusler, algún despistado más que no sabía quiénes eran esos tipos españoles, un par de periodistas que metieron sus narices por curiosidad. Cuando les llegó la hora, nadie daba un duro por ellos. Tocaban diecisiete grupos más y deberían pasar desapercibidos. Era cierto que había comenzado a sonar en las emisoras alternativas, aunque tímidamente, *Entre dos tierras*, pero casi nadie la conocía. Subieron al escenario, tomaron sus instrumentos, Pedro la batería que había dispuesto la organización, y empezaron a tocar. Los acordes de arranque de *Entre dos tierras* sonaron en el pabellón, esta vez sin alardes en estéreo. Pero fue algo mágico e instantáneo. La gente comenzó a botar. Ya no dejarían de hacerlo durante la media hora de actuación: *Hace tiempo, Maldito duende, Oración*...

Luego, en el camerino, no cabía un alfiler. Decenas de periodistas se acercaron a interesarse por esos tipos a los que nadie conocía. Habían ofrecido un brillante concierto de rock and roll y la gente no salía de su asombro. Para Pedro, eso marcó un antes y un después:

> Ese fue el día en que yo pensé: hostias, ahora sí que la hemos liado. Cuando hay prensa, hay fans en la puerta, hay promotores y hay interés, eso es que va a haber color.

Por ahí estaba un tal Lothar, completamente alucinado, como recuerda Joaquín:

> Lothar era el de la EMI Alemania, Electrola, que nos fue a ver al concierto. Le gustó mucho y nos ofreció un par de conciertos. Y ya supuso el espaldarazo para girar por Alemania. Antes se había editado *Senderos*, en 1990. A raíz de todo esto, ya contamos con el beneplácito de la compañía allí.

Habría que hacer más promoción, les decía Lothar, habría que invertir en un grupo que parecía destinado al éxito en un país muy reacio a las novedades provenientes de España. Desde que Julio Iglesias había triunfado allí, nadie más lo había conseguido. Y la MTV tendría que emitir sus vídeos repetidamente, ya se encargaría él de mover los hilos necesarios para que se machacara en Alemania.

Fue el momento en que ellos tomaron conciencia por primera vez de que las cosas podrían funcionar también fuera de España. El tímido éxito de *Entre dos tierras* en las radios alternativas se convertiría en un bombazo en toda Alemania, de Sajonia-Anhalt a Renania del Norte-Westfalia, de Baja Sajonia a Schleswig-Holstein. El país entero cayó rendido a sus pies. Desde ese primer concierto del 26 de octubre de 1991 hasta el último del 21 de julio de 1996 en Balingen, tocaron ciento siete veces. Entre ellas, cabe destacar sus actuaciones en los grandes festivales como el Rock am Ring, por ejemplo, donde compartieron cartel con estrellas como Lenny Kravitz, Def Leppard, The Black Crowes o Robert Plant. Un auténtico idilio entre el público alemán y los cuatro jóvenes de Zaragoza. Cada vez que sonaran las primeras notas de *Entre dos tierras* en una discoteca o en un pub, cientos de alemanes de ambos sexos y de todas las edades, quinceañeras enamoradizas y rudos rockeros de toda la vida, saltarían a la pista para brincar como locos y cantarla en su precario español.

No puede entenderse la historia de Héroes del Silencio sin una comprensión integral de su canción estrella, la que les abrió las puertas del mercado internacional y que todavía hoy en día sigue sonando con la misma frecuencia que entonces.

Después de oírse un sonido introductorio hecho con sintetizador que simula el ruido del viento, suenan los célebres acordes en estéreo de la canción: los cuatro primeros, la misma nota, un si menor, que parecen diferentes porque Juan va cambiando la pastilla de su Fender Stratocaster, y los cuatro siguientes repetidos dos veces, tres si menor y un sol, otros tres si menor con la, con los efectos de un *chorus*, el *delay*, que repite esas notas otras tres veces y a contratiempo, y un poco de *reverb*. La entrada de la sección rítmica en el segundo treinta y uno es contundente y precisa, de una rotundidad avasalladora. Junto a la guitarra con *delay*, una de las razones más claras de la inapelable eficacia de este artefacto sonoro. Joaquín toca el bajo matizando el sonido para que suene más fuerte. La batería, por influencia de Larry Mullen de U2, sobre todo del disco *The Unforgettable Fire*, está trabajada a base de lo que Pedro llama «semicorcheas», una manera de tocar el *charles* abriéndolo, soltando el pie para que su sonido se difumine, creando una especie de colchón auditivo o respiración que aporta una atmósfera diferente, técnica que también había utilizado en otros temas del repertorio de la banda, como en *El estanque*, donde imita el ruido de las olas, o como hará en el futuro en *Opio*, donde simulará el hipotético ruido del humo. La introducción continúa en la misma tónica hasta que en el segundo cincuenta y cinco entra un nuevo motivo de guitarra de Juan, en este caso doblada para ganar presencia, poco antes de la primera estrofa, que tiene un arpegio de guitarra que recuerda a *El mar no cesa*:

> *Te puedes vender*
> *Cualquier oferta es buena*
> *Si quieres poder*
> *Y qué fácil es*
> *Abrir tanto la boca para opinar*
> *Y si te piensas echar atrás*
> *Tienes muchas huellas que borrar*

Así termina la primera estrofa, enlazando con el puente anterior a la segunda:

> *Déjame, que yo no tengo la culpa de verte caer*
> *Si yo no tengo la culpa de verte caer*

Todo se va construyendo en función de la letra y del progreso lógico de las partes de la canción, que toma una velocidad de crucero mientras vuelve a sonar el primer motivo de guitarra justo antes de la segunda estrofa:

> *Pierdes la fe*
> *Cualquier esperanza es vana*
> *Y no sé qué creer*
> *Pero olvídame que nadie te ha llamado*
> *Ya estás otra vez*

El puente funciona como una bisagra perfecta entre los bloques y preludia el estribillo, compuesto en tonos menores, puesto que la canción pasa en ese instante de re mayor a fa menor. Además, a la voz doblada de Enrique se añadieron coros de Joaquín:

> *Entre dos tierras estás*
> *Y no dejas aire que respirar*
> *Entre dos tierras estás*
> *Y no dejas aire que respirar.*

Una nueva estrofa, último bloque que aporta cierto sosiego al tono épico general, redondea la letra escrita por Enrique, que alude, como él mismo declararía, al mundillo discográfico, en una metáfora sutil y enrevesada. ¿Intentas manipularme? Pues aquí tienes mi respuesta, y se llama *Entre dos tierras*:

> *Déjalo ya*
> *No seas membrillo y*
> *Permite pasar*
> *Y si no piensas echar atrás*
> *Tienes mucho barro que tragar*

La canción se desliza hacia su final con otra repetición de puente y estribillo, con cambios continuos de tonalidad, para dejar paso al enérgico, distorsionado e inusualmente largo solo de guitarra, de 1' 04" de duración, precedido de un redoble de batería, mezcla de tresillos y ritmos en cuatro. Finalmente, se recurre otra vez al puente antes de que suene el estribillo final, que regresa a la tonalidad anterior, y el tema cierra con una nota de guitarra acoplada en si, la misma tonalidad de *Maldito duende*, canción con la que se ensambla sin pausa en el álbum.

Es un tema de composición dilatada en el tiempo, puesto que se remonta al año 1986, cuando se empezó a construir en los locales de las calles Hernán Cortés y San Vicente de Paul. Juan, ayudado por Joaquín, iba probando los tiempos de los ecos del *delay* y la triple repetición de las notas que había creado. Una vez que tuvo la secuencia deseada, llegó el momento de la introducción de la sección rítmica. Más adelante, ya en el local de Rodríguez de la Fuente, se compuso el cambio del estribillo. Y resulta curioso señalar que Enrique tardó meses en aceptar *Entre dos tierras*, ya que derivaba hacia un rock demasiado duro, que no era el camino que, a su juicio, debía seguir la banda. Esta polémica volvería a repetirse en el futuro con otras canciones, anunciando unas diferencias de criterios y preferencias musicales que se irían ahondando paulatinamente.

En todo caso, un clásico irrefutable que abría, invariablemente, los conciertos de la gira *Senda 91*, y los que hicieron en Alemania en 1992. Después de que sonara *Song to the Siren*, se encendieran las luces blancas detrás del enorme ventilador situado sobre la batería, sonara el ruido pregrabado de un helicóptero y comenzara a salir humo, se veía la silueta de Juan tocando los acordes de arranque ante el delirio de los espectadores, españoles o alemanes, italianos o finlandeses, mexicanos o argentinos. Siempre fue así. Nunca se hizo una versión distinta en directo, ni falta que hacía.

Solo veinticinco días después del éxito del festival berlinés, se lanzaron de nuevo a la carretera. Instalados en dos furgonetas, una para el *backline* y los técnicos, Floren Moreno y Miguelico, y otra para ellos con Martín Druille, salieron de Zaragoza el 18 de noviembre rumbo a Suiza, primera parada de la mini *tournée*. Otra vez centenares de kilómetros entre emanaciones de humo dulce y cintas con recopilatorios de sus bandas preferidas, parando a comer en las áreas de servicio de las autopistas europeas, alojándose en hoteles modestos. Era como volver a 1988, un paso atrás para dar otro hacia delante. Había que renunciar a los telones con el logo, a la efectista iluminación que había diseñado Miguel González, a las rampas y las hélices del ventilador, a los efectos de humo, a los campos de fútbol y las plazas de toros al aire libre con una media de 10.000 espectadores. Si hubieran seguido por España a finales de 1991 y durante todo 1992, les habrían llovido las ofertas para tocar casi ininterrumpidamente, decenas de ciudades pequeñas estaban dispuestas a contratarlos en esa época de vacas gordas, antes de la crisis que se desataría en el otoño de 1992, una vez terminados los Juegos Olímpicos de Barcelona y la Exposición Internacional de Sevilla. Pero no, su inversión fue otra: escogieron un tipo de circuito que hacían grupos ingleses y norteamericanos que estaban de promoción por Europa en locales de mediana capacidad, entre los 200 y los 2.000 espectadores, y por los que habían girado hacía poco Lenny Kravitz, Jane's Addiction, Pearl Jam o Faith No More. Y ellos, Héroes del Silencio, siguiendo sus pasos sin alardear. Y ofreciendo espectáculos de poco más de una hora, una docena de canciones de los dos álbumes editados y alguna sorpresa que anunciaba ya *El espíritu del vino*, a los que asistían una mezcla de inmigrantes y nativos que no paraban de corear sus canciones, supieran o no hablar castellano.

Fueron organizados por la agencia de Marek Lieberberg, uno de los promotores más influyentes del momento a nivel internacional. Había comenzado en 1970 promoviendo un concierto de The Who, y era el fundador de dos festivales míticos, el Rock am Ring y el Rock im Park, circunstancia que propiciaría la presencia en ellos de Héroes del Silencio en los años 1992, 1993 y 1996. Y había organizado las giras europeas de artistas como Aerosmith, Bon Jovi, Depeche Mode, Guns N' Roses, Metallica, Bruce Springsteen, Bryan Adams o Dire Straits, lo que da una medida de su talla. Que Marek se interesara por la banda y accediera a planificar sus giras en el futuro supondría el espaldarazo definitivo a su carrera. Hasta 1996, les facilitaría la contratación de 128 espectáculos.

La gira comenzó el 20 de noviembre en Winterthur (Suiza). También actuaron en Basel, Zúrich y Berna, en estas dos últimas ciudades justo un año después de aquella primera salida al extranjero de 1990. Desde allí, un salto de 500 kilómetros hasta Lieja, con susto incluido en la frontera entre Suiza y Francia, donde se llevaron a Enrique y a Juan para registrarlos a fondo. Con aquellas pintas, levantaban sospechas inmediatas entre la policía. Pero eso no fue todo, también Joaquín vivió su incidente:

> Yo me acuerdo de que teníamos unos bombones por la furgoneta. No llevábamos nada de comer y me acuerdo de que me metí un bombón de esos de licor. Salí de la furgoneta, lo metí en un papel y lo tiré a la papelera. Me vio un gendarme y dijo: «Este ha tirado algo a la papelera». Miro hacia la papelera y veo que el gendarme llega, mete la mano, saca el envoltorio y hace: «¡Puajjj!». Era un bombón masticado y chorreando. Lo que me pude reír.

El 27 de noviembre entraron en Alemania y se dirigieron a Colonia. Este sería el segundo concierto que ofrecieron en este país, programado en el marco del festival PopKormm, una importante feria comercial que reunía a discográficas, distribuidores, editores y empresas cercanas a la industria de la música. Y luego hacia Berlín, donde actuaron el 2 de diciembre en la sala Loft para reafirmar su idilio con el público berlinés. La breve gira terminó en Estrasburgo el 5 de diciembre, antes de recorrer los 1.500 kilómetros que la separan de Zaragoza. Poco tiempo después, en abril de 1992, volverían a la carga con una nueva tanda de conciertos, a la vez que se editaba *Senderos de traición* en Bélgica, Suiza, Holanda e Italia. Ambos hechos supondrían el espaldarazo definitivo de su presencia en Europa.

La primera vez que tocaron canciones nuevas de *El espíritu del vino* fue el 1 de abril de 1992, en la sala Ancienne Belgique, de Bruselas. Allí sonó *Al saber le llaman suerte*, que más adelante cambiaría el título por *Nuestros nombres*. Gracias a la escucha de discos piratas de esa época, puede apreciarse que ya estaba terminada, con la estructura y la letra definitivas. Lo mismo sucede con *La herida*, casi idéntica a la versión del tercer álbum de la banda, una bella canción con forma de balada. Había sido compuesta por Juan durante 1991. Quería que sonara como Led Zeppelin, en recuerdo de *Stairway to Heaven*, canción que va acelerando poco a poco hasta el estallido roquero final y el solo de guitarra de Jimmy Page. *La herida* comienza con una bella melodía interpretada con guitarra acústica, bajo tocado con mucho *bending* y armónica, que progresa soberbiamente hasta el minuto 4' 30", cuando da un giro copernicano y cambia por completo hacia un rock acelerado. El solo de guitarra, a imitación de Page, rubrica ese final apoteósico, que funcionaba bien en los directos. Sin embargo, este final divide a la banda por la mitad. A Juan y a Pedro les gusta así, mientras que Enrique y Joaquín prefieren la versión que se incluyó en *Canciones, 1984-1996*, que se queda en 4' 30" y prescinde de la aceleración. De hecho, se titula *La herida (Clean)*:

> *¿Qué hay en dos amigos cuando después de todo*
> *Parecen perdidos y prefieren a otros?*
> *¿Qué dan lerdas manos, ignorando lo dado*

Si antaño se estrecharon, ahora están engañados?
¿Qué les hizo alejarse de su «orilla intranquila»
Tan siquiera un instante piensan en esos días?

Esos dos amigos podrían ser Enrique y Juan. La incomunicación entre el guitarrista y el cantante se ve reflejada en esta bella letra. Al menos, esto recuerda el guitarrista:

> A mí una vez me dijeron —yo estaba bastante jodido, cogiéndome muchos pedos y estaba de resaca— que la canción de *La herida* me la había escrito él a mí. «Qué hay de dos amigos cuando después de todo...», y no sé qué. Bueno, pues si me la ha escrito a mí que me lo diga. Si no teníamos una relación de amistad, de confianza y me manda mensajes subliminales en sus letras, yo qué voy a saber. Si me quería decir algo, que me dijera lo que fuera y ya está. Hombre, me sentí un poco mal, no me gustó descubrir que *La herida* me la había hecho a mí. No teníamos una relación de amistad y confianza porque somos muy diferentes. Pero tampoco sé si todo eso es así, eso me lo dijo otro.

Enrique, que incluyó la versión limpia de *La herida* en el recopilatorio de su obra, *Canciones 1987-2017*, escribió al respecto:

> Es una canción sobre la amistad diluida y perdida. Así lo veo yo, aunque a lo mejor me equivoco.

¿Se equivocaba él, el autor de esas frases? Hermetismo hasta el final, este parece ser su lema. Dejar las letras en el terreno de la indefinición, de la incógnita, que los lectores se pregunten por lo que esconden.

De la gira por tierras alemanas entre junio y septiembre de 1992 hay un amplio repertorio de artículos de prensa. Lo primero que llama la atención es la unanimidad en calificar su propuesta musical como «rock guitarrero español». En Alemania no hubo una promoción de la banda a través de las radios y las cadenas de televisión convencionales, por lo que la recepción de su música se basó casi exclusivamente en los directos que ofrecieron de norte a sur y de este a oeste del país. No había lugar para el prejuicio, tan habitual en los primeros años en España, de que se trataba de un grupo pop que hacía música blanda. No se había editado *El mar no cesa*, no habían recorrido los platós de las televisiones alemanas haciendo *playback* con *Héroe de leyenda*. Electrola había editado *Senderos de traición*, y la icónica foto de Javier Clos ya casaba al cien por cien con la imagen que ofrecían en directo. Entonces, fueron juzgados como una banda de rock and roll proveniente de España: «rock duro y guitarrero», «música rock de guitarras fresca y dura», «el énfasis del grupo está en el rock, ya que, aunque el disco *Senderos de traición* es más melodioso y plano, en directo la banda suena mucho más dura», son algunas frases entresacadas de los artículos.

Los equiparaban con grupos de origen anglosajón como U2, The Mission, Sisters Of Mercy o Fields Of The Nephilim, y llamaba poderosamente la atención que cantaran en español, su idioma materno, en vez de haberse decantado por el inglés, el idioma universal del rock and roll. A juicio de la prensa alemana, esta característica confería a su música un aire barroco, y les resultaba insólito que estuvieran arrasando con esa premisa, aunque aceptaban el hecho de que de esta manera se separaban de la corriente del rock angloamericano. Ellos, no obstante, solían remarcar las ventajas de esta postura. Era cierto que no se entendían sus textos, pero de esa manera también su mensaje sonaba exótico. El español les permitía expresarse de una manera natural. Ya habían probado a grabar algunos de sus temas en inglés, pero la experiencia había sido poco satisfactoria.

También se detenían los periodistas alemanes alabando la energía que aportaban sobre el escenario, una especie de éxtasis de acción y fuerza, decían, algo insólito en el panorama del momento, incluso entre grupos americanos o ingleses. Una potencia que no se limitaba a tocar aceleradamente las guitarras y la batería, puesto que eran capaces de crear una atmósfera dramática que se asociaba al temperamento sureño. En todo caso, ritmos vitales que daban como resultado un directo demoledor, al más puro estilo del rock duro. Consideraciones bien distintas de las que hacía gran parte de la crítica española, que solía tacharlos de grandilocuentes y farragosos, propensos a crear una estructura sonora demasiado cargada de decibelios y confusión.

Hay un artículo de este período que llama especialmente la atención. De los veintitrés conciertos que ofrecieron, puede que fuera el de Menden, cerca de Dortmund, el día 10 de junio de 1992, el que mejor recoge esa mezcla de energía roquera y respuesta desmesurada del público:

> El grupo español mostró desde el principio lo que esperaban los aficionados esa noche, power rock movido por una sección rítmica potente y dominado por el cantante, Enrique Bunbury, el cual, con su aura carismática, provocó que el resto del grupo pasara a segundo plano. No hubo locuciones intermedias y al poco los españoles llegaron al primer momento culminante, la interpretación de *Entre dos tierras*, el primer título de su último CD, que hizo hervir la sala. No es de sorprender si se tiene en cuenta que esta canción ha sido un exitazo en las discotecas del país. El público de Menden siguió el concierto con entusiasmo y los Héroes del Silencio lo agradecieron a su manera con esa mezcla de baladas y canciones contundentes. Al final, Enrique Bunbury, con el torso desnudo, se lanzó varias veces desde el escenario a la masa eufórica, teniendo que ser rescatado por cuatro miembros del equipo de seguridad. Ni siquiera las torres de sonido quedaron fuera del alcance del *frontman*, que cantó desde ellas sobre el público, un *frontman*

que se hizo tratar, durante la actuación, con medicamentos varias veces. Después tan solo de cincuenta minutos, los españoles terminaron su actuación, pero el público no los dejó marchar sin que ofrecieran tres bises.

El fenómeno de las fans adolescentes no fue exclusivo de España. En Alemania se dieron frecuentes casos de fanatismo. Atraídas por la imagen del grupo, y en particular por la de Enrique, esa figura alta y delgada, de larga melena y rasgos agraciados, y por el exotismo relacionado con lo español, esa mezcla de pasión y dramatismo, se acercaban por centenares en su busca. Ya antes de los conciertos la expectación por la llegada de los músicos encendía el deseo de verlos, de tocarlos, tanto que las entradas quedaban agotadas con mucha anticipación y las muchachas más enfervorizadas acudían a las puertas de los hoteles donde se alojaban. También en las firmas de discos, que se iban sucediendo por el país conforme avanzaba la gira en las tiendas de la cadena Wom, World of Music, se producían aglomeraciones y escenas parecidas: colas interminables, caras de emoción, ejemplares de *Senderos de traición* firmados y contemplados como si fueran verdaderos tesoros, algún que otro desmayo... En cuanto se abrían las puertas de un recinto, decenas de chicas muy jóvenes corrían a ocupar los primeros puestos frente al escenario con el único objetivo de estar cerca de sus ídolos, particularmente de Enrique Bunbury, vestido como una estrella del rock, su larga melena al viento, la voz profunda, la palabra exótica de unos textos que resultaban tan atractivos como incomprensibles. Y si encima Enrique saltaba sobre los espectadores y se dejaba transportar en volandas, tanto mejor, la posibilidad real de palpar su anatomía era vista como un ejercicio erótico tremendamente excitante. Luego les era casi imposible abandonar el *backstage* ante el acoso incansable de las jóvenes.

Con el tiempo, algunas de esas muchachas alemanas se trasladaron a vivir a Zaragoza. Ante la incomprensión de sus padres y amigos, preparaban la maleta, sacaban sus ahorros del banco y se iban a la estación más cercana para emprender un largo viaje a una ciudad española que hasta entonces ni siquiera sabían situar en el mapa. Todo con tal de estar más cerca de sus ídolos, de respirar el aire que ellos respiraban, de pisar las calles que ellos pisaban, de vigilar sus hogares desde la acera de enfrente, de dejarse ver por los bares que frecuentaban. La Estación del Silencio vio pasar a muchas de ellas. Se acercaban hasta allí entre temerosas y expectantes, intentando localizarlos entre la concurrencia. La mayoría, desengañadas, terminarían por regresar a Alemania. Las menos todavía siguen instaladas en la capital aragonesa. Han construido sus vidas allí, se han casado, han aprendido español, encontraron trabajo, se aclimataron perfectamente a esa tierra árida y de vientos inmisericordes.

En Alemania hubo una convivencia natural y exenta de polémica entre los diferentes perfiles de público. Era normal que asistieran a un concierto chicas muy jóvenes y emocionadas que ocupaban las primeras filas, jóvenes de ambos sexos y de diferentes tribus urbanas detrás, y viejos roqueros de toda la vida que solían apostarse al fondo de los pabellones o junto a las barras, bien agarrados a las jarras de cerveza. Cuando sonaba *Entre dos tierras*, todos reaccionaban de la misma manera y se ponían a dar botes como locos en una febril camaradería. Nadie se metía con nadie, y la prensa glosaba el acontecimiento sin hacer juicios de valor. Las chicas, sí, se ponían delante para tocar a su ídolo, pero la descripción del fenómeno no conllevaba connotaciones despectivas, como se constata en la crítica de Mike Seifert al concierto de Mannheim el 1 de septiembre:

> Por primera vez viene desde España un grupo de rock que tiene todo lo que se necesita para poder triunfar en la escena rock internacional. Curiosamente, se llaman Héroes del Silencio. Porque atrae a todos los oídos, la Musenhall de

Mannheim se llena sorprendentemente bien y eso con un público bastante mezclado, del clásico roquero duro hasta el heavy, del gótico al fan del rock normal casi hay de todo. Esto demuestra lo bien que entiende este grupo el no dejarse encasillar.

O en esta de la actuación en St. Wendel el 16 de septiembre:

> Y así celebraron las diferentes bandas de espectadores, pijos, rockers, étnicos y heavies metaleros, de forma conjunta, las guitarras de los toros españoles. Por un momento, se olvidaron las diferencias entre las tribus de la escena musical, así como las barreras idiomáticas. ¡Adiós al nacionalismo, viva el internacionalismo...!

Todo lo contrario que en España. En *El País de las Tentaciones* de 5 de noviembre de 1993, en un extenso reportaje sobre la banda, «Héroes contra el racismo», de título desfasado, J. M. Martí Font vierte toda su mala baba al fijarse en cinco chicas que han acudido a uno de sus conciertos. Esto escribe:

> Mónica asegura, entre risitas, que el zaragozano Enrique Bunbury, el cantante de Héroes del Silencio, el grupo de moda en estos momentos en Alemania, es simplemente *geil*, y le aplica el mejor piropo que conoce, una palabra hasta hace poco impronunciable en la buena sociedad, que describe el estado de celo en los animales, y que se ha convertido en una clave del lenguaje juvenil alemán, pues en ella confluyen los significados de numerosos adjetivos como bueno, bonito, barato, guapo, interesante, caliente, frío, cachondo, lascivo o rico, por nombrar algunos.

Se fijaban solo en lo que querían con la única finalidad de criticar al grupo con una actitud que podría calificarse de machista. Pero ¿no era este un fenómeno consustancial a la música popular desde sus comienzos? Eso, al menos, afirma Pedro:

> ¿Me quieres decir cuántas chavalas seguían a los Guns N' Roses? ¿Y a los Beatles? ¿Y las chavalas que seguían a los Stones en el año 69, qué tenían, más de treinta y dos años o tenían quince? ¿Y a Elvis Presley? ¿Y a Johny Cash? Vaya, no seáis así. Es que hay muchas chicas. Pero, tío, vete a ver a los Scorpions. ¿A Tom Waits van a ir a verle niñas de quince años? A ese creo que no. Pero ¿quién va a ver a Prince? Es que no lo entiendo. Pues claro que van las chiquillas. ¿Y quién compra discos? Qué pasa, que los compras tú, con treinta y cinco años te compras todos los discos que salen en el mercado. ¿Quién compra a los Foo Fighters? ¿Y quién compraba a Nirvana, quién compra a Green Day? Se les acusaba de que había chicas en sus conciertos. Y quiénes pensáis que iban a ver a los Aerosmith. O quién fue a Woodstock. La gente qué se piensa, ¿que eran todos eruditos de la música?

A pesar de que España es un país privilegiado por sus condiciones climáticas, con veranos secos y cálidos en toda su geografía, los festivales musicales todavía estaban lejos de normalizarse. Es cierto que hubo algunos precedentes, como Las Quince Horas de Música Pop Ciudad de Burgos, celebradas el 5 de julio de 1975 en la plaza de toros de la localidad castellana, antes de la muerte del dictador, que reunió a grupos como Storm, Triana, Burning, Compañía Eléctrica Dharma o Granada. Solo unos días después, entre el 26 y el 27 de julio, el Canet Rock congregó a 45.000 personas para escuchar a Iceberg, Sisa, Lole y Manuel, María del Mar Bonet, Pau Riba o la Orquesta Platería, grupos casi todos de la escena musical catalana. El primer festival propiamente dicho, con continuidad en el tiempo, fue el de Música Celta de Ortigueira, que comenzó su andadura en 1978. Habría que esperar unos cuantos años más para que nacieran el Iberpop de Logroño en 1984, el Espárrago Rock en 1989, el Sónar de Barcelona en 1994, el Festival Internacional de Benicasim (FIB), que solo vería la luz en 1995, y el Doctor Music Festival en 1996.

En 1992, España era prácticamente un páramo en este sentido. A nadie se le había ocurrido preparar unos terrenos lo suficientemente amplios y bien conectados por carretera para montar escenarios, contratar bandas nacionales e internacionales y sumarse a ese lucrativo negocio. Lo contrario de lo que pasaba en Europa, sobre todo en los países germánicos y escandinavos, acostumbrados a organizarlos desde hacía años y a recibir la visita de artistas de talla internacional. ¿Y artistas españoles? Salvo el precedente de Barón Rojo, que había actuado en algún festival en Inglaterra y Bélgica, a nadie se le ocurría contratarlos. Los grandes grupos de los ochenta no habían salido de nuestras fronteras, excepto Mecano. Y Héroes del Silencio, que comenzaron ya en 1992 el largo idilio con los principales festivales europeos de rock and roll, y que se prolongaría hasta 1996, el año de su disolución. Fueron unos verdaderos pioneros en este sentido, ningún otro grupo los seguiría en el futuro en esa aventura sin precedentes. Tocaron tres veces en el Rock am Ring, el festival más importante de Europa, en 1992, 1993 y 1996. Ningún grupo español repetiría en el futuro semejante hazaña. Es este otro mérito a sumar a los muchos de la banda, aunque pasara prácticamente desapercibido para la prensa y la crítica españolas, tan reacias a reconocer sus logros.

El primero de ellos fue, efectivamente, el Rock am Ring de 1992. Celebrado en el circuito automovilístico de Nürburgring, reunió ese año a 100.000 espectadores para ver a los grupos de talla internacional que actuaron los días 5, 6 y 7 de junio. Ellos tocaron el domingo día 7 junto a Bryan Adams, Giant (banda estadounidense de hard rock), Gun (hard rock de origen escocés), Marillion (grupo inglés de rock neoprogresivo) y Texas, que todavía saboreaba el éxito de su canción

I Don't Want a Lover y con quienes tuvieron una relación especial, como recuerda Juan:

> Hablé con el guitarrista, Ally McErlaine. Se me acercó él a mí. Después del concierto se vino a hablar conmigo mogollón, el tío. Fue muy bonito, me sentí orgulloso, es un buen guitarrista y está triunfando en los Estados Unidos. Estaba yo sentado y, de repente, él es el que viene a sentarse con nosotros. Y me pregunta mucho; vino a decirme de alguna manera amistosa que le había gustado el concierto.

Organizado por Marek Lieberberg, su promotor en esas fechas, el Rock am Ring era uno de los festivales pioneros en Europa, quizá el más relevante en esos años, y especializado en rock and roll. No cabían propuestas poperas en él, como se ve por el cartel de 1992, había que practicar un rock duro sin ambages para sumarse a su cartel, característica que, a juicio de los promotores y críticos alemanes, Héroes del Silencio reunía con creces. No solo la reunía en 1992, sino que iría acentuándose por la influencia de propuestas musicales del nuevo rock americano, como la de Guns N' Roses, que habían editado en 1987 su influyente álbum *Appetite for Destruction*, y por su participación en este tipo de eventos. ¿Cómo iban a tocar *Despertar* o *Fuente esperanza* en el Rock am Ring? Necesitaban endurecerlas, atiborrarlas de distorsión, solo así hubieran caído en gracia ante esos espectadores de estética y gustos roqueros. *Despertar* estaba en el mismo álbum que *Entre dos tierras*, y no hubieran hecho carrera en Europa de no haber extremado su propuesta sobre los escenarios. Esos caminos los llevaban hacia el hard rock, y ellos tenían el reto de saber hasta dónde podrían llegar transitándolos. Como declaró Enrique a Javier Losilla en *Diván*:

> Creo que en los dos primeros discos básicamente hacíamos pop y, un poco a raíz del éxito de *Senderos de traición*

en Europa, empezamos a enroquizar el sonido del grupo. Supongo que eso vino dado también por la revitalización del rocanrol en los primeros noventa. Gente como Aerosmith o Guns N' Roses hace los mejores discos de sus carreras. Metallica saca el álbum negro, Iggy Pop vuelve a sacar discos de rock y en América aparecen cientos de grupos que devuelven el pulso a una música denostada durante una década. Aparece el grunge con Nirvana, Pearl Jam, Alice In Chains, Soundgarden y Mudhoney al frente; el noise neoyorquino de Sonic Youth... Todo eso ayuda a sanear el rock, y en la Europa comunitaria empieza a sentirse la necesidad de reflejar lo que ocurre a través de las diferentes lenguas de los distintos países. De repente, la MTV, las radios comerciales y los medios de comunicación en general radian rocanrol, algo nada habitual antes y después del boom... Ahí nos metimos de cabeza. Empezamos con *El espíritu del vino* y continuamos en *Avalancha*, enroquizándonos cada vez más.

Por eso mismo nació en el seno de la banda una necesidad de componer temas rock para esos directos, circunstancia por la que sus dos últimos álbumes, como declaró Enrique, se fueron poblando de canciones de ese aire, como *Sangre hirviendo*, *Nuestros nombres*, *¡Rueda, fortuna!* o *Parasiempre*. Pero ¿fue un acierto? ¿Hicieron bien en dar ese giro hacia el hard rock al final de su carrera, de 1993 a 1996? Vista su trayectoria en conjunto, quizá no. De hecho, las canciones más recordadas de *El espíritu del vino* y de *Avalancha* no son *El camino del exceso* o *Días de borrasca* precisamente. Ese lugar lo ocupan *La sirena varada* y *La chispa adecuada*, verdaderos himnos que resisten bien el paso del tiempo. La línea más limpia, que recorría temas como los ya mencionados y *Agosto*, *Maldito duende*, *Flor de loto* o *Morir todavía*, era la preferida de la mayoría de sus seguidores. Y también de los músicos.

A lo largo de 1992, además del Rock am Ring, fueron invitados a tocar en otros cuatro festivales. El 12 de junio en el Jübeck Open Air Festival junto a Joe Cocker. El día 21 de junio estuvieron en Mons (Francia), con ocasión del festival Dour Music, especializado en música alternativa, independiente y multicultural, junto a una serie de grupos poco conocidos, incluidos los italianos Litfiba, a quienes se les asemejaría poco después. Héroes del Silencio fueron cabeza de cartel. Ya en el mes de julio, el 18, llegó el turno del Haldern Pop Festival, en Alemania, en donde compartieron cartel con An Emotional Fish, banda irlandesa de renombre. Así definía a la banda zaragozana una nota de prensa de la organización del festival:

> Venga alguien a decir que un rock capaz de competir internacionalmente solo se puede esperar del entorno angloamericano. ¡Qué va! Nada más equivocado. El que dice una cosa así seguramente no ha escuchado a Héroes del Silencio, porque este grupo español, a pesar de su procedencia, tiene madera para una carrera global. Con su música rock moderna y cosmopolita, seguramente encontrarán gente que los escuche más allá de las fronteras de su patria...

4.000 espectadores asistieron al rotundo éxito del grupo español en Haldern. La prensa local publicó crónicas como esta, de un tal Volker Himmelberg:

> Pero el concierto empezó de verdad al final cuando los españoles Héroes del Silencio lograron quizá el punto más álgido en los nueve años de historia del festival. Por fin penetraron los sonidos bajos en el estómago. Y el cantante, Enrique Bunbury, transmitió sensación de vivir.

Por último, el 23 de agosto de 1992, estuvieron presentes en el Electrola Euro Festival, en Colonia, junto a la banda inglesa Fischer-Z. Esto escribió para *La Vanguardia* del 25 de agosto Mingus B. Formentor:

> Héroes del Silencio arrasa en tierras alemanas. Valoraciones musicales al margen, su línea de trabajo ha sido ejemplar, aleccionadora para todo aquel que deje de soñar gambusinos (sic) para bajar al mundo real y mojarse a la espera de un buen cesto de cabriolantes peces. Héroes del Silencio se han pateado el germánico solar cual auténticos jabatos, héroes del trabajo y enemigos del falso boato. A lomos de furgoneta y ferrocarril han brincado de ciudad en ciudad para apalancarse a pulso un público propio, fiel y conocedor. Nadie les ha regalado lo que ahora se comen por tierras de Europa. Han preferido ser tropa en Europa que grandes en España, han sembrado antes de vender la cosecha, han hecho realidad aquello de que el movimiento se demuestra andando. El domingo, en Colonia, pusieron como motos a más de 6.000 semovientes. Su trabajo aquí se lo merece.

Un nuevo concierto en Berlín el 14 de junio, en el Temprodom del Tiergarten, ante 2.500 espectadores, viene a confirmar la tendencia del grupo. Claire King, de la oficina de Márquetin de Artistas Europeos Continentales de la EMI, llegó a declarar que no había en esos momentos, ni en Inglaterra ni en Europa, una banda como Héroes del Silencio. Eran valorados por su música, por su imagen, por su carisma, algo de lo que Enrique era el principal responsable. La MTV emitía sus vídeos constantemente. Se hablaba de su proyección en América, en particular en Estados Unidos, incluso en Japón, donde acabaría por editarse *Senderos de traición*. Se vislumbraba un futuro muy prometedor a la vez que las relaciones entre los cuatro músicos empezaban a resentirse.

La gira por Europa, y en particular por Alemania, siguió hasta septiembre de 1992. Desde la fecha de Berlín, trece conciertos más ofrecidos en Austria, Francia, Inglaterra, Suiza, Suecia e Italia, y diecisiete en Alemania, donde sigue el idilio entre la banda y su público. El 29 de agosto, en Hagen, estrenaron otro de los temas de *El espíritu del vino*, *El camino del exceso*, lo que les permitía seguir ampliando su repertorio roquero. El 1 de septiembre estaban en Mannheim. En Gutersloh, el 3 de septiembre, cosecharon críticas negativas:

> La vieja fábrica textil casi estaba a punto de reventar sus costuras porque la hicieron petar los Héroes del Silencio el jueves por la noche. Los cuatro Héroes del Silencio españoles hicieron vibrar a sus fans de las primeras filas hasta la extenuación después de interpretar unas pocas canciones... El sonido de los Héroes está llevado por el ritmo del batería y del bajo de Joaquín Cardiel. Valdivia eleva el ritmo hasta el rock de guitarra. Con todo esto, Héroes del Silencio encuentran exactamente el hueco que habían dejado libre U2 y The Mission. Parecen la respuesta algo retardada a los exitosos irlandeses. Pero desafortunadamente pierden, debido a su éxito, su singularidad musical. El show resultó excesivamente uniforme y ha limado las asperezas que normalmente tiene la música rock. Muchas de las partes del show están copiadas, un poco de Bono por aquí, un poco de Hendrix por allá... Cierto que los Héroes encandilaron a todo el pabellón llevándolos al éxtasis. Cierto que su éxito actual habla por ellos. Pero hay que hacerse la pregunta de si la música rock y la industria discográfica, basada en el éxito comercial, tienen algo que ver.

Por último, de su actuación en St. Wendel del 16 se septiembre, al final de la gira, cabe destacar este artículo sin firma:

Casi llegó a la histeria el entusiasmo de las fans femeninas en la actuación de las estrellas de esta temporada, Héroes del Silencio. Atrajeron a 1.500 fans al Centro Musical del Ruhr en una parada más de su gira triunfal por las tierras germánicas.

¿A qué se debe tanto entusiasmo por los guitarreros ibéricos? ¿Es realmente el valor de su música lo que los hace tan populares o su *sex-appeal*? En todo caso, parece que son capaces de penetrar en los nichos de público que sienten la necesidad de un sonido guitarrero... Cuando Enrique Bunbury comenzó con sus gestos exotéricos la gente todavía estaba contenida, pero cuando sonó *Entre dos tierras* ya no hubo freno ni siquiera en las filas traseras. Sin embargo, el clímax se produjo cuando lanzó su camiseta al público. Cuál sea exactamente el secreto de los chicos de Zaragoza tampoco se reveló en el MCR, pero la mezcla de pop de guitarras y la atracción erótica seguramente se mantendrá durante mucho tiempo en la memoria de los aficionados, se decanten por una cosa o la otra.

¿Un producto fabricado por la discográfica o una banda de rock? ¿Una música competitiva o una imagen erotizada? El eterno dilema del deambular del grupo por las autopistas europeas.

Autopistas europeas y mexicanas

Milán, 14 de abril de 1992. Sala Rolling Stone. «*Il fuoco europeo*», rezaban los carteles de publicidad encargados por la EMI italiana para anunciar la gira de Héroes del Silencio, promocionada también en las radios y televisiones del país. La prensa local había caldeado el ambiente con crónicas entusiastas que reconocían el mérito de los dos álbumes grabados por la banda y las giras ofrecidas tanto en España como en Europa. Buenas expectativas, reflejadas luego en el lleno de la sala, 1.800 espectadores. Además, se empecinaban en compararlos con una banda italiana que hacía rock de influencia anglosajona y que, como ellos, cantaban en su idioma materno: Litfiba, grupo formado en Florencia en 1980 y cuyo líder, Piero Pelù, decían, también tenía muchas afinidades con Enrique. Tocaron *Al saber le llaman suerte*, *La apariencia no es sincera* y *La herida*. Fue un gran concierto, con el público totalmente entregado, desde luego más que en Suiza, Bélgica, o Dinamarca, por donde acababan de pasar. Parecía que en Italia las perspectivas que se abrían eran prometedoras. Las críticas al día siguiente fueron muy positivas: un rock que activa el turbo, rebelde y liberador, caliente, electrizante, una banda con proyección, la novedad más fresca y cautivadora de la escena europea, rezaban los artículos. ¿Qué grupo italiano podía presumir de lo mismo? Ni siquiera Litfiba.

Las críticas de *Senderos de traición* también habían sido

en general buenas. El éxito en España y Europa llamaba poderosamente la atención de los críticos, que ensalzaban su imagen y los directos, cuya fama parecía precederles, y el hecho de que cantaran en español y no se dejaran vencer por las modas anglosajonas. También en Roma agotaron las localidades para el concierto del 7 de mayo en la sala Alpheus. Con un calor más que notable y una expectativa al máximo, con un público variopinto perteneciente a diferentes tribus urbanas, parece que convencieron a la crítica. Como escribió Andrea Scarpa:

> Del álbum puede decirse que suena de manera sangrienta, enérgica y gratificante, alternando una sonoridad muy cercana al pop con venas ligeramente hard; la voz, cálida y potente, convence también por su tímbrica particular. En el directo, respetando el más clásico de los guiones del rock, logran jugar todas sus cartas, gracias a Bunbury y a su notable capacidad de hacer espectáculo. En la lista canciones como *Entre dos tierras*, la cual ha sido filmada en el popularísimo videoclip actualmente en programación en emisoras especializadas, *Maldito duende*, *La carta*, *Malas intenciones*, *Con nombre de guerra* y así sucesivamente, para las casi dos horas de concierto que al final ha mandado a casa satisfechos a todos los presentes.

Volvieron a Roma el 1 de junio como teloneros de Bryan Adams, algo que se repetiría con notable frecuencia a partir de entonces, como al día siguiente en Bolonia, donde acabaron peleados con los técnicos del canadiense, que siempre intentaban rebajarles la potencia del sonido para que no le hicieran sombra. Otra vez Milán, Udine, de vuelta a Milán en septiembre de 1992, Roma, Módena... Una vez incluso tocaron un par de canciones en *playback* en el Coliseo de Roma, como recuerda Juan:

Pusieron un escenario, debió de ser alguna fiesta muy especial de alguna cadena de televisión italiana. Todo dentro, con andamios para poner los escenarios sobre las ruinas. Había grandes estrellas ahí. Hicimos dos *playbacks* de dos canciones y también tocó Roxette, que eran muy populares en esas fechas.

Sin embargo... Poco a poco, el fuego italiano se fue apagando. Es cierto que comenzaron con buen pie. *Senderos de traición* vendió 100.000 ejemplares. Después de Alemania, fue el país europeo donde mejor acogida tuvieron. En 1992 tocaron nueve veces. Pero en 1993 solo cuatro. Y dos en 1995. En 1996, ni una gala contratada. Las ventas de los siguientes álbumes también fueron a la baja. *El espíritu del vino* vendió 40.000 copias. Las expectativas no se cumplieron y el fenómeno italiano fue languideciendo.

Sentían un indisimulable orgullo ante el fenómeno de los discos piratas, eso al menos asegura Juan:

Cuando vi el primer disco pirata de los Héroes dije: «¡Hostia, tenemos pirata!». Siempre te quedas diciendo: «¿Harán solo uno?». Y no, hicieron muchos más. Eso da mucho orgullo a un grupo, eran cosas nuevas para los grupos españoles, que vemos que hay piratas de otros, y aunque sea una cosa antinegocio y no sea legal, es un orgullo para un grupo. Cuando salen discos piratas quiere decir que la gente no tiene suficiente con el material oficial. Un tío que se lo va a comprar se supone que tiene también lo original.

No les importaba lo más mínimo que algo así sucediera, no merecía la pena oponerse a un fenómeno imparable. Por eso no se cortaban a la hora de estrenar las nuevas composiciones. Las incluían en el repertorio sin ningún reparo. Y fueron apareciendo antes en los piratas que en los discos oficiales temas como *Nuestros nombres*, *La herida*, *El camino del exceso* o *Los placeres de la pobreza*.

Fue este un fenómeno básicamente europeo, que empezó a florecer desde la primera gira importante en 1992. No había una tradición parecida en España, probablemente porque muchas actuaciones se hacían al aire libre durante el verano y en invierno no había un circuito de salas de conciertos, verdadero nido del pirateo. Ese tipo de grabaciones debían conseguirse con la complicidad del local donde tenía lugar la actuación, generalmente discotecas y salas estables donde había equipos fijos. Las mesas de sonido estaban pinchadas mediante un sistema que pasaba desapercibido a los técnicos. Ni siquiera Floren era capaz de descubrir el engaño. Se limitaba a hacer su trabajo, igual que la banda, mientras desde alguna sala anexa alguien estaba grabando el concierto entero, incluida la sintonía inicial y los bises del final. Solo así se podía explicar la calidad de algunos de esos productos.

El secular atraso español en este aspecto protegía de la piratería. Quizá por eso no existen grabaciones clandestinas de los grupos de esa época. Además, no tocaron por Europa, exponiéndose a ese fenómeno. Héroes del Silencio es una *rara avis* en la escena musical española, el único grupo que tiene decenas y decenas de piratas. Algo extraordinario, que da una muestra real de la recepción que se hizo de sus directos, tan denostados por gran parte de la crítica española.

El primero de todos fue titulado *Spanish Mission. Live in Europe 1991*. La misión española en Europa, una curiosa manera de describir la conquista y evangelización que hicieron en el continente los cuatro músicos aragoneses, donde muchos cayeron rendidos ante esa religión que hacía de sus conciertos verdaderos actos de culto. En la portada se ve un primer plano de una joven con una corona de espinas. Las referencias religiosas salpicaban a la banda, desde sus letras hasta sus espectáculos. Esto escribió Vicente Molina Foix en *El País Semanal* el 27 de octubre de 1996:

> Fui al concierto y creí estar en misa. En una misa negra y llena, ruidosa y sin latines. El oficiante vestía todo de negro, miraba a su grey, bullente unos pocos metros por debajo de él, y de repente una genuflexión. Esa era la señal. Los adolescentes que pisaban el templo no imitaron el gesto de caer de rodillas, sino que se pusieron a comulgar. De una forma que yo no había visto ni en las más obedientes religiones de la India. Repetían muy crédulos, casi hipnotizados, las palabras del líder de negro y alzaban todos sus brazos en un gesto simbólico de acercamiento al cuerpo arrodillado. No podían tocarle, lo sabían. Pero ¿y si el sacerdote, emulando a aquel otro mesías de blanco, se hacía carne y sangre para ellos? Después de todo, lo que él acababa de decir, cantándolo, es: «Te hicieron pan y ahí te consumimos». Y allá fue: el joven de negro se ha lanzado en plancha sobre los cuerpos jóvenes de abajo que, desde luego, no le han dejado caer al suelo, aupándole, coreándole, devolviéndole poco después sin mancha al tablado de madera lleno de artilugios electrónicos.

Ya el 2 de abril de 1992, en la sala Mellweg de Ámsterdam, en el tercer concierto de la gira europea, se hizo una grabación pirata que se tituló *Live in concert* y que serviría para alimentar otros discos parecidos, como *El grito* y *Oración*. No era cosa de desaprovechar ese material; si se podía estirar, tanto mejor. Hubo quien no se cortó nada con los derechos de autor y manipuló las canciones a su antojo, como en un CD editado en Múnich por Hofmark-Aich Music donde aparecen dos mezclas, una de *La lluvia gris (mix del deseo)* y otra de *Hace tiempo (aqua-marina mix)*, que alteran las estructuras de ambas canciones. A veces se grababan conciertos emitidos por emisoras de radio, como pasó el 15 de abril de 1996 en el DF. El resultado, *Órbita 105.7*, un concierto de la sala Rock Sttock con cuñas publicitarias de la emisora. Incluso acústicos de la banda, tan en boga en esos días, como uno que ofrecieron el 23 de mayo de 1996 para Los 40 Principales, antes de comenzar la última gira por Estados Unidos. También se permitían meter canciones que no eran de la banda, como pasó en el titulado *La primera avalancha*, que incluía partes de una actuación de Enrique y Copi en Zaragoza, aunque en la carátula se especifica que fue grabado en Milán el 25 de septiembre de 1995.

Tampoco funcionaron bien en Francia. En cuanto a conciertos, el botín fue muy magro: dos en París en 1992, otros dos en París en 1993, tres en 1995 —París, Estrasburgo y Toulouse— y uno solamente en 1996, en el Midem de Cannes. Y 15.000 copias vendidas de *Senderos de traición*. Como pasó en Italia, el fenómeno Héroes del Silencio también se fue desinflando en una decadencia que solo se iba superando gracias al éxito que iban cosechando en América. Sustituyeron Italia, Francia, Suiza, Bélgica y demás países europeos, salvo Alemania, por México, Argentina, Costa Rica y Estados Unidos, densamente poblado por hispanos. De esta manera consiguieron equilibrar la balanza y sustituir un público por otro.

La aventura francesa fue más bien una aventura parisina. El día 23 de junio de 1992 se presentaron en la sala Locomotive, del boulevard de Clichy, puerta con puerta con el Mouline Rouge. La prensa, como había sucedido en Italia, los recibió con expectación, glosando sus hazañas. Hablaban de un álbum formidable, *Senderos de traición*, definiendo su propuesta como un rock áspero, un power rock muy acelerado con raíces españolas que se dejaban notar en las melodías. De nuevo se remarcaba el uso del castellano en las letras y se los asimilaba a un grupo nativo, como había pasado con Litfiba: en este caso, con Noir Désir, otra propuesta de rock con raíces autóctonas.

Algunos meses más tarde volverían a París para actuar en la sala Bataclan el 11 de noviembre de 1992. En el *Le Quotidien* de París, el 22 de diciembre, venía una crítica de este concierto:

> Los cuatro nómadas de Héroes del Silencio no engañan sobre su reputación de ser el mejor grupo de directos de España. En concierto, la sinuosa silueta del cantante Enrique Bunbury, una belleza que recuerda a la de Jim Morrison, gasta una energía increíble. Después de una gira de setenta fechas en España este año, los Héroes del Silencio han hecho un parón de ruido y de furia en una actuación en el Bataclan. Un simple bajo, una guitarra, una batería y una voz incomparable son suficientes para crear un clima mágico en cada una de sus apariciones.

Hasta París se acercó a escucharles Phil Manzanera. Necesitaba, por lo visto, hablar con ellos y preguntarles sobre la inminente grabación del tercer álbum. Pep Blay describe de esta manera en *Enrique Bunbury. Lo demás es silencio*, las confesiones que le hizo el productor inglés:

> Para empezar, tuvimos una discusión. Fui a verlos en el último concierto de la gira del 92, en París, entre otras cosas para comprobar cómo habían evolucionado y para hablar de cómo sería su siguiente disco, pero Pito me dijo que iban a trabajar con un productor diferente. Me enfadé: ¡nuestro trabajo apenas había empezado! Para mí *Senderos* solo había sido el aperitivo, teníamos mucho que evolucionar. Yo estaba convencido de que sería bueno seguir trabajando juntos, aún no había tenido la chance de usar mi método más interesante. Ni tan solo habían pisado mis estudios Gallery, que era donde tenía un equipo preparado para mi manera de trabajar.

Rebajarían pronto sus diferencias, ya que solo mes y medio después viajaron a Londres para ponerse en sus manos y parir *El espíritu del vino*.

Lo de Inglaterra todavía fue peor. ¿Cómo se podía entrar en el terreno de las grandes estrellas del rock británico, de The Beatles o The Rolling Stones, de The Kinks o Led Zeppelin, de Pink Floyd o Deep Purple? ¿Y toda la historia musical británica desde 1975, desde el estallido del punk rock a la New Wave, con sus admirados The Cure, Bauhaus o The Smiths? El *Pablo Honey* de Radiohead, por ejemplo, se editó en 1993. ¿Podían competir con ellos? El mercado británico realmente les quedó grande y muy lejano, no consiguieron nada, no hubo ninguna respuesta sobre la música de la banda o su mera existencia. No se editaron los discos, no se suscitó el interés del público o de la prensa especializada, más allá de que sus vídeos fueran emitidos por la MTV europea, que no la británica. Nada de nada. Y eso que lo intentaron de varias maneras.

La primera, mediante la traducción y adaptación al inglés de tres temas de *Senderos de traición* —*Entre dos tierras*, *Maldito duende* y *Malas intenciones*— que hizo un amigo de Phil Manzanera: *Between Two Lands*, *Damn Goblin*, *Bad Intentions*. La compañía quería probar y ellos no se opusieron. Así que el día 23 de abril de 1991, a la vez que se mezclaba *Senda 91* en los estudios Metropolis de Londres, Enrique se encerró en la pecera y las cantó, una tras otra, como siempre con esa entrega que le caracteriza. Pero no gustaron a nadie, como reconoce Pedro:

> Nosotros nunca lo pensamos. Fueron estrategias de márquetin de la compañía. Si tú escuchas la primera versión en inglés y no has escuchado *Entre dos tierras*, puede funcionar, pero si ya has escuchado *Entre dos tierras*, pues entonces no están mal pero no aportan, son muy vacías. El ejemplo que te podría poner es cuando Sting canta en espa-

ñol *Fragilidad*. ¿Está mal? No. ¿La traducción es mala? No, en absoluto. Las interpretaciones en otros idiomas es difícil que aporten tanto como la original. Enrique lo intentó. Yo lo escuché y pensé, uf, esto no funciona. Todo el mundo inmediatamente supimos que no, que no se había acertado. Un esfuerzo innecesario. Tuvimos claro que en Inglaterra no iba a pasar nada. Olvídate de Inglaterra y empecemos de nuevo.

A pesar de que las letras estaban bien traducidas, cuadrarlas con las melodías ya grabadas no fue una tarea fácil. Y además la pronunciación de Enrique, que no era mala, tampoco cumplió las expectativas. El experimento se cortó de raíz y ya nunca se volvió a discutir sobre grabar algo más en inglés, tampoco durante las estancias en Londres y Los Ángeles para las producciones de *El espíritu del vino* y *Avalancha*. Meses después, cuando el grupo comenzó a girar regularmente por Alemania y a cosechar un éxito fulgurante, quedó patente que el esfuerzo, además de vano, había sido innecesario. Fue precisamente el que cantaran en español lo que les abrió las puertas de Alemania o Italia. Ese aire de rock hispánico, a medio camino entre lo anglosajón y las influencias de la música española, fundamentalmente en las melodías y en la manera de cantar de Enrique, fue lo que más ayudó a que se vendieran tantos discos y comenzaran las largas giras que los llevaron a recorrer el continente.

Como declaró Enrique a la revista *Primera Línea*, n.º 99, en julio de 1993, había otras razones poderosas que, de haberse tenido en cuenta, quizá hubieran evitado esa pérdida de tiempo:

> Obviamente, no me siento cómodo cantando en inglés, aunque lo puedo hacer y no ser el peor. Lo malo es que habría que hacer más adaptaciones, no unas simples traducciones, y hablar con una persona para que nos ayudara; y esa persona probablemente no iba a entender las letras para nada. Llegamos a preparar un par de canciones en las que

estábamos todos de acuerdo, pero comprendimos que había que incluir a otra persona en la composición, que esa persona trabajase con nosotros siendo, sin embargo, ajeno al grupo. Y no encontramos a nadie que fuera capaz de hacer una adaptación buena, lo más poética posible. Por otro lado, el castellano tiene unas formas melódicas diferentes. La mayoría de los grupos españoles se han contentado con mimetizar o copiar formas melódicas del inglés. El inglés es más percutivo que el español porque es más monosilábico. A no ser que uses las cincuenta palabras que están en todas las canciones españolas (amor, vivir, sin ti...), es difícil meter en los bits palabras más largas.

También lo intentaron mediante un par de actuaciones en directo. La primera, el 28 de junio de 1991 en Marquee, donde solo había tocado con anterioridad otro grupo español, Asfalto. Un lugar mítico que, en su deambular por los distintos emplazamientos que tuvo en la capital británica, había sido el templo donde oficiaron grupos como The Rolling Stones, The Who, Yes, Led Zeppelin, The Clash, The Cure, Pretenders, New Order o Depeche Mode. Sin embargo, apenas fueron allí cuatro ingleses, entre ellos Phil Manzanera y Claire King, a pesar de que la EMI tenía ciertas expectativas y quería comprobar la reacción del público londinense. La mayoría de los presentes fueron trabajadores, estudiantes y turistas españoles. Nada de prensa inglesa, por supuesto. Para más inri, cuando estaban en el camerino después del concierto, dispuestos al menos a correrse una buena juerga, llegaron los responsables y los pusieron de patitas en la calle debido al estricto horario de cierre del establecimiento. Tendrían que seguir la fiesta en otro lugar.

Años después, el 7 de octubre de 1995, ofrecerían su segundo y último concierto en Londres, esta vez en la sala Forum, un teatro sin butacas situado en el barrio de Camden Town. Otra vez público mayoritariamente español para llenar solo tres cuartas partes del aforo. Ausencia casi completa de británicos. Seguían sin editarse sus trabajos en Inglaterra y sin suscitar interés de los medios de comunicación, especializados o no. A pesar de que se esperaba la presencia de la gente de la EMI, de la MTV y de algunos medios más. Sin embargo, ya eran plenamente conscientes de las dificultades de penetrar en ese mercado, aunque pasarse por allí y ofrecer un concierto seguía siendo un gustazo. Y eso hicieron, ofrecer un buen espectáculo de rock and roll para la parroquia española y algún turista italiano o alemán de paso por la ciudad. Esta vez, en el camerino, más que disponerse a la juerga, se prepararon para recibir una peculiar visita que Juan no ha olvidado:

> Vino a vernos el número uno de EMI mundial, el pez más gordo que se comentaba que también podía tener empresas de todo tipo, que era como un capo increíble. Y estábamos todos ahí acojonados en el camerino. Luego entró en el camerino a vernos. Yo no sabía si sentarme o quedarme de pie. Nos habían preparado como si el que venía fuera poco menos que Richard Branson, el de Virgin. Era muy serio el tío. «Bien, bien, bien...», decía.

Si bien la MTV británica no les hizo mucho caso, la división europea de esta cadena fue crucial para la promoción de *Senderos de traición* en el continente. Por ejemplo, emitiendo los videoclips que se rodaron de tres canciones del álbum, *Entre dos tierras*, *Maldito duende* y *Con nombre de guerra*. La discográfica se los encargó a un realizador español residente en Londres, Alberto Sciamma. Aprovechando los viajes para las mezclas del álbum, se rodaron en estudios londinenses. Ellos no tuvieron ni arte ni parte en la concepción de esos productos, la elección del responsable o la escritura del guion.

El vídeo de *Entre dos tierras* fue el más retransmitido y el más polémico. Muestra a una pareja joven que, poco a poco, se va enzarzando en una pelea en toda regla. Los golpes llueven en ambas direcciones, los dos protagonistas reciben por igual, por lo que no se puede hablar de violencia de género. Fue tan enconada y realista la lucha entre esos actores que la chica se fracturó un dedo durante el rodaje. Vídeo de amor y de odio durante el que la presencia de la banda se insinúa de vez en cuando, tocando sus instrumentos, en contrapunto con la violenta escena que se está desarrollando en paralelo. Solo al final, cuando la habitación ya está destrozada por completo y la pareja comienza un ambiguo proceso de reconciliación, aparecen los cuatro músicos entre ellos. Ciertamente, causó un gran impacto y generó una viva polémica, tanto que al final la MTV Europa optó por retransmitir una versión censurada en la que solo se ve la banda interpretando la canción. Se suprimieron todos los planos de la pelea entre los jóvenes, considerados políticamente incorrectos. Esta versión censurada fue la que se pasó de forma continuada por la cadena, llegando a los salones de toda Europa y contribuyendo a la promoción de la banda.

Los rodajes se hicieron a partir del 21 de abril de 1991. Es curioso que se optara por *Con nombre de guerra*, que a la postre no fue una canción lanzada como sencillo y candidata al número uno de Los 40 Principales. Ese puesto lo ocupó *Despertar*, que, sin embargo, no tiene vídeo. Seguramente hubo un cambio de planes en la discográfica. ¿Por la temática, porque habla de la prostitución, porque el vídeo, sin ser nada escandaloso, sí que alude directamente al sexo de pago, aunque de manera sutil? Rodado en color y sin efectos técnicos, muestra primeros planos de los componentes de la banda interpretando la canción con otros de modelos femeninas en diferentes acciones: llamando a un portero automático, fumando, quitándose una media, siendo tatuadas en el antebrazo con el logotipo de Héroes del Silencio, abriendo el envoltorio de un preservativo. Cuando termina de sonar la canción, todavía se alarga el vídeo unos segundos: con el sonido de fondo de lo que parece un desagüe, se ven caer, sobre un fondo verde, unos billetes.

Es quizá la canción de la banda con la letra más explícita, con una narrativa identificable, tres estrofas que cuentan con claridad y sin subterfugios esa noche de sexo pagado: la visita de una prostituta, la noche transcurrida, la exigencia de discreción, el sexo desligado de gestos de enamorados, el pago de lo acordado, la fugacidad del encuentro, el nombre de guerra de la prostituta... Como dice Pedro:

> «La de las putas», la llaman por ahí.

¿Sería este el motivo del arrepentimiento de la EMI, que después de costear el vídeo optó por lanzar una canción que no lo tenía? Probablemente. Incluso hoy en día es una letra que puede ser calificada de inadecuada, teniendo en cuenta el nuevo puritanismo de la sociedad y el problema de la trata de blancas. En 1991 no era tan evidente como ahora, ya que hasta finales de esa década de los noventa no se generalizaría la prostitución callejera de mujeres provenientes del este de Europa y Sudamérica. Que es un tema políticamente incorrecto lo prueba esta anécdota que vivió Juan en persona:

> Tuve yo una movida en el colegio de mi hijo porque el profesor de teatro eligió *Con nombre de guerra* para que los niños hicieran un baile. Los padres se enfadaron. Tuve que ir yo al colegio. Pusieron la canción delante de todos los padres. Yo me sentí culpable y dije: «Yo la letra no la he escrito». Le dije al profesor: «Anda que no tenías otras canciones de los Héroes para coger esa».

El vídeo de *Maldito duende*, en cambio, es mucho más sencillo y convencional. Está construido a base de planos del grupo en plena interpretación de ese maravilloso tema. La mayoría de ellos de Enrique como figura central de la banda y *frontman*. Llama la atención el primero, 1' 15" de su cara. Su presencia es constante, apenas equilibrada con las apariciones breves y distanciadas de sus compañeros. Resulta evidente que para el público en general, y para cuantos se acercaban a la banda por el motivo que fuere, producir un álbum, rodar un vídeo promocional o hacer una entrevista, era el cantante de Héroes del Silencio el personaje deseado, el objeto de todos los anhelos, muy por encima del resto de sus compañeros. ¿Por qué fue así? ¿Por su imagen? ¿Por el atractivo que exudaba? ¿Por su voz?

Una voz extraordinaria, de eso no cabe ninguna duda. Tanto en su trayectoria en Héroes del Silencio como en su etapa en solitario, Enrique siempre ha hecho gala de unas cualidades vocales más que notables. Su potencia, su versatilidad, su dicción, a pesar de que en ciertas ocasiones se le ha acusado de engolamiento, dan fe de ello.

La voz de Enrique es esencialmente aragonesa, típica de la jota, un chorro que sale de la garganta, sin modulación, pura potencia, y que entronca con el modo de hablar de la tierra. Hay que pensar en los pueblos de la comunidad, en su ancestral aislamiento, en la migración hacia la ciudad de Zaragoza durante los siglos XIX y XX, que importa ese acento rudo y gutural a la capital. Pues bien, de todo eso mama Enrique, consciente o inconscientemente, y lo vuelca hacia una música diferente, el rock. Él mismo, en declaraciones a Pep Blay, dijo que a la edad de ocho años había quedado impactado por una película de Elvis Presley, *King Creole*. Es probable que esta fuera su influencia principal y no solo en lo musical, sino también en el aspecto escénico. Y es que uno puede ser autodidacta con la voz humana si tiene cualidades y tesón.

La voz humana es el instrumento por antonomasia, el más valorado en el mundo de la música, ya sea clásica o popular. El cantante es el rey. Ya puede intervenir un instrumentista, da igual lo que toque, el piano, el violín, un virtuoso de primera categoría, que nunca hará sombra a un gran cantante. Basta pensar en un concierto de Montserrat Caballé acompañada al violonchelo por Mstislav Rostropóvich. ¿De quién está pendiente la prensa, los espectadores? ¿Quién es la diva real de ese dúo magnífico? Sin duda, Rostropóvich acapara parte de la atención y de los aplausos, del caché del evento, pero quien se lleva la parte del león es la Caballé. Eclipsa completamente a su acompañante. Y en el mundo del rock, ¿alguien duda de la importancia y el liderazgo, en sus respectivos grupos, de Freddie Mercury, Roger Daltrey, Ian Gillan o Axel Rose?

Fue lo que pasó también en la historia de Héroes del Silencio. La voz de Enrique se impuso con asombrosa naturalidad al resto de los instrumentos de la banda. El interés de la prensa y del público estaba decantado de antemano. El proceso que le encumbró como líder *de facto* comenzó el día en que Juan le dijo que dejara el bajo, que de ese instrumento se encargaría Joaquín, y que comenzara a cantar por esos escenarios de los pueblos, de habla ruda y gutural, de Aragón.

Además de emitir insistentemente el videoclip de *Entre dos tierras*, la MTV Europa también los grabó en varios *unplugged*, conciertos en acústico que estaban tan de moda en esos años. En este aspecto, también fueron unos pioneros. El primero se grabó en Zaragoza, adonde se desplazó un equipo al completo de esa cadena musical capitaneado por el dicharachero presentador Ray Cokes. Cokes se personó, nada más llegar, en La Estación del Silencio, e hicieron buenas migas. Le llevaron de vinos y tapas por la ciudad, el asunto no pudo comenzar mejor. Luego fueron a En Bruto, donde alternaron la entrevista, en la que casi siempre respondía Enrique ante la inhibición de sus compañeros, con la interpretación de *Despertar* y *Maldito duende*. Sentados sobre una alfombra blanca, Juan, Joaquín y Enrique empuñan sus guitarras, mientras Pedro, detrás de ellos, toca con suavidad su batería. De En Bruto se desplazaron otra vez a La Estación del Silencio, ante cuya puerta Cokes da paso al vídeo censurado de *Entre dos tierras*. Una vez dentro, la entrevista siguió en el mismo tono informal, siempre con Enrique como único interlocutor de la banda. Además de su voz y de su labor como letrista, con el tiempo asumió casi en exclusiva el papel de interlocutor con los medios de comunicación, sobre todo si eran extranjeros y requerían el uso del inglés, como queda bien patente en este reportaje. Sus compañeros desvían la cabeza, temerosos de enfrentarse a las preguntas de Cokes. ¿Cómo no iba a hacerse con el liderazgo del grupo, aunque solo fuera *de facto*, por la vía de los hechos consumados, aun sin el consentimiento de los demás?

Todavía grabarían otros tres *unplugged*. El 15 de septiembre de 1993, en los estudios de la MTV en Camden Town, y también presentados por el amigo Ray Cokes para el programa *Most Wanted*, interpretarían *Mar adentro* y *La herida*. Y el 30 de abril de 1994, esta vez en Miami y para la MTV latinoamericana y su programa *Hora Prima*, sería el turno de *La sirena varada* y otra vez *La herida*. En agosto de 1994, Enrique declaró esto a *Primera Línea*, n.º 112.

> Cada vez nos gusta más, pero es que está tan de moda que da un poco de asco publicar algo o hacerlo oficial. Prefiero que sigan siendo sorpresas que de vez en cuando hacemos. No nos gustaría que fuera oficial y que todas las radios empezaran a pedirnos acústicos, porque los nuestros son con batería, equipo... O sea, que no salimos con una guitarra a hacer canciones de campamento. Nosotros ponemos muchas condiciones. Nos gusta hacerlo como Aerosmith, con bajo, guitarra acústica enchufada, batería y todo eso. Mira, ya tenemos preparadas *La herida*, *La sirena varada*, *Flor venenosa*, *Mar adentro*, e incluso otras canciones como *Sangre hirviendo*, que es de lo más duro que hemos compuesto nunca.

El último se grabó en Madrid el 23 de mayo de 1996, en la Cadena 40 Studios. Eran estos los clásicos temas que casaban bien con la moda del desenchufado. Como *Con nombre de guerra*, tema que interpretaron muchas veces en acústico, sobre todo en los bises de algunos conciertos. También Pedro tocaba la guitarra acústica en un *unplugged* total, sumándose a las que por tradición llevaban Juan, Enrique, y Joaquín, a quien se debe la idea original de la canción. Los cuatro con acústicas, sin batería ni bajo, sentados en taburetes ante el público. Dadas sus características —su ritmo de vals, de tres por cuatro, su melancolía general—, casaba perfectamente en este tipo de propuestas. Al final, el punteo de guitarra, limpio y melódico, al más puro estilo Valdivia, cerraba la interpretación.

Enrique fue quien más entrevistas concedió durante el período de actividad de Héroes del Silencio. Todos los periodistas se dirigían a él, y él nunca los eludía. Era este un papel que, aunque quizá en sus inicios no era buscado de una manera deliberada, sabía aprovechar para sus propios intereses, en una mezcla entre dejarse llevar y dominar la situación, entre salir a la palestra porque nadie más quería dar la cara y ser consciente de los beneficios que esas apariciones continuas ante el público le podían reportar con el paso de los años, incluso para una hipotética carrera en solitario. Al contrario, las declaraciones de Juan son bastante escasas. Casi siempre eludía esa responsabilidad, en parte, porque no le gustaba exponerse ante los medios debido a su carácter reservado, y en parte, también, porque conscientemente iba cediendo esa área de responsabilidad, sabedor de que así disuadiría a Enrique de abandonarlos. Y, como correspondía a sus caracteres, Joaquín y Pedro se situaban en cierta equidistancia; ellos no eludían el contacto con los medios cuando eran requeridos, a la vez que podían colocarse en un segundo plano sin sentirse por ello relegados.

Este protagonismo se ve reflejado, por ejemplo, en la mención que mayoritariamente hace la prensa, ya sea la española o la internacional, a su liderazgo en el seno del grupo. Parece que esto nadie lo discutía, caía por su propio peso. El interés que despertaba su figura era mucho más notable, no solo para la prensa, sino también para la mayoría de los fans de la banda.

¿Cómo se mide el éxito? ¿Qué necesita demostrar un grupo de rock para hacerse merecedor del reconocimiento del público y de la crítica? Muchas bandas españolas, con menos logros que Héroes del Silencio, gozaron de un prestigio mucho mayor. Por ejemplo, Radio Futura y El Último de la Fila. Nadie discute que fueron dos de los grupos más relevantes de los años ochenta y noventa del siglo pasado. O Mecano, líder indiscutible en el apartado de ventas. A Héroes del Silencio se los juzgó con otro rasero, de alguna manera se los escrutó con una mezcla de incomprensión y recelo, de inquina y antipatía. Basta repasar el aparato crítico de sus muchos detractores en la prensa y las revistas, o las expresiones de desprecio de muchos aficionados al rock. Es como si se hubiera sido demasiado parcial a la hora de juzgarlos, como si sus triunfos hubieran sentado mal, sobre todo los que consiguieron en el extranjero.

Sus logros no son menores. Fueron los primeros en triunfar en Alemania, en tocar en el Rock am Ring ante 100.000 personas, en asistir a los multitudinarios festivales europeos año tras año, en salir en la MTV, en ser solicitados para los *unplugged*, en editar sus discos en Japón, en ser pirateados hasta el aburrimiento. En tocar en Italia, Francia, Inglaterra, Suiza, Bélgica, Dinamarca, Holanda, Austria, Portugal, Luxemburgo, Finlandia y Hungría. Y en Suecia. En Estocolmo actuaron tres días seguidos, el 14, 15 y 16 de agosto de 1992, en el Stockholm Water Festival, a la orilla del mar, y en el Lanholmen Music Festival, conciertos en los que Joaquín vivió la fuerza del rock:

Me sorprendió en estos conciertos de Suecia empezar a ver a muchos moteros, tipos duros, con tatuajes. El primero que hicimos era un sitio a la orilla del mar, en una isla, en una construcción de madera que tenía zona de restauración, una sala para tocar no muy grande. Hice fotos a motos que había fuera, tipo Harley. Yo aluciné aquel día porque el setenta por ciento del público eran unas tías rubias y guapísimas, la mitad de ellas superborrachas. Muchas se iban cayendo por ahí, del pedo que llevaban.

Volar al otro lado del Atlántico en lugar de hacerlo hacia el centro de Europa, esa era la ruta habitual entre los solistas y grupos españoles que pretendían internacionalizar su carrera. Se había hecho así siempre, sin excepciones, por pura lógica idiomática y cultural. Era el mercado natural. No había que dar explicaciones ante la prensa acerca del uso del idioma propio, una de las preguntas más recurrentes que les hacían. Como si nadaran a contracorriente, los cuatro músicos habían dado un giro de ciento ochenta grados a esta política después de que se editara *Senderos de traición* en Alemania y *Entre dos tierras* comenzara a sonar con fuerza. La aventura europea fue una apuesta de la banda en la que nadie confiaba, planificada para abrir mercado, sin un criterio comercial predefinido. Era el afán de tocar en nuevos países, ante nuevos públicos. Un planteamiento modesto porque no era posible arrastrar una infraestructura grande, dadas las incógnitas que suscitaba la gira y la posible respuesta del público. Y ahora tocaba volar rumbo al oeste.

El país elegido fue México, el mercado más importante para una banda de habla hispana. Casi noventa millones de habitantes en 1992, una extensión de dos millones de kilómetros cuadrados, cuatro veces el tamaño de España. Además de la ingente área metropolitana del DF, muchas de sus ciudades sobrepasaban el millón de habitantes: Tijuana, Puebla,

León, Guadalajara, Ciudad Juárez y Monterrey. Las posibilidades eran casi infinitas. Sin embargo, tendrían que sobreponerse a no pocas adversidades. La primera de ellas, la infraestructura del país para la gira de una banda de rock. Los pocos locales que programaban este tipo de música, fuera del DF, tenían unas condiciones técnicas mediocres. Hasta la misma corriente eléctrica era inestable e irregular, eso sin tener en cuenta la calidad de los equipos técnicos que podían alquilarse. Luego, los gustos musicales mayoritarios se decantaban en general por los solistas de música melódica importados desde España, como Rocío Dúrcal, Miguel Bosé o Bertín Osborne. Dentro de la escena musical mexicana prevalecían las bandas que hacían un pop con influencias del ska. Y para terminar de complicar las cosas, la fecha elegida: octubre de 1992, en plena celebración del quinto centenario del descubrimiento de América y el cuestionamiento de la colonización española.

Cuando llegaron al DF, numerosos grupos indigenistas y activistas se manifestaban en contra de la actitud de España en la conquista, que se calificaba de genocida. Era el aniversario de la barbarie, de la extinción en masa de las poblaciones autóctonas, de la desaparición de la brillante y monumental cultura azteca. Se empeñaban en verlos como si fueran los descendientes directos de Hernán Cortés, que regresaban quinientos años después a bordo de una aeronave en lugar de una carabela, vestidos con ropas de cuero en lugar de armaduras, blandiendo guitarras en lugar de espadas y lanzas. Se creían que iban de conquista militar en lugar de gira roquera, que con sus conciertos pretendían imponer una cultura en vez de mostrarla. Continuamente tenían que dar explicaciones en las entrevistas para desmarcarse de un pasado demasiado lejano que no iba con ellos. Fue el mayor incordio que tuvieron que soportar.

Aparte de eso, el trato de la EMI mexicana y de los medios de comunicación fue excelente. Se programaron varios actos para darlos a conocer ante el público mexicano. Poco antes se había editado *Senderos de traición* con la particularidad de que en lugar de *El cuadro* se había incluido *Héroe de leyenda*, una decisión acertada que enriquecía el álbum. Actuaron al menos tres veces. Una en Auguascalientes y dos en el DF. La primera, el 30 de octubre, en el teatro al aire libre Ángela Peralta, junto a la banda mexicana Santísimo Mitote, que no dejó buen sabor de boca entre los músicos debido a los problemas técnicos que padecieron. La segunda, a comienzos de noviembre, en la mítica sala Rockotitlán, el lugar por excelencia del rock facturado en México. Y diversos actos de promoción en Televisa. Uno de ellos, la entrevista en el programa *Y Vero América Va*, de la popular presentadora Verónica Castro, le dejó a Pedro una huella imborrable en la memoria. Los habían llevado a una casa encantada del DF, en la que se suponía que habitaba el fantasma de su dueña, doña Cruz, para grabarlos en directo. Parece ser que esa señora siempre llevaba un relicario encima. Cuando murió, la policía, alertada por los vecinos, la encontró muerta sobre su cama con el relicario entre las manos. Desde el día de su muerte, en 1982, los vecinos decían que la veían salir de su casa con el relicario, como un fantasma que repitiera una ruta pretérita e inamovible. Recuerda el batería:

> Era un programa de variedades. Verónica Castro nos estaba haciendo la entrevista, que no era, obviamente, una entrevista especializada en música. Era entretenimiento popular, ahora sale un mago, ahora unos chistes, ahora sale un grupo de música que ha venido, ahora hablamos con la hija de no sé quién. Habíamos estado grabando en una casa. Y en la casa aquella se movió una luz. Y como se suponía que había un fantasma, todo el mundo se puso a llamar al programa. Y Verónica Castro decía: «Pero pregúntenles a los chicos algo de la música». Y la gente: «Es que el fantasma...». Y nosotros, pero qué fantasma ni qué pollas. Nosotros pensábamos que había sido un tío que le había dado una patada a un foco, se había movido y ya está. Pues te

aseguro que gracias al fantasma nos conoció mucha más gente que si solo hubiéramos hablado de la música.

Así remató Juan la historia, con ese humor suyo tan característico:

Daba menos miedo que una tarta de fresa.

Pero hay otros recuerdos del viaje más inquietantes. Una noche se fueron de marcha a la plaza Garibaldi en el DF, en cuyas tascas y tugurios bebieron pulque y tequila. En medio del jolgorio, apareció el «toquero». En este punto los malos recuerdos se agolpan en la cabeza de Juan:

Nos ponemos a tomar pulque y tequila, cantando rancheras en una tasca con los mariachis. Salimos de allí y aparece el tío de los «toques». Llevaba unas mochilas con una tabla, un transformador y dos empuñaduras y te agarrabas y el tío te empezaba a pasar la corriente. Y yo dije: «No lo pienso soltar». Y no lo solté. Me dijo la novia de Pito: «Es que lo pasé fatal, porque estabas en el suelo agarrado». Y yo tirado en el suelo y el tío me seguía dando, no quería soltar eso. Y al día siguiente tengo que hacer una televisión y noto que la mano no me respondía, que los dedos se me engatillaban. Siempre he tenido en mi mente que ahí me jodí algo. Creo que no, porque luego hablando con los médicos aquí en España parecía que no tenía nada que ver. Me hicieron un miograma y me dijeron que no había pasado nada, que el miograma había salido bien. Pero me quedé preocupado.

Años después, mientras grababan en Los Ángeles *Avalancha* y comenzó a sentir ciertos espasmos en la misma mano, rememoró ese episodio de la plaza Garibaldi. ¿Tendría algo que ver? ¿Sería el origen de su dolencia? Nunca lo supo, pero si hubiera podido volver atrás en el tiempo, desde luego habría dejado pasar de largo al toquero sin agarrar ese diabólico aparato.

El camino del exceso asomaba en tierras mexicanas. La vía de la ebriedad sin límites se confirmaba en el DF, en aquel mes de viaje por un país distinto, inabarcable, patria del peyote, de los chamanes y los ritos iniciáticos. Como ellos mismos reconocerían tiempo después, un mes de juerga y desenfreno, de experiencias nuevas que dejarían una huella profunda. Pedro y Enrique se harían unos incondicionales de la cultura mexicana, de su gastronomía y de sus paisajes, de sus vehículos de ebriedad. Pedro escribiría un diario de la gira de abril de 1994 y no dejaría de viajar hasta allí siempre que pudiera. Y Enrique también se volvería un enamorado del país, y se impregnaría de ese misticismo popular en los numerosos viajes que siguió haciendo, en solitario, también con Pito, a la costa, en busca de sus chamanes. Este episodio, inspirado en esa estancia de octubre de 1992, recitaba Enrique en la gira de 1993, bautizada ya como *El camino del exceso*, según relata Silvia Grijalba en un artículo publicado en el diario *El Mundo*:

> La primera patada en el ojo llega con la historia sobre la experiencia mágica en un pueblo de la costa mexicana: esa noche en que una luz roja-anaranjada nos atraía; cuando llegamos hasta ella vimos a hombres y mujeres reunidos alrededor de una hoguera, inmersos en un rito vudú. El ron pasaba de uno a otro, cuando nos vieron extendieron su mano y nos ofrecieron unas setas que aceptamos sin dudar —somos gente juiciosa—. Ellos bailaban, reían... Al final de la noche dos de esos hombres se adentraron en el mar y comenzaron a nadar mar adentro. Las olas crecieron, alcanzaron dos, tres metros y los hombres desaparecieron. A la mañana siguiente, una mujer nos dijo que el mar no se pararía, que no cesaría hasta que expulsara los cuerpos de esos hombres.

Una historia inventada que Enrique utilizaba para preludiar un par de canciones, *El mar no cesa* y *Mar adentro*, y que no carece de incongruencias. En México, evidentemente, no se practica el vudú, ni se bebe ron, sino tequila. ¿Cuánto de verdad y cuánto de literatura hay en expresiones literarias como esa? ¿En las letras que poco después comenzará a escribir? Quizá un poco de cada, viajes repetidos al país y un interés real sobre la materia, reflejos literarios y sueños no cumplidos por imposibilidad o miedos, ese afán por acercarse al fenómeno de las drogas más como vehículos de conocimiento que como simple borrachera, como sustancias que abren las puertas de la percepción que como potenciadores de la euforia. De un lado, las drogas naturales, la marihuana y el hachís, los hongos del género *Psilocybe*, el peyote y la ayahuasca; del otro, las artificiales, el alcohol y la cocaína, las anfetaminas y el MDMA. Y el combate entre ellas. Un viaje que empezaba a dar sus primeros pasos.

Prueba del interés de Enrique en estos temas fueron sus continuos viajes al país azteca. Repetiría por su cuenta en febrero y marzo de 1993, viajando por Chiapas y Oaxaca, primero, y por Tula y Baja California, después. En alguna de sus escapadas mexicanas estuvo acompañado por Pito, con quien no cesaba de estrechar lazos en esas fechas, por afinidades culturales, por el gusto por la experimentación con las drogas. Un año después del primer viaje de la banda en octubre de 1992, entre el 3 y el 13 de octubre de 1993, regresó al país por cuarta vez, de vacaciones, en un breve descanso de la gira europea de ese otoño. Se dio la circunstancia de que el canal MTV Latinoamérica había comenzado sus emisiones unos días antes de la llegada de Enrique, el 1 de octubre, por lo que los vídeos de la banda empezaban a ser populares entre los aficionados mexicanos.

Aprovechando su estancia, la compañía organizó varios actos promocionales y él, como siempre, se sumó gustoso a ese severo programa que le llevó a conceder ruedas de prensa para medios como *Época*, *Capricho*, *El Sol del Mediodía*, *El Nacional*, *El Norte*, *El tiempo*, *Versal*... En *El Heraldo*, el 6 de octubre, declaró:

> Hay un tema con dedicatoria para México que se llama *El camino del exceso*, que nos inspiró la gente tan simpática y alegre de aquí, así como sus fiestas; desde que conocí este país me enamoré de él, al grado de que lo visité anteriormente en febrero y marzo, después de nuestros conciertos.

Se percibe un cambio en los temas que le interesaban y que iba incorporando a sus letras. Como podrá comprobarse en el siguiente álbum del grupo, *El espíritu del vino*, las críticas al capitalismo se hacen habituales. Le preocupa la pérdida de los valores morales del sistema, el abandono de la espiritualidad, la caída en el consumismo, la política errática de las democracias occidentales. Por el contrario, cada vez se siente más afín a la espiritualidad de los pueblos como el mexicano, el tesoro más grande de la humanidad puesto que está en el interior de cada uno y no debe comprarse. En agosto de 1994 haría estas declaraciones a la revista *Primera Línea*, n.º 112:

> He estado ya cuatro veces allí y lo que más me interesa es el México profundo, la cultura prehispánica y todo lo que es la magia mexicana, que está un poco malentendida por la gran mayoría de los mexicanos. Muchísima gente ha leído a Castaneda y a otros importantes autores semimísticos a los que les gusta mucho el consumo de las drogas como puerta para descubrir otra realidad, pero, sin embargo, lo que hacen los mexicanos es tomar peyote como si fuera una mescalina o una anfetamina. Yo estoy un poco idolatrando todo eso porque he visto a gente hacer cosas excepcionales, no solo con las drogas, sino también sin las drogas. Están descubriendo una realidad que no somos capaces de ver con nuestros propios ojos, pero está ahí.

En noviembre de 1993 y en las instalaciones de la EMI México en el DF, se dio a conocer, mediante el novedoso sistema *electronic prescript*, una especie de videoconferencia, una grabación de quince minutos de duración en la que los cuatro músicos describían las características más destacables de su nuevo trabajo, *El espíritu del vino*, anunciando también su gira de abril de 1994. Ya habían sembrado en 1992 lo que recogerían en 1994. Ya habían catado el camino del exceso, que seguirían recorriendo en el futuro con más obstinación si cabe.

Doble o nada

Dada la fecha, 31 de diciembre de 1992, tendrían que haberse acercado al supermercado más cercano de Chertsey, una ciudad de 15.000 habitantes situada a 30 millas al sudoeste de Londres, para hacer la compra de los alimentos y bebidas necesarios para las fiestas de Nochevieja y Año Nuevo. Incluyendo una buena provisión de vino, al precio que fuera, quizá algo de champán para brindar, y unas botellas de tequila y vodka. Pero no, ellos no habían ido hasta esa zona de la campiña inglesa para celebrar nada. Habían llegado después del día de Navidad, que habían pasado con sus familias en Zaragoza como un gesto de normalidad antes de lo que les esperaba, y no tenían tiempo que perder. Debían terminar algunas de las canciones del nuevo álbum antes de encerrarse con Phil en el estudio. Y no se les ocurrió manera mejor que tomarse un éxtasis cada uno y ponerse a trabajar.

No quedaba nadie en los Gallery Studios. Tanto Phil Manzanera como David Nicholas «Chiper», el ingeniero de sonido, tanto los asistentes como las cocineras se habían largado a sus respectivos hogares. No tuvieron inconveniente en que ocuparan la sala del estudio y utilizaran la mesa; al contrario, les vendrían bien esos instantes de soledad para ir adaptándose al material, para ir puliendo algunas de las canciones, que habían llegado faltas de un repaso. Así que Joaquín se puso al frente de la mesa:

El día de Nochevieja nos quedamos ahí los cuatro. Yo me encargué de poner en marcha el veinticuatro pistas y grabar. Teníamos todo preparado y se ponía Pedro a tocar, me ponía yo con el bajo, Enrique aquí, Juan allá y nos poníamos a tocar y a grabar canciones. *La sirena varada* acabó saliendo allí. La habíamos preparado en el local, que ya estaba insonorizado entonces; recuerdo trabajarla con Juan y enseñarle el arpegio allí. Igual lo que fallaba era la estructura, como a otras canciones del álbum, y se trabajó en Gallery. Igual acabó Enrique de hacer la letra, o la melodía vocal. Puede que Enrique diera con la tecla correcta. O le dimos ese impulso que necesitaba, o esa alegría de tocarla. Pero poco más. No recuerdo que surgiera allí de la nada o de la experiencia del éxtasis.

Trabajaron espoleados por el MDMA, cuyas propiedades euforizantes eran perfectas para pulir el trabajo, tomar decisiones finales y corregir errores. Aunque tampoco puede decirse que esa sustancia les hubiera abierto de par en par las puertas de la inspiración, simplemente les había estimulado las ganas de tocar y el entusiasmo creativo. Concentración, más que alucinación. Mejoras parciales, más que composición. En todo caso, si realmente hubieran compuesto la canción entera bajo los efectos del éxtasis, como a veces se ha dicho, ¿por qué no repetir la experiencia más veces, las que hicieran falta hasta terminar una colección de temas igual de extraordinarios? En el caso de *El espíritu del vino*, el éxtasis sirvió para impulsar su creatividad un día y en una canción.

Ya por la noche, mientras la humanidad entera se entretenía con esa ceremonia del gregarismo universal que son las doce campanadas, Juan puso su cámara de vídeo sobre el trípode, la orientó hacia la zona de ensayo donde estaban sus compañeros y accionó el *play*. Sin embargo, se olvidó de quitar la tapa del objetivo, por lo que de esa noche algo misteriosa y sobrevalorada solo queda el audio, los comentarios de los cuatro sobre la canción en la que estaban enfrascados, *La sirena varada*.

    Pedro: Tío, íbamos de puta madre. Vamos a tocarla otra vez.
    Joaquín: ¿La repetimos?
    Enrique: Esto es cara B.
    Joaquín: ¿La repetimos?
    Enrique: Esto es cara B, o sea, es buenísimo, con toda la cantidad de fallos que hay.
    Juan: ¿Ha habido fallos ahora?
    Joaquín: ¿La repetimos?
    Enrique: Yo creo que ha estado bien, ¿eh?
    Joaquín: A mí me gustaría volver a pulirla.
    Pedro: No ha sido una gran versión.
    Joaquín: ¿No?
    Enrique: Yo creo que sí.
    Juan: A mí me ha parecido cojonuda, tío.
    Pedro: ¿Vamos a repetirla? Bueno, ¿por qué no la oímos, a ver?
    Juan: ¿Nos vamos a otra?

Es otro de los grandes temas de la banda, siempre escogido entre los favoritos de los seguidores en todas las encuestas. La colaboración compositiva entre Juan y Joaquín muestra su mejor versión, como ya pasó en *La carta*. Joaquín aportó el arpegio que subraya las estrofas y el que acompaña el preestribillo o puente. Juan fue autor de las melodías de la introducción y el estribillo, a la vez que reelaboraba materiales y terminaba el solo de guitarra, este último de una limpieza que recuerda los tiempos de *Senderos de traición*. Una estructura compleja, nada común en el mundo del rock, pero que funciona como un engranaje de relojería. Comienza con un compás de cuatro por cuatro para pasar, acto seguido, a seis por cuatro, una de las peculiaridades de *La sirena varada* respecto al ritmo, que Pedro resolvió con un doble bombo y un retraso en la caja. A esto hay que añadir las extraordinarias melodías vocales de Enrique, en el punto más alto de su creatividad. La labor de producción se redondeó con la introducción de violines y guitarras acústicas. Y la letra, claro, que como le reveló Enrique a Joaquín estaba inspirada en un sueño:

> *Echar el ancla a babor*
> *Y de un extremo la argolla*
> *Y del otro tu corazón*
> *Mientras tanto, te sangra*
> *Y el mendigo siempre a tu lado*
> *Tu compañero de viaje*
> *Cuando las estrellas se apaguen*
> *Tarde o temprano, también vendrás tú*

Hubo mucha distorsión en los días pasados en los Gallery Studios, pedales Morley y Cry Baby con *wah-wah* para *Nuestros nombres*, por ejemplo, mucha caña para terminar canciones que posteriormente sonaran bien en directo. Ya puestos a componer, y teniendo en cuenta las largas y lucrativas giras de 1991 por España y de 1992 por Europa, mejor hacerlo de esa manera, canciones con más fuerza roquera que funcionaran bien sobre los escenarios de los grandes festivales de Europa Central, donde debían compartir cartel con Iron Maiden o Aerosmith, como *Sangre hirviendo*, que era un vendaval que dejaba a la gente boquiabierta y desmelenada. Sí, guitarreo del bueno en Chertsey, pero sin el ambiente de camaradería y cordialidad que se respiró en *Senderos de traición*. No había una sintonía total entre los músicos. Se apreciaban lagunas en las relaciones, más sensación de trabajo que de diversión, de haber traído los deberes a medio hacer, como recuerda Juan:

> Fue un momento tenso. Llegamos a Gallery una tarde noche y estaba Phil: «¡Hombre, ya habéis venido!». Nos lle-

va al estudio y lo enciende. «Vamos a ver qué vais a tocar.» «Pues vamos a tocar esta que tenemos.» Phil Manzanera tenía quince guitarras. «Hombre, sin efectos, sin nada...» «No, solo para ver, por encima. Venga. ¿Qué guitarra quieres?» Y yo: «Esa misma». Y yo, con un sonido que no me gustaba nada. Pedro con una batería, Joaquín con un bajo, Enrique se puso a cantar. Intentando tocar. Y yo no estaba muy contento. Tocábamos algunas canciones, pero el sonido era horroroso. Ya empezó la cosa un poco gris. Llegábamos cansados y con el material un poco sin terminar.

El primer paso fue un pequeño desastre, las cosas no comenzaron bien. Faltaban horas de trabajo. El ritmo frenético de los dos años anteriores se dejaba notar. No habían tenido tiempo de encerrarse a componer. Aparte de las vacaciones que se habían tomado entre el 5 de diciembre de 1991 y el 29 de marzo de 1992, que cada uno aprovechó como mejor supo, solo dispusieron de algunas semanas sueltas entre conciertos, o entre el regreso de México a finales de octubre y el viaje a Londres del 26 de diciembre de 1992. Poca cosa, unas dieciséis semanas en total, demasiado intermitentes como para que les diera tiempo a concentrarse en la composición de material nuevo.

Precisamente durante esos huecos entre tandas de conciertos, Juan había seguido con sus trabajos creativos, esta vez con equipo nuevo:

> Estuve componiendo *El espíritu del vino* en el cuarto que ahora ocupa mi hijo. Me puse mi mesa y un ocho pistas de cinta abierta y todo. Tengo cintas con las guitarras originales de *Culpable*, de *Los placeres de la pobreza*, *Nuestros nombres*, *La herida*, *La apariencia*, de *Tumbas de sal*. Pero ahora no se pueden escuchar en ningún lado, porque ya no quedan ocho pistas de esos. Era un Fostex especial que salió con cinta fina de ocho pistas. Grabé cintas enteras con

guitarras en una pista para tener ideas. En otras metí caja de ritmos, también intenté meter bajo.

Epifanías compositivas otra vez, días de concentración para sacar nuevas guitarras. En todo caso, ya habían rodado algunos temas a lo largo de la gira de 1992. Por ejemplo, *Al saber le llaman suerte* y *La herida* habían sido estrenados el 1 de abril en Bruselas. Hay constancia, gracias a los discos piratas, de que *La apariencia no es sincera* se estrenó en Milán el 14 de abril. Y que *El camino del exceso* fue interpretado en Hagen (Alemania) el 29 de agosto, aunque luego Enrique declaró que la letra estaba inspirada en la experiencia mexicana de octubre de 1992. Las cuatro canciones, a juzgar por las escuchas de los piratas, ya presentaban estructuras y duraciones muy similares a las que quedarán recogidas en el LP, por lo que poco tuvieron que hacer en el estudio.

No hubo trabajos de composición en sentido estricto. Incluso el resto de las canciones llegaron casi terminadas. *La sirena varada* fue completada durante la Nochevieja. A este respecto, resultan reveladoras las afirmaciones de Pedro:

> Yo no tengo en la memoria que se grabaran baterías y después se volvieran a grabar porque hubiera cambios estructurales. Yo creo que hice unas baterías y que se quedaron. Entonces, o el trabajo de estructuras se hizo antes o estaba bastante definido. De otra manera, yo hubiera tenido que grabar en secciones. No recuerdo haberme puesto a componer las baterías cuando empezó la grabación. Parece que fue un disco que llegamos con cuatro cosas, pero estaba bastante hecho. Quizá no a nivel de guitarras y arreglos, que empezó a desarrollarse a todos los niveles, y hay canciones en las que hay tres o cuatro guitarras distintas que no existían cuando fuimos allí. Cuando fuimos, las canciones tenían una sola guitarra, pero sí que tenían una estructura. El desarrollo de los arreglos, tanto en gui-

tarra como en el bajo, eso es lo que se comenta que es lo que faltaba.

Las canciones viajaron hasta Inglaterra con su forma casi definitiva, a falta de detalles como las segundas, terceras y hasta cuartas guitarras que metió Juan, los teclados y el piano de Copi, el sitar para *Flor de loto*, las guitarras que aportó Phil Manzanera y las cuerdas de la orquesta contratada, la Reggae Philarmonic Orchestra. Una labor mucho más compleja que en *Senderos de traición*, en el que prácticamente no había nada de esto, y mucho más libre que en *El mar no cesa*, en el que los arreglos fueron introducidos sin su consentimiento. He aquí las tareas que tuvieron que completar que no fueron tanto compositivas como de ornamentación. Las canciones habían viajado bastante perfiladas y solo se hizo necesario darles los retoques finales y enriquecerlas con esa intensa labor junto a Manzanera. En todo caso, lo único que pudo llegar inconcluso a los estudios Gallery fueron las letras, puesto que Enrique seguía adaptándolas en un proceso casi inacabable.

Y para completar el disco doble que se habían empeñado en hacer, cada uno se reservó un corte, estos sí improvisados en Londres: *Z* de Juan, *El refugio interior* de Pedro y *Bendecida 2* de Enrique. Por su parte, *La alacena*, una vieja idea de Joaquín que se remontaba a 1984, sí que quedó completada en Gallery:

> De *La alacena* llevé cosas preparadas, unos teclados grabados en un disquete. Llevé arreglos de cuerdas. Las había hecho en mi casa, donde ya tenía un estudio. Es una idea de cuando compré la primera guitarra, eso tenía muchos años. Yo quería meter cuerdas. Hice unas preparaciones. Luego alguien hizo las partituras finales más complejas sobre las que tocó la Reggae Philarmonic Orchestra. Hay una guitarra acústica de doce cuerdas al final, el piano de Copi y la orquesta. Escuchada hoy en día, no la hubiera hecho así;

hubiera bajado el énfasis en el piano, buscado más sencillez, más armónico.

Joaquín se la llevó con la idea de orquestarla y grabarla con piano y cuerdas. Así que, decididos a enriquecer el álbum con órganos y pianos, que se añadirían a *Tesoro*, *Tumbas de sal* y *Bendecida*, llamaron a un viejo amigo de Zaragoza, Francisco Javier Corellano «Copi», para que se presentara en Gallery y les echara una mano. Copi no se hizo de rogar. También colaboró en *La alacena* con un piano jazzístico y enfático, mientras Joaquín tocaba la acústica de doce cuerdas y Enrique redondeaba el trabajo con una interpretación soberbia y una letra de claras reminiscencias zaragozanas: las partidas al mentiroso, el juego de dados, que montaban un grupo numeroso de amigos en el almacén del bar Z, de Javier Clos, entre copas, canutos y risas.

Phil Manzanera es propietario de una enorme finca en la campiña de Chertsey, condado de Surrey, cerca del área metropolitana de Londres. Había pertenecido a un primer ministro británico y estaba decorada con estatuas romanas. El edificio principal era la vivienda de Phil y su familia. Había unas cocheras del siglo XVIII anexas donde tenía algunos automóviles clásicos y donde estaban los estudios Gallery. Allí se habían grabado parte de los álbumes de Roxy Music, como *Manifesto*, *Flesh and Blood* y *Avalon*, y otros de grupos como Duran Duran, Siouxie and the Banshees y Dire Straits. En la planta baja estaba el estudio propiamente dicho, con la mesa de grabación de marca Neve Series 80, así como las cocinas donde se preparaban los menús de todo el personal y de la banda. En la superior, una sala de recreo que incluía una mesa de *snooker*. Muy cerca de la propiedad de Manzanera, a una docena de kilómetros, estaba el *cottage* que la banda utilizaba como residencia y lugar de descanso después de las largas y agotadoras sesiones de grabación. Era una casa en medio de la campiña, con una decoración minimalista y espartana, con los dormitorios enmoquetados y solo provistos de una cama, y una chimenea en el salón que servía como polo de atracción de los músicos. Pasaron mucho tiempo frente a esa chimenea en pleno invierno inglés, con los campos de los alrededores nevados, bebiendo vino, jugando a videojuegos, charlando. Tanto que, una vez que se les acabó la leña, terminaron quemando cuantos objetos de madera se pusieron a su alcance.

Dirigida otra vez por Phil, y con un generoso presupuesto de 35 millones de pesetas (210.000 euros) que la compañía no discutió después del éxito internacional de *Senderos de traición*, la grabación supuso otro salto de calidad en la carrera discográfica de la banda. Se apostó, entonces, por la figura de un productor ya conocido, con quien habían llegado a compenetrarse a la perfección en Madrid un par de años antes, y por su estudio en medio del campo, buscando un ambiente de relajación que activara a los músicos y propiciara una colaboración fructífera. Fue una producción notable y sin límites temporales, mezclada más tarde en los prestigiosos estudios Metropolis. Como resultado, el tercer trabajo del grupo, *El espíritu del vino*, tiene un sonido espectacular, de una brillantez insuperable, con las guitarras tejiendo una estructura sonora potente, y cuajado de potenciales sencillos como *Nuestros nombres*, *La sirena varada*, *Flor de loto* o *La herida*.

Se optó por un método distinto al utilizado en los estudios Kirios de Madrid. Para grabar las baterías, Joaquín y Pedro hicieron tomas preliminares apoyándose en una claqueta. Dada la compleja estructura de algunos de los temas, que superaban con creces los cinco minutos de duración, estas tomas sirvieron para que Pedro no se perdiera en la soledad de su instrumento y pudiera completar satisfactoriamente las baterías.

Por su parte, Joaquín, a sugerencia de Phil, hizo pruebas con otros bajos, además de su Rickenbacker, de marcas como Gibson, Fender o Warwick. Finalmente, utilizó un Washburn sin trastes para grabar *Tesoro* y el arranque de *Flor de loto*. Pero el que realmente le gustó, hasta el punto de que con él grabó la mayoría de las canciones, fue un Zon Legacy con circuito activo propiedad de John Wetton, bajista de los grupos King Crimson, Uriah Heep y Asia, cuyo sonido resultaba más manipulable y potente.

Juan recuerda así su intervención:

> Primero grababa el *riff* principal, luego los punteos, apoyos y arreglos. Me metí a hacer punteos muy difíciles para mí. Es cuando ya me gustaba mucho el rock and roll, Aerosmith, Guns N' Roses, y yo quería hacer eso. Aunque conseguí cosas buenas, empecé a dar más de mi capacidad, pensando en que luego lo tendría que hacer en directo. Me puse la cota muy alta en ese disco. Y lo pasaba mal, porque los punteos los tenía que repetir muchas veces. Desde *Hace tiempo* no había vuelto a hacer punteos para lucirme. Había desaparecido mi sonido de *Senderos*. Cuando conseguí las configuraciones de *Senderos* tendría que haberlas dejado así para siempre, pero me gustaban los cambios para descubrir cosas nuevas.

Finalmente, a pesar de las dudas que le asaltaron en Chertsey, las críticas que se hicieron de sus guitarras fueron positivas. Es, quizá, una de las características más novedosas de este álbum con respecto a los anteriores. Todo giraba en torno a las guitarras, a pesar de que durante las mezclas surgieron discusiones.

Por último, le tocó el turno a Enrique, aburrido de su larga espera. En su caso, bastaba con repetir las tomas para que luego Phil seleccionara lo mejor de cada una, pinchando sobre los errores de cara a ir construyendo la versión definitiva.

Un proceso que supuso más trabajo que diversión, más horarios por cumplir que improvisaciones, más método estricto que anarquía. Si a eso se le sumaba que a Juan las canciones no le parecían tan perfectas, o que el sonido de las guitarras no le acababa de convencer, se entiende cierto descontento particular con el álbum. Quizá tendrían que haber parado después de las giras de 1991 y 1992, un par de años de respiro, pero la EMI les iba a adelantar un pago de 100 millones de pesetas (601.000 euros) por la firma del nuevo contrato y quería que el grupo compusiera canciones que pudieran alcanzar el número uno en las listas de ventas. A ello habría que sumar los intereses de la agencia de contratación, 10/Diez, ávida siempre por facturar, y la misma dinámica de un grupo de rock, que no puede detenerse bajo el riesgo de no volver a arrancar.

El contrato se firmó el 1 de junio de 1993, ya hechas la grabación y las mezclas, la víspera de la presentación internacional del LP en Berlín los días 2 y 3 de junio. Por parte de EMI-Odeón firmaron Rafael Gil, consejero delegado, y Carlos Sanmartín, director general, además de los cuatro músicos. En su virtud, cedían los derechos de fijación sonora y audiovisual de sus canciones a la compañía, que adquiría así la propiedad de las grabaciones. El compromiso fue por seis producciones fonográficas de larga duración, seis LP, fueran sencillos o dobles, siendo *El espíritu del vino* el primero. Ya cumplieron este contrato, puesto que con *Avalancha*, *Parasiempre*, *Rarezas*, *Canciones* y *Live in Germany* llegaron a ese número. Por primera vez se fijaron los *royalties* que percibirían por las ventas: un 8% nacional y un 6% internacional para los dos primeros LP; un 10% nacional y un 8% internacional para el tercero y el cuarto, y un 12% nacional y un 10% internacional para los dos últimos. Nada se dice de cesión de derechos de autor, como había pasado en los contratos firmados con EGO Musical y TRN, SL. Se trata, entonces, de un contrato mucho más equitativo. La discográfica, debido al éxito del cuarteto y a las ventas acumuladas en todo el mundo, no necesitaba explotarlos de la misma manera. La fama los liberaba de servidumbres, algo común en la historia de las bandas de rock. Solo la popularidad y el prestigio podían cambiar la dinámica de explotación que era la norma en los comienzos de cualquier grupo.

El Estanque CB era la comunidad de bienes constituida por los cuatro músicos para la gestión de sus intereses. Sin embargo, dado el volumen de facturación que ya empezaban a mover y debido también a razones de tipo fiscal, se haría imprescindible que cambiaran de forma jurídica.

Las mezclas se hicieron en los estudios Metropolis, un clásico ya para la banda, puesto que allí se habían completado también las de *Senderos de traición* y *Senda 91*. Para ello, utilizaron la sala C, totalmente ocupada por una enorme mesa. A este respecto, Juan tenía la impresión de que las guitarras estaban demasiado bajas:

> Recuerdo tener una discusión con Enrique porque me parecía que mis guitarras estaban muy bajas, que no tenían la presencia que yo quería. Yo quería que sonaran como AC/DC, que los *riffs* se escucharan durante toda la canción. Después de una discusión sobre eso con Enrique, me dijo Phil: «Ven, ven conmigo». Nos fuimos a una sala aparte y me dijo: «Oye, tienes que bajar un poco la exigencia». «Es que me parece que suena mucho la voz.» Y el tío: «Tú no digas nada, porque es peor», como diciendo: «Cuidado, que a lo mejor se va todo al garete». Me dijo, entre nosotros: «Si es que los cantantes...».

El tema no iba a acabar así. Años más tarde, en 2012 y para la edición especial del 20.º aniversario de *El espíritu del vino*, se hicieron nuevas mezclas. El responsable de estas, Dani Alcover, se puso en contacto con Juan, que le pidió expresamente que resaltara más las pistas de las guitarras, en busca del objetivo que en 1993 no había podido ver cumplido. Aun con todo, el guitarrista no quedó satisfecho.

También ocuparon la sala A de Metropolis, mucho más grande que la C, provista de un gran espacio, una cristalera con puertas y un salón privado, donde terminaron la grabación de *Apuesta por el rock and roll*, la única versión que grabarían en estudio a lo largo de su carrera, un homenaje a una de las bandas más significativas y queridas de la movida zaragozana, Más Birras, capitaneada por el malogrado Mauricio Aznar. Esto declaró Enrique en el n.º 77 de *Revoluciones Por Minuto*:

> No es algo que nos guste hacer demasiado, pero durante la grabación había un ambiente muy majo de tocar todos juntos y realmente disfrutar haciéndolo, entonces surgió el hacer una versión y nos acordamos de esa canción que durante la gira tocamos muchas veces en las pruebas de sonido, y puestos a hacer una versión, ¿por qué coño vas a irte a buscar al grupo más raro de un país extraño, tipo Australia, y versionear a una gente que realmente no tiene ninguna importancia para ti? Siendo que Más Birras estaban muy cerca a nosotros y habían sido un poco padrinos en todo lo que ha sido la historia del rock en Zaragoza.

La habían comenzado en Gallery, donde se habían grabado las baterías. En Metropolis, Joaquín completó la línea de bajo utilizando un Fender Jazz Bass que se acababa de comprar esos días en Londres, Juan y Phil las de guitarra y Enrique la voz. El resultado, una versión que ha quedado como un clásico de la música zaragozana y que salió editada en *Rarezas* en 1998.

El espíritu del vino es, quizá, el mejor título de un LP de la banda. ¿No se habían bebido durante la gran gira española de 1991 casi todas las existencias de Viña Ardanza? La moderación o la templanza no eran valores en los que pensaran. ¿Fue extraño que se le ocurriera a Enrique ese sugerente título? Esto declaró el cantante a *El Gran Musical*, n.º 289, de 27 de junio de 1993:

El espíritu del vino sintetiza bastante correctamente el contenido del álbum. Por un lado, hay una parte espiritual inédita en nuestra discografía, fruto de los viajes, y por otro lado representa el camino del exceso, algo asociado siempre a la historia de un grupo de rock, algo de lo que hemos aprendido mucho y nos ha llamado la atención.

Ese era el otro componente de la ecuación, el interés por el misticismo, la religión y la cultura orientales que había nacido de los viajes a Nepal y la India, y que tan perfectamente iba a conjugar Enrique no solo en el título del álbum, sino también en las letras de algunas de sus canciones más emblemáticas.

El viaje a Nepal de finales de 1991 y comienzos de 1992 lo habían organizado Enrique y Copi, después de la breve gira de cuatro conciertos por Suiza y Bélgica. Joaquín se sumó gustoso, así que los tres volaron desde Madrid hasta Katmandú con escalas en Amán, Islamabad y Nueva Delhi, donde apenas tuvieron tiempo de dar un paseo en taxi por la caótica capital de la India. Ya en Nepal, y después de pasar un par de noches en una casa que les habían ofrecido en el aeropuerto, se alojaron en el hotel que servía de base a los centenares de montañeros europeos que acudían al país atraídos por el Himalaya: el Kathmandu Guest House. Son recuerdos imborrables para Joaquín:

> Estuvimos en Katmandú varios días visitando los templos. Hicimos también un peregrinaje en bicicleta alquilada alrededor de Katmandú. Aquel día me quería morir, tenía el culo destrozado, los caminos no estaban asfaltados y en una bici de esas de hierro era un tormento. Ya por las calles asfaltadas de Katmandú llevaba los huevos machacados. Acabé muerto... Fuimos a donde quemaban los cadáveres. Y luego también a Patán, una ciudad al lado de Katmandú que

quedó destrozada tiempo después por un terremoto. Fuimos en taxi a Bhaktapur, un poco más lejos. También fuimos a Pokara en autobús, que hubo que bajarse a empujarlo alguna vez en alguna cuesta, y algún que otro desprendimiento en las carreteras. Cogí unas anginas brutales y en Pokara estuve día y medio en la cama. Luego me fui recuperando cuando fuimos a ver a la niña.

Actividades propias de turistas más que de viajeros, entretenimientos para europeos de vacaciones, en espera del momento en que irían a visitar a la ahijada de Enrique, Rijang, verdadera razón del viaje.

El camino hasta el poblado en el que vivía la niña fue tortuoso e incómodo. Primero alquilaron un taxi para llegar hasta el lugar en el que los recogerían los voluntarios de Ayuda en Acción en un todoterreno. Otro largo desplazamiento por pistas imposibles hasta que ya no se podía circular, momento en que comenzaron la caminata a pie. Emplearon un día entero siguiendo a un guía que no descansaba nunca para llegar hasta la aldea de Rijang, agotados por completo. El choque cultural fue notable para ellos, tanto más para los nativos, totalmente sorprendidos de ver aparecer a tres hombres con pendientes, largas melenas, barbas y cazadoras de cuero. Porque ni siquiera para subir a la alta montaña nepalí se quitaban sus cazadoras, eso nunca; si no lo habían hecho en pleno mes de agosto, a cuarenta grados, en una playa mediterránea para conceder una entrevista, tampoco lo iban a hacer allí, tan cerca de las cumbres del Himalaya. Como le confesó Enrique a Javier Losilla en *Diván*, el choque entre ambas formas de ver el mundo fue instantáneo y duradero:

> Fue increíble darse cuenta de hasta dónde estaba llegando el dinero que yo enviaba mensualmente: no solamente estaba contribuyendo al desarrollo de la niña; también servía para ayudar a cubrir determinadas necesidades colec-

tivas. Ahí te cambia el concepto de lo que realmente necesitas. Nos dijeron que no le llevásemos regalos como vestidos o juguetes, porque eso podría crear conflictos entre tribus e incluso dentro de la misma familia. Llevamos unas tortas y se volvían locos. Y bueno, ya con lo que alucinaban era con una cámara polaroid que llevé. Para ellos eso era magia, vudú occidental. Nunca habían visto reflejada su imagen, porque no tenían espejos. Se me escapaba todo eso, pero me hacía pensar sobre las necesidades que nos creamos y qué es lo realmente importante en la vida.

Entonces algo cambió en el interior de Joaquín y Enrique. Comprendieron que había otras culturas, otras formas de ver las cosas más allá de la acomodaticia filosofía occidental, y dieron un giro a sus conciencias. Joaquín se volvió un hombre más espiritual, más desapegado de lo material, y se impregnó de ciertas ideas budistas que sigue poniendo en práctica hoy en día. Y Enrique igual, como ha declarado infinidad de veces.

De ahí nació *Flor de loto*, una canción distinta al resto del repertorio, con estilo propio, con un arranque memorable a base de guitarra acústica y bajo sin trastes. Uno de los grandes temas del álbum y de toda la trayectoria de la banda. ¡Y eso que dura 6' 15", otra bofetada a las radio fórmulas! Aunque sufrió cambios, como indica Joaquín:

> *Flor de loto* al principio era de otra manera, llevaba otro ritmo diferente, más pop, como un medio tiempo. Allí, en el estudio, Enrique tocó el arpegio de inicio con la acústica y yo cogí el *fretless* y empecé a hacer los dibujos de la línea de bajo. Me acuerdo perfectamente de estar grabándolo y de que salía de una manera... Todo esto de empezar con un arpegio, muy tranquilita e ir metiendo poco a poco, lo del bajo que salió en un momento... Estaba Phil al lado, sentado, y le encantó.

Se modificó para dejar los tres primeros minutos como una larga y bella introducción que solo estalla cuando entra toda la banda a partir del verso: «¿Querrás tú rectificar las líneas de mis manos?». El toque oriental se completa con las notas de sitar incluidas tanto en el inicio como en el final. La letra, inspirada en el encuentro con Rijang, es una de las más acertadas que escribió Enrique para Héroes del Silencio, sobre todo si se compara con otras del mismo álbum, retorcidas, largas e incomprensibles. La claridad, a veces, es un valor seguro. La repetición del adverbio «nunca» en el arranque de los versos le da una fuerza y una atemporalidad inauditas. Casi parece un poema de Edgar Allan Poe. Una extraordinaria anáfora, en todo caso.

> *Nunca fue tan breve una despedida*
> *Nunca me creí que fuera definitiva*
> *Nunca quise tanto a nadie en mi vida*
> *Nunca a un ser extraño le llamé mi familia*

De ese viaje nació también *Los placeres de la pobreza*, con otro arranque de estilo oriental, con el tarareo de Enrique como si fuera una salmodia. Estamos ante una de las canciones cañeras del álbum, monótona y acelerada, con ese *riff* de Juan que se repite casi sin grandes cambios, en el que emplea un pedal *wah-wah* que le confiere cierto matiz de sonido, como pasa con el efecto megáfono aplicado a la voz de Enrique. Y la letra, basada en gran parte en el libro de Fernando Sánchez Dragó *El camino del corazón*, como recientemente ha señalado Fernando del Val, habla de la simplicidad ante la complejidad, de lo ancestral en contraposición con lo moderno, y que se convierte en una especie de reivindicación de las culturas primitivas y los valores de la nueva simplicidad. O una especie de renuncia a cambiar las cosas, puesto que la pobreza sería el nuevo valor a predicar. Como declaró Enrique a *Popular 1*, n.º 236:

Esta canción es de un viaje que hicimos a Nepal. Pienso que hay muchas cosas realmente inútiles a las que muchas personas nos aferramos aquí en Occidente, desde la televisión, que es lo más estúpido e innecesario que se pueda imaginar uno, a un sillón, un somier y todo ese tipo de cosas. Los placeres es disfrutar de una vida sin comodidades. Que se puede disfrutar.

Pedro hace una valoración muy interesante: el tema de las desigualdades entre ricos y pobres, Occidente *versus* Oriente, ha sido tratado muchas veces por el folk y el rock; baste pensar en el concierto que organizó George Harrison en 1971 a raíz de las hambrunas de Bangladés. No fue el único; causas parecidas han originado otros, siempre cargados de hipismo, melodías suaves y mensajes claros y contundentes. Pues bien, *Los placeres de la pobreza* se distingue de esas propuestas edulcoradas no solo por las letras, más decididamente poéticas, sino sobre todo por su ritmo desbocado de rock and roll, que no parecería el más adecuado para describir esos mensajes. Es por eso, concluye el batería, que esta canción descoloca tanto.

Flor de loto y *Los placeres de la pobreza* parten de arpegios y *riffs*, respectivamente, creados por Juan, que nunca compartió esa visión, a su juicio algo simplista, de la filosofía oriental. Cuando veía a Enrique llegar al estudio con el sitar se le ponían los pelos de punta. ¿Qué necesidad había de incorporarlo? ¿No tenían bastante ya con las guitarras como para encima meter ese instrumento sin conexión con el rock and roll? Él estaba en un proceso que le llevaba hacia el rock duro, aficionándose a las motos, a las propuestas musicales que llegaban de Estados Unidos encarnadas en grupos como Guns N' Roses o Nirvana, a la ropa de cuero y a Occidente, y todo eso no casaba con él. Él nunca había viajado a esa parte del mundo, no había leído a esos autores hindúes y budistas. Prefería coger su moto y escaparse al Pirineo aragonés, su tierra, y perderse entre esas montañas no tan altas, pero sí más cercanas, habitadas por personas también sencillas y no tan pobres pero que igualmente merecían la atención. Además, debido a todo este asunto del orientalismo, Juan sentía cierta dislocación entre la música y el mensaje, como si las melodías hubieran pasado por su cabeza en estado puro, desligadas de filosofía, y se hubieran contaminado con la de Enrique sin su consentimiento. Heridas que se iban sumando unas a otras. Conflictos entre el modo de ver la vida y su plasmación en el repertorio de Héroes del Silencio. Occidente *versus* Oriente. Alcohol contra hongos. Aislamiento contra extroversión. Hard rock contra rock electrónico. Personalidades que seguían distanciándose en un proceso que no parecía tener fin. O cuyo fin se vislumbraba cada día con mayor claridad. Enrique haría un alegato de sus ideas en declaraciones a *Primera Línea*, n.º 99, en julio de 1993:

> Cada vez me siento más cercano al Sur del mundo en general. Cada vez siento más repulsión por la cultura norteña de todo el mundo: por EU, por el norte de Europa. Me repugna esa forma de vivir y de pensar, las normas éticas que rigen a las personas de estas civilizaciones. Y cada vez me siento más interesado por África, por Sudamérica, por la India, por los países del golfo Pérsico; todo esto me interesa muchísimo. Siempre que he tenido algo de tiempo libre he visitado esas zonas. Me ha encantado visitar México, Cuba (aunque ya está un poco más al norte), la India, Nepal, África. Y quería ir a Israel, pero aún no ha podido ser. Todo esto se puede ver en las letras. Por otra parte, siempre me ha interesado la poesía hindú. Me ha parecido que, sin quererlo, me sentía muy cercano a la forma de escribir de esa gente. Una forma de escribir que es muy inocente, pero a la vez muy simbólica. Me gusta esa manera de utilizar palabras muy sencillas para hablar de cosas muy profundas.

Quizá por todo eso se intentó dividir el álbum en dos bloques temáticos, como recuerda Pedro:

> Fue un planteamiento que estuvo sobre la mesa pero que luego no se concretó. *Los placeres de la pobreza* es Oriente, creo que *La sirena varada* también, *Flor de loto* obviamente, *Tumbas de sal* yo creo que también. *Tesoro* también la hubiera incluido. Bueno, es una lucha interna dentro del disco, una pelea entre tu cultura y otras culturas externas. Era un tema de Enrique, que era quien escribía, pero de alguna manera nos pasa a todos. Y en las letras ya comenzaban las alusiones a los problemas internos del grupo.
>
> Y luego entraban otras consideraciones más consistentes; por ejemplo, la musicalidad de las canciones, la búsqueda de coherencia en las transiciones entre ellas, el engarce del discurso musical, el equilibrio entre baladas y temas acelerados. Al final triunfaron las guitarras y el rock and roll sobre el sitar y el misticismo.

Puede que el diseño del álbum sí fuera un ejemplo de fusión entre ambas tendencias. Fue debido a Pedro Delgado, que ya había trabajado para ellos varias veces y que hizo una labor tal vez excesiva, planteando un diseño sobrecargado en tonos burdeos y dorados. Quizá demasiado barroco, aunque no exento de atractivo. A petición de Enrique, dibujó veinticinco anagramas para que escogieran uno para cada canción, muchos de los cuales están directamente inspirados en la cultura india y nepalí. Hay uno que tiene una historia graciosa, el de *El camino del exceso*, que incluye la siguiente frase: «La persona que sea sorprendida consumiendo o en posesión de enervantes será puesta a disposición de las autoridades competentes. Atentamente, la gerencia». Un cartel con ese mensaje estaba expuesto a la entrada de uno de los recintos donde dieron un concierto en México. Así que lo arrancaron y se lo llevaron. Sirvió también para decorar los pases de *backstage* de la gira homónima.

La foto de portada también tiene su historia. Pedro había pensado en una imagen en la que se viera la entrada al local de ensayo:

> A mí siempre me ha gustado mucho el diseño gráfico y demás, y me dejaron a mí el tema. Quería hacer una foto de una bola de cristal con la imagen exterior del local de ensayo de la calle Rodríguez de la Fuente. Era un poco el destino y esas cosas, y la bola de cristal con todo lo que conlleva. Se hicieron pruebas, pero la calle no daba luz. Es una calle muy chiquita con árboles.

Entonces se cambió de idea y se pensó en la calle Alfonso I, en el centro de Zaragoza, una de las arterias más elegantes del casco histórico, de las más emblemáticas y transitadas de la ciudad, flanqueada por edificios de finales del siglo XIX y de comienzos del XX. Es en este punto cuando interviene Joaquín:

> Compré unas diapositivas AGFA en blanco y negro y fui a la calle Alfonso a hacer fotos. También hice fotos de una bola de cristal para que hubiera material, pero al final no se utilizaron las que yo hice. No tenía Photoshop para hacer el montaje.

Finalmente, fue Antonio Díaz, otro de los colaboradores habituales de la banda, autor de la foto de la segunda portada del EP y del videoclip de *Mar adentro*, quien consiguió distorsionar la estampa de la calle Alfonso I dentro de la bola de cristal. El efecto ojo de pez y las tonalidades burdeos sugerían una ciudad sumergida en un mar de vino tinto.

Hay otra fotografía en el interior. La banda posa vestida de negro riguroso, seria, desafiante, plantada en un estudio londinense, rodeada de sillas caídas, en medio del caos, ante un paisaje que ha creado ella misma de desbarajuste, de rebeldía. Fue obra de John Stoddart, un competente fotógrafo inglés, retratista de celebridades del rock and roll, como de The Rolling Stones e Iggy Pop, y de la escena cinematográfica de su país.

El primer acto político de Héroes del Silencio fue su participación en el festival berlinés Ich Bin Ein Ausländer, el 26 de octubre de 1991. Hasta entonces, ninguna pista habían ofrecido, ni en las letras ni en sus declaraciones, que pudiera asimilarse a un discurso político. Habría que esperar hasta *El espíritu del vino* para intuir algo al respecto en alguna de las letras escritas por Enrique: lecturas que le habían influido, actitudes que detestaba, la influencia innegable de los valores espirituales de Oriente o de los pueblos indígenas que tanto contrastan con los valores materiales de la civilización del consumo propia de las democracias occidentales... Mientras su discurso fue exclusivamente poético, nada podían objetar sus compañeros. Desde el momento en que se vuelve político, aunque solo tímidamente, podía chocar con otras sensibilidades. Para Juan, la disociación entre sus arpegios, creaciones puras de su talento, y el mensaje que pretendía transmitir Enrique era cada vez más evidente. Y todavía se agudizaría más con el paso del tiempo. Es lo que pasa con *Tumbas de sal*, por ejemplo, que parece poner en cuestión ciertas costumbres gregarias y proponer una insumisión:

> *Las bebidas psicoactivas no bombean suficiente*
> *Ni las danzas agresivas ofrecen lo mejor de ti*
> *¿Quién sabe si es mejor así?*
> *Abandona el palacio al azar y a la suerte*
> *Abandónalo*

En todo caso, *Tumbas de sal* tiene más valor como propuesta musical que como soflama política. Juan sostiene que es la única canción auténtica de rock de la banda. Un rock clásico que tiene la particularidad de pasar a notas menores en el estribillo.

Nuestros nombres fue número uno de Los 40 Principales el 19 de junio de 1993; *La herida*, el 30 de octubre de ese mismo año. Un margen de cuatro meses y medio entre ambos, tiempo suficiente para una promoción más que potente y una campaña de márquetin eficaz. Sin embargo, *El espíritu del vino* vendió menos que *Senderos de traición*. Pudo influir en ello que fuera un disco doble. Es cierto que se vendía más caro y que podía dejar más margen de beneficio, pero esto no quedaba compensado debido a la disminución de las ventas. Pura matemática capitalista para un producto revestido de orientalismo y supuestos mensajes antisistema. Los discos dobles no eran del agrado de las discográficas. Tampoco a Phil Manzanera parece que le gustara esta idea. Seguramente, después de escuchar algunos de los temas que lo componen, allá en su estudio, antes de las jornadas de grabación, debió de comprenderlo con claridad. La banda se estaba metiendo en un camino enrevesado, de difícil escapatoria. Pero parecían obcecados, confiaban ciegamente en sus posibilidades y estaban convencidos de salir airosos del envite. ¿Lo consiguieron? No del todo. Y Manzanera, más amigo que productor, dueño de un carácter afable que rehuía el enfrentamiento, no supo pararles los pies. O no quiso. O no acertó con el método. Les dejó hacer, grabó tantos cortes como le propusieron, consintió que muchos temas se alargaran por encima de los seis minutos, con un abuso evidente del barroquismo y las estructuras demasiado complejas.

Lo cierto es que, si se escucha hoy en día el álbum, algunas de sus canciones suenan demasiado largas, y no superan el examen del mero transcurso temporal: *La apariencia no es sincera*, con 7' 02"; *Culpable*, con 6' 04", o *Bendecida*, con 5' 58". En declaraciones a Javier Losilla en *Diván*, libro editado en el año 2000, Enrique manifestó:

Como ocurre con la mayoría de los discos dobles, sencillo habría quedado mucho mejor, sobre todo si hubiésemos sabido contenernos y hacer un poco de autocrítica. Creo que hay canciones excesivamente largas y que tienen estructuras equivocadas. Y que muchas piezas tienen mezclas absolutamente erróneas. En ese disco hay suficiente material para haber hecho el mejor álbum de nuestra carrera. Pero no lo es, por desgracia. Aunque le tengo especial cariño, precisamente por su imperfección. Por la forma de hacerlo y por cómo estábamos nosotros es de alguna forma como el *White Album*, de los Beatles, en el sentido de que cada uno empezamos a desarrollar inquietudes dentro de un disco. Hay canciones que son muy Bunbury, hay canciones que son muy Juan, hay canciones que son muy Joaquín y hay cositas que son muy de Pedro. Ante la confusión en la que estábamos, permitimos todo eso. En ese sentido, también es muy definitorio de la banda, de lo diferentes que éramos.

Joaquín cree, hoy en día, que *El espíritu del vino* es un disco más complejo que *Senderos de traición*, mejor grabado, con una instrumentación más ambiciosa que también requirió de un tiempo extra tanto en Gallery como en Metropolis, y que alcanzó un sonido extraordinario, muy por encima del anterior, y que no sería superado por *Avalancha*, que en este aspecto al menos está al mismo nivel, aunque con una orientación todavía más acusada hacia el rock duro. Y en cuanto a las canciones, cree que a *La herida* le sobraba el final acelerado, algo en lo que coincide con Enrique, pero no con Juan y Pedro, y que hay tres temas que tienen estructuras muy alambicadas y duraciones excesivas. Si hubieran sabido contenerse en este sentido, o hubieran dispuesto de más tiempo, el resultado habría mejorado notablemente. Es el caso de *La apariencia no es sincera*, un tema compuesto bajo la influencia del rock progresivo de bandas como Soundgarden. Tiene un buen *riff* de arranque, pero luego se va complicando en una serie de cambios poco afortunados. Por ejemplo, el estribillo no está bien resuelto. Y encima tiene dos solos de guitarra en lugar de uno. Además, en mitad del tema se introduce una estructura nueva, desde el minuto 2' 28" hasta el 3' 34", cuando Enrique canta: «Podrías pensar lo peor», que se repetirá otra vez, de 5' 17" a 7' 02", con uno de los solos de guitarra. Puede ser una de las claves de esta canción fallida, que la alarga innecesariamente, unos dos minutos. Sin esta parte, hubiera funcionado mejor y se hubiera reducido a 4' 05". Quizá hubo prisas para acabar.

Y Juan, por su parte, también aporta su opinión:

> Cuando haces una canción hay como una fuerza que te dice: «Esta es buena, y ya está». Porque si no es buena, y lo reconoces, tienes que volverla a hacer. Pero ¿y si no hay tiempo? Es muy peligroso decir: «Esta canción no podemos seguir con ella». Porque cunde el desánimo, si has estado trabajando mucho. Hay que cambiarla. «¿Y qué hacemos?» «Esto no me gusta.» Entonces tienes que poner otra cosa. «Pues es que tampoco tengo nada.» O hay algo, o mejor cállate. O se rehace y se buscan nuevas cosas, o mejor no decir nada.

Todo esto se traduce en precipitación, en toma de decisiones erróneas, cierta falta de rigor, afán por seguir adelante. Y por encima de todo, el calendario de la grabación y las exigencias de la compañía. Entonces, resignado, el autor pasa página y sigue adelante, sea cual sea el resultado. Lo cual crea cierto desánimo, que con el tiempo se verá incrementado a la hora de interpretar el tema en los conciertos, circunstancia por la que dejará de incluirse en el repertorio. Y es que lo que no funciona tarde o temprano se tiene que retirar. En todo caso, este asunto no fue discutido en las jornadas londinenses, nadie puso pegas a *La apariencia no es sincera*, ni los cuatro músicos ni Manzanera, que había adoptado un papel algo sumiso ante las exigencias de Héroes del Silencio. ¿Cómo es que Manzanera no dijo nada y se tragó el tema como si tal cosa? ¿No se dio cuenta de sus excesos? ¿No pudo o no quiso aconsejar a los músicos? Quizá los vio tan empecinados en seguir adelante con su proyecto que no quiso meterse. Sus intervenciones fueron bastante discretas, intentando influir en los temas, sí, pero sin mucha convicción. ¿Venían con una exagerada confianza en sí mismos y en su trabajo? ¿El éxito arrollador de *Senderos de traición* por Europa les había provocado cierto engreimiento e iban a sobrevalorar sus posibilidades? Sí, se tenía la impresión de que la canción era muy espesa, pero pasó tal cual al LP, por esa ansia de ofrecer un producto doble. Dice Juan, con acierto, que esta es una canción de la que nadie habla. Mucha gente tiene entre sus favoritas, por ejemplo, *La sirena varada*, pero de *La apariencia no es sincera* nadie le ha dicho nunca nada. Paso algo parecido con otras canciones del álbum.

Como *Culpable* que, sin embargo, arranca de una manera magistral, con un espléndido *riff* distorsionado, compuesto por Juan inspirándose en Keith Richards, al que acompaña un acertado redoble de batería. Más adelante se une una guitarra solista más limpia que también es un gran acierto. Sin embargo, para Juan el estribillo es vulgar, no pega el subidón que debería, se queda corto, le falta originalidad y frustra el tema. No se encontró una alternativa y se quedó así, otra vez por la premura de tiempo. Pero quizá no sea este el problema más grave de la canción, sino el puente que llega después del solo de guitarra, repetido dos veces, seguido de otra estrofa y cuatro estribillos. Si después del solo se hubiera enlazado con un único estribillo, *Culpable* habría quedado más redondo, acortado el tiempo total de 6' 04" a 3' 40, o a 4' 10" con dos estribillos finales.

Y *Bendecida* tiene el mismo problema de estructura que la complica y alarga demasiado, debido a la introducción de un tercer bloque después del segundo estribillo.

Estos tres temas, por la complicación estructural y largura

desmedida unidas a las letras prácticamente incomprensibles, lastran el LP. Canciones que luego no tenían buena salida en los conciertos. Podían trabajarse en estudio, hacer una labor de estructuración e instrumentación más elaborada, dedicarle más tiempo a la grabación, conseguir un buen sonido y que los temas sonaran muy bien en el LP, pero en el directo no funcionaban, era muy difícil conectar con el público. Temas que no dejan respirar en la escucha, tanto que en *Bendecida* Phil Manzanera sugirió, y así está registrado, una ausencia de bajo en un determinado momento para darle aire, en este caso una forma de silencio.

Y luego estaban los caprichos personales, como Z, *El refugio interior* y *Bendecida 2*, que cumplían una función de tregua y pausa sonora entre las canciones, pero que, no obstante, podrían haberse suprimido. Z podría haberse convertido en una buena canción si se hubiera trabajado más. Es una guitarra sureña de influencia country. Juan la interpretó con una guitarra Gibson *vintage* que se compró esos días en una tienda de antigüedades especializada en instrumentos musicales a la que le llevó Phil. Pero quedó así, como un arpegio seminal sin concluir, sin desarrollo, como algunas otras melodías que más adelante Juan editó en *Trigonometralla*. Entonces, un puro divertimento, como *El refugio interior*, de Pedro, que él describe así:

> Eso no fue un solo de batería, ni siquiera es una demostración de pericia; fue una experimentación con *delays* y *chorus* para darle más color. Fue una provocación. Para mí, la batería no es un instrumento para demostrar nada. El batería es parte de una banda, no es un instrumentista. Por eso a mí la palabra «baterista» no me gusta. Ringo Starr, que es mi favorito, nunca hizo un solo. Hay una canción en *Abbey Road* donde toca quince segundos escasos, y eso es un solo. Y luego están los demás. A Larry Mullen nunca le habrás escuchado un solo.

Y como *Bendecida 2*, que tiene tres niveles de voz: el de arranque, que suena como un a capela doblado; el canto en graves de los versos, y la repetición de la estrofa con una voz más aguda. Nada más, ningún instrumento. De haberlas suprimido, de haber suprimido también *La apariencia no es sincera*, *Culpable* y *Bendecida*, entonces, con el resto del material hubieran podido editar un LP grandioso, integrado por: *Nuestros nombres*, *Tesoro*, *Los placeres de la pobreza*, *La herida*, *La sirena varada*, *El camino del exceso*, *Flor de loto*, *Sangre hirviendo*, *Tumbas de sal* y *La alacena*. Diez canciones extraordinarias para una duración de 49' 35". ¿Y si hubieran terminado satisfactoriamente, simplificándolas, *La apariencia no es sincera*, *Culpable* y *Bendecida*, y además hubieran podido culminar el trabajo en *Z*, *Bendecida 2* y *Acústica*, un corte sin letra que sería editado en *Rarezas*? ¿Podrían haberse planteado un disco triple? En todo caso, el material de *El espíritu del vino*, comercializado en dos álbumes, les hubiera dado un año de tranquilidad compositiva.

De los miembros del grupo, Juan es el que tiene actualmente una opinión más elaborada sobre *El espíritu del vino*. Se trata de una autocrítica que reconoce los altibajos creativos que experimentó el grupo en esos años cruciales, desde 1992, cuando tanto los trabajos compositivos como las giras encadenadas comenzaban a complicarse demasiado.

Para Juan, en la historia de Héroes del Silencio hay dos etapas bien distintas:

> *El mar no cesa* y *Senderos de traición* es todo para arriba. Y *El espíritu del vino* y *Avalancha* es todo para abajo. En la segunda parte, cuando *El espíritu del vino* lo entramos a grabar sin haberlo acabado por falta de tiempo, ya empieza el estrés y la responsabilidad. De la primera época es bonito hablar porque hay muchas cosas buenas que decir. De la

segunda época es más duro: muchos problemas y poco entendimiento. Hay muchas fiestas, pero no tengo muy buen recuerdo de esos dos discos.

Las relaciones personales empiezan a deteriorarse paulatinamente y todo se precipita cuesta abajo. Quizá, en su opinión, se pasaron en algunos aspectos: el excesivo endurecimiento del sonido, que hizo saltar chispas, particularmente con Enrique, menos propenso al rock que sus compañeros; el cansancio acumulado por no haber podido parar a tiempo y verse metidos en una vorágine imparable de composición, registro e interpretación de sus canciones, que por otro lado ya no surgían con la misma naturalidad; los excesos parece que inevitables del tipo de vida de una estrella del rock and roll, que fueron haciendo mella en los músicos... Quizá no fueron lo suficientemente sabios como para seguir componiendo buenas canciones. Conocieron sus límites y pagaron el precio:

> A veces creo que hubiera hecho bien en tener el sonido de *Senderos* más años, porque mi sonido personal es el de *Senderos*. Pero estaba cansado de hacer canciones de acordes, todo limpio, tipo The Smiths. Quería divertirme más en directo. Aparte de descubrir a los guitarristas que más me gustaban, que eran todos heavies, quería divertirme a la vez que tocar, hacer rock and roll y pasarlo bien.

¿Fue un error? La música, a partir de este nuevo disco, declinó y fue responsabilidad de todos, un exceso de confianza, un endurecimiento sin medida, melodías de guitarra y de voz peores. Como si desde *Senderos de traición* hubieran ido dando tumbos, en busca de un rock duro de moda en la época, que los hubiera llevado por un camino demasiado irregular, perdiendo su auténtica personalidad, lo que los distinguía del resto de las bandas. Y este declinar de la música, aunque es verdad que en *El espíritu del vino* hay grandes temas como *La sirena varada* o *Tesoro*, supuso también un declinar de las ganas de tocar, de interpretar esas composiciones menores o peor trabadas, en un momento en que las giras se hacían interminables, en que la fama del grupo y los requerimientos para tocar se hacían casi planetarios, lo que no hizo sino convertir esas giras, poco a poco, de un camino de exceso a otro de espinas y silencio. Si tocar lo que gusta puede resultar redundante, tocar lo que no gusta puede ser penoso. Llegó un momento en que al interpretar los temas de *El espíritu del vino* se notaba que algo no funcionaba del todo bien, al contrario de lo que había pasado en la gira *Senda 91*, en la que no surgieron esas dudas. Las sensaciones que experimentaba al interpretar temas como *Entre dos tierras* no se revivían. Quizá el listón estaba tan alto que no fueron capaces de sobrepasarlo. Componer una canción perfecta tenía esos inconvenientes, la casi imposibilidad de superarla, la frustración que eso provocaba, también en los aficionados, que asistían incrédulos a la decadencia de la banda, tan temida, tan natural.

De alguna manera se perdió frescura, aunque se ganó en dureza, se ganó admiración por parte del mundo roquero, pero se perdió espontaneidad. Y este fenómeno se iría acrecentando hasta culminar en *Avalancha*. Y la gira fue el reflejo de ese cambio, la constatación de un cierto error. Hubo un relativo bajón de espectadores convencionales, suplido por la afluencia de un público más roquero, las ventas del LP no fueron tan espectaculares como las del disco anterior. Al menos Juan llegó a comprender que hubo errores, que no se asumió algo inevitable, que en la historia de la banda habría que haber sabido convivir entre etapas de esplendor y otras más mediocres, haber asumido que no siempre los discos debían ser brillantes, que a uno bueno le podían seguir dos malos hasta volver a componer otro excelente.

A pesar de todo, fue un gran disco, salieron airosos de semejante reto con un puñado de grandes canciones que sonaban de maravilla. También fue el momento en que la crítica española empezó a cambiar de opinión en términos generales, aunque siempre hubo críticos recalcitrantes que no les perdonaron ni una. El éxito en Europa y el nuevo LP cambiaron radicalmente este aspecto del pasado, cuando se los tenía por una banda de guaperas que hacían música para adolescentes. Y en las giras que se aprestaban a comenzar podrían ofrecer un verdadero espectáculo de rock and roll, enriquecido por temas como *Nuestros nombres*, *Los placeres de la pobreza*, *Sangre hirviendo* y *Tumbas de sal*. El repertorio se iba endureciendo y ellos también. Una nueva temporada de excesos comenzaba.

El Exceso, Sociedad Limitada

El día anterior habían estado de viaje. Uno de esos largos y agotadores desplazamientos para cruzar el país casi entero. Desde Punta Umbría hasta Zaragoza, 950 kilómetros, diez horas metidos en la furgoneta, aunque eso ni era una novedad ni les suponía un quebranto mayor. Estaban acostumbrados. Aprovecharon para descabezar un sueño mientras recorrían la A4 y la A2, ya inauguradas. De algo habían servido las celebraciones de 1992, debían estar agradecidos al gobierno socialista y su afán por modernizar el país. Pero ¿estaban notando ya las consecuencias de tanto despilfarro? Quizá sí. De eso estaban preocupados en la agencia; Pito decía que el verano estaba siendo raro. Bastante caluroso y extraño.

En Zaragoza también hacía mucho calor. 19 de julio de 1993, en plena canícula, a las once de la mañana uno podía sudar ya la gota gorda. Habían quedado en la plaza de los Sitios, en el cruce entre las calles Zurita y Ricardo Magdalena. Había gente que ya los reconocía, algunos se acercaban a saludarlos, darles la enhorabuena, felicitarlos por las canciones; ellos sí estaban poniendo el nombre de la ciudad sobre el mapa. Un rasgo definitorio de la banda era la honra de sentirse aragoneses y zaragozanos, bandera que llevaban por el mundo con indisimulado orgullo. Hasta de Alemania llegaban reporteros en busca de sus raíces. Y chicas despistadas con mochilas que necesitaban alojamientos baratos. ¿Dónde tenían el local de ensayo? ¿Y ese bar del que eran propietarios? Ellos no tenían ningún bar, ni falta que les hacía. De la furgoneta a la cama, de la cama a la notaría, de la notaría al Teatro Principal y al día siguiente salir pitando hacia Madrid. Desandar el camino, hacia el sur otra vez, la A2, que conocían como si fuera el pasillo de su casa.

La notaría estaba en el principal de un edificio burgués, en el número 18 de la plaza de los Sitios, un chaflán imponente. Portalón de hierro forjado, amplio zaguán que en tiempos podía recibir los automóviles de los residentes, escaleras nobles, vetusto ascensor con banco para sentarse. El portero les preguntó adónde iban. Se los quedó mirando extrañado, no los tenía fichados, y eso que también había por allí niños de papá con pintas raras. Pero esos tipos se llevaban la palma. La recepcionista también se los quedó mirando, ella era más joven y sabía quiénes eran; desde hacía varios días se había preparado, así que hizo la señal convenida con otras dos compañeras y las tres sacaron sus discos. Ejemplares recién comprados de *El espíritu del vino* para que se los firmaran. De firmas allí se sabía mucho, era la actividad principal del negocio. Y los rotuladores también preparados, de esos que no se corre la tinta aunque se pase la mano por encima nada más firmar. Que no quede nada a la improvisación. En la sala de espera les había dejado unos botellines de agua.

Estuvieron un rato metidos en la sala, hojeando revistas, mirando por la ventana, recién duchados y somnolientos. A Enrique se le notaba mucho el golpe en el ojo. Un lance del directo, gajes del oficio. Solo unos minutos después los hicieron pasar al despacho del notario. Se llamaba Honorio Romero y no, no era el titular, que estaba de vacaciones, les dijo saludándolos ceremoniosamente uno a uno. Les pidió los carnets y leyó sus filiaciones, los domicilios legales, todo correcto. Sin más preámbulos, comenzó la lectura de la escritura.

Lecturas como esa las hacía a montones. Eran modelos a los que solo había que cambiar los nombres y algunos datos más. En este caso, el capital social sería de 2 millones de pesetas (12.020 euros) repartidos en doscientas participaciones, cincuenta para cada uno, medio millón (3.005 euros) de aportación individual. El objeto social, claro, también se dejaba en blanco, un hueco para añadir «edición musical»; así, sin más, parecía tan poca cosa, pero escondía un negocio millonario. Y los cuatro chicos serían, a la vez que socios a partes iguales, los administradores solidarios. Lo que tú hagas me repercute, lo que yo haga te vincula como en un pacto firmado con sangre. Con tinta en este caso, de esa que tampoco se corre al pasar la mano porque el papel es poroso, timbrado, no como la carátula de un vinilo. Lo del domicilio social era más raro, eso debió de pensar Honorio al leerlo, calle Martínez Corrochano, 3, tercero, Madrid. Se los quedó mirando, pero ninguno tuvo la necesidad de explicarle que era la sede de 10/Diez, de Tirana, de todas las actividades de Pito, que sumaba así otra más. Lo del nombre sí que tenía su miga, mira que llevaba años leyendo escrituras prácticamente idénticas, pero nunca había visto nada igual. ¿Con qué intención habían escogido esa razón social? Eso pareció reflejar el rostro del notario, un interrogante, cuando leyó, ya para terminar, el nombre que había elegido Enrique: El Exceso, Sociedad Limitada.

Alan Boguslavsky no estuvo en la firma de la escritura. Se había incorporado a la banda en mayo de 1993, para los ensayos de la gira, y no iba a tener acciones o cargo en El Exceso, SL, sino un sueldo pactado por concierto. Su cometido sería reforzar el sonido de Héroes del Silencio con la guitarra rítmica.

Hacía mucho tiempo que Juan le daba vueltas a la idea de incorporar a un guitarrista que le echara una mano en los conciertos. Siempre había soñado con reforzar el sonido guitarrero y escorarse hacia un rock and roll más contundente. Para ello, la guitarra rítmica se le antojaba fundamental, de esa manera podría entretenerse con mayor holgura y comodidad a la hora de puntear los solos, incluso improvisar, hacer cosas nuevas según se le fueran ocurriendo, dar más cuerpo al sonido de la banda. Ya en *Senderos de traición* había grabado las rítmicas y las solistas, y se había pasado la gira subsiguiente, *Senda 91*, haciendo malabarismos sobre el escenario. Ahora que acababan de grabar *El espíritu del vino* el problema se había agudizado al haber introducido mayor complejidad en sus guitarras. La necesidad de un segundo guitarrista era hasta perentoria. Alguien que cobrara un buen sueldo y no se le subiera a la chepa. Un tipo que comprendiera el papel que se le otorgaba.

Ya en mayo de 1991, cuando se habló por primera vez de contratar un guitarrista, se acercó hasta el concierto de Bilbao uno de prestigio nacional para ofrecerse a la banda, pero no llegaron a ningún acuerdo. Además, creían que el nuevo miembro debía tener buena imagen, que al menos no desentonara con el resto, que vistiera como viste un roquero, que tuviera actitud y pose. Quizá por esto tampoco cuajó la segunda opción que se barajó, la de un guitarrista inglés que pululaba por el estudio de Phil Manzanera en Chertsey durante la grabación de *El espíritu del vino*. Era un tipo alto y desgarbado, mayor que ellos, que no cuadraba bien con la estética de la banda.

Fue Pedro el que conoció a Alan en una fiesta que dio en México DF la cantante Kenny Avilés, en octubre de 1992, la primera vez que ellos viajaron a ese país. Alan había sido pareja sentimental de otra cantante mexicana, Zü, que en esas fechas era la compañera de Pito. Era un tipo muy agradable, joven y atractivo, con una imagen moderna, guitarrista reconocido en los ambientes musicales mexicanos, no en vano había pasado por grupos como El Huitlacoche y Kenny y los Eléctricos. Así que, ya en Inglaterra, Pedro se acordó de él y entre todos convinieron en llamarle y hacerle una prueba. Alan voló hasta Londres, se presentó en los Gallery Studios y se sometió al examen de Juan:

En ese momento ya no nos llevábamos bien, yo me sentía un poco solo en el grupo, no me hablaba con nadie y llegó Alan con los brazos abiertos. Yo era el que lo iba a examinar, digamos. El examen fue que nos cogimos los dos una cogorza tan enorme que le dije: «Tú eres el mejor». Después de que hubiéramos hecho un poco de blues, de pentatónica. El tío sí que tenía cierta actitud. Me di cuenta de que lo que quería era tener compañía, por las relaciones un poco deterioradas, grabando un disco sin acabar, mucha presión, mucho alcohol, mucha fiesta. Y enfados con uno, con el otro, y de repente que llega el nuevo guitarra.

Sin embargo, las cosas comenzaron a torcerse enseguida. En uno de los primeros conciertos de la gira, nada menos que con Def Leppard, Alan se puso a correr de un lado al otro del escenario, moviendo su melena, dejando a sus compañeros y a los técnicos pasmados. Ni Juan ni Joaquín se movían mucho de su sitio. Esa era competencia exclusiva de Enrique, que recorría incansable los escenarios enfrascado en su interpretación. Tuvieron que llamarle la atención para que no volviera a hacerlo. Empezó a haber roces entre Juan y Alan. El mexicano se tomaba demasiadas libertades, quizá no había entendido bien el papel que se le había asignado. Tanto fue así que, al poco de arrancar la gira, Juan quiso prescindir de sus servicios, a pesar de que esto supondría volver a responsabilizarse en solitario de las densas estructuras de guitarras de las nuevas canciones. Se lo comunicó a sus compañeros, a Martín, a Pito, que parecían estar de acuerdo. Pero Enrique se opuso. La agencia había contratado más de cuarenta conciertos por Europa y no se podían echar atrás. Así que Alan se quedó, decantándose por la sombra del árbol más frondoso, la del *frontman* de la banda.

Es en este punto en el que Pedro se explaya más, quizá porque siente cierta responsabilidad en el asunto de Alan, al haber sugerido él su nombre después de conocerlo en México DF. Según el batería, la decisión de incorporar a Alan fue un error, un problema que se introdujo en la banda y que provocó una brecha entre ellos, particularmente entre Juan y el resto, y que tendría sus consecuencias con el paso de los años. Una decisión precipitada que no se corrigió cuando se pudo. Quizá, dice Pedro, no se ha ponderado bien en la historia del grupo lo que en verdad supuso.

Esta vez se tomaron muy en serio los ensayos preparatorios para la gira en ciernes. Como no era posible hacerlos en el local de la calle Rodríguez de la Fuente, que se había quedado pequeño para los cinco y el material que llevarían, alquilaron una nave en un polígono industrial cerca de Alfajarín. Estuvieron trabajando durante la primera quincena de mayo de 1993. Allí estuvo Alan, puliendo junto a sus nuevos compañeros el repertorio que iban a ofrecer. Se probaban las canciones de los tres álbumes en busca de la secuencia que les pareciera más conveniente para el duro espectáculo de rock que estaban preparando. Algunas de *El espíritu del vino* fueron descartadas: *La apariencia no es sincera* y *Culpable*.

Luego, antes de desplazarse hasta Bamberg para el primer concierto, que tendría lugar el 21 de mayo de 1993, estuvieron en otra nave, esta vez en Alcalá de Henares, junto al equipo al completo de Turborent. Al menos para los conciertos más importantes de la gira española de verano, se decidió que desplazarían un escenario de grandes proporciones, unos quince metros de ancho por catorce de profundidad, elevado sobre el nivel del suelo dos metros. Cuatro columnas metálicas de diez metros de alto sostendrían los focos que iluminarían el espectáculo, entre los que había tres grandes triángulos llenos de lámparas. Por ahí andaba Miguel González, otra vez el responsable del diseño de la iluminación, charlando con Enrique, intercambiando impresiones sobre las tonalidades de color que deberían predominar en el espectáculo. Como en giras anteriores, también en esta ocasión se instalaron rampas laterales para el acceso a la plataforma que cruzaba el escenario por detrás. Así, tanto Juan como Enrique podrían evolucionar a sus anchas. No se olvidaron del ventilador fabricado con un motor de lavadora. Y la gran novedad, un gran telón para cubrir la parte frontal del escenario, de color granate y dorado en concordancia con la portada del nuevo álbum, que lucía en el centro un logotipo de la banda, además de un triángulo en la parte superior con un símbolo similar al mantra Om y dos ojos a través de los cuales se proyectaban sendos haces de luz sobre el público. El plan era que Juan se colocara sobre la pasarela como había hecho en *Senda 91*, aunque en lugar de comenzar con *Entre dos tierras* lo haría con *Nuestros nombres*, momento en el que caería el telón para descubrir la presencia de la banda al completo, en plena actuación. También el equipo de sonido era espectacular. Su responsable era Floren, y había pensado poner cuarenta pantallas dispuestas en dos PA a ambos lados del escenario, y los *subwoofers* debajo de este. El *backline* era decisión de cada uno de los músicos: Alan se decantó por dos cabezales y dos pantallas Marshall; Joaquín, por dos pantallas Marshall y dos *subwoofers* de la misma marca, y Juan, por cuatro cabezales y ocho pantallas Marshall, también. Era la marca que les gustaba, la más roquera, y puede que ya sacara de quicio a Enrique, quien, sin embargo, prefería callar por el momento. Y Pedro con la Sonor que se había comprado hacía poco en Alemania para sustituir a la vieja Tama, una batería que había configurado con caja, bombo, *charles*, tres aéreos y dos bases. Una tralla auténtica. Una banda que iba a sonar a las mil maravillas, potente, impresionante: 65.000 vatios de sonido, 360.000 de luz. Un caché de 6 millones de pesetas (36.060 euros). Eso, al menos, esperaban por esas fechas, en mayo de 1993, previendo un verano de carretera y manta, un agosto tan cuajado de conciertos como en los años anteriores.

El camino del exceso fue el nombre escogido por Enrique para la gira que, salvo el parón del 6 de enero al 7 de abril de 1994, comenzó en Bamberg el 21 de mayo de 1993 y terminó en Kerhsatz (Finlandia), el 16 de julio de 1994. Catorce meses sin descanso, una nueva prueba de fuego para los cinco músicos, 138 conciertos, uno cada dos días, el tiempo justo para desplazarse de ciudad en ciudad por Alemania, Suiza, Austria, España, Inglaterra, Italia, Portugal, Dinamarca, Suecia, Bélgica, Francia, Luxemburgo, México, Chile, Argentina y Finlandia, lo nunca visto en el panorama musical español. Contratada por una de las agencias más importantes de Europa, la de Marek Lieberberg, iría alternando espectáculos en España en grandes recintos, otros en locales de tamaño medio en Europa y América, y la asistencia a los principales festivales de verano, una forma de presentar la música en vivo que apenas había llegado a España. La mención de los grupos con los que compartieron carteles en esos festivales quita el hipo: Bryan Adams, Placebo, Lenny Kravitz, The Black Crowes, Robert Plant, Def Leppard, An Emotional Fish, Leonard Cohen, The Godfathers, Fischer-Z, The Beach Boys, The Kinks, Uriah Heep, Aerosmith...

Parece en verdad excesivo. En 1993 y 1994 todo fue desmedido: la misma grabación de un doble LP que había costado sudor y lágrimas terminar, lleno de temas tan largos como imposibles, muchos de los cuales ni siquiera podían interpretarse en directo; el calendario de actuaciones planificado entre Marek Lieberberg y Pito, quienes parecían dispuestos a exprimirlos más allá de lo razonable; la presión extrema que sufrió la banda y que se tradujo en constantes rumores de ruptura; los excesos de alcohol y drogas a los que se dieron sus componentes; las presiones por parte del círculo de influencia, la agencia, la discográfica, siempre al acecho para que se metieran a grabar un nuevo LP; el cansancio general después de tantos años de actividad ininterrumpida... Es entonces cuando empiezan a llamar al grupo «el buque», un símil acertado que definía bien la manera de funcionar de Héroes del Silencio y que se le había ocurrido a Phil Manzanera. Era cómo un barco de gran tonelaje, que necesitaba muchas manos para avanzar, que viajaba sin detenerse a una velocidad de crucero, que resultaba difícil de controlar, cualquier maniobra debía preverse con mucho tiempo de anticipación. Llegar a puerto y atracar era una operación que requería parar los motores mucho antes, dejarse llevar por la inercia, invertirlos en el momento adecuado, aproximarse al dique lentamente, tirar las defensas, lanzar las amarras. Echar el ancla a babor. De un extremo, la argolla. Del otro...

Para empezar, Leonard Cohen. Toda una leyenda de la música popular, un gran referente, sobre todo para Enrique y en lo que a sus textos se refería. Fue en Constanza (Suiza), junto al lago del mismo nombre, en el festival Rock am See, el 22 de mayo de 1993. Joaquín se coló para hacerle fotos:

> Le intenté hacer fotos desde un lateral y me vino la representante o quien fuera a decirme: «Pero ¿le ha pedido usted permiso para hacer fotos?». No. «Entonces ¡cómo se le ocurre, vaya falta de respeto!» Después de tocar nosotros debí de subir con la cámara a hacer alguna fotillo, por curiosidad. Nada, ya guardo la cámara, que no pasa nada.

Luego, en el *backstage*, pudieron estrecharle la mano, intercambiar cuatro palabras con él. Del resto de los grupos que participaron, pocas referencias: Die Fantastischen Vier, Patent Ochsner, The Ukrainians, Pur; la verdad es que no dicen mucho. Pero Pur, por ejemplo, fue una banda alemana tremendamente popular que alimentaba el *top ten* del país constantemente con sus éxitos.

Solo unos días después, los festivales hermanos, el Rock Insel y el Rock am Ring, que se celebraban durante dos días consecutivos, el primero en Viena el 29 de mayo, el segundo en el circuito de Nürburgring el 30. Ambos multitudinarios. En el *running order* facilitado por la organización venían los horarios de actuación de los grupos en Viena:

> Stand to Fall, 10 a 10.35 a.m.; An Emotional Fish, 10.50 a 11.35 a.m.; Ugly Kid Joe, 11.50 a 12.35 p.m.; Die Fantastischen Vier, 12.55 a 1.40 p.m.; Danzig, 2 a 3 p.m.; Lenny Kravitz, 3.30 a 4.30 p.m.; The Black Crowes, 5 a 6 p.m.; Robert Plant, 6.30 a 7.30 p.m.; Def Leppard, 8 a 9.30 p.m.; Héroes del Silencio, 10 a 11 p.m.

¡Impresionante! Era la segunda vez que los contrataban y ya eran los cabezas de cartel. ¡Tocaban los últimos, a las diez de la noche, en un estadio abarrotado, y después de nueve grupos, el primero de los cuales había comenzado su actuación a las diez de la mañana, doce horas antes! ¡Y qué grupos! An Emotional Fish con su *Celebrate*, Danzig, heavy metal estadounidense, Lenny Kravitz, The Black Crowes, no necesitaban ni presentación. Y qué decir de Def Leppard, la banda de rock de Sheffield, que ha vendido más de cien millones de copias de sus álbumes. Y, sobre todos ellos, Robert Plant, el mítico cantante de Led Zeppelin, la voz del hard rock. Con cuarenta y cuatro años seguía recorriendo los escenarios del mundo y había sido telonero de Héroes del Silencio. Pero Joaquín matiza esta aseveración:

> Un día se hacía en Austria, en un campo de fútbol de Viena, y al siguiente en Nürburgring, y claro, los cabezas de cartel se querían ir pronto porque había que viajar para el concierto del día siguiente, y por eso tocamos los últimos. ¡Pero hay que decir que tocamos después de Danzig, Lenny Kravitz, Black Crowes, Robert Plant y Def Leppard! ¡¡Después!!

Así que el orden de actuaciones siguió un doble criterio: por un lado, los más importantes debían tocar en horas de máxima audiencia, pero no demasiado tarde, así que por eso los dejaron a ellos en último lugar. Serían los que menos tiempo tendrían para ir al circuito, aunque a la vez compensaba ser los que cerraran un concierto tan multitudinario. Sigue recordando Joaquín:

> Había dos escenarios. Mientras se tocaba en uno, se quitaba el *backline* del grupo anterior y ponían el tuyo. Se hacía una prueba de sonido discreta porque había un grupo tocando en el otro escenario. Se solía tocar unos cuarenta minutos. En la parte de atrás del escenario había un montón de caravanas que hacían de camerinos. Se intimaba poco con los demás músicos, eran estrellas e iban a lo suyo. Había poco que hacer, poco mando sobre la situación. Te toca actuar dentro de diez minutos, te preparas, te pones allí, acaba el otro y enseguida empiezas. Había 100.000 personas delante.

Y la anécdota que vivieron con Robert Plant en Viena. Cuando acometieron la interpretación de *Decadencia* e incluyeron en el *medley* un fragmento de *Rock and Roll*, de Led Zeppelin, ya sabían que el cantante inglés estaba por allí. Y, efectivamente, parece ser que Plant los vio, y que poco después haría unas declaraciones sobre Enrique para *Der Spiegel* no exentas de ironía. Más tarde, a finales de ese año, el 15 de diciembre, volvieron a coincidir con Plant en Múnich. Joaquín se acercó a entregarle unas ampliaciones de los retratos que le había hecho en mayo, que al parecer aceptó con cierta suficiencia. También se lo encontraron un día en un aeropuerto, como recuerda Juan:

> De repente vemos a Robert Plant con todos sus músicos. Íbamos todos seguramente vestidos de negro. Me lo en-

cuentro y yo voy magnéticamente directo a darle la mano. Y también le dan la mano todos. Y luego, cuando ya nos vamos, el tío se pone a cantar: «Yo no soy marinerooo, yo no soy marinerooo...». Y le responde Pito: «Por ti seré, por ti seréeé».

Aún estuvieron en tres festivales más. El 5 de junio de 1993 en el Ochtrup Open Air, junto a Fischer-Z y Godfathers, dos grupos de referencia de la New Wave inglesa. Luego, en el Tollwood Sommer Festival, que se celebra durante veinticinco días entre junio y julio de cada año en el Olympia Park de Múnich, donde actuaron el 5 de julio junto a Manfred Mann. Pero lo mejor estaba por llegar. El 10 de julio se presentaron en el Out in the Green Garden Festival de Frauenfeld, cerca de Zúrich, otro de los festivales punteros de Europa, que duraba tres días y recibía una media de 50.000 espectadores por jornada. Y allí estuvieron ellos, compartiendo cartel con tres de los grandes de la historia del rock: Uriah Heep, que ya andaba de capa caída después de haber arrasado con su rock progresivo a principios de los años setenta, y donde había militado fugazmente el bajista John Wetton, que le había alquilado su bajo Zon Legacy a Joaquín para la grabación de *El espíritu del vino*; The Beach Boys, nada menos, la mítica banda californiana de Brian Wilson, con su archiconocido sonido surfero, y The Kinks.

Nada más y nada menos que The Kinks, el tercer grupo en discordia del rock inglés, junto a The Beatles y de The Rolling Stones. La capacidad compositiva de su vocalista y líder, Ray Davies, es de las más proteicas de la historia del rock and roll. Compuso centenares de canciones, muchas de ellas inolvidables, como *Come On Now*, *David Watts*, *Don't Ever Change*, *Lola*, *Sunny Afternoon*, *Life On The Road*, *Come Dancing*, *Victoria*, por mencionar unas pocas. En 1993, desde luego, estaban en la recta final de su carrera, después de haber sufrido múltiples altibajos. Acababan de publicar *Phobia*, un LP que pasó desapercibido, algo habitual en esos últimos años de actividad. Era un grupo de culto, que vivía del pasado, pero cuya leyenda ya era inmortal. Solo tres años después, en 1996, se separarían definitivamente.

Pero quizá no todos los músicos de la banda tengan esta misma visión. The Kinks les quedaban un poco a desmano. Juan los veía como unos tipos maduros. Ray Davies estaba a punto de cumplir cincuenta años. Eran músicos de otra generación, de los que tenía algunas referencias, sí, pero que no había seguido, no conocía su discografía. No le producía tanta emoción tocar en un mismo festival. No era la música que le interesaba; The Kinks hacían canciones simples de rock, sin una instrumentación compleja, y él buscaba otras cosas en esos años, sobre todo el rock que se hacía en Estados Unidos. Es cierto que estuvo escuchándolos desde un lateral del escenario, pero sin demasiado entusiasmo.

«Rock bajo el volcán», así se anunciaba la presentación mundial de *El espíritu del vino*. De nuevo los tópicos sobre la pasión de los españoles, el fuego que recorre sus entrañas, la fogosidad como amantes, el frenesí de una música compuesta con el corazón. Fue el día 3 de junio de 1993 en Berlín. Dado el éxito obtenido en Alemania desde 1992, donde habían vendido más de 250.000 ejemplares de *Senderos de traición*, no fue de extrañar que se escogiera esa ciudad para la presentación del álbum. Tuvo lugar en el Tiergarten, el gran parque del centro, en una carpa que llamaban Tempodrom, con capacidad para 2.500 espectadores, con las entradas vendidas con mucha anticipación y la presencia de medios de comunicación de media Europa, también españoles desplazados ex profeso. Dos días después de ponerse a la venta, *El espíritu del vino* ya era disco de oro en Alemania con 50.000 copias vendidas, así que se les hizo entrega del correspondiente trofeo. Y no defraudaron. Enrique se lanzó al público varias veces y le costó Dios y ayuda salir de entre los brazos de sus seguidores, en su mayoría gente de mediana edad, roqueros de la ciudad, amantes de la música de culto.

Granada, 9 de junio de 1993. Palacio de Deportes, 1.800 espectadores, media entrada para la primera visita de la banda a la ciudad andaluza. Valencia, 7 de julio. Plaza de toros, otra entrada floja, se ven espacios en el albero, en las gradas. De nuevo, una crítica irrespetuosa, esta vez en el diario *Turia*, que deja bien claro que su autor ni siquiera asistió al concierto: habla de pop blandengue cuando la banda acababa de pasar su reválida roquera tocando junto a Danzig, Def Leppard y Robert Plant. El título, «Vergüenza ajena»:

> Este cuarteto zaragozano llega a un gran sector del público (desmayos incluidos) que cree ver en ellos la representación por antonomasia de la «audiencia rockera». Evidentemente, se trata de un público que solo puede compararlos con Presuntos Implicados o Mecano, pop servido como papilla desde las radio fórmulas.

Elche, 11 de agosto. Estadio Martínez Valero, muy poco público a pesar de la promoción del concierto que se había hecho. En *La Verdad* del día 13 escriben:

> Mal están las cosas para que un grupo como Héroes no llene una actuación. Este verano ni siquiera los puntales arrasan y desde luego en Elche no faltó ni promoción, ni organización.

Ejemplos como estos se repitieron demasiado durante la gira española del verano de 1993. Entradas decepcionantes, pocas contrataciones. En 1989 y 1990 fueron dieciséis. En 1992, veintiséis nada menos, casi sin tiempo para descansar. En 1993, demasiados días libres, un mes casi vacío, ya que tampoco actuaron en Europa. Algo extraño estaba sucediendo, ya lo habían intuido en la agencia meses antes, pero nadie es profeta, nadie puede prever esas circunstancias.

Varios fueron los factores que contribuyeron al relativo fracaso de la gira española de 1993. El primero, la gran crisis de 1992, que se instaló en la economía en el otoño de ese año, después de la ceremonia de clausura de los Juegos Olímpicos celebrados en Barcelona y del cierre de la Exposición Universal de Sevilla. Era algo que se sabía, que estaba latente, pero no se anunció a bombo y platillo hasta que los fastos terminaron. Se quiso ocultar a la población para no ensombrecer la fiesta, aunque los expertos ya lo anunciaban. Los excesos presupuestarios habían vaciado las arcas del Estado. Infraestructuras, autovías, ferrocarriles de alta velocidad…, se había tirado la casa por la ventana y la fiesta se tradujo en tres millones y medio de parados, una deuda pública cercana al 70% del PIB y un enorme déficit fiscal. Claro, entonces los ayuntamientos las estaban pasando canutas, no tenían ni un céntimo, el país no estaba para dispendios. La alegre contratación de espectáculos de rock de los años anteriores se había acabado. Los ayuntamientos gobernados por el PSOE ya no podían ofrecer conciertos para las masas. Se terminaron las vacas gordas. Si a eso se sumaba la errónea previsión hecha en mayo por el entorno de la banda, el cóctel resultó letal. Durante los ensayos de la gira en Alcalá de Henares se había decidido llevar un espectáculo casi grandilocuente, dadas las circunstancias. Demasiados vatios de luz y sonido. Un caché muy elevado. Recintos que solo dos años antes habían llenado, quedaban a la mitad de su aforo. Nadie supo prevenir correctamente la debacle que se avecinaba. La miopía se juntaba con la avaricia. Pero, como asegura Pedro:

> Para mí no llenar un concierto es parte de la carrera de cualquier artista del mundo. A veces es una maravilla y a veces no. En Europa todo va, pero Europa es muchísimo más coherente que España. Los aforos son menores, aquí

son mayores y el criterio es erróneo. El fracaso lo paga la banda siempre. Y es cierto que *El espíritu del vino* no tiene grandes *hits*. Se empieza con *Nuestros nombres*, que para mí es un tema muy difícil, dura siete minutos y ya estamos pidiendo más de la cuenta. Se pretende ocho o diez mil personas y no las hay. Cuatro mil, petado, ocho mil, media entrada. Eso se llama codicia.

Se habían escorado hacia el rock duro y eso también disuadió a una parte de sus seguidores tradicionales. Público más roquero *versus* público convencional. En todo caso, no les quedaría otra opción que rectificar lo mal hecho y plantearse los conciertos del invierno español de otra forma.

Madrid, 16 de junio de 1993. Otra vez llenazo en el Palacio de Deportes para la presentación en España de su último trabajo. Curiosamente, el acto coincide con la visita del papa Juan Pablo II y con la final de la Copa del Rey entre el Madrid y el Barcelona. Una parte de la crítica madrileña empieza a cambiar la visión que tiene del grupo, como muestra un artículo en el *ABC* del día siguiente firmado por Manuel Martínez Cascante:

> Hasta hace unos meses, quizá hasta ayer mismo, a Héroes del Silencio se les tenía por pasto para adolescentes y carnaza para la crítica, que en buena parte les esperaba venir, ¡plato!, con la artillería cargada. Pero es probable que desde ahora, al cuarteto zaragozano se le empiece a considerar un grupo «cuajado», competente y profesional... El grupo mantuvo como principal característica la chispa con la que encienden sus guitarras para levantar un muro sonoro apabullante. Esa cualidad, que acostumbraba a devenir en monotonía y estolidez, se ha alterado favorablemente con la apertura a nuevas maneras en este último disco, para

buscar arreglos más coloristas, melodías más dulces, distintas instrumentaciones...

Una de cal y otra de arena, porque en Barcelona, donde tocaron un par de veces, en el Palau Sant Jordi y en Zeleste, los días 23 de septiembre y 23 de diciembre, respectivamente, volvieron a cosechar la consabida cascada de exabruptos. Tampoco les faltaban detractores dentro del espectro de las revistas musicales de la época. Así, tanto *Rock de Lux* como *Ruta 66* simplemente los ignoraron. A veces, con excepciones muy desafortunadas, como señala Juan:

> «Las heroínas invertidas y fregonas del silencio.» Eso dijo Xavier Cervantes, que escribe en el *Ruta 66*, que son los que saben lo que es lo bueno. Luego Xavier Cervantes aparece por Barcelona para hacernos una entrevista, pero yo digo: «A ese no se la concedo. No voy a hablar con él».

Estas revistas podían glosar las bondades de otros grupos de la movida zaragozana, como Más Birras, Mestizos o John Landis Fans, pero de ellos, ni palabra. No les dedicaron ni una línea entre 1988, fecha de la edición de su primer EP, y 1996, año de su disolución. Silencio absoluto para un fenómeno que se extendía por el resto del mundo. Como dice Pedro, eran revistas de marcada línea alternativa. *A sensu contrario*, todo lo que oliera a éxito popular debía de provocarles el rechazo más absoluto. Simplemente, lo ignoraban, como quien huye del diablo. Sin embargo, se contradecían, puesto que no tenían remilgos a la hora de hablar de bandas o solistas de éxito como Radiohead o Nick Cave. El criterio de la comercialidad no sirve, por sí solo, para valorar una obra musical. En este juicio deberían incidir otros factores. Por ejemplo, *Rock de Lux* llegó a nombrarlos, después de una votación entre sus lectores, el peor grupo del año, junto a Mecano y El Último de la Fila. Tanto rechazo llegaron a sentir, confiesa Pedro, que:

nosotros inventamos una revista que se llamaba *Críticos*. ¿Y si hacemos una revista y ponemos a parir a los críticos? Nunca se hizo. Pero era algo así como: José Manuel no sé cuál, nacido en tal el 14 de diciembre de 1961, no superó segundo de primaria. ¿Qué quieres, guerra? La vas a tener. Una buena foto, bien deshecho, que se te vea que eres más feo que arrancado, hijo de tu madre, tu dirección y tu número de teléfono. Estuvimos a punto. Yo tenía un listado de ocho o diez para ir a por ellos a saco. A mí se me ocurrió otro título: *Crónicos*.

Pero, sorprendentemente, hubo otro sector que empezó a tratarlos de otra manera a raíz de la publicación de *El espíritu del vino*. El de las revistas especializadas en hard rock, heavy, rock alternativo, punk y metal. Fue el caso de *Heavy Metal*, *Metal Hammer* o *Kerrang!* Empezaba a haber una crítica especializada que ensalzaba las cualidades musicales de la banda. También en un sector de la crítica general, sobre todo a raíz del éxito europeo y la presentación mundial del disco en Berlín. En Alemania siempre se los consideró una banda de rock, y se los invitaba a los festivales más renombrados del ramo. El endurecimiento parece que granjeó simpatías y consiguieron soltarse de una vez el injusto sambenito de que eran un grupo para chicas, de fans, de música pop blanda, lo que era una apreciación ciertamente injusta y poco documentada. Recuerda Juan:

>Empezamos a tener prensa heavy a favor en España, después de haber sufrido que nos llamaran blandos. Con *El espíritu del vino* lo escuchan y se dan cuenta de que eso ya no es pop. Empiezan a apoyar. Y empezamos a entrar en las revistas de los mejores guitarristas o instrumentistas porque la gente nos vota. Me acuerdo de que en *Popular 1* había este tipo de listas. Cuando estamos componiendo *Avalancha* en High Wycombe, nos mandan el *Popular 1* de

España y me han puesto a mí como mejor guitarrista de rock español.

Con *Senderos de traición*, la banda tenía más éxito comercial, los conciertos eran más frescos y multitudinarios, pero la crítica no los consideraba un grupo de rock. Las cosas dieron un giro con *El espíritu del vino*; sin embargo, en unas fechas en que no llenaban los recintos, tenían peores sensaciones en los directos y vendían menos. Una curiosa paradoja: se atisbaba cierta decadencia a la vez que empezaban a reconocerse sus méritos.

En la revista *Kerrang!*, n.º 83, de septiembre de 1993, Enrique Barrera escribió esta crítica del concierto del Palacio de Deportes de Madrid:

> El rock de Héroes del Silencio dista mucho de convencer a los oyentes «bobos», a los que buscan material de escucha facilona, música masticada y letras insípidas. Los maños han tratado de mantener su línea habitual de composición libre de vulgaridades ante todo, y lo hacen a costa de recibir el rechazo de los lobotomizados de turno... El sonido ha madurado hasta el extremo de alcanzar la dureza del Hard Rock en gran parte de su repertorio, sobre todo en directo... Voy a ser malo y a remover el dedo en su llaga: pocos grupos españoles de Heavy Metal provocan (o provocaron) esa catarsis necesaria para que se te considere como un «CREADOR» con talento, y ahora les sale un grano en el culo (un grano zaragozano, mayor mérito aún) con la soberbia baturra capaz de hacer Rock con sello propio y captando públicos dispares entre sí. Y ahora, antes de decir tonterías que se os puedan volver en contra, asistid a un concierto de verdad antes de pinchar otra vez el disco de Nirvana.

No tuvieron que madrugar el día 16 de julio de 1993, después del concierto de Fuengirola. Hasta Dos Hermanas, en la provincia de Sevilla, solo había 235 kilómetros, una nadería para ellos, menos de tres horas en la furgoneta. Así que se tomaron las cosas con relativo relax, hasta podían desayunar en el hotel, comer sin prisas en un buen restaurante. Incluso se podían saltar la prueba de sonido, algo que había comenzado a hacer Enrique, sobre todo teniendo en cuenta que Floren y Miguelico se sabían de memoria los parámetros y configuraciones de sus respectivas mesas, y si encima el concierto era al aire libre, tanto mejor, la excusa perfecta. No hacía falta, así que desde el hotel hasta el campo de fútbol y la tensa espera, hasta que sonara *Song to the Siren* y se les pusiera un nudo en la garganta. Subieron al escenario por la parte trasera y empezó el espectáculo, como recuerda Pedro:

> La peña se saltó la valla. Hasta allí, bien. Se mete debajo del escenario, que son cuatro tablas. Aparecen por aquí, uno por allá, el otro... Y luego los técnicos, que están pendientes de tu seguridad, pues, claro, intentan sacarlos del escenario. Pero puedes sacar a seis, pero a sesenta y seis es más jodido. Alegría total. Y nosotros seguimos tocando.

Y los cinco músicos a lo suyo; parece ser que la gente respetaba su trabajo, no había agresiones, solo ganas de juerga. Casi parecían Los Inhumanos, toda esa cantidad de fans deambulando de un lado a otro, alucinados y respetuosos; vaya show montaron esa noche de julio.

Y si el viaje del 16 había sido cómodo, qué decir del día 17, de Dos Hermanas a Punta Umbría solo hay 125 kilómetros. Esta vez la agencia se había portado bien y había seguido sus indicaciones: nada de desplazamientos largos. Día de relativo relax antes de un concierto que también tuvo su incidente. En su deambular de lado a lado por el escenario, Enrique se arrimó a Joaquín, le encantaba colocarse junto a él para hacer una pose roquera, pero esta vez con tan mala fortuna que el Rickenbacker impactó en el ojo derecho del cantante provocándole un hematoma. Después del concierto le aplicaron hielo, parecía que no era necesario ir al oftalmólogo, era un golpe externo que no había afectado al globo ocular. Algo estético, sin más. Nada grave, sí, pero preocupante, ya que solo dos días después tenían previsto rodar el vídeo de *La herida* en el Teatro Principal de Zaragoza.

El día 18 de julio lo emplearon en cruzar la península Ibérica en diagonal, desde Punta Umbría hasta Zaragoza, casi 1.000 kilómetros. Llegaron tarde, lo justo para ir cada uno a su casa, darse una ducha y echarse a dormir. Al día siguiente, después de firmar la escritura de El Exceso, SL, se encaminaron al Teatro Principal, al que accedieron por una puerta de servicio. Ya los esperaban, estaba todo preparado, Jorge Ortiz, el hermano de Enrique, iba a ser el encargado de rodar el videoclip de *La herida*. Había gente extraña en platea, sentados en las butacas de las primeras filas, personas de aspecto extravagante; era una idea de Jorge, que había escrito el breve guion, como la de filmar por las calles a gente menesterosa, pedigüeños y vagabundos, prostitutas, gente tullida, ancianos que caminaran penosamente, los desheredados de la sociedad, todo un alegato en contra de la desigualdad social. El vídeo, así, quedaría reivindicativo, seguro que lo habló con su hermano Enrique, que en esas fechas empezaba ya a interesarse de verdad por la política y la anarquía, por una democracia que era incapaz de solventar las necesidades básicas humanas porque se decantaba por el capitalismo y el libre mercado. Pero ¿tenía algo que ver con la letra?

Y Enrique con su herida; habría que buscar una solución. Alguien tuvo la idea de ponerle un parche en el ojo derecho para tapar el hematoma; además, parecería una especie de pirata, un tipo duro, saldría ganando su imagen en la pantalla.

Para que todos esos que le tildaban de guaperas se callaran. Encima, habían dispuesto una gran reproducción del *Saturno devorando a sus hijos* de Goya detrás de Pedro y su batería, para reforzar el mensaje. Así que fueron haciendo las tomas de la banda al completo y de cada uno por separado, siempre bajo la atenta mirada de Jorge Ortiz y Pite Piñas. No estaba allí Alan, para esas cosas no contaban con él; su papel se limitaba a tocar la guitarra rítmica en los conciertos, y le habían dicho que lo hiciera con discreción. Apenas se le ve un par de segundos en un primer plano que Jorge y Pite debieron de aprovechar de otra filmación. El montaje sería muy dinámico, como mandaban los cánones del género, no en vano la compañía había soltado una suma importante de dinero para que el videoclip saliera bien y se pudiera emitir por la MTV a todo trapo. Jorge y Pite querían ir intercambiando planos de cada músico, de la banda al completo sobre el escenario, de los personajes extravagantes de platea y, por último, de las escenas de pobreza y marginación callejeras. Este montaje disgustó a Juan:

> Fue muy deprimente y oscuro. No sé. Yo quería un poco de diversión, con todo el respeto al tema de los tullidos. Los directores de los vídeos imprimían sus visiones personales, a mí no me preguntaban qué quieres que salga en el vídeo. Fue bonito ir al Teatro Principal y hacer fotos chulas. Pero para qué vas a sacar a gente disminuida. Era todo muy deprimente. No sé, el rock es frescura, había que dar un poco de esperanza. Ese vídeo no me gustó mucho.

Él hubiera preferido algo más convencional, el grupo tocando en el teatro sin el añadido de la gente de platea ni los planos de los menesterosos, pero no fue así. No estaba en sus manos. Tanta crítica social. Si la canción, como se enteró mucho después, iba de la mala relación que tenía con Enrique, a santo de qué necesitaban recurrir a todo eso. ¿No habló Enrique con su hermano Jorge? ¿O quisieron camuflar el verdadero mensaje de la canción? Todo eso resultaba triste. ¿Cómo lo iba a retransmitir la MTV, así, sin más?

Acabaron a las tantas, debían de ser las cuatro de la madrugada, y eso que al día siguiente tocaba madrugar de nuevo, a las ocho, puesto que tenían que ir hasta Madrid para la audiencia que el príncipe Felipe les había concedido solo unos días antes. Fue el 20 de julio de 1993 y varios factores debieron de influir en esa cita tan singular. Parece ser que Felipe era seguidor de la banda, se decía que incluso había estado alguna vez en un concierto de Héroes del Silencio, quizá en el Palacio de Deportes de Madrid, pero eso no tenía mucho sentido: cómo diablos se las iba a componer para pasar desapercibido, con esa altura tan impresionante y esa cara que todos tienen metida en la cabeza. Pero, en fin, se supone que para eso están los servicios secretos, para solventar papeletas como esa; entonces igual sí que estuvo y pudo bailar al son de los éxitos de la banda zaragozana. Por otra parte, su alteza había estudiado en la Academia General Militar de Zaragoza entre septiembre de 1985 y julio de 1988, y bien pudo ser que se presentara en alguno de los conciertos zaragozanos del cuarteto. Cosa que también es dudosa, porque hasta 1988 no trascendió mucho la fama del grupo, pero, en fin, igual Felipe era un adelantado en su época, un proyecto de monarca más rocanrolero que la media de sus colegas por Europa, como su padre, que se decía que era campechano y motero. Lo cierto es que tenía interés en conocerlos. Y la discográfica también. Un pelotazo publicitario sin comerlo ni beberlo; saldrían seguro en todos los periódicos, ya veían los titulares, «Reconciliación roquera en la Zarzuela», y eso sin gastarse nada. Como les habían dado un trofeo por la labor de promoción del español que estaban haciendo en Alemania con sus letras poéticas, la ocasión se dibujaba que ni pintada. Parece ser que se habían ampliado las líneas de enseñanza de nuestro idioma en muchas academias alemanas, para atender la demanda sobre todo de jovencitas que querían comprender qué diablos decía Enrique en esos textos casi indescifrables, y si de paso aprendían a manejarse en lo coloquial, tanto mejor, así podrían viajar a Zaragoza para pisar las calles que él pisaba. Ellos le entregarían el trofeo y una lujosa caja de terciopelo rojo con una edición especial de *El espíritu del vino*. A cambio, se llevarían un recuerdo y una foto con el príncipe que serviría para adornar y ennoblecer los salones de sus padres respectivos.

Les llamó la atención tanto protocolo, las medidas de seguridad, lo ceremonioso de la situación. Llegaron a Madrid y fueron a la sede de la EMI. Allí les dijeron que tendrían que pasar varios controles antes de acceder a palacio, y los metieron en un coche rumbo a la Zarzuela. Los hicieron esperar en una sala, el príncipe se hacía de rogar, pero les daba igual, el ambiente era distendido, ellos hacían bromas continuamente: que si era imperdonable esa falta de puntualidad, que si no podían esperar toda la mañana, que si tenían compromisos ineludibles... A Enrique casi ni se le notaba el golpe en el ojo, lo que parecía un milagro, que se hubiera curado tan rápido, a tiempo para la audiencia, como si le protegieran los hados. La sala de la recepción estaba llena de fotógrafos. Esperaron otro rato y apareció el príncipe, sonriente, una torre humana que los sobrepasaba a todos, y eso que ellos no son precisamente bajos, rondan el metro ochenta; pero en ese sentido no había comparación. El saludo ante los flases, las palabras de rigor, fórmulas de cortesía, la entrega del trofeo y de la edición especial del último LP, del que solo se habían tirado cien ejemplares, y uno era para el príncipe, el futuro rey. Ya es rey ahora y debe de conservarlo en sus aposentos, como un recuerdo de la primera juventud; igual todavía se lo pone de vez en cuando y baila al son de *Nuestros nombres*.

Y luego la polémica, para variar. Después de salir de palacio, ya en la sede de la discográfica, en una sala atestada de periodistas, Juan dijo que se sentía orgulloso de haber sido recibido por el príncipe, a diferencia de Enrique, que iba diciendo que la monarquía era una institución caduca, que no tenía ningún papel en el siglo XX, que él se consideraba un ácrata y no creía en la transmisión hereditaria del poder, como si fuera un rasgo de la personalidad o una consecuencia genética. Y los demás satisfechos, en cierto modo orgullosos de la experiencia vivida, que desde luego no los había incomodado.

> *En tu ausencia las paredes*
> *Se pintarán de tristeza*
> *Y enjaularé mi corazón*
> *Entre tus huesos*

Bellas palabras dedicadas a Benedetta Mazzini, hija de la cantante italiana Mina, presentadora de televisión y actriz, pareja sentimental de Enrique Bunbury durante unos años. Aparece en tres canciones de Héroes del Silencio: *Bendecida 2*, cuyo breve poema antecede este párrafo, *Bendecida* y *La chispa adecuada*. Enrique se atrevió a escribir sobre el amor en sus textos, algo que quizá antes de conocer a Benedetta había rechazado por cursi. Como él mismo declaró a *Primera Línea*, n.º 99, en julio de 1993, poco antes de viajar a Italia para reencontrarse con su amada:

> Creo que he encontrado una fórmula un tanto rebuscada para hablar del amor. *Bendecida* es una canción de amor, pero no de un sentimiento simple, como suele ser el amor. El amor es un sentimiento vulgar, algo químico que no pertenece al espíritu. Es físico. Incluso, creo que tarde o temprano se descubrirá qué fluidos en el cuerpo hacen que te sientas enamorado. En estos momentos estoy en pleno proceso de control sobre mí mismo. Hay que conseguir un control mental, un control del cuerpo y un control del corazón. El más difícil es el del corazón. Estoy conven-

cido de que es más fácil levantar una mesa con la mente que evitar hacer estupideces en el amor. La pasión contra la razón.

En todo caso, si bien *Bendecida* resulta una canción larga y de estructura compleja, *La chispa adecuada* o *Bendecida 3*, todavía por terminar, aunque Juan ya la tocaba en 1989, es una de las grandes baladas del rock español, cuya letra no le gusta. Que Enrique la escribiera tanto tiempo después de que él hubiera compuesto el arpegio no le cuadraba. Cuando él lo tocaba en su dormitorio juvenil en Zaragoza no pensaba en expresiones como: «Blanca esperma resbalando por la espina dorsal», un mensaje demasiado crudo a su juicio, que incluso podía herir sensibilidades, algo, también, completamente alejado de sus intenciones y que casaba con la personalidad del letrista y cantante, no con la suya. Como si sus guitarras, que buscaban una belleza pura, sin subterfugios intelectuales, hubieran sido manchadas por textos demasiado explícitos y violentos, desafiantes e hirientes. Por si fuera poco, recientemente ha saltado la polémica al haberse apropiado Enrique para escribirla de versos de Fernando Arrabal, Juan Ramón Jiménez y Mario Benedetti, como argumenta Fernando del Val en su libro *El método Bunbury*.

Lo que no podían controlar eran las reacciones del público y de la crítica italianos, que se iban desmarcando poco a poco de la banda, después del éxito de ventas de *Senderos de traición*. *El espíritu del vino*, aun vendiendo 40.000 copias, obtuvo críticas laxas y menos entusiastas. Puede que en todo ello influyera el carácter latino de dos países tan parecidos y la desconfianza mutua. Así como en Alemania su propuesta musical llamaba la atención por exótica y melodramática, en Italia no podía suceder lo mismo; el exotismo se borraba de cuajo y para dramatismo ellos ya tenían el suyo, hasta más florido, si cabe, que el español. La música italiana, como la francesa, tenía raíces más autóctonas, y allí el rock anglosajón tuvo menos repercusión y predicamento, lo contrario de lo que sucedía en Alemania.

Prueba de sonido, verano de 1991.

Con Phil Manzanera en el Palacio de Deportes, Madrid, 28 de abril de 1991.

Vilanova i la Geltrú, 4 de julio de 1991.

En el *backstage*, Vilanova i la Geltrú, 4 de julio de 1991.

Vilanova i la Geltrú, 4 de julio de 1991.

Vilanova i la Geltrú, 4 de julio de 1991.

La banda con los técnicos, Vilanova i la Geltrú, 4 de julio de 1991.

Nueva York, 13 de julio de 1991.

Autovía, 26 de agosto de 1991.

Safari Aitana, Alicante, 6 de septiembre de 1991.

Credencial del festival Ich Bin Ein Ausländer, Berlín, 26 de octubre de 1991.

Martín Druille durante la gira europea, marzo de 1992.

Gira europea, verano de 1992.

Copi, Enrique y Joaquín en Nepal, enero de 1992.

Grabación de *El espíritu del vino*, Gallery Studios, enero de 1993.

Foto: Javier Clos

Local de Ensayo, Alfajarín, 6 de mayo de 1993.

Foto: archivo HDS

Rodaje del vídeo de *Sirena varada*, Talamanca del Jarama, enero de 1994.

Foto: Joaquín Cardiel

Rodaje del vídeo de *Sirena varada*, Talamanca del Jarama, enero de 1994.

Rodaje del vídeo de *Sirena varada*, Talamanca del Jarama, enero de 1994.

Rodaje del vídeo de *Sirena varada*, Talamanca del Jarama, enero de 1994.

Cordillera de los Andes, junio de 1994.

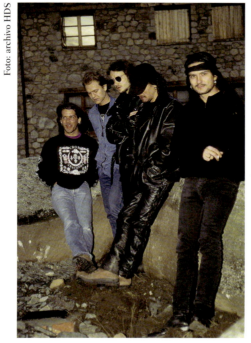

Hospital de Benasque, noviembre de 1994.

Foto: archivo HDS

Gira europea, Kassel, 13 de diciembre de 1993.

Foto: Joaquín Cardiel

Juan con Steven Tyler, Festival Ruisrock, Turku, Finlandia, 10 de julio de 1994.

Imagen: colección HDS

Pase de *backstage*, festival Rock am Ring, circuito de Nürburgring, 25 de mayo de 1996.

Foto: Javier Clos

Plaza de toros, Zaragoza, 8 de junio de 1996.

Foto: Javier Clos

Estudio del fotógrafo, Zaragoza, 20 de septiembre de 1990.

Los conciertos tampoco fueron bien, solo cuatro en 1993. Al de la sala Palladium, en Roma, el 16 de septiembre, asistieron 500 espectadores para un aforo de 1.200. En una noche de calor insufrible, su actuación dejó un regusto agridulce en la crítica romana. He aquí la opinión vertida en *Metal 60 Shock* el 22 de octubre:

> Es tan jodidamente rock que casi hace daño, las jovencitas comienzan a tener miedo. *El camino del exceso* da paso a la danza macabra, sufriente como el camino de un Vía Crucis, mientras *Olvidado* empieza a romper las reglas. Desgarrada y extendida con una violencia contra natura, muestra toda su potencia, un monolito comprimido e inexpugnable. Ahora, los Héroes del Silencio son enormes. Esto no es un espectáculo, la cara dramática de sus canciones parece casi una catarsis, y de hecho los cinco, primero están casi fuera de lugar, ingenuos, luego conquistadores, y es el público quien muestra su inquietud y sufre el malestar de las canciones. Los Héroes del Silencio serán cualquier cosa. Los Héroes harán algo, pero ese algo será tremendamente oscuro.

Y, para colmo de males, los rumores crecientes sobre la separación de la banda. Hasta dos veces salieron a la palestra, la primera en septiembre y la segunda en noviembre, al parecer, siempre protagonizados por Enrique y Pito. El mánager dijo que tuvo que disuadirlos de la ruptura en septiembre de 1993, ya que acababan de firmar el contrato con la EMI hacía poco y era inviable. Por su parte, también Enrique alimentó esos pábulos con sus declaraciones, como esta para *On the Rocks*, el 28 de septiembre de 1995, tanto tiempo después:

> Bueno, nos llegamos a disolver una vez en la gira italiana de *El espíritu del vino*. Fue resultado de los continuos excesos de la banda. Demasiada gira, demasiada carretera, demasiado vivir solo de esto, y demasiadas cosas. No había

contacto real con la gente, ni siquiera entre nosotros; con tanta convivencia, el silencio se apoderó de la banda. Tuvimos muchos problemas con la gente que trabajaba con nosotros, con agentes, mánager, con la compañía...

Algo parecido declaró al *Heraldo de Aragón* el 17 de septiembre de 1995. Una nueva separación en noviembre de 1993, cuando la gira transcurría por Alemania:

> En noviembre de 1993, Héroes se separó, tomó la decisión de disolverse. El último concierto iba a ser el que hicimos en Zaragoza en el Palacio de los Deportes.

Ninguno de los otros miembros del grupo sabe a qué se refería Enrique ni tuvo la más mínima noción de que esa posibilidad, la de romper la banda, estuviera sobre la mesa. Según confiesan Juan, Pedro y Joaquín, en 1993 no se planteó algo semejante, al menos ellos no lo recuerdan. Parece que era una idea que le rondaba en la cabeza solo a él, que quizá la comentó con Pito alguna vez y que es posible que tuviera planes al respecto, como demostraría tres años después cuando, efectivamente, el grupo llegó a su disolución. Es probable que estuviera hasta las narices de la situación, de los excesos y salidas de tono de alguno de sus compañeros, de la falta de comunicación interna, del derrotero que iba tomando la música, que se escoraba hacia un rock duro que cada vez le interesaba menos. Sus gustos musicales, más eclécticos, le llevaban hacia otros terrenos y quería explorarlos, no solo convertirse en el líder de una banda en gira infinita de estadio en estadio. Esas razones podía esgrimir, pero de ahí a que se hablara del asunto y se barajara desmontar la banda había un largo trecho. Otra cosa es que estuvieran pasando por momentos malos. Juan casi no se hablaba con sus tres compañeros después de la larga gira de 1992. Se sentía solo, aislado del resto, incomprendido. Quizá por la tensa grabación de *El espíritu del vino*. Y, sobre todo, por el temor que tenía a que Enrique los dejara en la estacada, un temor real, como demuestran las declaraciones anteriores del cantante. Era este un problema que venía de lejos y del que no se hablaba. Nadie era capaz de afrontarlo. Las amenazas de abandonar el grupo por parte de Enrique se habían producido con cierta regularidad, y el temor a que rompiera la banda era una amenaza latente. Juan veía a su compañero como un gerente del que dependían todas las decisiones, como si los demás tuvieran que estar a su merced, en la cuerda floja. Como había escrito un periodista, Enrique Bunbury y los Héroes del Silencio, como Loquillo y los Trogloditas. Toda la atención se cernía sobre el guapo cantante, el fotogénico letrista, el preferido de los medios de comunicación, el objeto del deseo de las chicas europeas. Además, notaba que Pedro y Joaquín eran más condescendientes con la actitud de Enrique, lo que acentuaba esa sensación de soledad que sentía. En contraposición, también Enrique podría sentirse agotado después de los excesos de Juan, el más proclive de todos al descontrol. A lo largo de 1993, las cosas irían empeorando paulatinamente, y llegarían a su punto culminante en el verano de 1994, antes de encerrarse en Benasque para componer las canciones de *Avalancha*. Dos fuerzas centrípetas tiraban del grupo y amenazaban con partirlo en dos. Y Joaquín y Pedro con un solo objetivo en su mente, que su banda siguiera activa; querían vivir de ello, que sus compañeros se arreglaran, que la risa volviera de nuevo a instalarse en la médula del grupo. *El camino del exceso* seguía su rumbo y el buque, tocado, pero no hundido, enfilaba hacia Alemania y América.

Live in Germany

15 de octubre de 1993. Aachen (Aquisgrán), ciudad alemana del estado Renania del Norte-Westfalia. Un año antes, el 30 de agosto de 1992, habían actuado en la sala Metropol, con capacidad para 600 espectadores. Esta vez iban a llenar el Eurogres, 2.500 personas. Joaquín tomó allí las primeras notas de su breve dietario de la gira:

> PROMO: Tour Review con *Metal Hammer*, entrevista y fotos de gira (prueba de sonido, *backstage*, concierto...).
> Buen concierto. Para mi gusto la gente fría, quizá asombrada. Dog estaba muy contento con la ejecución y todo el mundo alaba el sonido (7). Después cenamos con Marek. Creo que intenta conseguir la exclusiva para USA. También creo que la esposa del productor entiende castellano, pero no lo decía y parecía fingir (¿neura o desconfianza?). Creo que Juan empieza a entender lo que ocurría y lo que no ocurría. Se echaban mucho de menos sus bromas y su sentido ácido del humor. Supongo que aún hace falta la confianza que existía años atrás.

La comunicación con Marek, el promotor de la gira, era difícil. Él no hablaba español y el inglés de la banda no era muy fluido, salvo en los casos de Joaquín y Enrique. Este último había dado clases de ese idioma en Inglaterra para perfeccionar su acento de cara a la grabación de tres temas de *Senderos de traición*. Y parece que también con Juan se trataba de normalizar la relación, poco a poco, después de los largos silencios de los meses anteriores. Llama la atención una crónica del concierto escrita por una fan, Sonja Maschenski, que apareció en la revista para adolescentes *Bravo*, n.º 46:

> Tuve durante todo el show un contacto visual directo con el cantante, Enrique, ya que estuve en la primera fila, ante el escenario. Cuando se acercó delante, las fans femeninas compitieron entre ellas a ver quién gritaba más a la vez que intentaban tocarle. Conseguí dos veces pillar su mano, que estaba fría como el hielo, y sudada. Enrique consiguió crear un ambiente de locura con su apasionada forma de cantar y su voz extraordinaria.

También por tierras alemanas seguía llamándose *Gira camino del exceso 93*. Entre el concierto de Bamberg el 21 de mayo y el de Bielefeld el 21 de diciembre, a lo largo de 1993 ofrecieron cuarenta y uno en el país teutón, un bloque del 21 de mayo al 5 de julio, y otro, el más importante, del 2 de octubre al 21 de diciembre. Joaquín llevó un dietario en estas últimas fechas. No es muy largo, pero sí interesante por las apreciaciones que hace, que arrojan luz sobre algunos temas importantes del grupo.

Organizada por la agencia de Marek Lieberberg, se desarrolló como un perfecto engranaje de relojería, con esa proverbial eficiencia alemana. El libro de la gira marcaba las obligaciones tanto del grupo como de los técnicos. Así, se fijaba la hora de llegada de los equipos al recinto del concierto a las diez de la mañana. Entonces comenzaba el largo y repetitivo montaje de la PA y de las torres de iluminación, que debía estar listo a las cuatro de la tarde, hora de la prueba de sonido. Las puertas de los recintos, pabellones de conciertos con una capacidad de entre 1.500 y 4.000 espectadores, se abrían a las siete, momento de las primeras carreras de grupos de chicas que querían seguir el concierto desde las primeras filas, con la esperanza de tocar las manos de Enrique o, todavía mejor, sentir su cuerpo entero, sudoroso y vibrante, si se arrojaba sobre ellas. El telonero, que en esas fechas fue el grupo norteamericano Middleman, subía al escenario a las ocho en punto. Un poco más tarde, invariablemente a las nueve y cuarto, era el momento del concierto de Héroes del Silencio. El motivo lo explica Joaquín:

> Las limitaciones de sonido en Alemania eran y son muy exigentes. Recuerdo que fuimos a ver un concierto de Guns N' Roses en el campo, de tarde, y en cuanto anochecía se acababa el concierto, porque a partir de tal hora ni se te ocurra hacer ruido por ley.

La legislación alemana de control del ruido obligaba a terminar los conciertos antes de las once de la noche para no perturbar el descanso de los vecinos. Entonces, el grupo disponía de una hora y cuarenta y cinco minutos para ofrecer su repertorio, bises incluidos.

16 de octubre, Trier (Tréveris), del *land* Renania Palatinado, a 74 kilómetros de Aquisgrán. En el Europahalle cabían 3.000 espectadores. Antes de cada concierto, actos de promoción, entrevistas, ruedas de prensa. Como recoge Joaquín en su diario:

> PROMO: *Metal Hammer* Tour Review. Entrevista con revista *Fan* (después de prueba de sonido). Rueda de prensa con medios de Luxemburgo (17.00 en Europahalle).
> Se ha cumplido bien la promoción. Martín, el tío alto de *Metal Hammer*, parece encantado con el grupo, aunque ahora no ha abierto prácticamente la boca. Los luxembur-

gueses parecen interesados y asombrados al mismo tiempo. La promoción es impresionante. Otro buen concierto (8 y pico). Casi lleno. Después del concierto tomamos unas copas en el bar del hotel con Middleman, el de *Metal Hammer*... Heidi deja Electrola.

¿Por qué triunfaron en Alemania? Es una pregunta que se formulaba constantemente la prensa de ese país, sobre todo a partir de 1993, cuando el nivel de ventas de *Senderos de traición* y de *El espíritu del vino* se hizo estratosférico y las contrataciones para conciertos se dispararon. Nadie se lo explicaba. No encontraban razones plausibles. Tampoco existían precedentes, ningún grupo español había entrado en el mercado alemán, mucho menos triunfado. Ni siquiera Mecano, que daba tímidos pasos por el mercado europeo, sobre todo en Francia. Hasta que llegaron Pedro, Joaquín, Enrique y Juan, acompañados de Alan.

Hay unos cuantos factores que lo explican. El primero de ellos, el concierto de Berlín del 26 de octubre de 1991. No hay que olvidar que era un festival contra el racismo, y participar en él suponía tomar partido por un mensaje muy claro y contundente: nosotros somos músicos jóvenes, respetamos todas las razas, nuestra canción *Agosto* es un buen ejemplo de ello, y estamos horrorizados por los ataques de los neonazis. Ningún grupo en su sano juicio, excepto que estuviera formado por *skinheads* de extrema derecha, rechazaría una invitación así, que daba instantáneamente un pedigrí antifascista en una ciudad como Berlín, caldo de cultivo de una escena musical y artística propia y comprometida con la lucha contra la desigualdad desde tiempos inmemoriales. Encima, el concierto, ante 8.000 berlineses, fue emitido por radio y televisión a todo el país, ante una ciudadanía que permanecía en estado de *shock*. Entre todas esas bandas, ¿quiénes eran esos jóvenes españoles que se habían desplazado desde tan lejos para colaborar con la causa antifascista?

El concierto del día 21 transcurrió sin pena ni gloria hasta que llegaron ellos. Como escribe Pep Blay en *Enrique Bunbury. Lo demás es silencio*:

> Tal vez tuvieron suerte, porque actuaron en el momento adecuado, después de que Maxi Priest hiciera un *playback* y Alison Moyet un acústico.

Ellos llevaban más de trescientos conciertos a las espaldas. Su propuesta roquera estaba más que rodada en los escenarios españoles. Además, el sonido que ofrecían en esos momentos ya no planteaba duda alguna sobre su contundencia: la Sonor de Pedro, la Gibson de Juan, la actitud de Enrique sobre el escenario y la fuerza del Rickenbacker de Joaquín eran argumentos más que suficientes. Durante media hora machacaron a la concurrencia con una propuesta medida y extrema, llena de canciones eficaces que se sucedían sin dejar descanso a la alucinada concurrencia alemana.

Y encima esos españoles eran altos y bien parecidos, los cuatro, y contaban con un *frontman* con una carga erótica increíble. Sobre el escenario, ensayando sus poses de siempre, abriendo los brazos como un Cristo crucificado, corriendo de un lado a otro con sus pantalones ajustados y su larga melena suelta, acercándose a las primeras filas, entonando con su voz profunda de barítono en ese idioma que tanto encandilaba por su sonoridad diferente, lanzándose en plancha sobre sus admiradores, la actuación de Enrique no pasó desapercibida. Casi inmediatamente, se convertiría, otra vez, en un *sex symbol* para las quinceañeras alemanas, como había pasado antes en España y pasaría en Italia, en México, en cuantos países visitaron.

Por si todo eso fuera poco, lo español siempre había tenido tirón en Alemania. Se asimilaba al Sur, al romanticismo, a la muerte y la pasión, todos los tópicos que Centroeuropa asimilaba a España. Era el país de la sangre y los toros, del calor y el verano, de los amantes apasionados, de la molicie y el surrealismo. Algo muy atractivo a primera vista, a pesar de los prejuicios que esa visión tan parcial y trasnochada reflejaba. Ellos eran españoles, eran guapos, debían de ser buenos amantes, y esas voces profundas que se expresaban en un idioma que sonaba musical, casi melódico si se comparaba con la gutural contundencia del alemán.

Y si además el primer misil lanzado se llamaba *Entre dos tierras*, el mal ya estaba hecho. Todavía hoy es una canción que se sigue escuchando y coreando en ese país. Causaba, y causa, un efecto instantáneo sobre la población: un irresistible deseo de lanzarse a la pista de baile a saltar como energúmenos, a desgañitarse cantando en un idioma incomprensible. Poco después, *Senderos de traición* iría escalando en las listas alemanas hasta vender más de medio millón de ejemplares, ventas aupadas por la promoción que hizo la MTV Europa.

Sangre hirviendo
Con sonidos de guitarra de ultratumba,
Héroes del Silencio se convirtieron en la primera exportación
de rock en español.

A su propio grupo lo llama el hombre «Héroes del Silencio», y no le gusta hablar. Enrique Bunbury, cantante del grupo español, prefiere mirar sus anchos anillos de plata y discutir sobre preguntas trascendentes. Por ejemplo, si debe dejar crecer sus largos cabellos un poco más o mejor cortárselos. Bunbury decide cortárselos, como Sinéad O'Connor, pero el año que viene.

La congenialidad con la dramática cantante irlandesa no es ninguna invención. Como la artista calva, la estrella del pop español ama el catolicismo y aun así le encantan los mitos oscuros. Como la Juana de Arco de la música pop, Bunbury pone en escena su *kitsch* como si fuera una obra venerable y tiene éxito con esto.

El recién publicado CD *El espíritu del vino* conquista las

primeras posiciones de las listas de éxitos europeas. Su antecesor, *Senderos de traición*, vendió casi un millón de ejemplares. Da igual si el grupo toca en estadios de fútbol españoles o en pabellones municipales alemanes, ya que las entradas están siempre vendidas. «El silencio es oro», titula la revista *Musikexpress*, sobre la historia de éxito de los cuatro de Zaragoza.

El hecho de que canten en su idioma materno no perjudica a la primera exportación memorable del rock ibérico desde Julio Iglesias hasta Gipsy Kings, todo lo contrario. Esa nota española de cultura popular, siempre cargada de ira, agonía, amor, sentimentalismo y muerte, le confiere al grupo un aura dramática.

«Nadie nos puede entender», dice Enrique Bunbury, «tampoco los españoles. Para nosotros se trata de atmósfera y sentimientos, y estos son universales». Así que el hombre enojado habla en sus canciones de sangre hirviendo, sirenas varadas y tumbas de sal, y maldice la razón. «Las palabras necias / Me dejaron sordo / Y a lo aprendido en la escuela / Me negaré del todo», dice en la canción *Culpable*.

El guitarrista Phil Manzanera, exmiembro del grupo de glam rock británico Roxy Music, produce los sonidos en tonos oscuros. Simples canciones de rock se ennoblecen con efectos de *echo* en una grabación digna de un refinado funeral en la autopista.

Ya que quieren parecer duros, se disfrazan los antes estudiantes de informática, arte, química y literatura como urbanitas desesperados, con chalecos negros de piel, botas de moto y tatuajes asiáticos, y les tocan a sus fans, sobre todo góticos, melodías elegíacas de vida mórbida y muerte. «Soy un tipo hippie-punk», dice el cantante Bunbury.

Con su predilección por la necrofilia, el grupo también hace homenaje a bandas desaparecidas como Bauhaus o Joy Division, que llenaron salas a finales de los setenta y que con sonidos post-punk fundaron la cultura de la lápida de tumba.

En ataques de delirios de grandeza se comparan incluso con Led Zeppelin, demostrando un humor involuntario. Su cantante, Robert Plant, se ríe sobre todo del show sobre el escenario del cantante. «El hombre me ha copiado al cien por cien», dice el veterano del rock, «esto no lo he visto en quince años».

Este es el artículo que publicó el semanario alemán *Der Spiegel* el 12 de julio de 1993. Con una tirada de un millón de ejemplares en papel, era y sigue siendo la revista más importante de Alemania y una de las más influyentes de Europa. Y que dedicara una página a Héroes del Silencio, algo insólito. No muchos grupos de rock tenían el privilegio, o la mala suerte, según se mire, de ser criticados por este medio. Es curioso que no lleve firma. Ubicado en la sección de cultura, está acompañado por una fotografía de los cuatro con el pie: «Misa de funeral en la autopista». En todo caso, destila el tratamiento que se le dio a la banda en este segundo año de triunfo en Alemania, condensando ciertas críticas acerca del modo de actuar en directo de Bunbury, sus rebuscadas letras en español, que al alemán medio le resultaban doblemente incomprensibles, los sonidos oscuros del grupo, comparados con Bauhaus y Joy Division, y los delirios de grandeza que llevaban a Enrique a imitar a Robert Plant después de haber sido comparado cientos de veces con Jim Morrison. Como siempre, se centran casi en exclusiva en el cantante, su imagen y actitud, ignorando al resto de la banda. Da la impresión de que durante 1993 se produjo un cambio en la percepción que tenía la prensa alemana sobre Héroes del Silencio. Si en 1992, después del festival berlinés contra el racismo y el éxito de *Senderos de traición*, todo eran elogios y críticas positivas, ahora las cosas empezaban a cambiar. *El espíritu del vino* no fue tan bien recibido, no tenía otro *Entre dos tierras* entre sus propuestas, y se notaba cierto hartazgo por el sonido del grupo y el divismo de Enrique, aupado al estrellato por miles de fans enfervorizadas.

17 de octubre, Siegen, de vuelta en Renania del Norte-Westfalia después de recorrer 223 kilómetros. El Siegerlandhalle con 3.000 fans dispuestos a darlo todo. Antes, la consabida promoción, en este caso con la MTV, la cadena que más apoyó a la banda. Quizá no se pueda entender el éxito que tuvieron en Europa sin su ayuda. Escribe Joaquín:

> PROMO: «MTV on tour»: entrevista (1 hora) + grabación de 3 temas en concierto, imágenes de la prueba.
> Entrevista con Kristiane Backer para MTV. El tono general es de buen rollo y optimismo. Se hace bola con los conciertos, buenas vibras. Hoy hemos realizado prueba de sonido. Buen concierto en líneas generales, pero con bastantes fallos. Ruidos en los auriculares (6,5). Tras el concierto estuvimos en mi habitación. Buen rollo. El acercamiento continúa.

Y la crónica salió editada en el periódico local *Siegener Zeitung*:

> En el epicentro del show y del escenario está indiscutiblemente el cantante Enrique Bunbury, quien hace todo lo posible para hacer justicia a su fama de seductor. Dotado de todas las poses y gestos que antes de él ya habían mostrado Roger Daltrey y Mick Jagger, el *frontman* ha adquirido un aura que degrada a Bono a la figura de un barman irlandés. Como un joven dios salido del Olimpo del rock, se le ve a contraluz del foco. Tanto más incomprensible resulta que su canto se ahogue en el fondo musical, porque es precisamente la fantástica voz de Bunbury la que da un toque especial a las canciones de Héroes del Silencio. En directo, sin embargo, dominaron sus compañeros de grupo. En primer término, era el guitarrista Juan Valdivia el que marcaba la

pauta musical... El ambiente bullía cuando interpretaban canciones como *Hechizo*, *La carta*, *El camino del exceso*, *Tesoro*. Es precisamente en los números más tranquilos, como este último, cuando Bunbury tiene la oportunidad de imponerse vocalmente. Es entonces cuando se puede sentir algo del dramatismo típico de los españoles... Las próximas ciudades de la gira ya están esperando abrir sus puertas a los españoles, y si el técnico de sonido no está haciendo un descanso otra vez, quizá Enrique Bunbury tendrá la posibilidad de mostrar su saber hacer.

Douglas Hall fue el técnico de sonido que sustituyó, en plena gira alemana, a Floren Moreno, que llevaba con ellos desde 1988. En total, seis años juntos, una relación muy estrecha, y no solo con él, sino con todo el equipo de Turborent: Miguel González, José Luis Martínez, Francisco Bracero, Antonio Martín «Pumuky», Andrés Medina «Cebolla», Eduardo Escalante, Gonzalo Pastor, Francisco López «Pajarillo», Luis Miguel Rubio «Perkins». Fue una decisión difícil apartar a Floren de los directos. Joaquín mandó una carta a su familia desde Eschwege, el 11 de junio de 1993, que refleja bien esa preocupación general:

> Ya ha empezado la gira. Estos primeros días están siendo bastante paliza pues se mezcla la promoción, tanto en España como en el resto de Europa, con los primeros conciertos, principalmente festivales en Alemania. Hoy toca uno de esos festivales.
> Por ahora todo anda por el buen camino. Tanto las diferentes «Emis» europeas como los periodistas están volcados con *El espíritu del vino*. Salvo unos pequeños problemas con el sonido en directo que creo que, por desgracia, van a hacer que Floren deje de ser nuestro técnico para dejar el puesto al de Iron Maiden (parece mentira, ¿verdad?), los conciertos son un éxito en todas partes.

El tema de Floren nos preocupa enormemente. Ya son demasiados los que nos dicen que no sonamos bien en directo siendo que en el escenario lo hacemos como nunca, gracias, sobre todo, al buen hacer de Alan. Pito, Phil Manzanera, gente de EMI Alemania, la prensa, etc., no pueden equivocarse. Es una pena, pero los sentimentalismos no valen en este momento. El grupo crece y todo lo que lo envuelve debe crecer en igual medida. Siendo como es él, no creo que haya ningún tipo de mal rollo. Además, eso no quiere decir que no vayamos a utilizar su equipo en la gira y lo dejemos realmente colgado. En fin...

Pedro explica así la raíz del problema con Floren:

> Su criterio con la mesa era muy ochenta. Utilizaba mucho las puertas de ruido, los compresores y los limitadores. Y también están las *reverbs*. Entonces, el sonido real no se está cuidando. Es una respuesta a los sesenta y los setenta, todo tiene su lógica. No se está cuidando el sonido real del instrumento, sino que se está transformando. Muchas veces ese sonido se pierde. *Reverbs* largas, muy tipo The Cure, Echo & the Bunnymen, todo muy inglés. Él utilizaba todo ese tipo de sistemas. La batería no sonaba como tal. Llegó un momento en que se pensó que había que volver al sonido más puro. Y quizá Floren podía haberlo hecho, pero se buscaron otras alternativas. Cuando tienes cancha para contratar un paso más, pues, tío, ni lo pienses, hazlo. Entonces vino Douglas, que es británico, y el concepto fue absolutamente diferente.

Fue algo que hablaron en esos meses de gira europea. Tuvieron una discusión en ese sentido en una autocaravana utilizada como camerino al final de uno de los conciertos. En un festival de mayo, en Viena, o en el circuito de Nürburgring. Además, no confiaban en que pudiera reciclarse, quizá porque sospechaban que no lo quería, o porque no tenía la formación necesaria. Entonces se pusieron sobre la mesa los nombres de otros técnicos que eventualmente pudieran sustituirle, entre los que destacó de inmediato Douglas Hall, que había trabajado con Iron Maiden, nada menos. En plena vorágine del éxito en Europa, el grupo podía permitirse el lujo de contratarle; antes que a otro técnico español. Existía cierta desconfianza en aquellos años sobre la competencia de estos profesionales. Se sospechaba que no estaban bien formados, que muchos eran autodidactas, todo lo contrario de lo que pasaba con los ingleses, aunque solo fuera porque llevaban muchos años, desde los sesenta, sonorizando miles de conciertos de toda la pléyade de artistas del pop y del rock de Gran Bretaña. Una vez elegido Hall, enseguida hubo un notable cambio en el sonido de los directos. Se regresó a la naturalidad, se eliminaron los efectos sobrecargados, los instrumentos y las voces sonaban otra vez al gusto de todos y la banda hizo otro cambio de rumbo, de nuevo en busca de ese rock and roll sin aditamentos y auténtico que fue, siempre, su obsesión mayor.

Una decisión necesaria pero dolorosa. Floren era un buen tipo, se llevaba bien con todos, como su equipo al completo. Pero en el seno de la banda hubo una voz discrepante, la de Juan:

> Yo no hubiera quitado a Floren nunca porque había magia. Tocábamos a veces en tugurios, en carpas metálicas. Tocábamos en sitios que no me oía ni yo, pero si veía que el público estaba contento, bailando, que solía pasar, no me importaba, lo pasaba bien viendo a la gente. En esos sitios cualquier grupo hubiera sonado igual de mal. Entonces se empieza a decir: «Aquí no ha sonado bien», y se tomó la decisión de prescindir de Floren. A mí me dolió eso.

Y busca otras explicaciones para justificar esa decisión no del todo consensuada: que quizá contribuyó el que la gira no fuera tan exitosa como se pensaba, que no llenaran todos los recintos como había previsto 10/Diez, en parte por el relativo éxito de *El espíritu del vino*, en parte por el endurecimiento de su propuesta musical, o porque no había auténticos *hits* en el nuevo álbum. ¿A quién se le echaba la culpa? ¿Había que buscar un chivo expiatorio? En fin, que Floren acabó pagando los platos rotos, dice Juan.

19 de octubre. Dortmund, a solo 108 kilómetros de Siegen, en el mismo estado. Esta vez, el breve párrafo de Joaquín hace referencia a uno de esos fenómenos asociados a la banda que, no por ser una realidad, dejaba de preocuparles, como había pasado en España años antes, por la imagen que proyectaba sobre los medios de comunicación. Dice Joaquín:

> Buen concierto (7,75). Demasiada cría en 1.ª fila. Hace falta más rock and roll en todo. Convencemos, pero la gente ve demasiada niña. Hace falta ser más duros para que desaparezcan.

Pero ni por esas. No había forma humana de alejarlas de las primeras filas. Eran capaces de amoldarse al rock más cañero si hacía falta. Por mucho que endurecieran el sonido, no conseguirían hacerlas desaparecer. Pero ¿por qué debían preocuparse? En Alemania, el fenómeno, a diferencia de lo que ocurría en España, era visto sin prejuicios. Sin embargo, en su círculo más directo debía de comentarse el tema de las chicas enfervorecidas como si fuera un problema. ¿Por qué se dejaban contaminar de esa actitud machista? En el fondo, apenas ocupaban un pequeño espacio debajo del escenario, allí donde Enrique solía aterrizar en sus saltos.

20 de octubre, Saarbrücken, a 331 kilómetros de Dortmund, estado de Sarre. Un pabellón para 4.000 personas. Joaquín escribe:

PROMO: TV *MCM*, programa musical francés. Entrevista con el grupo (incluido Enrique). Antes o después de prueba de sonido (confirmar Martín) + grabación de 3 temas del concierto.

Buen concierto en general (8,15). Los franceses se fueron a gusto. Hubo entrevista en el camerino tras el concierto. La comida del catering está muy bien. A ver si prodigamos nuestras visitas a la hora de comer.

En estos conciertos no faltaba *Nuestros nombres*, la canción que solía abrir el espectáculo, y que ya se había estrenado en Bruselas el 1 de abril de 1992 con el título *Al saber le llaman suerte*. Probablemente, la primera que compusieron del nuevo LP. Y toda una declaración de principios roqueros, escogida entre las demás como primer sencillo del álbum quizá por sus *riffs* de guitarra, su ritmo algo parecido a una danza india, los aullidos de Enrique, la utilización en algunos momentos de la *reverb* inversa en la batería y del timbal tan querido de Pedro. Un tema caracterizado por la fiereza y la agresividad, que debían quedar patentes desde el arranque del directo. Fue compuesto casi en su totalidad por Juan. Su letra hacía referencia a una pareja ocasional de Enrique, una de esas *groupies* que se salían con la suya y conseguían iniciar una relación que, como era de prever, había de acabar en conflicto. Entonces, una canción perfectamente roquera, tanto por la música como por la letra, de la que se hicieron dos versiones diferentes, una de 3' 59", mucho más corta que la original para su pase por las radios, y otra de 8' 59", un mix que se sacó de la manga un tal Noel Harris en Metropolis, carente del más mínimo atractivo. Además, un fragmento de la parte central del punteo de *Entre dos tierras* sirvió para abrir la introducción de *Nuestros nombres*. Como reconoce Juan:

> Después de acabar el disco y todo me doy cuenta de que el arranque de guitarra de *Nuestros nombres* es un desa-

rrollo de un trozo de la parte central de *Entre dos tierras*. Luego tiene su cambio y ya no se parece, pero una cosa sale de la otra, es como si de una obra saliera un trozo y se desarrollara en otra.

En una primera impresión, fue algo que no le gustó al guitarrista, parecía algo ya hecho, desarrollado, sí, pero rescatado inconscientemente del pasado, como si la creatividad, en este caso, le hubiera jugado una mala pasada. Pero que las obras de un mismo autor tengan estos mecanismos de retroalimentación es de lo más normal. De alguna manera, entroncan unas con otras para formar un corpus de rasgos comunes, algo inevitable y que, además, introduce el sello personal en la obra.

Fue también el tema escogido para el lanzamiento de *El espíritu del vino*. Pretendían epatar con una apuesta dura, acompañada de un vídeo de alto presupuesto rodado por Jorge Ortiz en las Bardenas Reales, los Mallos de Agüero y de Riglos y el castillo de Loarre, que debía retransmitirse de continuo en la MTV, como así fue. Así lo entendió Enrique en el libreto de *Canciones, 1987-2017*:

> Percibíamos *Nuestros nombres* como nuestra canción más agresiva hasta la fecha... Nuestras incursiones en Europa y USA nos dieron una visión más internacional del concepto single. Más que una canción radiable, pensábamos en un concepto estético que, acompañado por el vídeo que apoyó MTV Europa, hicieron de la canción un lanzamiento muy potente para *El espíritu del vino*.

Sin embargo, no llegaría ni siquiera a emular a su predecesor, *Entre dos tierras*.

Tocaron dos días seguidos en Colonia, debido a la alta demanda de entradas, el 22 y el 23 de octubre de 1993, en la sala E-Werk, una antigua planta de producción eléctrica. Como escribe Joaquín, esperaban la visita de Diego Manrique, el pope de la prensa musical española, que hasta la fecha no les había hecho ningún caso. Sin embargo:

> PROMO: firma de discos en «Wom» (horario a confirmar por Martín, dependiendo de necesidades del grupo). Entrevista con Diego Manrique para suplemento de *El País*. ¡Ja!
> *No soundcheck*. No Diego Manrique. *No tickets. No more*. El concierto del viernes, el peor hasta ahora. El del sábado, formidable (9).

Manrique se había mostrado distante del fenómeno Héroes del Silencio. No había dedicado mucho tiempo a hablar de ellos, ni para bien ni para mal. Una actitud deliberada, sin duda. Simplemente, no le apetecía mojarse en un tema tan polémico para la prensa musical española. En un artículo suyo sobre el grupo, «Héroes vivos, héroes muertos», incluido en el especial de *El País de las Tentaciones* de 5 de noviembre de 1993, escrito sin que Manrique llegara a entrevistarlos, reconoce que el mundillo del rock español se cebaba en criticarlos, que los grupos rompían el pacto de no agresión profesional para vituperarlos. Pero nada dice de su música. No se moja. Lo único que les reconoce es su determinación por salir de España a tocar por Europa desde abajo, por salas pequeñas, perdiendo dinero, cosa que recomienda a esos compañeros de profesión que tanto los criticaban. Media Europa alucinando con la puesta en escena de la banda y la crítica española castigándolos de una manera algo irracional. En una ocasión Manrique entrevistó a Enrique y a Juan en un hotel. Así lo recuerda el guitarrista:

> Daba miedo. Era como ir ante el Tribunal Supremo. Era el periodista musical más importante de España. Me acuerdo de una entrevista con Enrique que nos preguntó Manri-

que: «¿Cómo definiríais a vuestro público?». Y yo dije: «Yo creo que es un público atormentado», pensando en el tormento de las letras de Héroes: la decadencia, el silencio, la oscuridad... Me miró y me dijo: «¿Qué has dicho?». Pensé: «Ya la he cagado». Es que era un tormento la letra siempre. Me salió del alma. Nuestro público es atormentado. Los máximos fans de Héroes siempre han sido muy especiales, han sufrido mucho.

24 de octubre, concierto en la ciudad estado de Bremen, a 334 kilómetros de Colonia. Joaquín valora el concierto con un 8,5, notable alto, aunque le pareció menos intenso que el de Colonia. Seguro que comenzaron con *Nuestros nombres*, que no gustaba tanto como *Entre dos tierras*. Como le pasaba a *Tesoro*, que tampoco podía hacer sombra a *Maldito duende*. *Tesoro* no solía faltar en los directos, daba un respiro al ritmo alocado que imprimía la banda. Para Juan, que la había compuesto con un sintetizador en 1988, antes de la grabación de *El mar no cesa*, es un tema demasiado pequeño y corto, y le parece más un trozo de canción que una canción en sí misma. A su juicio, hubiera necesitado un cambio que la alargara y le diera el valor de un *hit*, y no quedarse en una mera anécdota. Sin embargo, a Joaquín le parece una canción excelente por su melodía de guitarra limpia y bien subrayada por un bajo sin trastes, por los arreglos de violín que habían sido incluidos por sugerencia de Phil Manzanera, que siempre dijo que era su favorita del doble LP, y por el casi imperceptible piano que aportó Copi. Y, sobre todo, por su contención creativa, reflejada en su duración, 2' 18", algo excepcional en un álbum lleno de temas de más de cinco minutos. Y por la carga poética de su letra, escrita por Enrique e inspirada por Pedro, quien siempre hablaba de su cerebro, del conjunto de sus pensamientos e ideología, de su personalidad y su ser, como su tesoro, algo intransferible y único, valioso y extraño.

Ayer teñí de color sangre mis sueños
Y no queda nada sagrado
Que me divierta ya

Menos es más, se puede decir de esta extraordinaria canción rodeada en el álbum de temas a veces demasiado enrevesados y largos.

Desde la presentación de *El espíritu del vino* en Berlín, el día 3 de junio de 1993, la prensa alemana se había volcado en la crítica del nuevo álbum. Decenas de artículos aparecieron en todo tipo de medios, locales, regionales, revistas especializadas, hasta culminar con el de *Der Spiegel*, como queda recogido en los dos volúmenes encuadernados en rojo que una empleada de la EMI recopiló con una paciencia infinita y con los que se obsequió a la banda. En general, se detecta la enorme expectación que había en el país por el nuevo trabajo de Héroes del Silencio. El éxito incontestable de *Senderos de traición*, que había vendido 250.000 copias, y de *Entre dos tierras*, la canción estrella que todos los alemanes coreaban sin saber español, la justificaba. ¿Qué ofrecerían los cuatro músicos de Zaragoza? El nuevo disco fue definido como una evolución hacia el rock duro, caracterizado por un sonido más guitarrero y experimental, enriquecido con arreglos más complejos y compactos, llenos de energía, que los del anterior trabajo. Y la voz de Enrique, en general calificada como intensa, suscitaba opiniones encontradas: había críticos que ensalzaban su gusto por las melodías españolas, consideradas una de las claves del éxito en Alemania, y otros creían que era demasiado gutural y oscura. En lo que sí coincidían era en señalar la ausencia de un verdadero *hit* en el álbum, el sustituto de *Entre dos tierras*. La canción de lanzamiento escogida, *Nuestros nombres*, desde luego, a nadie se lo parecía. Prueba de esta ambivalencia de las críticas son las dos siguientes, una negativa y otra positiva, la de cal y la de arena, tan antitéticas que casi se descalifican mutuamente. La primera apareció en una publicación llamada *Intro*, en septiembre de 1993, y la escribió un tal Stefen:

> Como les ocurre a los bebedores tontos, normalmente no se enteran del propio comportamiento equivocado. En vez de componer en el estudio algo digno de escuchar, los provincianos borrachos claramente han bebido demasiado. Con mirada difusa tomaron los instrumentos y pusieron en *shock* tanto a los aficionados como a los entendidos en la historia musical. Cómo pudieron captar a Phil Manzanera, ex Roxy Music, para esta orgía del mal gusto, es algo que se mantendrá en secreto.
>
> Ya el primer tema del álbum muestra lo que pasa. No solo que el primer sencillo se parece en la estructura, a pesar de su dureza, al mediocre *Entre dos tierras*, del álbum *Senderos de traición*. Una introducción catastrófica lleva a un punteo aburrido y a un sonido duro generado virtualmente. El disco anterior se soportaba, como mucho, hasta la cuarta pieza, pero este tercer álbum de estudio se convierte ya en una pésima obra con el primer tema. Asusta, además, que su música haya tenido entrada en las sagradas salas de la música indie, ¡aunque los espíritus del vino son tan añejos como el Asbach Uralt! [un brandy barato parecido a nuestro Soberano].

La segunda, la de arena, fue escrita por Edgar Klüsener:

> Ya con su debut alemán, habían llamado fuertemente la atención estos españoles y se habían situado de forma exitosa durante mucho tiempo en las listas de ventas. Ahora llega *El espíritu del vino*, el sucesor largamente esperado, que prueba de forma convincente lo que todos habían vivido con este grupo en sus actuaciones en directo y que sabían desde hace mucho tiempo; en primer lugar, que los

Héroes son un grupo de rock duro y que, además, *El espíritu del vino* resulta ser más heavy que *Senderos de traición*. Y más versátil. Practican un arco musical desde el tradicional rock duro hasta el pop de guitarras, o canciones y temas influidos por Oriente... Los Héroes del Silencio aparecen como otra de esas bandas que prueban que se ha roto la preponderancia del idioma inglés en la música rock. Y tienen madera suficiente para ser estrellas absolutas de la escena rock. Quien no se lo crea todavía que escuche solo una vez canciones como la penetrante *Flor de loto*, el duro tema roquero *Nuestros nombres*, o la parodia de rock and roll *Tumbas de sal*, solo por dar algunos ejemplos. Los puntos débiles apenas se pueden detectar en *El espíritu del vino*, incluso con mucha mala voluntad.

Hannover, en el estado de Baja Sajonia, está a 121 kilómetros de Bremen. No eran viajes largos los de ese *tour*. El día 26 de octubre tocaron en el Music Hall, con capacidad para 3.000 espectadores, en un concierto al que Joaquín puntuó con un «ocho y pico». La prensa local, como sucedió en todas las ciudades, se hizo amplio eco de la llegada de los conquistadores españoles. Tampoco faltó ese día *El camino del exceso*, un tema hipnótico basado en un *riff* de Juan que se va repitiendo, con algunas variaciones, de principio a fin. De vuelta al rock, a la ebriedad y al exceso, al vino como argumento de vida, a las drogas naturales cuyo uso defendía Enrique, a esa ebriedad contenida que debía imponerse para no caer en la inconsciencia y el embrutecimiento. ¿Reflejaba su letra las experiencias vividas en México en octubre de 1992? Esto declaró Enrique en numerosas entrevistas. Pero puede que la escribiera antes de ese viaje, puesto que la estrenaron el 29 de agosto de 1992 en el concierto de Hagen, antes del viaje de octubre a México. Además, no hay una sola palabra que haga mención a México, a sus enteógenos naturales como el peyote o la mescalina, y sí al vino europeo y a William Blake.

Live in Germany, el disco grabado en directo que resumía la gira alemana de 1993, nació envuelto en polémica. Editado en 2011, contó con el rechazo explícito de Enrique, que se opuso con vehemencia a su comercialización. Quizá porque hacía el número seis de las producciones fonográficas comprometidas con la EMI en el contrato firmado en 1993, después de *El espíritu del vino*, *Avalancha*, *Parasiempre*, *Rarezas* y *Canciones 84-96*. Es cierto que la EMI sacó a la venta otros productos, *El ruido y la furia*, cajas de vinilos, CD empaquetados como obras completas, colecciones de vídeos, los materiales que generó el *tour* de regreso en 2007, pero como discografía oficial *Live in Germany* supuso cerrar una etapa y dar por cumplido un contrato. ¿Quería Enrique guardarse esa baza para otra ocasión? ¿O es que coincidió en el tiempo con la promoción de algún trabajo suyo? Es posible que algo hubiera de ambas cosas. Su álbum *Licenciado cantinas* salió a la venta en diciembre de 2011, y puede que temiera que el directo de su antigua banda le hiciera sombra. En todo caso, eran tres contra uno: Pedro, Joaquín y Juan querían seguir adelante y redondear sus discos en directo con este concierto grabado en Coblenza el 2 de octubre de 1993. Además, se relanzó la web oficial del grupo, que había quedado inactiva después de la gira de 2007, y se firmó un nuevo contrato de *merchandising*. *Live in Germany* incluye un CD y un DVD gracias a que lo grabó la cadena de televisión alemana SWF3, que lo emitió el 4 de diciembre dentro del programa *SWF3 Livetime Héroes del Silencio*. Sin embargo, no fue uno de los conciertos más memorables de la banda, debido a que se había previsto una separación mediante vallas entre las primeras filas de seguidores y el escenario, de tal manera que hay unos cuatro o cinco metros de vacío, que debieron de aprovechar para colocar algunas cámaras. Una distancia fatal, que separó a la banda de su público e impidió que Enrique desplegara todos sus recursos escénicos, que no eran pocos precisamente. De entre ellos, el más llamativo y arriesgado era el de lanzarse sobre el público, ser recibido por la masa rugiente, zarandeado y sobado hasta decir basta y devuelto sano y salvo, casi siempre, de nuevo al escenario. Nada de eso pudo hacer en Coblenza. La actuación transcurre por derroteros demasiado convencionales. Para verlo se hace necesario recurrir al videoclip en blanco y negro que montó Jorge Ortiz en 1994 para *Los placeres de la pobreza*. En el minuto 3' 15" se ve el salto felino de Enrique, que toma impulso y aterriza a tres o cuatro metros del escenario, con la precaución de caer de espaldas para protegerse. No se hunde en la carne, permanece en la superficie como un nadador en una piscina, dando brazadas, incorporándose como si quisiera tomar aire, hasta que decenas de brazos lo depositan casi con mimo otra vez sobre el escenario. Con ese resultado, no es extraño que repitiera esa proeza tantas veces y en otros tantos directos. Formaba parte del espectáculo y en este terreno Enrique era todo un maestro.

Live in Germany responde a ese afán tan característico de los grupos de rock por ofrecer un registro fiable de sus conciertos en vivo, centrado en una de las etapas más brillantes de su trayectoria, ese idilio entre cuatro zaragozanos y millones de alemanes. Sin embargo, otro legado mucho más extenso sigue siendo desconocido. Primero Floren Moreno y luego Douglas Hall se encargaban de accionar el DAT que les llevaba Joaquín y suministrarle el mejor sonido posible. La calidad de las grabaciones era casi siempre excelente; tanto es así que podrían dar origen a una buena colección de directos que redondearía, sin duda, los cinco álbumes comercializados hasta la fecha.

El 27 y el 28 de octubre tocaron dos veces seguidas en la ciudad estado de Hamburgo, a 150 kilómetros de Hannover. El Grosse Freiheit tenía una capacidad de 1.500 personas. Joaquín escribió:

PROMO: Firma en «Wom» (30 minutos). Horario a confirmar por Martín. 1.º bueno, 8 y pico. 2.º bueno, 8 y pico menos.

Seguían con la promoción, firmando discos en la cadena WOM. Las fans se agolpaban ante la entrada. Enrique ya no se encontraba bien. La amenaza de la enfermedad le rondaba desde hacía días. Ligeras molestias en la garganta que debía controlar. El 29 de octubre tenían que viajar a Copenhague. Salieron del hotel Hafen, de la Seewartenstrasse, 9, y subieron a la furgoneta. Un breve viaje de 85 kilómetros hasta llegar al puerto de Travemünde, donde debían subir al transbordador que los llevaría hasta la capital de Dinamarca. El día era desapacible, gris. Contemplaron el Báltico desde el puerto. Luego embarcaron los músicos, Martín, los técnicos; el viaje no iba a ser demasiado largo. El estado de la mar, una incógnita. Como el estado de la garganta de Enrique, que no quiso quedarse en cubierta para ver alejarse la costa de Alemania, no fuera a empeorar y tuvieran que suspender el concierto de Copenhague.

Rumbo a los escollos

Ya se avistaba Copenhague. El transbordador iba levantando una estela de espuma sobre la plancha gris del mar Báltico. El agua debía de estar completamente helada. Un viento frío y cortante desaconsejaba permanecer en cubierta, pero a veces puede más la curiosidad que la prevención y ya había pasajeros que querían ver las maniobras de atraque. Estaban por allí Joaquín y Martín, bien abrigados, y Pedro y Miguelico; no querían perderse ese extraño fenómeno que va desvelando poco a poco los contornos del horizonte, los primeros rascacielos que se individualizan, torres de comunicaciones, antenas y helipuertos, la masa de una ciudad que va dando pistas de su existencia por los ruidos, los automóviles que circulan por sus autopistas, la gente que pasea por los diques y que es lo último que se percibe. Entonces se oyó con claridad cómo los motores se paraban. Se había dejado de percibir el ruido de las turbinas y el barco seguía a la misma velocidad. ¿Cómo se detenía? ¿Quién pisaba el freno? Hubiera podido seguir así, por inercia, durante unas cuantas millas más, enfilando hacia la bocana del puerto como si se fuera a empotrar en los diques y quedar como un pecio medio sumergido. Pero no, otra vez se oyó el ruido de los motores, que ahora sonaba diferente, en un tono más agudo. El capitán había ordenado que se invirtieran y trabajaban del revés, era la única manera de que no se estrellaran contra el cemento. ¿Cómo se hacía eso en la realidad? ¿Cómo se paraba un grupo de rock en plena gira? ¿Y cómo se podían invertir sus motores para que reculara y sobreviviera? Habría que cancelar la gira y asumir la quiebra económica de la sociedad. Habría que hibernar durante un par de años y dejar las guitarras y los bajos dentro de sus fundas, la batería recogida en el desván. La voz de Enrique enmudecida, ni siquiera podría hablar, o hacer declaraciones. Se imponía un largo período de silencio, nada de prensa, deberían huir de Zaragoza y buscar un alojamiento de eremitas, imposible de localizar. En el confín del mundo, a ser posible. Y nada de escuchar música, tampoco la de otros; ese aislamiento debería ser como el de los monjes. ¿Cómo se detiene un buque? Ya se distinguían los rostros de los portuarios. El giro de la nave, lento y milimétrico, se estaba completando con éxito. Estaba casi en paralelo al dique de atraque. Solo era cuestión de acercarse centímetro a centímetro, con un cuidado infinito, hasta que el casco rozara suavemente las defensas, como si les hiciera una caricia de enamorado. ¿Cómo algo tan grande podía hacer esos movimientos tan sutiles? ¿Deberían olvidarse del rock and roll, de los chupitos de tequila, de las muchachas que se ofrecían a la puerta de los hoteles, de los excesos que habían adornado su camino? ¿De improvisar con la guitarra, de componer arpegios y completar estructuras de canciones, de escribir textos que se amoldaran como un guante a la línea melódica del bajo? Echaron las amarras, largos y pesados cabos que eran arrastrados con dificultad. Cada vez salía más gente hacia las pasarelas. Otros bajaban a las bodegas para sentarse ante el volante de sus coches. Ellos también subieron a la furgoneta. A pesar de que habían sido testigos de la lenta y sofisticada maniobra de la llegada a puerto, no tuvieron un solo pensamiento para buscar paralelismos con lo que estaban viviendo. El transbordador había llegado a puerto sin percances, el casco sin el más mínimo roce. Ellos iban de contratiempo en contratiempo, pero no se vislumbraba una solución, al menos un día así, de viaje por el Báltico entre Travemünde y Copenhague, el 29 de octubre de 1993.

No hubo cura para la voz de Enrique y el concierto, previsto en una pequeña sala llamada Montmartre, tuvo que suspenderse. Así que el día transcurrió sin otros contratiempos, aparte de la búsqueda de un médico que hiciera el certificado para justificarse ante la organización del evento, dar paseos por el centro de la ciudad y comer en el restaurante del Park Hotel. Esa misma noche debían volver al puerto para embarcarse en otro transbordador, esta vez rumbo a Estocolmo, a 627 kilómetros de distancia, una travesía mucho más larga, de nuevo surcando las aguas heladas del Báltico. Habían reservado camarotes de dos en dos para descansar mejor, así que se distribuyeron: Pedro con Enrique, Joaquín y Juan, esa era la costumbre. Y a cuidar la voz, no tuvieran que volver a suspender otra gala.

Afortunadamente, Enrique se recuperó y pudieron tocar en la sala Melody de Estocolmo, ante 850 personas, en un concierto muy rocanrolero, como lo definió Joaquín en su dietario, y que había gustado mucho a la gente; sin embargo, no del todo satisfactorio para ellos. Había chilenos y españoles en primera fila, nada extraño; los primeros en comprar sus localidades siempre eran los inmigrantes del país, los sudamericanos, por aquello del idioma y las afinidades. Y Enrique no las tenía todas consigo, el esfuerzo le había dejado agotado; menos mal que al día siguiente solo tenían que hacer una televisión en el sur de Suecia, antes de viajar a Berlín, esta vez en avión. Y de ahí a Bruselas por carretera. Enrique entre almohadones, tomando antiinflamatorios, tapándose el cuello con la bufanda, procurando no hablar más que con monosílabos, ingiriendo bebidas calientes. Y nada de tabaco, de momento; más valía prevenir. Fueron medidas que dieron resultado. El concierto en la sala La Lune del 4 de noviembre se salvó *in extremis* gracias al pundonor del cantante. Aquella noche tampoco se encontraba bien, la afección que acarreaba desde que salieron de Alemania no terminaba de sanar. Y tuvo que conceder entrevistas nada más acabar, con ese hilillo de voz que le quedaba. En fin, que al día siguiente tenían que actuar en París, algo excepcional, una plaza decisiva, muy pocos grupos lo habían hecho. ¿Mecano? Sí, ellos habían tocado allí, después del éxito que supuso la versión en francés de *Mujer contra mujer*.

Definidos en Francia como un grupo de hard rock y estética grunge, igual que en Alemania, de sonido contundente y cercano, como los U2 del Sur, había cierta expectación ante los conciertos que había contratado 10/Diez. Como era costumbre, la prensa se fijaba en Enrique más que en el resto, describiendo su magnífica voz y su imagen parecida a la de Jim Morrison, otro clásico. Se le veía como uno de los más grandes cantantes de rock del momento. Habían vendido 25.000 ejemplares de *Senderos de traición* y sus directos se definían como «energía eléctrica en estado puro». Entonces no fue raro que agotaran las entradas para el concierto del día 5 de noviembre en la sala Élysée Montmartre, con capacidad para 1.200 espectadores, y que se programara otro para el 9 de diciembre en la sala La Cigale. La prensa anunciaba la llegada de su particular revolución con artículos como este, firmado por Eric Dahan:

> El grupo español, reconvertidos grunge (sonido), trash (en el escenario), de inspiración anarcosindicalista, de visita en Francia, rompe el silencio... Hace falta interrogarse sobre el mensaje de este comando rebelde financiado por la EMI. Después de haber denunciado el «gobierno dictatorial de Felipe González, dejando a España sumida en plena crisis económica», y «la necesidad de cambios para estos tiempos de falta de valores», los Héroes se hacen eco de sus recientes decepciones: «U2 se han vuelto demasiado MTV para nosotros, preferimos los grupos de Seattle». No es que busquen gustar, «incluso si nuestra música habla también

de sexualidad y de relaciones entre la gente en términos malintencionadamente intelectuales y poéticos, digamos que es una herencia que tenemos de Bowie». ¿Deberíamos confundir a estos tíos con los vulgares Mecano? «Ellos son pop, nosotros rock.» De hecho, se sienten cercanos a Noir Désir. O de sus diatribas contra los valores occidentales que les harían voluntariamente expatriarse a África o a América del Sur, tierras del liberalismo donde, como nadie duda, podrían finalmente dejar libres sus inclinaciones primitivas. Lo que se anuncia por la voz del cantante, de una bella presencia física: «No querer ser civilizado, no amar la democracia, no comprender la Constitución y preferir decididamente el anarquismo».

No pudieron acabar el concierto. A la tercera canción, *Hechizo*, Enrique no pudo seguir y se retiró al camerino. Una decepción tremenda, y no solo para los 1.200 espectadores que llenaban la sala, también para ellos, en especial para el cantante, que se quedó abochornado. ¿Cómo era posible? Y en París, nada menos. Tendría que haber sido el concierto que terminara de afianzarlos en el mercado francés, que se había comportado de forma titubeante en el pasado. Tiempo después, y ante unas circunstancias parecidas, Enrique lo contaría así en su diario de la gira de 1995:

> Allí en el escenario, a la tercera canción, que era *Hechizo*, por cierto, muerto de vergüenza, hui del escenario, me escondí en el camerino y empecé a explicarme ante mi mánager: ¡Dios, no tengo voz! ¿Qué hago encima de un escenario? ¿Por qué? ¿Por qué me permites subirme a un escenario tan importante como el de París con esta voz?, le decía a Pito con una carraspera en la garganta de asustar… No querría pasar por esa mierda otra vez. Después de ese concierto suspendimos la gira por quince días, quedamos fatal con el empresario francés y con la compañía de allí, y, pasadas dos

semanas, volvimos a la carga, pero... ¿Por qué tuvimos que llegar a ese extremo?

Como si fuera un boxeador derrotado por nocaut, sintió un deseo irrefrenable de huir del lugar, de volatilizarse, de transmutarse y aparecer a kilómetros de distancia, lejos de la prensa, de los organizadores, hasta de sus propios compañeros. Pero, encima, había que seguir dando la cara, a pesar de no poder decir nada.

Otra vez la avaricia se juntaba con la miopía, y el buque se quedaba varado, impedido, oxidándose durante dos largas semanas. Tuvieron que suspender los conciertos programados en Oberhausen, Ámsterdam, Mulhouse, Nancy, Zúrich, Willisau, Berna, Ginebra, Erlangen, Múnich, Kassel y Bielefeld. La EMI emitió un comunicado de prensa para anunciar las cancelaciones. El último parte médico apuntaba que no era un problema grave, aunque el cantante debía mantener su voz en completo descanso durante al menos diez días. La gira se reanudaría el 22 de noviembre de 1993 en Friburgo.

La voz humana es el único instrumento que ni se ve ni se toca, que se lleva siempre encima, que no se puede guardar en su funda o relegar al trastero, el único que, para bien o para mal, no cabe mandar al lutier o vender de segunda mano, que no se puede pintar de otro color o enviar a que lo afinen. Sus compañeros podían dejar los suyos sobre el escenario cuando terminaba un concierto, sin remordimiento, como quien deja un ordenador en su bolsa, o la paleta de pintar sobre la mesa del estudio.

Pero Enrique no, no podía confiar su voz a ningún técnico. Debía protegerla de las muchas amenazas que se cernían sobre ella. Debía tener cuidado con el aire acondicionado de la furgoneta, que casi nunca se ponía incluso cuando circulaban por una nacional del sur de España en pleno mes de agosto, y también el aire de los restaurantes y hoteles. Con los cambios de temperatura del otoño y del invierno, cuando se salía del confort de una calefacción al aire helado del norte de Europa, o cuando se asomaba a la borda de un buque en travesía por el Báltico. Con los alimentos que tomaba, mejor las bebidas calientes a las frías, mejor las infusiones que los licores ahogados en hielo. Debía tener cuidado hasta cuando hablaba, para evitar los largos soliloquios, los gritos por los enfados, el exceso de carcajadas. Con el tabaco, desde luego, aunque siempre estaba rondando la tentación de los porros que circulaban en la furgoneta, en el *backstage*. Y protegerse de otros enemigos invisibles, los virus del resfriado o de la gripe, las bacterias, las enfermedades de la garganta, la amigdalitis, la faringitis, la traqueítis, la simple ronquera. Por todo ello, lo más normal era que la mayoría de las actuaciones tuvieran un peligro latente alrededor, y había que hacer verdaderos malabarismos para salvarlas, a base de cuidados extras, de medicamentos, cualquier triquiñuela que evitara la cancelación, el gran temor de los cantantes. Como había pasado en Copenhague y en París. Eso supuso una decepción de la que tardarían tiempo en recuperarse.

¿Cuántas batallas libraron por el rock and roll? Quizá fue *Entre dos tierras* la primera. ¿O esos finales que ellos llamaban thrash, cuando enlazaban *Olvidado*, *El cuadro*, *Hologramas* y *Decadencia* a un ritmo de locos? Los aficionados iban a los conciertos para divertirse, para cantar a voz en grito, para saltar y bailar hasta caer rendidos. Había que darles candela de la buena. Formaba parte de la liturgia del rock, guitarras distorsionadas y cajas de bronce, saltos sobre el público y borracheras.

Conciertos y más conciertos, cada uno también como una breve reyerta, hora y media, dos horas de lucha. Treinta y uno en 1988, setenta y tres en 1989, sesenta en 1990, ciento nueve en 1991, cincuenta y seis en 1992, noventa y cinco hasta noviembre de 1993; un total de 424 conciertos a sus espaldas, 424 ocasiones de subir el volumen, potenciar la distorsión, añadir vatios de sonido, endurecer las interpretaciones. Solo así podían competir con Gun, Marillion, Def Leppard o Robert Plant. Solo así podrían combatir en el futuro contra Motörhead, Aerosmith o Iron Maiden. ¿Tocar *La isla de las iguanas* o *Despertar* en el Mosters of the Rock? No estaban locos. Ellos iban de campaña, como quien hace maniobras, como quien apunta y dispara a una diana y tiene que dar en el círculo rojo del medio; no había otra posibilidad.

Y es que su guerra ya no estaba en España, era global. Ellos batallaban en otra liga, aquella que alimentaba a los grupos que iban a los grandes festivales, cuyos vídeos salían hora sí hora también en la MTV, que giraban por Europa y América, los que llamaban «mastodontes del rock». Ellos querían convertirse también en mastodontes y llenar estadios, esa sí era una batalla decisiva en la guerra. Para eso habían compuesto *El espíritu del vino*, para tener canciones como *Sangre hirviendo* que dejaran al público helado, sin capacidad de respuesta, derrotado:

> *Pierde el cielo equilibrio*
> *Cae derrumbado encima de ti*
> *Esconde tu mundo que nadie lo vea*
> *Cierra las puertas y espera*
> *Ha llegado tu hora*
> *Y dudo que alguien merezca*
> *Un segundo así*

Hasta los grupos más heavies del panorama nacional alabaron *Sangre hirviendo*, cosa que también hicieron las revistas del sector como *Metal Hammer*, *Heavy Metal* o *Kerrang!* Juan recuerda el motivo por el que la compusieron:

Hubo un grupo heavy español, Platero y Tú, que tenía una canción que se titulaba *No hierve tu sangre*, y que se la dedicaban a grupos como Héroes del Silencio. Y me dije yo: «¿Ah, sí? Pues vas a ver». Y entonces compuse el *riff* de *Sangre hirviendo* y le dije a Enrique: «Quiero que esta canción se titule *Sangre hirviendo*, porque esos tíos han dicho esto sobre nosotros». «Vale. Venga.» Y entonces hicimos *Sangre hirviendo*. Pero no me gusta el sonido, podría haber sido más demoledor.

¿Qué otra banda había llevado una evolución parecida, capaz de componer temas como *El estanque*, *Entre dos tierras* y *¡Rueda, fortuna!*? Fue una evolución insólita, nunca repetida. Pedro la describe de esta manera:

> Vamos a buscar una banda similar en cuanto a la amplitud de miras musicales, que compusiera canciones a bajo tiempo, más rápidas, muy rápidas, a saco, medio punk. Y tú a eso cómo lo llamas. Vamos a buscar una banda que haya hecho eso. Yo, por poner algún ejemplo, puedo poner a U2, te puedo poner a Aerosmith, pero me dirán que dónde voy, los Guns N' Roses porque son heavy total y de repente te sacan una balada... Entonces ¿eso qué es? ¿Rock? ¿Pop rock? ¿Quién es el rey del rock? ¿Elvis Presley? ¿Y quién es el rey del pop? ¿Michael Jackson? Héroes valora sus posibilidades y hace canciones de una manera o de otra, y se ponen muy cabrones cuando tocan *Hologramas* en directo, y se ponen muy tranquilitos cuando tocan *Tesoro*. Fuimos una banda con muchas caras, cosa que no le veo a Gabinete, al Loco, a 091, a Burning...

Y Juan la califica así:

> Lo sorprendente de Héroes del Silencio es la evolución del primer disco al último, no hay grupos que abran tanto el

abanico. Fuimos capaces de hacer muchas cosas, a lo mejor ninguna bien. En pop fuimos buenos. En rock and roll, normales. Y en heavy, malísimos.

Aunque una canción como *Sangre hirviendo* le contradice. Y además presagia lo que sucederá con *Avalancha*, esa nueva contienda por el rock and roll.

Por su parte, esto declaró Enrique a Losilla:

> Creo que con Héroes conseguimos algo interesante: ser un grupo personal dentro de un estilo como el rocanrol, en el que es difícil lograr personalidad. De hecho, aunque lo intentaron muchos, hay pocos grupos que hayan seguido el camino de Héroes y de esos casi ninguno ha conseguido reconocimiento.

Hubo decisiones que profundizaron la estrategia de Héroes del Silencio en su particular cruzada. Como el cambio que hizo Juan de la Fender a la Gibson, o Pedro de la Tama a la Sonor y al tomar lecciones del baterista Dave Watson, o los Marshall dispuestos por todo el escenario, o la incorporación de Alan Boguslavsky como segundo guitarrista, o la elección de Floren Moreno y después de Douglas Hall, el técnico de sonido de Iron Maiden. O como comprarse los discos que venían del otro lado del Atlántico, los de Metallica, Nirvana, Pearl Jam, Guns N' Roses, Soundgarden, el grunge de la época, que poco después empezaría a declinar. Llevaban cintas en la furgoneta con sus grupos favoritos, como una recopilada por Enrique y titulada «The mexican patience tour abril 1994» donde había seleccionado canciones de Therapy?, Screaming Trees, Red Hot Chili Peppers, Smashing Pumpkins, Faith No More, Alice In Chains, White Zombie, Counting Crows y I Mother Earth. ¿Y los solos de guitarra? ¿No eran una obsesión de Juan? Cada vez más largos, más elaborados, que exigían una digitación más y más compleja, cargados de distorsión y efectos para endurecerlos. Y Enrique lanzándose sobre las primeras filas en cuanto su intuición le decía que podía hacerlo.

Era una guerra natural, un posicionamiento requerido por las circunstancias. No obstante, a veces los músicos se han preguntado si hicieron bien. ¿Fue necesaria? ¿Era preciso librar tales batallas? ¿Debería haber permanecido la banda en su territorio natural, cuando Juan utilizaba la Fender? ¿No es verdad que ese endurecimiento del sonido hacia postulados hard rock internacionales era menos personal y original que el estilo que ellos habían expresado tan magistralmente en *Senderos de traición*? ¿No fue *Senderos de traición* la cumbre de su creatividad musical precisamente por la extraordinaria personalidad de sus composiciones, esas guitarras que Juan tocaba como nadie? Puede ser. Sin embargo, las batallas y las guerras se disputan siempre, y unas veces se ganan y otras se pierden.

Había que rectificar los errores del verano y rediseñar la breve gira por España de diciembre de 1993. Había que limitar los vatios de los equipos de sonido e iluminación, recortar las dimensiones del escenario, buscar recintos más pequeños, para unos 2.000 espectadores; con eso sería suficiente. Y rebajar el caché, no podían pedir 6 millones de pesetas (36.060 euros) por un espectáculo mucho más pequeño, en consonancia con la situación económica del país, todavía renqueante después de la crisis nacida de los fastos de 1992. Y eso que habían vendido de *El espíritu del vino* 180.000 ejemplares en Alemania, 50.000 en Bélgica, 40.000 en Italia y 25.000 en Suiza. Así se hizo. Por ejemplo, en Barcelona tocaron en la sala Zeleste, un clásico, un espacio conocido y querido. Fue una noche de éxito, redondeada con una fiesta multitudinaria en la sala vip de la planta de arriba, con su gran ventanal que daba sobre la calle Almogàvers. En Valencia, lo mismo, el Auditorio Arena con 2.000 espectadores. Y en Madrid, en la sala Aqualung, otras 2.000 entradas que se agotaron en dos horas. Luego, un salto hasta Oviedo para tocar en la sala Stilo. Y Vigo.

Lo de Vigo marca un antes y un después en la historia del grupo. Es una de las fechas más tristes que recuerdan, y de la que hablan, todavía, con un nudo en la garganta. Todo normal, concierto cañero, retirada al hotel a una hora prudente. Al día siguiente querían salir temprano rumbo a Zaragoza para pasar la Nochevieja con sus amigos y familiares. Pero Martín Druille y Tomás Mateos retrasaron su salida. Querían comprar buen marisco gallego para la fiesta de cambio de año en Madrid. En mala hora lo hicieron. Fue en la provincia de Orense. Se salieron de la carretera. Martín murió y Tomás sufrió heridas graves. Entonces, la A6 todavía no estaba construida. Si los fastos de 1992 hubieran dado de sí como para haberla acabado...

Los tres hablan de su figura con una melancolía inenarrable. Joaquín, por ejemplo, recuerda:

> Era un colega, un amigo, uno más del grupo. Casi como un hermano. Siempre afable y optimista. Recuerdo que en Almería tocamos en una discoteca, ya con Martín de *road manager*. Me dijo Martín que fuera con él a cobrar porque no se fiaba de esa gente, le querían pagar con placas de hachís. Y fui con él, y el tío era un mafioso italiano que tenía varios guardaespaldas. Al final consiguió que le pagara no sé cuánto en dinero. Al poco tiempo vi en un telediario: «Un capo de la mafia italiana arrestado en Almería». Y era el tío ese, el que nos había querido pagar con hachís.

Juan también lo evoca con nostalgia:

> Era un tío que levantaba el espíritu del grupo, nos hacía reír a todos y eso era buenísimo. Era muy espabilado, había sido mánager de Víctor Manuel y Ana Belén, de Nacha Pop, había vivido los problemas con la heroína de Antonio Vega

en su propia casa. No se le escapaba una. Estaba tan unido al grupo que llegó un momento en que también hubo roces con él. Fue duro. Estábamos tan cansados, se habían producido roces, estábamos hasta los huevos, tanto ir de aquí para allá, y de repente: «Se ha muerto Martín». Le regalé una guitarra azul muy bonita a su hermano.

Y Pedro, otro tanto de lo mismo:

> Muy majo, Aries, extrovertido, siempre con una sonrisa en la boca. Todo el mundo se llevaba genial con él. Era feliz en su trabajo, le encantaba hacer eso. Era un búscate la vida a todos los niveles. De repente no estaba y no sabías dónde se metía. Martín no estaba en el ajo, pero conocía muy bien la movida. Y Martín siempre tenía solución para todo. Solo recuerdo una vez verlo jodido porque perdimos un avión en Suiza o no sé dónde y eso suponía un marrón. El tío estaba ahí sentado pensando cómo no avisaba a la oficina: lo arreglo y mañana ya les digo. Tenía ojo para todo. Un fichaje.

Su muerte fue un enorme varapalo para la banda porque tenía el don de que todo el mundo se sintiera bien a su alrededor, porque tenía experiencia en su profesión y sabía solucionar cualquier entuerto. Supo apaciguar muchos conflictos y servir de mediador. Se había convertido en una pieza fundamental en el entorno del grupo y su pérdida fue irreemplazable. Luego tomó el relevo Tomás Mateos, también un buen amigo, pero ya nada sería igual.

Días después, el 5 de enero de 1994, le dedicaron el concierto que dieron en Zaragoza. Y algo más tarde, también en enero, tuvieron que grabar el vídeo de *La sirena varada*. Otro palo tremendo. A pesar de que lo iba a rodar John Clayton, realizador que había trabajado para Jesus & Mary Chain y Texas. Se escogió para los interiores la cartuja de Talamanca del Jarama, al norte de Madrid, donde ya se habían filmado algunas películas. Fue un momento especialmente duro. Ninguno de los músicos estaba de humor para ponerse ante las cámaras. Se los ve taciturnos, distantes, como si aquello no fuera con ellos, sin ganas de participar en ese montaje, que era una obligación contractual. Joaquín no quería quitarse su larga melena de la cara, como le pedía el realizador, para que no se viera lo descompuesto y triste que estaba. A Juan le pedían que se moviera, pero no le apetecía. Cerca de allí, en la Sierra madrileña, en la casa de un amigo de Martín, no hacía mucho que habían compartido un asado argentino en cruz, una de sus especialidades gastronómicas. Todo fueron recuerdos tristes. Para ellos, nada puede salvar ese vídeo, ni la extraordinaria belleza de la modelo portuguesa, Mena, ni la brillantez de uno de los mejores temas que compusieron nunca. La presencia de Martín lo teñía todo.

Y antes de viajar a México el 5 de abril de 1994, en pleno parón para reponer fuerzas después de un año frenético, otro suceso dramático vino a sacudir la débil estabilidad del grupo, esta vez sobre todo para Enrique. Su hermano Rafael, con quien había compartido tantas experiencias musicales en su primera adolescencia, murió asesinado en Cambrils. Era Semana Santa y a la salida de un pub, ya en la madrugada del domingo 3 de abril, se produjo un estúpido altercado entre Rafael y tres tipos, a resultas del cual fue apuñalado. A pesar de que le trasladaron de urgencia al hospital Joan XXIII de Tarragona, nada pudieron hacer por salvarlo.

Este lamentable homicidio estuvo a punto de desbaratar la gira mexicana, prevista solo para dos días después. Pero Enrique no quiso; serviría para ocupar su mente con el trabajo y llevar mejor el peso de su pérdida. Joaquín conserva un recuerdo nítido de esos días:

Para Enrique fue un palo. Yo me acuerdo de hablar con su padre y con su tío. Se consideró dejar de ir a América. Decidimos ir por continuar. Y me dijeron su padre y su tío: «Cuídalo, estate un poco encima de él». Enrique lo sintió mucho, evidentemente, pero continuamos.

Y Pedro, en el diario de la gira mexicana, escribió esto en la primera entrada, correspondiente al 5 de abril de 1994:

Me encaramo al furgón, entro, saludo y tomo asiento. Hemos pasado muchos momentos en esta furgoneta y no puedo evitar sentir cierta nostalgia, ni recordar con una sonrisa a Martín, pero es lástima lo que realmente siento. Pasamos a recoger a Enrique por casa de sus padres, donde ha pasado la noche. Al momento viene, entra y, con un alegre «¡vámonos!», que a todos nos sorprende y relaja, emprendemos el viaje.

Necesitaba volar hasta México. Qué mejor manera había de homenajear al hermano muerto, el compañero de aventuras musicales desde la más tierna infancia, el que seguramente le introdujo el veneno por la música gracias a los discos que compraba, que esa de seguir en la carretera, cantando una y otra vez, sin final.

Junto con Alemania, México fue el país donde más éxito tuvieron. A la vez, eran como la cara y la cruz del mismo fenómeno, la eficiencia alemana contra la improvisación mexicana, el orden y la anarquía, la excelencia técnica y la avería, la comida de supervivencia y la gran gastronomía, la mesura y la pasión, el equilibrio y la locura, el alcohol y el peyote, los bosques y los desiertos, las ciudades medievales y las urbes descontroladas. Ellos preferían el modo de vida mexicano, más en consonancia con el carácter español. El mismo nombre de la gira, *El camino del exceso*, da muchas pistas al respecto. Pasaron dos meses recorriendo el país, dando veinticinco conciertos, muchos caóticos, viviendo experiencias inolvidables, tan extravagantes como divertidas; así lo recogió Pedro en su diario entre el 4 de abril y el 31 de mayo de 1994. Además, la incorporación a la banda como segundo guitarrista de Alan Boguslavsky, a quien Enrique apodó «el azteca de oro», reforzó más si cabe la expectación que había levantado la visita de Héroes del Silencio. Al público mexicano le encantaba tener a un compatriota en ese grupo español tan exitoso, y de alguna manera su presencia debió de potenciar esa escalada de popularidad. Luego, para Pedro y Enrique, México se convirtió en una referencia. Desde entonces, ninguno de los dos ha desaprovechado las ocasiones que se les han presentado para visitar el país e impregnarse de su cultura y de sus paisajes.

Volvían a reinventarse. Decidieron rebajar el caché para hacerlo compatible con los pequeños locales donde tocarían. Llevaron solo lo básico, el bajo y la guitarra, y alquilaron los equipos que había en el mercado, como si fueran un grupo mexicano más, igual que los teloneros que los acompañaron esos dos meses, Víctimas del Doctor Cerebro, con disco recién editado en la EMI, o igual que los grupos con los que coincidieron sobre los escenarios: Tijuana No, La Lupita, Garrigoles, Bola, Viento Negro o La Ley. Acostumbrados a conciertos multitudinarios, no les importó tocar delante de unos cientos de espectadores para darse a conocer y promocionar los dos álbumes publicados en México, *Senderos de traición* y *El espíritu del vino*. Era curiosidad, la posibilidad de viajar por territorios inexplorados y contactar con gente nueva, empaparse de sus costumbres y de su música, ofrecer a cambio sus canciones para recoger más adelante (aunque esto era una incógnita) los beneficios. Y la jugada no les salió mal. En 1996 volverían a la carga con otros diecisiete conciertos en el país. Y en 2007, la apoteosis con el concierto de Monterrey y los dos del DF, donde llenaron el Foro Sol, con capacidad para 65.000 espectadores, dos días seguidos. El idilio con el público del vasto país, desde aquel primer viaje de octubre de 1992, siempre fue apasionado.

Pero, claro, ese planteamiento de gira tenía sus riesgos, que se manifestaron con toda su crudeza desde el primer concierto. En esas fechas, abril de 1994, el rock mexicano solo comenzaba a emerger. Llevaba un cierto retraso con respecto al que se hacía en Europa, así que las infraestructuras no estaban a la altura. Había problemas hasta con el voltaje de las tomas eléctricas, muchas de ellas de 120 voltios en lugar de los 220 que hacía tiempo se habían impuesto en España, generalizadas en la década de los setenta del siglo pasado. Los transformadores eran viejos, había continuas caídas de tensión que obligaban a interrumpir los conciertos, no había tomas de tierra, los amplificadores no cambiaban de programa o dejaban de funcionar envueltos en misterio. El material que tenían que alquilar estaba lejos, en cuanto a parámetros de calidad, de lo que acostumbraban a utilizar, sobre todo si se comparaba con el que tuvieron a su disposición en Alemania. Los locales que se encontraban en la gira no eran los más apropiados para conciertos de rock, incluso los camerinos resultaban incómodos, además de que casi siempre eran invadidos por numerosos fans. Este cúmulo de despropósitos tuvo su culminación el 29 de abril en Monterrey, en un festival de primavera junto a otros grupos mexicanos. Así lo cuenta Pedro:

> Comenzamos a tocar. En la segunda canción veo cómo entra alguien en el escenario y coloca unos bongos con su correspondiente trípode delante de un ampli. Se va y Joaquín va detrás gritándole algo. El tío vuelve con un pie de micro, Gonzo va tras él para pararlo y Joaquín la emprende a patadas con los bongos, un pie de micro sale volando y va a caer sobre la cabeza de Gonzo, que piensa que la pelea ha comenzado y que alguno le ha sacudido. El resto de nuestra gente corre por el escenario evitando que los de Ti-

juana No coloquen su equipo mientras tocamos. Es una situación bastante divertida. Se jode la cosa un poco cuando los amplis y multiefectos empiezan a fallar por falta de corriente. El único generador está situado a más de ciento cincuenta metros del escenario y un miserable cable llega hasta una de las tres salidas del generador. Al ser solamente una toma la que se utiliza, un solo cable delgado, y a una distancia como la antes mencionada, no llega suficiente energía, con lo que Miguel tiene que dejar las luces inmóviles y a medio gas para que no salte todo. Cuando terminamos, salimos del escenario y nos cruzamos con el cantante, que chilla fuera de sí. Alguien lanza el puño, pero no llega a darle. Tijuana No salen al escenario y comienzan a intentar provocar al público diciéndoles que los gachupines (en México a los españoles despectivamente nos llaman así) hemos venido a su país a quitarles el pan y que somos unos tal y cual, a lo que la gente responde con un unánime grito de «HÉÉÉÉÉROES, HÉÉÉÉÉROES...».

Tiempo después Miguel me contó algunas anécdotas sobre el montaje. Ahí van: como el concierto era grande (nueva sala, casi sin acondicionar, más de seis grupos tocando, escenario inmenso...), el montaje comenzó el día anterior en un alarde de organización y control. Cuando Miguel y Doug llegaron, el equipo había llegado y estaban montando la PA en las alas, detrás del escenario, con lo que los grupos íbamos a poder oír la música a 20.000 vatios de potencia. Después de discutir con ellos un rato, Miguel y Doug consiguieron en un «ahorita» que la colocaran flanqueando el escenario, que es su posición adecuada. Faltaban los *side fills*, así que Miguel los reclamó y recibió otro «ahorita». Ya por la tarde del día del evento llegaron los *side fills*... sin sus amplis. A las siete se abrían puertas y no quedaba mucho tiempo. Por fin llegaron los amplis que Miguel había pedido. Esta vez faltaban los cables. Miguel es una persona que no puede, por naturaleza, comprender algo así.

Luego de gritarles y minutos después de que comenzara el primer grupo, llegaron, por fin, los cables. Mas estos no funcionaban. Así es el ROCK & ROLL en México. El generador para las luces fue avisado repetidamente durante las veinticuatro horas previas al concierto, pero nunca llegó.

Caso aparte fue el DF, donde tocaron en salas de tipo medio mucho mejor equipadas que formaban un circuito de rock por el que pasaron, en esas mismas fechas, bandas tan legendarias como Radiohead, que actuó en La Diabla. Además de La Diabla, Héroes del Silencio se presentó en las salas El Antro, La Piedra, Trastorno, Rock Stock y Rockotitlán, y las discotecas Elipse, del barrio de Neza, y Tlalnepantla, siempre ante un público entregado. Tanto que en alguna ocasión tuvieron que salir por piernas, como cuenta Pedro que les pasó el 26 de abril:

> Llama Gonzo y me cuenta que la entrevista en el Rock 101 se convirtió en una huida porque los fans habían invadido el lugar y fue difícil salir y llegar a la suburban. Se rompió una luna de cristal por la presión de la gente. Estuvieron siguiéndolos durante casi todo el trayecto hasta el hotel, semáforo por semáforo. A Juan le arrebataron las gafas y Enrique fue incapaz de firmar más de un autógrafo por el mogollón que se había formado. Que casi habían arrancado una puerta que tuvieron que atar con el cinturón de seguridad para que cerrara.

Tuvieron serios problemas con su mánager, Pito, que se había desplazado con ellos hasta México y había montado una oficina en el DF para cualquier cosa relacionada con la gira, pero que estuvo prácticamente ausente todo el tiempo. Pedro se queja amargamente de su comportamiento, de la falta de información, de sus frecuentes desapariciones, de las continuas excusas que les pone alegando sentirse enfermo, o desviando la culpa de los problemas de organización a otros. Ni una sola línea para describir algo positivo. Por ejemplo, del concierto del 11 de mayo en el DF, Pedro escribe:

> Después del concierto hay reventón. Vamos todos a casa de Mr. Cubillas. El jodido vive en una urbanización protegida por el ejército. Parece que esta urbanización es propiedad de algún expresidente o algún hijo de la chingada por el estilo. Según Mr. Cubillas no se paga luz por decreto desde hace años. Una forma como otra cualquiera de hacer dinero, o de no perderlo, sin duda adecuada para una mentalidad como la del Sr. Cubillas. Gabi y Claudio están rondando. La banda, con Gonzo, Juan Carlos y Miguel «luces» con sus dos mujeres nos reunimos en el salón. Hay producto de buena calidad y, quien más quien menos, todos caemos. A las cuatro y media, logramos ponernos de acuerdo para irnos y sacar a Juan de allí. Todavía en el hotel hay danza de algunos y amanece antes de que la mayoría se haya dormido. Quedamos con Pito en que la televisión de mañana pasará al próximo viernes, aunque mañana a las siete de la tarde me enteraré de que no se han cambiado las fechas.

La explicación habría que buscarla en la afición de Pito a las drogas, como declararía Enrique tiempo después, cuando se vieron obligados a prescindir de sus servicios. Parecía que así se justificaban todos los despropósitos, la mala gestión de la gira, sus ausencias, la falta de respuestas. Con el tiempo, saldría a la luz una gestión de los intereses económicos de la banda tan turbia que provocaría su cese fulminante.

Mientras tanto, la gira seguía su curso, entre fallos de organización y una respuesta excelente del público mexicano, aunque de vez en cuando surgían otros problemas, como relata Pedro en su diario:

> Enrique está enfermo, ha venido el doctor y dice que tiene jodida la garganta además de gastroenteritis... No hay

concierto. Viene Jaime para llevarse el certificado médico y se va a la sala donde el público, que va a ser muy poco comprensivo, espera impaciente en la puerta del lugar, los que no han entrado ya y están apurando sus bebidas eterizadas.

La voz de Enrique le dio otro susto. Era un problema recurrente, solo él sabe cuántas veces le pasó algo parecido a lo largo de su carrera en Héroes del Silencio, o le sigue pasando en la actualidad. Probablemente, con mucha mayor frecuencia de lo que trasciende.

Joaquín recuerda otras anécdotas de aquella gira:

> El 15 de abril, cumpleaños de Pedro, estábamos comiendo en un sitio en Guadalajara. Esas comidas de tres horas, que llegas ahí y te ponen una mesa grande, en cada esquina un cubo con hielo y Coronitas, dos botellas de tequila en medio y empiezas a comer. Luego sacaron una tarta para postre. A quienes cumplen años en México les hacen la gracia de ponerles la tarta delante y meterles dentro la cara. Pedro no lo sabía y cogió un rebote que casi mata al camarero. Más adelante, tuvimos unos días libres tocando en el DF y fuimos a un sitio que se llama Puerto Escondido, que está en el Pacífico. Nos fuimos Pedro, Alan, Juan y yo con uno de los técnicos, que era argentino, para estar un par de días en un hotelico en la playa. Una noche fuimos a cenar, volvimos andando al hotel y cuando estábamos en la playa frente al hotel vino un policía borracho con la pistola creyendo que éramos narcos o delincuentes o lo que fuera. Hasta que se le convenció de que éramos clientes del hotel... pensábamos que nos iba a pegar un tiro... También recuerdo que un día hicimos un concurso de chiles. ¡Hostia, que mal lo pasamos todos! Estábamos esperando una entrevista en un garito por ahí. Había chiles habaneros, chiles de árbol, chiles de tal. Y a comer, a comer. ¿A que no te comes otro? De esos que te comes una puntita y estás jodido. Con un dolor por dentro que no pue-

des rascar ni nada, dentro del cerebro. ¡Dios mío, cómo pica esto! Qué destalentados.

El gusto por la cocina mexicana era compartido por los cinco miembros de la banda. En su diario, Pedro habla de las exquisiteces que probaron: el caldo tlalpeño, la trucha al epazote tlaxcalteca, las quesadillas de cuitlacoche, las arracheras y sartenadas rancheras, los duraznos con rompope, todo bien regado con cerveza Corona, Dos Equis o Tecate, algunas micheladas y margaritas y mucho tequila. Particularmente vívida es la comida del 28 de abril en el legendario restaurante El Rey del Cabrito, en Monterrey:

> A las dos y media vamos todos a comer. Vamos a El Rey del Cabrito donde tienen como especialidad el asado a la cruz que me trae recuerdos de Martín y su especialidad argentina. El lugar es enorme, más de sesenta mesas, y dos asadores para asar al menos treinta piezas a un tiempo. Está decorado con miles de objetos de valor económico, histórico o sentimental, y fotos de gente famosa que ha pasado por aquí. Muchos animales disecados, aquí un león joven africano entero, ciervos y venados; en aquella pared un pelícano, las cabezas de un bisonte, de un búfalo, un lince y un jaguar, todo tipo de aves. Objetos de artesanía de otros lugares. Al lado de nuestra mesa hay una fuente con una cabeza de león a modo de surtidor. Buena comida.

Y Juan, hacia el final del viaje, experimentó en primera persona el terremoto del 22 de mayo, de cinco grados en la escala de Richter:

> A mí me pilla en la habitación y me bajo por las escaleras del hotel corriendo. Me empecé a marear. De repente empiezo a oír cómo suena la estructura del edificio, cómo se mueven las lámparas. Está toda la gente en la calle ha-

ciendo una fila en medio, como hacen allí para evitar los cascotes. Y ya acaba y yo me meto en el hall del hotel. Con el susto empiezo a tomar margaritas y acabo tomando tequila con un empleado del hotel, Cutberto.

En su diario, Pedro reproduce las sobrecogedoras palabras de este mexicano:

> Cutberto me comenta que en el 85, después del gran terremoto, había gente muerta alineada en las aceras y que él vio las almas de algunos de pie al lado de sus propios cuerpos rígidos.

Era el México profundo, el de la cultura precolombina y el de la magia, el de los chamanes y los hongos, el de María Sabina y los ritos iniciáticos. En Alemania no había terremotos ni espectros de difuntos en las calles.

Tampoco en Santiago de Chile, adonde llegaron el 1 de junio de 1994 para dar un concierto en el teatro Loft. Ni en Argentina. Otro vuelo, esta vez sobre los Andes, para llegar a Buenos Aires el 5 de junio. La gira por América iba tocando a su fin. Actos de promoción, radios y televisiones, conciertos en Córdoba y en Buenos Aires, en las salas Prix D'Ami y Estadio Obras, el templo del viejo rock argentino. Un país dotado de una excelente infraestructura para el rock and roll, que se había desarrollado mucho antes que en España, ya en los años sesenta, y que había dado grandes grupos como Soda Stereo. Allí todo resultó mucho más fácil, el trato de los medios, las críticas positivas de sus álbumes, la acogida del público. Con algún que otro malentendido, como recuerda Joaquín:

> Estábamos en una discoteca, ya había acabado el concierto, y después del camerino habíamos salido fuera, y se

me acerca un pibe: «¡Boludo, qué grande sos, firmame un autógrafo! Tengo un papelito que me firmó Maradona». Y yo le dije: «Ostras, tío, Maradona, qué fuerte, ¿quieres que te firme ahí? ¿Estás seguro?». Resulta que imito bien el ruido de la rotura de papel: fssshh... Y no se me ocurrió otra cosa que hacerle la tontería al chaval. Y desafortunadamente aquel papelito húmedo y pequeñín, arrugado, que el pibe llevaba en una cartera, no soportó mi broma y se rompió. El pobre chaval no sabía dónde meterse. Bueno, no sabía dónde meterme yo. El chaval dijo: «¡Boludo, pero qué hiciste, me rompiste el autógrafo de Maradona! ¡Cómo pudiste hacerlo!». Yo le insistía en que era una broma, que no pretendía romperlo, que solo quería hacer la gracia... Al final el chaval se fue sin mi autógrafo y con el autógrafo roto de Maradona.

Incluso el encuentro con uno de los popes de la prensa musical española, Mariscal Romero, que tenía un programa de radio convenientemente titulado *Los delirios del Mariscal*. Estuvieron con él el 6 de junio y llama la atención el trato que les dispensó, los elogios a su actitud, que tanto contrasta con lo que había pasado en España. Estas son las palabras que les dedicó:

> Este grupo no aparecía en las revistas que yo dirijo, que son la *Kerrang!* y *Heavy Rock*, como la gente sabe. El subdirector mío siempre estaba, y toda la redacción, intentando meter al grupo. Y a mí me gustó esta banda por un gesto en España. Hubo un concierto que los políticos hicieron en contra de la droga. Y fue una vergüenza, porque todos estaban detrás del escenario fumando. Y estos tipos nunca se dieron a ningún tipo de campaña institucional, esas hipocresías a las que juega mucha gente del rock, mucha gente que va con la etiqueta puesta de roqueros y luego en el fondo van con un cazo, no sé cómo se dice aquí, dispuestos a

que les echen cualquier cosa, sobre todo cuando se trata de chupar de los políticos y apuntarse al carro de las subvenciones del Estado. Bien, estos tipos nunca se enganchan a nada que ellos no crean en el fondo que va con su forma de pensar. Para mí hay mucha gente que lleva mucha tacha, mucha ideología roquera dura, heavy; he conocido a mucha gente que en el fondo son más horteras que Ricky Martin. Se lo digo de todo corazón, y esta gente, sin adentrarse en ese ejército de rock duro, sí demuestran absolutamente en directo, me gustan mucho, son aplastantes, pero en ideología guardan un espíritu que, aparte del vino, que también me gusta, me encanta esa filosofía.

Como Manrique, y aunque de manera tibia, supo rectificar los prejuicios que se había formado sobre la banda. *El espíritu del vino* consiguió cambiar definitivamente la imagen de grupo blando que había alentado la EMI desde 1988. Habían pasado cinco largos años y ellos se habían dejado la piel sobre los escenarios de una veintena de países.

Y para rubricar la gira y ponerle el broche definitivo, cuatro conciertos en Alemania organizados por Marek Lieberberg para acompañar a Brian Adams y Texas, en Leipzig, Bremen, Colonia y Stuttgart, antes de la traca final en Finlandia. El 10 de julio de 1994 fueron a Turku, al festival Ruisrock, que se celebraba en una isla junto a la ciudad de Ruissalo. La víspera había actuado The Pretenders, la banda de Chrissie Hynde. A ellos les tocó compartir cartel con Aerosmith. No se lo podían creer. Así se lo contó Enrique a Losilla:

>Estábamos todos alucinados de poder tocar con ellos. Nos llamaba Pito y nos decía que estaba pidiendo ciertas condiciones para tocar, y que intentaría conseguirlo. Y yo le decía que por favor no pidiera nada, que lo que fuera, que

tocaríamos allí, aunque nos dejaran un rinconcito del escenario, sin luces, sin sonido, y solo diez segundos de concierto. A mí me daban igual las condiciones. Lo que yo quería era verlos ahí sobre el escenario, subirme a un lateral y pedirle un autógrafo a Steven Tyler. Estábamos todos como locos, para nosotros era como un sueño hecho realidad. Y tocamos y alucinamos muchísimo.

Hacer de teloneros de una de las bandas más grandes del hard rock, unos auténticos expertos en eso de los excesos, y poder saludar a Steven Tyler, un cantante a la altura de Robert Plant, era todo un lujo. Coincidieron con él en el *backstage*, momento en que Juan se le acercó para regalarle *El espíritu del vino* y una camiseta, que más tarde lució en un programa de televisión de una cadena norteamericana. Era como una reválida. Estaban allí, en Finlandia, ante miles de roqueros rubios, tocando su repertorio más duro antes de que subiera a escena Aerosmith, y no cabían en sí de gozo. Pero hubo otros reconocimientos, como recuerda Juan:

Bruce Dickinson, el cantante de Iron Maiden, apareció con una camiseta nuestra. Hay fotos en internet. Luego Ian Astbury, cantante de El Culto, nos dedicó una canción en un concierto. En el Azkena Rock, en Vitoria.

Se estaban codeando con la flor y nata del rock más potente. *El camino del exceso* iba tocando a su fin, pero daba sus frutos: ya nadie les diría que no tocaban rock and roll. Una batalla más ganada en la larga guerra.

El buque necesitaba parar. Más que parar, entrar en el dique seco y someterse a una reparación a fondo. Habían llegado extenuados a puerto, al borde de la ruptura. Las relaciones entre los músicos no pasaban por su mejor momento. ¿Qué opinaba cada uno? Para Pedro, efectivamente, habían estado al borde mismo de la disolución:

> A mí la banda me pareció siempre imprescindible. Y el ego, no. Si había banda, no había ego, y si había ego, no había banda.

Joaquín no lo veía de forma tan dramática, quizá por su carácter, quizá porque ese mismo verano se casó con Inma y su felicidad parecía colmada. Enrique, seguramente, estaba hasta las narices de la dinámica del grupo, de su relación con Juan y del endurecimiento sin límites de la música, y pensaba más en una carrera en solitario que en otra cosa. Y Juan confiesa que deberían haberse tomado un descanso muy prolongado, pero sospechaba que entonces sería muy difícil retomar la actividad y seguir adelante. La amenaza de que Enrique aprovechara ese parón para seguir por su cuenta era demasiado evidente y probable. No se podía detener el buque, había que beneficiarse de la inercia que quedaba para grabar algún disco más y dejar un legado respetable, para demostrar que sabía tocar la guitarra y componer otro puñado de temas memorables.

Pero ¿sería posible hacer ese parón y reparar los desperfectos? Entre el último concierto de la gira *El camino del exceso*, ofrecido el día 16 de julio de 1994 en Kerhstaz (Finlandia), y el primero de la *Gira de la conciencia*, del día 22 de julio de 1995 en Bellinzona (Suiza), pasaría más de un año. ¿Fue suficiente? Visto desde el presente, no, pero las circunstancias que incidieron en la trayectoria de Héroes del Silencio seguirían siendo imprevisibles. Efectivamente, algo se hizo: unas largas vacaciones, una estancia terapéutica en el Hospital de Benasque, la grabación de *Avalancha*, pero no fue suficiente. El buque resultó demasiado difícil de gobernar y entró en disolución, irremisiblemente, vino a chocar contra las rocas de la escollera, contra la dársena del puerto al que se acercaba. Y se hundió. Bonito pecio. Y la música, lo único que queda, como recuerdo de todo aquello.

Quizá una de las claves para explicar la disolución del grupo, más allá de rencillas personales y desencuentros musicales, fue el hecho de que no fueran capaces de poner un freno a la vorágine en que se había convertido su día a día. Un equilibrio realmente difícil de negociar y repetido año tras año, gira tras gira. Podían estar un par de meses sin regresar a Zaragoza, y cuando lo hacían, apenas tenían tiempo de recomponer las rutinas cuando ya les tocaba salir de nuevo de viaje. Y siempre unos junto a otros, sin espacio prácticamente para la soledad, que solo se alcanzaba en la habitación de un hotel viendo canales de televisión extranjeros. Y comidas juntos, viajes, conciertos, fiestas. Todo juntos. Ciertamente, esta dinámica debió de ser una de las causas del hartazgo de unos hacia otros. Y la muerte de Martín a finales de 1993, así como la ruptura con Pito en marzo de 1995, contribuirían a esa decadencia, a pesar de estar prohibida.

En el Hospital

Aunque la banda estaba seriamente herida después de la extenuante gira *El camino del exceso*, no fue precisamente en un hospital, en el sentido estricto de la palabra, donde optó por alojarse a finales del verano de 1994. Por el contrario, este era el nombre, «hospitales», que se daba desde la Edad Media a las posadas fronterizas que tenían por finalidad alojar a los viajeros que cruzaban los Pirineos entre Francia y España. Y el de Benasque, fundado por la Orden de San Juan de Jerusalén, los llamados «hospitalarios», a comienzos del siglo XII, reunía las características idóneas para un enclaustramiento terapéutico capaz de convencer a los músicos: instalaciones confortables, buena y contundente cocina regada con vinos del Somontano, aislamiento casi total y un entorno paradisíaco que invitaba al paseo entre bosques, al recogimiento creativo y a los intentos de recuperar la vieja camaradería que había guiado el devenir de la banda desde su fundación en 1984. Así que, después de un concierto de sitar que ofrecieron Enrique, Alan y Copi en el pub La Estación del Silencio, el 14 de septiembre de 1994, Héroes del Silencio se aislaron en lo más profundo del valle recorrido por el río Ésera en busca de su particular curación. El establecimiento hostelero Hospital de Benasque, a punto de ser remodelado, les ofreció las condiciones que ellos creyeron idóneas para sus fines.

No podían componer el nuevo material de su próximo trabajo en el local de ensayo de la calle Rodríguez de la Fuente. Y no solo porque los equipos que precisaban ocuparan demasiado espacio, sino porque existía el riesgo de que los espiaran a través de los huecos de ventilación, como ya había pasado con anterioridad, y llegaran a grabar clandestinamente los ensayos. ¿Y si buscaban un lugar apartado, una casa en el Pirineo aragonés, por ejemplo, que tanto les atraía a todos por razones tanto geográficas como sentimentales? Sería el lugar idóneo en el que aislarse y comenzar unos trabajos sin limitaciones, sin temores, potenciando la concentración ante el reto que se les venía encima: la responsabilidad que suponía trabajar a las órdenes de Bob Ezrin, uno de los productores más afamados de la escena musical internacional, que había colaborado con Pink Floyd en *The Wall*, y demostrar su verdadera valía.

A través de un amigo de los músicos, Fernando Gracia, contactaron con el responsable del Hospital de Benasque, Antonio Lafont, con el que enseguida se entendieron. Era el momento ideal para acceder a las instalaciones del establecimiento en unas condiciones ventajosas, entre el fin del verano y antes del inicio de la temporada de esquí de fondo en diciembre. Entonces no hubo problema para que se cerraran las instalaciones a otros clientes, por otra parte, bastante escasos en esas fechas, y pudieran utilizarlas ellos libremente. Así que cada uno ocupó la habitación asignada. Tuvieron a su disposición una amplia estancia bajo cubierta, lugar que escogieron para instalar el equipo y hacer los ensayos, además del restaurante de la planta baja, convenientemente atendido por el personal que quedó de retén.

Enseguida establecieron unas pautas para aprovechar las jornadas y evitar distracciones. Por las mañanas, cada uno disponía de tiempo libre para emplearlo a su antojo. Unos dormían más, otros, como Enrique y Alan, preferían madrugar para dar largos paseos por los alrededores. Es probable que la relación entre ellos se estrechara en esos días, que de alguna manera el mexicano estuviera haciendo méritos ante quien daba inequívocas muestras de ser el líder del grupo, por lo que pudiera pasar. Después de una buena comida y una breve siesta, dedicaban la tarde y la noche, con el paréntesis de la cena, para componer las nuevas canciones del que sería su cuarto y último LP, *Avalancha*. Desde mediados de septiembre hasta finales de noviembre de 1995, dos meses y medio que se tradujeron en la grabación de las que ellos mismos titularon: *Mezclas Hospital. Maquetica 4.º LP, 11-1994*, donde recogieron los frutos, en forma de las siete primeras canciones, de tanto esfuerzo.

Sin prensa ni televisión, sin visitas más allá de ocasionales escapadas de sus chicas durante los fines de semana y la extraña aparición de Pito, sin interferencias de la discográfica, al fin estaban solos, viendo que los días se sosegaban, que el paisaje que veían desde sus dormitorios no cambiaba, que no tenían que meterse cada mañana en la furgoneta para lanzarse a devorar kilómetros por una autopista europea o americana. Ellos estaban en el Hospital. Y el buque, en un astillero. Se iba a hacer una tarea de mantenimiento integral, desmontar y reamueblar los camarotes, cambiar toda la tecnología del puente de mando, incluso despiezar y volver a armar los motores de la sala de máquinas. Y, sobre todo, restañar las heridas dejadas por el exceso y el silencio, y conseguir que otra vez la risa se enseñoreara de la vida en común.

No solo instalaron sus instrumentos, guitarras, bajos, batería, amplificadores Marshall, los micrófonos con sus trípodes, una pizarra para ir anotando el avance de las canciones y todo el lío de cables en la buhardilla del Hospital. Por primera vez en su ya larga carrera, tuvieron la buena idea de llevarse un DAT y una grabadora Fostex de ocho pistas para ir registrando todo lo que les venía a la mente. En Benasque ese material quedó recogido en cinco DAT, con un total de unas seis horas de grabaciones. Trabajo que luego completarían en Gables, el *cottage* que alquilaron en la localidad de High Wycombe, a una hora escasa al noroeste de Londres, donde se alojaron ya en 1995, con otros cinco DAT y seis horas adicionales y debidamente identificadas. Joaquín, con su característica constancia y su letra pulcra, fue quien se encargó de llevar la mesa y el DAT, y de supervisar y documentar todo el proceso. Es un material de una insólita valía para comprender cómo trabajaban sus canciones, las ideas de las que partían, la evolución de los trabajos compositivos a través de los distintos cortes, los descartes, la adaptación de las letras que iba haciendo Enrique. Muchas ideas se quedaron en nada. Otras fueron avanzando a duras penas para quedar finalmente descartadas. Las menos llegaron a concretarse en canciones con estructura y letra bien definidas, aunque no pasarían a *Avalancha*. Y, por último, solo las doce mejores completarían su recorrido en el estudio de grabación de Los Ángeles, bajo la atenta supervisión de Bob Ezrin, para dar forma al que, probablemente, sea el mejor trabajo de la banda, al menos en el aspecto musical. Y su despedida, a pesar de que ellos no lo supieran cuando conectaron el DAT por primera vez en Benasque.

Ese primer DAT fue grabado el 20 de septiembre de 1994 y en él se volcaron las ideas que cada uno había llevado en sus cintas respectivas. Como si fuera una puesta en común de los materiales que los músicos habían desarrollado desde la última grabación en los Gallery Studios, durante los pocos momentos de libertad compositiva que les había dejado la extenuante gira *El camino del exceso* y las vacaciones que se habían tomado desde el 16 de julio. Predominan los solos de guitarra, arpegios y breves ideas de Juan, guitarras limpias o con distorsión, *delay* y, a veces, *wah-wah*. Pero también muchas de Joaquín, y unas pocas de Pedro. Algunas de estas ideas tienen títulos, como *Ac (boogie)*, *Cassette*, *Caña*, *Gato encerrado*, *Vaquera-despertar*, *De Lucía* o *Subterráneo*. El corte n.º 37, titulado *3 x 4*, es un arpegio limpio de guitarra con *echo* de una gran brillantez melódica, como una nana, con unas notas evocadoras y hermosas que recuerdan a las composiciones de Juan de 1988, muchas de las cuales se tradujeron en canciones de *Senderos de traición*. Tiempo después lo recuperó para *Trigonometralla* junto a otras melodías, en *Entrantes*. Es interesante también el corte 25, titulado sucintamente *SX*, que parece que fue un proyecto serio de canción durante esta primera fase compositiva, puesto que se grabaron hasta cuatro versiones diferentes en el segundo DAT. Se trata de otra melodía limpia de guitarra de Juan, acompañada de bajo, batería y rítmica, que también recuerda a la primera etapa compositiva de la banda. Pero no llegó a materializarse en nada, desaparece de los ensayos a partir del tercer DAT, como tantas otras que quedaron simplemente en eso, en ideas sin continuidad. No obstante, entre esos sesenta y cuatro cortes es posible distinguir los primeros y elementales esbozos de canciones como *Opio*, *Morir todavía*, *La espuma de Venus*, *Iberia sumergida* y *Avalancha*; esquemas más elaborados de *En brazos de la fiebre*, *Virus* y *La chispa adecuada*, y canciones que casi tienen ya su configuración final como *Medicina húmeda* y *Babel*, que se incluirían en *Rarezas*, y *Derivas* y *Deshacer el mundo*.

Los cortes 16, *Pedro: acordes baja velocidad*, y 23, *Pedro twins*, son el origen de la introducción de *Avalancha, Derivas*. Fue una idea original del batería que no requirió de muchos desvelos, puesto que en este primer DAT suena casi idéntica a la registrada en Los Ángeles. La técnica consistía en grabar los acordes de guitarra y luego bajarles la velocidad de reproducción. De esta manera bajaba también la afinación y el tiempo, y la breve pieza, de 59", se tornaba más grave. En los estudios de Los Ángeles se le añadirían efectos de *reverb*, *delay* y *chorus*, así como unos fragmentos de ruido ambiente que solía capturar Joaquín durante los viajes. Entonces, Bob Ezrin estaba buscando una introducción para el álbum, que de algún modo sirviera de antesala para el primer tema, el contundente y rocanrolero *¡Rueda, fortuna!*, y se estaban barajando diferentes opciones. Como recuerda Pedro:

Busqué grabaciones de los tambores del Bajo Aragón, pero no había ninguna que mereciera la pena. De hecho, le llevé alguna a Bob, pero la verdad es que no había una grabación que tuviera de verdad una calidad impresionante. No sé por qué motivo no las valoró. Y entonces dijo, venga, vamos a buscar otra cosa. Y Enrique le puso un título y arreglado.

Así que se pensó en estos cortes del primer DAT y, después del tratamiento que hizo el ingeniero de sonido, Andrew Jackson, quedaron listos para hacer su función. Que, por cierto, fue una elección que no le sentó bien a Juan. Aun pareciéndole una pieza bonita, no entendió que se seleccionara una guitarra compuesta por el batería de la banda y se le diera esa importancia al usarla a modo de obertura. Aparte de la utilidad real de esa introducción, que le parecía superflua, no aprobó que se escogieran esos breves acordes de Pedro, cuando él se había desgañitado literalmente en la composición de las numerosas guitarras del LP. Pero quizá estaba acaparando demasiado la faceta compositiva, sin dejar casi espacio a los demás. Y es que, a excepción de *La espuma de Venus*, *Opio*, *Avalancha* y *Parasiempre*, en las que participó muy activamente Joaquín, es cierto que el resto de las canciones se deben al talento del guitarrista.

La canción que estaba más avanzada en el mes de septiembre de 1994, y que sería la primera en terminarse, era *Deshacer el mundo*, que se llegó a grabar, entre las sesiones de Benasque y de Gables, hasta veintidós veces. Ya en el primer DAT hay una versión con bajo, dos guitarras y batería en la que se oye murmurar de vez en cuando a Enrique, que busca la manera de ir completando la letra mientras sus compañeros la ejecutan. Escuchando todas las tomas, es posible seguir su evolución en el tiempo y señalar los cambios más importantes que experimentó. Así, el primer dilema al que se enfrentaron fue si dejaban o no la larga introducción instrumental que llegó a tener *Deshacer el mundo*, de hasta un minuto. Poco a poco, esta introducción se fue acortando, hasta los 19" en su versión más corta, para desaparecer por completo, momento en el que la canción arrancaba como en el LP, con la entrada de Enrique cantando: «Empezar porque sí». La estructura había quedado fijada desde el principio mediante estrofa 1, estribillo, estrofa 2 y estribillo. Las vacilaciones se plantearon desde ese segundo estribillo, hasta que se introdujo el puente que comienza: «Ponme fuera del alcance / Del bostezo universal», que en un primer momento fue solo instrumental. Se ensayaron diferentes variantes para el final: repetición de la primera estrofa, doble estribillo, coda final solo instrumental... Todas ellas soluciones que alargaban innecesariamente la canción y que al final se desecharon en busca de una simplificación acertada, como pasaría en muchos otros temas del álbum. Ya fuera por iniciativa de los músicos o por la intervención del productor, esta tendencia a simplificar las estructuras sería, a la postre, uno de los grandes aciertos de *Avalancha*. Todo lo contrario de lo que había pasado en los estudios de Phil Manzanera con *El espíritu del vino*.

Mención aparte merecen las guitarras de *Deshacer el mundo*. En Los Ángeles se grabaron dos, interpretadas por Alan y Juan, pero partiendo de composiciones de este último. Incluso se añadió una guitarra de doce cuerdas en el puente. Las aportaciones de Alan fueron, por un lado, tocar su guitarra con *slide* en el estribillo, y por otro, interpretar acordes invertidos y trémolos durante las estrofas. Pero lo que sin duda destaca es el excelente solo de Juan, uno de los punteos más cañeros y bonitos de los que compuso. Dura 40" y es un alarde de virtuosismo. Como recuerda él mismo:

> El punteo me gusta, me costó muchísimo sacarlo en el apartamento y puede que sea una de las causas por las que reventé. A lo mejor un heavy dice: «¡Bah! No es nada». A lo

mejor no tengo la capacidad para meterme en esos vericuetos. Pero es muy bueno. Tiene unas melodías muy buenas. Yo estaba muy orgulloso. Me acuerdo cuando me dijo Joaquín: «Tío, se me ha puesto la carne de gallina cuando he escuchado ese punteo». Lo escuchó antes que yo en una mezcla. Y me alegró muchísimo eso. Me lo pasé bien grabando algunas cosas, la verdad. Tuve el beneplácito de Andrew Jackson, que me dijo que le gustaban mucho las rítmicas de esta canción.

También Enrique, en su comentario a *Deshacer el mundo* vertido en *Canciones, 1987-2017*, alabó el trabajo del guitarrista con estas palabras:

> Es una de mis canciones favoritas de Héroes del Silencio. Me encanta la letra, la melodía, la música y el solo, uno de los mejores de Juan a mi parecer.

Un trabajo meritorio el que hizo Juan perfeccionando sin descanso las guitarras que luego recogería *Avalancha*. Y de tal intensidad que llegaría a tener graves consecuencias para su salud y su futuro profesional.

La relación con Pito se había ido degradando en los últimos meses. De hecho, durante la gira mexicana, su actitud se había tornado casi irresponsable, al haberse desentendido de los continuos problemas de material y organización que padeció la banda en su deambular por el país centroamericano. Se despreocupaba de los asuntos del grupo cada vez con mayor frecuencia, desoyendo sus constantes demandas. Incluso Enrique, con quien tenía una conexión especial, fruto de diversas afinidades culturales, se quejaba de que no conseguía ni hablar por teléfono con él. Así lo cuenta en la entrevista de Losilla:

Todos nos metimos en una vorágine peligrosa de drogas y Pito la llevó a un extremo que le hizo descuidar todos sus asuntos; no solo los que tenían que ver con nosotros. Y en un momento dado le fui a ver para decirle: «Oye, no podemos estar constantemente con fallos o con faltas. Estamos en el buque y el buque no puede frenar». Le comenté que sería mejor no contar con él de momento y que cuando estuviese recuperado que me llamara. Con Pito tuve muy buena relación, ya no solo a nivel de mánager y pupilo, sino que además nos retroalimentábamos mucho intelectualmente, pasándonos discos y libros. Incluso el mundo de la experimentación con las drogas, lo de llevar al límite el uso y no el abuso, fue una época que vivimos juntos. Lo del abuso lo vivimos cada uno por separado.

Pues bien, después de tanta insistencia al fin apareció por Benasque, eso sí, completamente pasado de vueltas y enganchado a la heroína, que él llevó hasta el Pirineo en cantidad suficiente para que todos la probaran. Para Pedro, una actitud irresponsable y un comportamiento penoso que suscitó el rechazo también de Enrique, su principal valedor. Solo lo verían una vez más, en Londres a finales de año, poco antes de que empezara la auditoría que le iban a hacer a sus empresas y que supondría el fin de la relación que los había unido desde 1988.

En el segundo DAT que grabaron en Benasque, también en septiembre de 1994, ya no hay arpegios de guitarra o ideas en potencia, sino temas ya estructurados e interpretados por Enrique, en muchos casos casi definitivos, como los distintos cortes de *Deshacer el mundo, Los brazos de la fiebre,* como entonces se titulaba, *Parasiempre, Morir todavía* y *Medicina húmeda,* lo que demuestra que el rendimiento de los músicos en esos primeros días de confinamiento fue extremadamente fructífero. Y una curiosidad, ya que aparece grabada cuatro veces, una en mi y tres en re, la segunda versión que registraron en su carrera, después de *Apuesta por el rock and roll* de Más Birras: *Paranoid*, el tema de Black Sabbath publicado en 1970. Pusieron la canción allí mismo y Juan sacó la guitarra. Solo cuando terminaron de pulirla se dieron cuenta de que ese camino no los llevaba a ningún lado, así que se desechó como material a tener en consideración. Solo aprovecharían la experiencia con *Paranoid* para introducir fragmentos en el *medley* de *Decadencia*.

Y en el cuarto DAT, *Ensayos 2, Benasque, 10-94*, aparece un tema que titularon indistintamente *La 9* o *Al descubierto*, un rock duro instrumental, todavía sin letra, de estructura compleja y con dos solos de guitarra, uno de Juan y otro de Alan, que a la postre no avanzaría más, aunque fue grabado en las mezclas. Da la impresión de que pretendían continuar trabajando en él, puesto que fue incluido en esa maqueta del cuarto LP, pero ya no quedan rastros en los DAT de Gables. Para Juan tenía un aire a la banda asturiana Los Ilegales, con buenos cambios, pero fue otro de los muchos proyectos que se quedaron en el camino.

La elección del Hospital de Benasque como lugar de composición y retiro fue, a la luz de los logros musicales y del restañamiento de las viejas heridas, un éxito notable. Era lo que pretendían, aislarse del mundo para trabajar a la vez que se iniciaba un acercamiento entre los músicos de la banda. A Juan el establecimiento le recordaba al hotel Overlook de *El resplandor*:

> Hubo una nevada y se cortó la carretera. Yo pensaba en la película *El resplandor* y en quién saldría con el hacha.

Realmente, hubo mucha diversión entre tanto trabajo, como recuerda Joaquín:

La idea era estar los cinco solos, aislados y trabajando. Hicimos algunas excursiones Quique, Alan y yo, paseos por ahí. Subimos por antiguas rutas de contrabandistas. Había senderos que subían hacia puertos de montaña. Los gatos que había en el Hospital venían con nosotros. También hicimos alguna excursión con los todoterrenos. También bajamos a Benasque, estaría Fernando Gracia por ahí. Hasta un paseo por el bosque de noche recuerdo haber hecho con Alan, en silencio total. Venía un zorro a comer de vez en cuando a la puerta del Hospital.

Juan rememora una broma desternillante:

Una vez nos fuimos a coger solo setas rojas para acojonar al encargado. Era la época de setas, octubre y noviembre, y nos fuimos todos: «Solo cogemos las setas que parezcan venenosas. De esas blancas ninguna, solo las más rojas». Y llegamos con todo eso, estaba el encargado allí. Le decimos: «Venga, vamos a comernos esto». Y el tío: «¡Quitar, quitar eso, ya no quiero ni hablar!».

Y muchas juergas de madrugada en la barra que había junto al restaurante. Cayeron no pocas botellas de los licores más variados. Hasta una de Frangelico, el licor piamontés destilado a base de avellanas, se trincaron en una de esas noches memorables. La risa volvía de nuevo a presidir el día a día de la banda, tal y como ellos habían deseado. No parecía un logro fácil *a priori*, pero allí estaban, trabajando de lo lindo y compartiendo tragos, remontándose a los viejos tiempos, a la Zaragoza de 1987 cuando componían *El mar no cesa*, a la de 1990 cuando hacían lo propio con *Senderos de traición*. ¿La tierra aragonesa, que tiraba tanto? Seguro que algo ayudaban el clima y los alimentos del Pirineo. Para terminar de rematar esa estancia, a finales de noviembre pasó a recogerlos un amigo en una furgoneta y enfilaron la carretera para ir a asistir a un concierto de ZZ Top.

Hay otra rareza en el tercer DAT. Allí aparece dos veces *Fatiga*, canción compuesta por Enrique, Joaquín y Alan e interpretada simplemente con guitarras y voz, de una duración de 3' 33". Con los años, Enrique la incorporaría a las sesiones de grabación de su disco de debut, *Radical sonora*, aunque *La fatiga*, como finalmente la tituló, solo saldría como cara B en el maxi-single *Salomé* y en una versión mucho más compleja y producida, muy sobrecargada de efectos y acelerada, con baterías electrónicas y teclados, incluso con una estrofa añadida que la alargaba hasta los 4' 09". Sin embargo, es más hermosa esta versión de guitarras y voz del tercer DAT de Benasque, sofisticada y lenta, una balada que se arrastra con levedad y elegancia, muy en la onda de otros trabajos en solitario de Bunbury, como *El viento a favor*, del LP *Pequeño*, *Canto (el mismo dolor)*, de *El viaje a ninguna parte*, o *De todo el mundo*, de *Las consecuencias*. No queda rastro de *Fatiga* en las siguientes grabaciones. Se alejaba mucho de los postulados roqueros del nuevo disco. Sin embargo, debidamente completada con alguna guitarra de Juan, con una percusión no invasiva de Pedro, podría haber sido una balada excelente.

Los indicios de una gestión desleal por parte de la agencia de Pito, 10/Diez, se habían ido acumulando con el paso de los años. A ello había que añadir su ya mencionada adicción a la heroína, que había provocado una dejación de funciones que se había hecho evidente en México y continuaba mientras ellos trabajaban en Benasque.

Entonces, a finales de 1994, se puso en marcha la auditoría que terminaría por destapar el deshonesto proceder de Pito. Los encargados de hacerla fueron el padre y el hermano de Pedro, dos personas con una larga experiencia contable en el sector privado. Pretendían hacerlo con discreción, sin necesidad de buscar una empresa externa; además, era poco probable que Pito se negara a recibirlos en el despacho de la calle Martínez Corrochano, 3, de Madrid; quizá confiaba en que, al no ser auditores profesionales, el verdadero fondo de la gestión se les escapara y pudiera salir indemne presentando cuatro papeles y justificantes. Lo cierto es que los dos viajaron a Madrid entre finales de 1994 y principios de 1995 para presentar unas conclusiones que dejaron a los músicos helados.

El tema era tan simple como perverso. El contrato que habían firmado con la agencia de Pito distribuía las ganancias derivadas de los conciertos en cinco partes, un 20 % para cada uno de los cuatro músicos y otro 20 % para la agencia. Este era un porcentaje habitual en el mundo de la representación artística. Hasta aquí, todo normal. El nudo gordiano del asunto era cómo procedía a su cálculo y reparto. Pues bien, Pito se quedaba con el 20 % de la cantidad bruta que se pedía por cada concierto. Entonces, del 80 % restante procedía a descontar todos los gastos que ocasionaba la actuación, y que no eran pocos dada la inveterada costumbre del grupo de no ahorrar en nada, ni en equipos ni en hostelería. Una vez hechos los descuentos, entregaba el 20 % a cada músico calculado a partir de este importe neto. Como explica Pedro:

> El bruto es todo y el neto es lo que queda. Me dan cien, yo me quedo el veinte por ciento y tú lo demás. Por lo tanto, si me dan cien yo me quedo veinte. Fin. Tú te quedas ochenta, pero me voy a gastar setenta y ocho y entonces tú te quedas dos. Por eso empiezan los líos. Y entonces pasa otra cosa muy interesante, y es que Enrique es amigo personal de Pito. Y, claro, que yo te diga que tu amigo personal es un estafador, pues no te hace gracia. Pero que además te lo demuestre, pues te hace menos.

Varias fueron las consecuencias. Primero, se le comunicó el cese el día 22 de marzo de 1995 mediante una carta remitida por El Exceso, SL. Además, se iniciaron los trámites, mediante la contratación de abogados, para interponer una demanda ante los juzgados por la estafa, que, como dice Pedro, a pesar de darles la razón todavía les costó dinero, dada la ruina de Pito. La noticia corrió como la pólvora en los ambientes musicales. Y si se tienen en cuenta los grupos que representaba Pito, se puede hacer una idea clara del volumen del asunto. Todos los documentos que guardaba la empresa, un extenso archivo compuesto por decenas y decenas de cajas de cartón debidamente clasificadas, se llevaron desde la sede de Martínez Corrochano, 3, Madrid, a otra empresa del sector, IMAC, con motivo tanto de la bancarrota de la agencia como del estado de salud de Pito, enganchado a la heroína e incapaz de reaccionar ante el cúmulo de adversidades. La empresa se cerró y ese fue el destino del archivo, al menos por un tiempo. Sin embargo, como ocupaba demasiado espacio, desde IMAC se llamaba constantemente a Pito para que lo retirara. Finalmente, hartos de que esas cajas, que encerraban gran parte de la historia del rock español, ocuparan un espacio vital para IMAC, y no sin cierta miopía también, las tiraron a un contenedor de basura. Y de ahí al vertedero.

Héroes del Silencio se vieron obligados a cambiar su estructura organizativa. Claire King se erigiría en la nueva mánager de la banda, a la vez que Tomás Mateos pasaba a ocupar definitivamente el puesto de *road manager* que quedó vacante por la muerte de Martín Druille. Para las giras internacionales se confiaría en la empresa londinense Bugle House, de Phil Bandfield y Lois James, que a su vez contactaría con Marek Lieberberg para las giras por Europa, con Gay & Company para España y con Miles Copeland, el hermano del batería de The Police, para Estados Unidos.

De nuevo Enrique dio otro paso al frente asumiendo un papel mucho más activo en los temas de gestión de los intereses económicos de la banda. A sus roles característicos, asumidos con el paso de los años por una mezcla de interés personal y desidia de sus compañeros, como eran el de letrista e ideólogo, cantante e interlocutor con los medios de comunicación, habría que añadir este nuevo, el de gestor de un grupo de rock con decenas de frentes abiertos, el llamado buque que parecía avanzar a toda máquina y sin gobierno. En el diario que escribió a finales de 1995 hay constantes reflexiones que prueban la asunción de este nuevo papel. Habla con frecuencia de las características que deberían tener las giras futuras. Y de las negociaciones con la EMI para la firma de un nuevo contrato, como escribe el 5 de noviembre de 1995:

> Rafael (Gil) tuvo que reconocer que la única forma de subsistencia del grupo era renovar el contrato. Así sea. Durante la cena-comida-desayuno, reiteramos la imperiosa necesidad de la negociación si no querían que nos dedicáramos a otras profesiones o disolviéramos la banda.
> Por supuesto que no hemos ganado la guerra, pero hasta ahora llevamos ganadas todas las pequeñas batallas de la negociación. Tranquilo, hombre, aún nos quedan bastantes discusiones y enfados con Rafael Gil. Querrá regatear, se negará a aceptar todos los puntos y, supongo, nos tendremos que poner duros e incorruptibles.

Palabras que llevan a pensar que, al menos a finales de 1995, no pasaba por la cabeza del cantante una disolución a corto plazo del grupo.

Con 59' 40", el resultado de los desvelos compositivos de los dos meses y medio pasados en Benasque se titula *Mezclas Hospital. Maquetica 4.º LP, 11-1994*. Se nota que son maños, siempre han hecho gala de ello, también de su condición de aragoneses que se van al Pirineo porque es el mejor lugar del mundo para pasear, comer, beber y rehacer amistades. Y para grabar con la Fostex siete canciones, en versión completa y también *without drums*, como escribe Joaquín, que serían la envidia de cualquier banda de rock: *Morir todavía, Deshacer el mundo, Babel, La chispa adecuada, Medicina húmeda, Parasiempre* y la posteriormente descartada *Al descubierto*. ¿No es verdad que las seis primeras serían material más que suficiente para un álbum excelente? ¿Qué músico rechazaría firmarlas e incorporarlas a su repertorio?

Babel aparece por primera vez en el corte 58 del primer DAT, con una guitarra notablemente distinta a la versión final. En este corte resulta imposible distinguir la letra que va cantando Enrique debajo de la masa sonora. Grabar con un DAT y un micrófono situado frente a la banda tenía estos inconvenientes. Pero se aprecia bien que Enrique va cantando versos ya terminados junto a otros que apenas esboza, incluso que tararea, lo que demuestra que seguía trabajando en la letra. Sin embargo, pronto le dieron su forma definitiva. La opinión de los mismos músicos sobre esta canción no es positiva. Juan la califica de elefantiásica. Al parecer, hubo ensayos en Los Ángeles con Bob Ezrin para intentar redondearla, el productor le iba señalando dónde debía tocar su guitarra o no. Entonces es seguro que se llegó a grabar, pero no se estimó que reuniera los requisitos necesarios para entrar en *Avalancha*. Se quedó como una posible cara B y solo se recuperó en 1998, en el LP *Rarezas* y en la versión del ocho pistas de Benasque.

La historia de *Medicina húmeda* es mucho más singular. Titulada al principio como *La 7 y Agua*, llegará a desdoblarse en *¡Rueda, fortuna!*, con la que comparte los primeros 22", la introducción con el excelente *riff* de guitarra. En un primer momento se trabajó como *Medicina húmeda* en Benasque, llegando a registrarse, en el tercer DAT, una versión con letra distinta en algunas estrofas, que no en el estribillo. Con algunas variaciones en los textos y la estructura, se registrará en el DAT de las mezclas y se recuperará en *Rarezas*. Esta es la versión que más le gusta a Juan:

Esta canción, gracias a Dios, está en el disco de *Rarezas*, porque es la mayor caña que he metido nunca. Mucha más que en *¡Rueda, fortuna!* Tiene caña todo el rato y es impresionante. Ahí suenan las guitarras como me habría gustado para todo el disco. Y eso que solo es una maqueta. Pero hay más marcha en *Medicina húmeda* que en todo el disco, aunque suene peor porque ahí no está Ezrin.

Mientras seguían trabajando en *Medicina húmeda* en Gables, empiezan a componer *¡Rueda, fortuna!*; de hecho, puede decirse que progresaron en paralelo y que una bebió de la otra. En su primera versión, *¡Rueda, fortuna!* es una canción totalmente distinta a la que más adelante grabaron con Ezrin. Tiene otro ritmo, más pausado y nada roquero, un medio tiempo en la onda de *Senderos de traición* y con una letra diferente.

Pues bien, esta versión es abandonada en Inglaterra. Se produce, entonces, un giro copernicano en *¡Rueda, fortuna!*, de tal manera que, de la noche a la mañana, cambia de un medio tiempo a convertirse en el rock enérgico de su futura forma definitiva, aprovechando la misma introducción instrumental de *Medicina húmeda*, los veinte primeros segundos con el desgarrador *riff* de guitarra de Juan. Hasta seis veces se grabó en una versión alargada y estructuralmente muy compleja, que llegó a incorporar tres estrofas y dos solos de guitarra. Ya en Los Ángeles, y bajo la batuta de Ezrin, *¡Rueda, fortuna!* experimentó las dos transformaciones que la dejarían en su forma final: por un lado, Juan introdujo el acertado cambio que hay después de la primera estrofa, inspirado en Judas Priest; por otro, la estructura se simplificó suprimiendo una estrofa, un estribillo, un puente y un solo de guitarra. En Soundcastle, el estudio de Los Ángeles, se buscaron espacios para que este tema pudiera respirar, para que las voces se integraran bien, para que la demoledora masa sonora no se lo comiera todo. Pero lo que más llama la atención es que ambos temas, *Medicina húmeda* y *¡Rueda, fortuna!*, compartan la misma introducción rocanrolera, ese *riff* de guitarra de 20", motivo que luego, también en ambos temas, irá evolucionando de forma parecida. Incluso los solos tienen bastantes similitudes. Fue decisión de la banda descartar *Medicina húmeda* y volcarse en la composición de *¡Rueda, fortuna!*, con el aprovechamiento consciente de los materiales de la primera en la segunda. Tanto que puede decirse que es la misma canción con distinto nombre.

Había que cumplir el contrato firmado con la discográfica el 1 de junio de 1993, que estipulaba la grabación y comercialización de seis «producciones fonográficas». *Rarezas* era la cuarta, después de *El espíritu del vino, Avalancha* y *Parasiempre*. Fue, entonces, una exigencia contractual y no un mero capricho la que llevó a Joaquín a tomar las riendas del asunto y dar los pasos necesarios para presentar ante la EMI este nuevo álbum en 1998. Además de recuperar algunas grabaciones de la primera etapa de la banda para Hispavox, como *El cuadro* y *Hologramas*, un *Héroe de leyenda* en directo y tres cortes de los estudios de Phil Manzanera —*Apuesta por el rock and roll, Acústica* y la versión de Noel Harris de *Nuestros nombres*—, el material más interesante es el que se recuperó de las mezclas del Hospital de Benasque y algunos descartes grabados en Los Ángeles: ... *Parasiempre, Medicina húmeda, La chispa adecuada, Morir todavía, Virus, Babel* y *Opio (Ganges vals version)*.

Joaquín se responsabilizó de gestionar todo lo relacionado con el nuevo álbum:

> Fue idea de la compañía y como estaba todo lo que grabé en Benasque con el ocho pistas, todas las demos, se consiguieron maquetas que no estaban nada mal. Las canciones que ya estaban mezcladas fueron tal cual al CD, porque no había nada que hacer. Las que venían del ocho pistas de Benasque hicimos un *transfer* a digital en Zaragoza y las mezclé con Miguel Tapia y Pedro en un estudio en Madrid.

Luego hice yo todo el diseño. Todos los textos del CD se los pasé a la EMI escritos a mano, como está la parte de atrás. Me pegué una currada importante. Y luego me dijeron: «No, que no se entiende». ¡Qué más te da que no se entienda, si me he pegado media vida escribiendo a mano! Quedaba mucho más bonito. Para la portada cogí una manta de pelo que tenía y desparramé cosas por ahí, le hice catorce mil fotos. Luego la viré a morado.

En todo caso, el CD causó cierta polémica. Parece ser que a Enrique no le gustó la idea. Como declaró al especial *Rockzone*:

> Debe de haber alguna canción que nunca vio la luz pero, insisto, preferiría que no saliera nada más. Lo que el grupo grabó es lo que quisimos que saliera, casi todo lo editado posteriormente es fruto de sacar tajada aprovechándose del desastre de comunicación interna que siempre ha existido entre los miembros del grupo.

Claro, él tenía su propia carrera, acababa de editar *Radical sonora* y estaba a punto de darle un vuelco completo con *Pequeño*, pero a sus compañeros sí les importaba, además de que había una exigencia ineludible con la EMI.

«Antes de que me den el primer LP ya tengo el single del cuarto», había dicho Juan sobre *La chispa adecuada*, cuyo arpegio había compuesto en fecha tan temprana como 1988, en aquella jornada memorable en el dormitorio de la casa familiar, cuando se cargó el Gallien Krueger, pero, a cambio, facturó una cinta de casete llena de potenciales canciones. Seis años después, en el Hospital de Benasque, por fin darían forma a uno de los temas más emblemáticos de la banda.

Titulada *Tesoro* en el primer DAT, registraron ese arpegio que suena acelerado, con el ritmo que le darían en un primer momento. En el cuarto DAT cambió de nombre para pasar a ser *La 11*, un corte solo instrumental todavía alargado y repetitivo, en el que se ve que tratan de dar con la fórmula de la estructura, que solo cambiaría, como por arte de magia, en las mezclas registradas en la grabadora de ocho pistas. Es la versión recogida en *Rarezas*, con su fantástico título final, *La chispa adecuada*, un medio tiempo que sin embargo dura menos que en LP, 4' 17" en lugar de 5' 28", y que tiene un puente con cuatro versos que luego desaparecieron.

Todavía tendría que pasar la revisión definitiva. La mano de Bob Ezrin se iba a dejar notar en *La chispa adecuada*. Como en *Opio*, una canción apenas pergeñada en Benasque, que partía de un punteo de guitarra de Juan y que terminaba con unos acordes creados por Joaquín que prefiguraban el final en forma de vals que aparece en *Rarezas*. Hay una versión muy distinta en el segundo DAT. Y, otra vez como por arte de magia, reaparece en Gables perfectamente estructurada y con la letra definitiva, además de con el final en cuatro por cuatro que, en un primer momento, tanto gustó a Ezrin. Y como en *Morir todavía*, que también sufriría algunos cambios, estos menos evidentes. En el primer DAT hay diferentes cortes titulados *Juan: guitarra*, *Juan: cambio* y *Morir todavía*, que preludian la melodía principal de la canción. Y constituyen un buen ejemplo de lo que ocurriría con los arpegios de Juan, que eran la semilla de canciones futuras. Era como escuchar un adelanto, una prefiguración, un esquema muy básico del tema por construir, que nacía de arpegios de ese estilo y precisaba mucho trabajo por parte de toda la banda para llegar a traducirse en una canción estructurada y compleja. Quizá, de otra manera, se hubieran quedado en meros apuntes. Pero ya en el segundo DAT, el de finales de septiembre de 1994, y después de tres tomas indagatorias en las que la banda parece experimentar con diferentes estructuras, llega la versión que pasaría a *Rarezas*. Entonces, un tema resuelto con una asombrosa celeridad y de una belleza sublime. Y la clave de esta belleza, que supera a la versión del

LP, es el hecho de que Juan utilizara una guitarra eléctrica muy peculiar, de una sonoridad limpia y fresca, parecida a la de una acústica, construida por un lutier de Zaragoza, Miguel, que Juan describe de esta manera:

> Su padre era restaurador de retablos de iglesias. Entonces cogió maderas de ese tipo que le sobraban, de doscientos años, de trescientos años. También le mandaron maderas de la India. Y de barricas de roble que tenía en el taller. Entre la guitarra y su caja, se pegó más de un año haciéndola. En el logotipo de *El mar no cesa* hay dos dragones, pues el cuerno tiene esa forma. También hay un gato, porque yo tenía un gato. Y la H de Héroes.

Como resultado, una guitarra con un sonido muy peculiar, que llama la atención por lo básico y por su falta de cuerpo, que no solo se llevó a Benasque para interpretar *Morir todavía*, sino también a Los Ángeles:

> *No se puede encerrar*
> *El sol bajo una campana*
> *No se puede aplazar*
> *La hora señalada*
> *El laberinto del sueño*
> *Donde se pierden*
> *Los demonios de la memoria*

Un texto elegíaco que, como ya se ha dicho, Fernando del Val ha puesto en tela de juicio al haberse apropiado Enrique de versos de Benedetti, Arrabal y Juan Ramón Jiménez, y que no obstante recuerda la muerte de tres personas muy vinculadas a la banda: Rafael Ortiz, Martín Druille y Miguel González, el técnico de luces que falleció en el verano de 1994. Parece ser que a Miguel lo encontraron muerto dentro de su coche, estacionado en la cuneta de una carretera, como si de repente se hubiera sentido mal, hubiera parado y le hubiera sorprendido un infarto o un ictus.

Después de la grabación de las mezclas, la maquetica del cuarto LP, y del viaje para asistir al concierto de ZZ Top, había que recoger los bártulos. La estancia en Benasque había dado buenos frutos en forma de seis canciones para *Avalancha* y, sin ningún género de dudas, la cicatrización de las heridas que había dejado la gira bien llamada *El camino del exceso*. Se despidieron del personal que los había atendido y de Antonio Lafont y subieron a los todoterrenos. Joaquín, Inma y Pedro en uno; Juan, Eugenia, Enrique y Alan en el otro. Llovía torrencialmente, recuerda Joaquín:

> Volviendo con los coches de Benasque, me acuerdo de que no estaba hecha la autovía de Huesca, pasado Almudévar, estaba lloviendo mogollón, había varios camiones que yo adelanté porque no se veían luces de frente. Juan se quedó detrás y se dio con el coche de delante. Un accidente. Iban Enrique, él, Alan y Eugenia en el Jeep que tenía. Nada serio, no fue hostión, pero, vaya, se dieron una hostia. Como no había móviles entonces y llovía tanto, yo seguí hacia Zaragoza sin darme cuenta.

Al parecer, un perro se cruzó delante del primero en frenar, provocando el impacto por alcance de los que le seguían. No hubo que lamentar daños personales, solo unos desperfectos menores en las carrocerías.

El productor

Había que recoger un poco la buhardilla, que no se viera el desorden de los días anteriores, vaciar ceniceros y papeleras, deshacer los líos de cables, ventilar un poco la estancia y dejar los instrumentos listos para revista, para que pudiera echarles un vistazo, las guitarras y los bajos, los amplificadores también. En fin, que a lo mejor todo eso le daba igual, ni se fijaba; lo importante de verdad era que las canciones que estaban ultimando para cuando viajaran a Los Ángeles a grabar el disco les salieran bien. Que no hubiera vacilaciones ni fallos. Eso era lo decisivo, no valía la pena preocuparse de nada más. Ya había podido escuchar las mezclas que hicieron en el Hospital de Benasque, de eso estaban completamente seguros por la reunión de Londres. Además, les iba mandando instrucciones por intermediación de Andy, Andrew Jackson, el que sería el ingeniero de sonido en los estudios Soundcastle, que se había pasado por el *cottage* ya unas cuantas veces. En todo caso, no podían evitar que la sensación que reinaba entre ellos esa mañana de finales de febrero de 1995 fuera similar a la que experimenta un alumno ante el director del colegio, un opositor ante sus examinadores o un acusado ante el tribunal que le va a juzgar.

Ciertamente, ya faltaba poco para viajar a Los Ángeles. El contrato del *cottage*, alquilado por dos meses, estaba a punto de finalizar. Habían sido unas jornadas duras, de trabajo casi extenuante, que comenzaban a mediodía pero que nadie sabía cuándo iban a terminar. Si era necesario, se prolongaban más allá de la medianoche, en eso todos estaban de acuerdo. Como no había distracciones posibles en esa zona de Inglaterra, cerca de la ciudad de High Wycombe, más allá de dar paseos por la campiña circundante, la concentración estaba garantizada. Un régimen de vida casi monacal, con las únicas distracciones de las comidas que les preparaba el cocinero español que los acompañaba. Así no tenían que ir a los restaurantes de la ciudad para catar la decepcionante cocina inglesa, ni que entretenerse ellos mismos en esa tarea tan ingrata. Ya lo decía Andy, que iba una vez por semana a supervisar los trabajos: no sabían lo bien que habían hecho trayéndose a su propio cocinero, los platos que él había podido probar así se lo reafirmaban.

De lo único que tendrían que preocuparse era de si le gustaban o no las canciones. Las armonías, las líneas melódicas, las estructuras. Tenían la pizarra completamente llena de notas. Allí estaban todos los títulos y, por columnas, las anotaciones que habían hecho sobre cada uno de ellos, tonos musicales, las partes que les daban forma, los cambios. Eso les serviría para ir explicándole las canciones que más dudas les planteaban. Con un poco de suerte, si tenían el día inspirado y conseguían conectar bien con él, quizá les proporcionara buenas ideas para cambiarlas, consejos propios de un productor con una larga experiencia a sus espaldas; para eso querían trabajar con él, para que los dirigiera, al revés de lo que había pasado con Phil, que era tan buena persona que les había dejado hacer lo que querían sin meter prácticamente la mano, y así habían salido las cosas. *El espíritu del vino* había resultado frustrante por el número excesivo de canciones y por las complejas e intrincadas estructuras de muchas de ellas, que se disparaban en el minutaje. Ahora debía ser bien distinto. Necesitaban un cambio de rumbo, mano dura, un productor que rectificara los errores y enderezara la grabación. Y él tenía fama de ser estricto; ya lo decía Andy, que se esperaran, que ya verían lo que era bueno cuando lo tuvieran delante. Y había llegado el día.

Se presentó por la tarde, junto a Andy. Subieron a la buhardilla y le enseñaron el lugar de trabajo. Asintió con la cabeza al ver la pizarra llena de notas y tomó asiento mientras ellos, algo nerviosos, cogían los instrumentos y se aprestaban a tocar. ¿Por dónde empezar? Conectaron el DAT para que quedara un registro de esa sesión tan especial. Y escogieron la parte final de *Opio*, desde el puente que empieza con «Esquirlas de aire» y que entonces enlazaba con el final en cuatro por cuatro, la versión vals que recogerían en *Rarezas*, la que llamaron *Ganges vals version*, y durante la que Enrique silba la melodía. Una, dos, hasta siete veces la repitieron con su beneplácito, puesto que en una de esas tomas se le oye decir, en castellano con marcado acento americano: «Me gusta mucho». Entonces, todo empezaba con buen pie, y un sentimiento de relajación se enseñoreó del ambiente. *Opio* parecía haber pasado la reválida. Luego tocaron el final de *La chispa adecuada*, desde el último estribillo y todavía con el ritmo de medio tiempo que le habían dado en Benasque. Cuando terminaron, otra vez se sintieron reafirmados al oírle exclamar: «*Beautiful!*», esta vez en su idioma materno. Por último, le llegó el turno a *Avalancha*, una canción que habían comenzado a trabajar en Gables pero que venía de otro de los cortes del primer DAT grabado en Benasque, uno titulado *Jok*. En este caso le interpretaron la introducción instrumental, la primera estrofa y el estribillo. Querían saber su opinión sobre un cambio de tonalidad que les preocupaba y sobre el que no se ponían de acuerdo. Los dos primeros versos de las estrofas estaban compuestos en mi menor, mientras que los dos siguientes cambiaban a mi mayor, y esto con el objeto de dar entrada a la melodía vocal de Enrique. Al final el gran personaje le dio el visto bueno.

Bob Ezrin, canadiense nacido en 1949, era uno de los productores más importantes de la escena internacional. Un peso pesado que había facturado un puñado de discos de primera categoría, entre ellos *Berlin* de Lou Reed, el primer álbum de Peter Gabriel, siete de Alice Cooper, así como diferentes trabajos de Hanoi Rocks, Kansas y Kiss. Pero, sin duda, su mayor éxito había sido la coproducción de *The Wall*, de Pink Floyd, junto a David Gilmour y Roger Waters, un álbum con unas ventas estimadas de 45 millones de copias. Solo con eso ya merecía la admiración de los músicos zaragozanos. Pero había más. Había seguido vinculado a Pink Floyd al haber producido también el disco en solitario de Gilmour *About Face*, de 1984, y otros dos trabajos de la banda británica, *A Momentary Lapse Of Reason*, de 1987, y *The Division Bell*, grabado en los estudios que Gilmour tenía en una barcaza sobre el río Támesis. Este último, en 1994, solo un año antes de entrar en los estudios Souncastle, de Los Ángeles, con Héroes del Silencio. Pero ¿cómo había sido posible que Bob Ezrin se interesara por ellos?

Desde la publicación de *Senderos de traición*, habían adquirido la costumbre de enviar sus álbumes, también *El espíritu del vino*, a los productores con los que soñaban trabajar algún día. No costaba mucho, gracias a sus contactos, localizar sus direcciones, meter los vinilos en unos sobres y enviarlos por correo certificado. Querían mostrar su obra con la esperanza de que en el futuro pudiera fructificar una relación profesional. Fue el caso de Bob Ezrin. Conocían y admiraban su trabajo, sobre todo *Berlin* de Lou Reed y los diferentes proyectos en los que se embarcó con Pink Floyd y David Gilmour. ¿Podrían alguna vez conseguir el sonido de la guitarra de Gilmour?, se preguntaba Juan. Parecía una entelequia, pero en cierta ocasión recibieron un fax de su parte en el que les manifestaba su interés por colaborar con ellos, aunque no se pudieron cuadrar las fechas. ¿Sería viable para *Avalancha*? Es posible que aquí interviniera Claire King, la que sería su mánager en la última gira, y consiguiera interesarlo de nuevo en la banda aragonesa. También Phil Manzanera, que había escuchado los nuevos temas antes que Ezrin, con quien tenía una relación estrecha por antiguas colaboraciones, debió de hablar con él y hacer de valedor de la banda. Lo cierto es que, gracias a la intermediación de Claire y Phil, le enviaron la maqueta grabada en Benasque y parece que las cosas comenzaron a cuajar. Se citaron en el salón de un hotel de Londres a finales de 1994 y tuvieron una entrevista cara a cara. Les dijo que veía posibilidades en la banda, que todavía no habían sacado todo lo que llevaban dentro, y que las canciones de la maqueta prometían. No daban crédito a lo que estaban viviendo. Parecía un sueño hecho realidad. Ni siquiera la aparición de Pito, que se presentó con retraso, visiblemente pasado de rosca y con un amigo también ebrio que no pintaba nada allí, pudo malograr la buena sintonía que hubo con Ezrin.

Con su visto bueno ya en el bolsillo y la perspectiva de grabar en Los Ángeles, la meca del rock americano en esos años, un sentimiento de responsabilidad exacerbado se instaló automáticamente en la cabeza de los músicos. ¿Estarían a la altura de las circunstancias? ¿No habían apuntado demasiado alto? ¿Estarían en condiciones no solo de presentar una excelente colección de canciones, sino también de demostrar la competencia interpretativa que ese reto les exigía? Como recuerda Juan:

> Para mí la presión de tener a Bob Ezrin fue negativa. Teníamos que demostrar que éramos del calibre de los artistas con que trabajaba. Y no creo que lo seamos. El tío venía de grabar *The Division Bell*, de Pink Floyd, y había una canción en ese disco que me volvió loco. Me lo había comprado antes de saber que grabaríamos con él. Y de repente un día me llama Claire King y dice que Bob Ezrin quería hablar con nosotros. Y Andrew Jackson. Los dos trabajando durante un año en *The Wall*, uno de productor y otro de ingeniero. Ahora ponte tú a tocar delante. Yo con esa presión le tenía respeto. Tenía miedo incluso a meter la pata.

Responsabilidad para Enrique, Pedro y Joaquín también, para toda la banda, que debía demostrar que sabía componer y armar buenas canciones, responsabilidad por un futuro que se preveía incierto y que dependía de ese álbum para afianzarse o desmoronarse. Había que rozar la excelencia para no defraudar a nadie. Debían dejar atrás la cobardía, armarse de valor y darlo todo para no salir derrotados, costara lo que costase, incluso si esto debía traducirse en una enfermedad, aunque esa enfermedad fuera incurable.

Había canciones del grupo que nunca habían visto la luz, que eran prácticamente desconocidas. Por ejemplo, *Fatiga*, de la que hay información al haberla grabado Enrique como cara B de *Salomé*. Durante la estancia en Gables siguieron componiendo y grabando en DAT los avances en las canciones. En el que titularon *Héroes rehearsals 2* aparece un tema inédito de la banda: *El hombre malo*, un rock acelerado y guitarrero que tiene la letra terminada. Lo grabaron tres veces, pero al parecer no pasó la exigente prueba de calidad que ellos mismos ponían a sus propias composiciones. *El hombre malo* no iba a ser un *hit*. Si la hubieran podido grabar en Benasque, seguramente habría aparecido en *Rarezas*. Pero fue un parto tardano que no llegó a concretarse. De vez en cuando los llamaba la EMI para saber cómo iban los trabajos y cuántos éxitos podrían facturar en el siguiente disco. Era su obsesión, de eso dependía que el producto se comercializara convenientemente.

Días de borrasca no se convirtió en un clásico de la banda. Al menos a Pedro y a Joaquín les parece una de las peores canciones, si no la peor, de las recogidas en *Avalancha*. Surgió en Gables casi por ensalmo, con la estructura final ya consolidada en la segunda de las ocho tomas que hicieron. Solamente hubo algunas dudas en el título. Enrique lo fue cambiando de un corte a otro, pasando de *Víspera* a *Víspera de resplandores* y *Días de borrasca*, para terminar como *Días de borrasca (víspera de resplandores*), el más largo de su discografía. Como larga resulta en general, con los 6' 23" de la versión del LP, una estructura enrevesada y dos extensos fragmentos instrumentales, la introducción, de 1' 15", y el *fade-out*, de 1' 17". Entre los dos suman 2' 32", nada menos, algo pesado y monótono, con excesivas ínfulas de rock heavy y la participación de Alan, que compuso la introducción y trabajó con Juan los *riffs* del puente. Esa extraña tendencia a complicar las cosas que muchas veces emergía en la banda, como si lo sencillo no mereciera la pena de ser considerado, ni en lo musical ni en lo literario. Tampoco la letra de Enrique, que, según Fernando del Val, tiene una apropiación de un libro de Arrabal, favorece la comprensión de *Días de borrasca*, a pesar de que ellos habían declarado que era la canción optimista del álbum. De la borrasca al resplandor, de la tormenta al sol, ese rayo de esperanza que depositaban en el último LP:

> *Como si aquel instante*
> *Fuera a ser el primero*
> *Del resto de sus vidas*
> *Días de borrasca*
> *Víspera de resplandores*

Y encima fue una canción que, para Juan, tuvo otro estigma, para acabar de rematarla:

> Sentí unos calambres en High Wycombe. Estaba tocando la guitarra de *Días de borrasca* y me dio un calambre como si metiera los dedos en un enchufe, es que me saltó la mano de la guitarra: ¡pom! Eso me pasó una vez que me quedé acojonado. Igual es que llegó corriente eléctrica. No sé. Estaba tocando demasiado. Estaba sacando punteos de Slash.

Como llevaba la guitarra colgada no se le cayó, pero se quedó mirando su instrumento sumido en interrogantes, pensando en un problema eléctrico de la Gibson. Nadie se dio cuenta, cada uno estaba en lo suyo, y él tampoco creyó conveniente contarlo. Y no le dio mayor importancia. Se le llegó a olvidar por unas semanas. Entonces, el ritmo de los trabajos era endiablado, la mayoría de los temas estaban en construcción y él debía resolver numerosas líneas melódicas y punteos de guitarra que tenía que presentar al cabo de poco a Bob Ezrin. Debían sonar como las guitarras de David Gilmour, aunque su escuela preferida era la que marcaba Slash, una buena mezcla, el sonido prístino y brillante de Pink Floyd y la dureza rocanrolera de Guns N' Roses.

Joaquín valora de una manera especial *Virus*:

> A mí es una canción que me encanta, de las que más me gustan. Yo hubiera quitado *Días de borrasca* y hubiera puesto *Virus*, que es mucho más Héroes. Supongo que era el momento en que estábamos por hacerlo más hard, más fuerte, más Los Ángeles. Pero, con perspectiva, *Virus* me parece mejor canción que muchas de las que hay. Sería de lo último que compusimos para el disco. Y se quedó ahí.

Fue un tema de desarrollo tardío cuyo arpegio de base había compuesto Juan en 1988, se recuperó en High Wycombe y se terminó en Los Ángeles, donde se grabó, aunque finalmente se optara dejarlo como posible y futura cara B. Es una excelente canción que tiene esos rasgos tan característicos de la primera etapa de la banda, la que culminó en *Senderos de traición*, rasgos que también se pueden detectar en *La chispa adecuada*, *Morir todavía*, *En brazos de la fiebre*, *Opio* y *La espuma de Venus*, como si el álbum entero estuviera partido en dos, con esas pulsiones en cierto modo antitéticas que lo recorrían, la más dura de *Parasiempre* contra la más melodiosa de *La chispa adecuada*. O *Días de borrasca* contra *Virus*. Las influencias del rock alternativo hecho en Estados Unidos contra una línea más tradicional. O el triunfo de los valores más genuinos de la banda, las guitarras de Juan y los medios tiempos, en detrimento de los sonidos duros y estereotipados que iban calando poco a poco en la manera de hacer del grupo y que, quizá, lo abocarían a la desaparición. Esas continuas batallas por el rock and roll.

Al menos en lo musical *Virus* supera con creces a *Días de borrasca*. Sin embargo, el mensaje que esconden sus estrofas —según *El método Bunbury* de Fernando del Val, algunas copiadas de Neruda y Amado Nervo— es menos optimista. Habla de lo rápido que se contagian los cabreos ajenos, como un virus, efectivamente:

> *Como un virus*
> *Que se extiende*
> *Y se contagia de tumor a suspiro*
> *Como un hongo*
> *Crece sin mi permiso*
> *Y desarmado dejo que me envenene*
> *Y yo esculpido en cenizas*
> *Viendo llegar un huracán*
> *Que irá*
> *Disolviendo el mineral*
> *Del alma*

Terminada la estancia en High Wycombe, y tras unos días de descanso, la banda viajó a Los Ángeles el 10 de abril de 1995. Fueron a buscarlos al aeropuerto en una limusina, como recuerda Juan:

> En Los Ángeles nos esperan en una limusina, para aumentar la presión y por si alguno se creía que no era Lady Gaga.

Los llevaron a los apartamentos Oakwood, muy cerca de los estudios Universal, en Hollywood, donde se iban a alojar.

Llegaron, descargaron los bajos y las guitarras y se distribuyeron de dos en dos. La batería de Pedro llegó por otro conducto, era imposible llevarla en el avión. No solo no se conformó con alquilar una en LA, sino que facturó su Sonor a través de la empresa Rock it Cargo Logistic Services para que cruzara el Atlántico en barco con la suficiente antelación. Por su cuenta, ya que la EMI no se iba a hacer cargo de todos los gastos, alquilaron una nave de ensayos durante dos semanas para continuar el lento proceso de pulir las canciones. Había que seguir trabajando las estructuras, la interpretación y los arreglos con el objetivo de llegar a los estudios Soundcastle con los deberes hechos. El 29 de abril de 1995, cuando llevaban solo tres días en el estudio y en un fax mandado a su familia, Joaquín escribió:

> Ya hemos comenzado las grabaciones propiamente dichas. En estos primeros días estuvimos en el estudio de ensayos donde las canciones han ido tomando un poco más de forma, siempre bajo la batuta de Bob Ezrin. En doce días de intensos ensayos, Bob nos ha dado indicaciones sobre las que trabajar, desarrollando las ideas compuestas en Benasque. Algunas de las canciones que escuchasteis en Navidad ya no existen, o sus fragmentos forman parte de otras, o bien han sufrido cambios que las hacen irreconocibles. Como te comentaba por teléfono, es la primera vez que aceptamos las directrices de un productor para guiarnos, y la verdad es que las canciones ganan en madurez, se hacen más dinámicas: dejan de ser un chorro de acordes uno tras otro, la densidad deja lugar a la sencillez directa.
>
> A esto hay que añadirle el buen hacer de Andrew Jackson (Andy), el ingeniero de sonido. En Londres, un día a la semana, iba a la casa donde ensayábamos y nos transmitía sus impresiones. También aquí, en Los Ángeles, en el estudio de ensayos ha estado al pie del cañón. Bob aparecía de vez en cuando, nos volvía locos durante un par de horas y nos dejaba con un montón de ideas sobre las que trabajar un par de días.

Llevamos tan solo tres días en el estudio (Soundcastle Studios, a un cuarto de hora de los apartamentos donde vivimos). Por ahora nos limitamos a buscar sonidos para la batería y el bajo, pero ya se vislumbra la calidad final del álbum. Bob está supervisándolo todo de cabo a rabo.

Ya se vislumbraba que el trabajo de Ezrin iba a ser mucho más exigente que el de Manzanera. No había amistad con él, una de las posibles causas por las que Phil había sido más benevolente y no se había atrevido a tomar medidas que con el tiempo debieron de parecer obvias, como simplificar estructuras y acortar tiempos, reducir la carga sonora y la densidad instrumental, cosas que sí haría Ezrin. En *Avalancha* se cambiaron los procedimientos tradicionales de registro para hacerlos más participativos, cómodos e integradores. Es lo que explicó Joaquín en el segundo fax que envió desde Los Ángeles, este del 20 de mayo de 1995, cuando los trabajos estaban llegando a su recta final:

> Llevamos un plan de grabación innovador para nosotros. En anteriores discos, primero se grababan las baterías de todas las canciones, sobre una base o *guide track* con toda la banda. Luego los bajos, guitarras y voces por este orden. El resultado era bueno, pero no permitía hacer cambios en un instrumento previamente grabado, principalmente en la batería, ya que se desmontaba todo el tinglado. Lo que hacemos ahora es grabar una primera tanda de tres canciones sobre las que grabamos todos antes de pasar a las siguientes. Con ello se tienen varias ventajas: siempre se pueden cambiar y acomodar instrumentos ya grabados; también vas teniendo una visión más global de cada canción (antes no se escuchaba una canción hasta el final de los *recordings* y ahora vamos escuchándolas, adaptándolas si vemos que un instrumento no se acopla bien con otro); nadie

se pega panzadas de grabar durante equis días y luego se toca los cojones el resto de la grabación, vamos, que estamos ocupados todos a la vez. En fin, es infinitamente más divertido.

Yo me paso casi todo el día en el estudio. Acompaño a Pedro mientras graba para estar seguros de que batería y bajo armonizan correctamente. A Juan porque sigue igual de despistado que siempre y, en cierto modo, a veces se le puede inspirar. A Alan porque siempre es bueno tener a alguien del grupo mientras grabas, para que te den confianza y ánimos cuando crees que eres el peor instrumentista del mundo (lo llamamos Síndrome de Grabación Deficiente). Enrique prefiere estar a solas con Andy. Pedro me ayuda cuando me toca a mí superar el síndrome.

Las diferencias en la producción entre Bob Ezrin y Phil Manzanera fueron más que notables. Unas sirvieron para mejorar el álbum. Eran sus dotes de mando, la seriedad que reflejaba su rostro cada vez que se pasaba por los estudios Soundcastle para supervisar los trabajos que en el día a día llevaba Andy, las decisiones casi inmisericordes que tomó en muchas canciones. Otras solo redundaron en la falta de comprensión entre las partes. No solo había falta de comunicación, todo lo contrario de lo que había pasado con Phil. Al revés de lo que había hecho este último, que los dejó trabajar y experimentar en su estudio cuanto necesitaran, el canadiense tuvo un comportamiento diferente. Cuando se reunía con ellos los días que aparecía, les recriminaba la lentitud de los trabajos y los pocos avances que creía estaban haciendo. Parecía tener prisas por acabar. Quizá estaban mal acostumbrados, o el calendario del estudio requería más celeridad, pero lo cierto es que fue un aspecto que incomodó mucho a los músicos, trabajar con prisas y bajo las órdenes de un productor casi cruel, que dejaba poco margen para la empatía. Circunstancias que, a fin de cuentas, redundarían en la calidad general del álbum, probablemente el mejor disco de la historia del rock en español, que hace gala de un sonido espectacular todavía no superado.

En esos días, los problemas de la mano izquierda de Juan se manifestaron de nuevo. Volvió a sentir los mismos calambres que en Gables, esa especie de garrampa que le hacía apartar los dedos de los trastes, mientras trabajaba en varios punteos del álbum en su habitación del apartamento. Ezrin le pedía que trajera punteos nuevos, o desarrollos de los que había llevado ya preparados, todo para dar cauce a las ideas que iban surgiendo, y no tenía más remedio que echar el resto con esa entrega total y esa autoexigencia que le imponía el sentimiento de responsabilidad por el nuevo álbum. Tanto el punteo final de *En brazos de la fiebre*, compuesto a la manera de David Gilmour, como el de *Deshacer el mundo*, le exigieron un gran esfuerzo. Pasó horas y horas tocando y forzando la mano, en alguna ocasión hasta cinco seguidas, a pesar de esos primeros síntomas. Aunque, por otro lado, era consciente de que esos punteos sofisticados y elaborados también le supondrían dificultades añadidas en los directos que se avecinaban. Pero no podía detenerse ante Bob Ezrin y la oportunidad que tenía de demostrar su destreza, como compositor e instrumentista. Lo sentía como una necesidad, llevarle el trabajo bien hecho a su productor, ante quien se sometía a una especie de examen cada vez que le tenía que tocar una de las muchas guitarras de *Avalancha*, a la vez que padecía los calambres cada vez más frecuentes y desconcertantes. Al fin y al cabo, estaba delante del productor de *The Wall*, uno de los álbumes más vendidos de la historia. Quizá se pasó de vueltas, quizá su destreza real no daba para tanto, o quizá debería haber optado por el camino de la sencillez, como había hecho en *Senderos de traición*, y haber rechazado esa complejidad casi delirante de ciertos punteos. Pero no se hizo así y las cosas salieron como salieron. Luego, de viaje por el estado de Nevada y el Gran Cañón del Colorado después de terminar la grabación, no creyó que esa extraña dolencia se fuera a repetir.

Joaquín opina que su empeño y determinación por sacar los punteos y las guitarras del álbum fueron una de las causas de su lesión. Él le recomendaba tomárselo todo con más calma, descansar de vez en cuando, olvidar tanta entrega y obcecación, pero sus consejos caían en saco roto ante la determinación casi suicida del guitarrista. Fueron muchos días y muchas horas de trabajo continuo, infinitamente más que en cualquier otra circunstancia parecida del pasado. Nada que ver con lo que había ocurrido ante Gustavo Montesano o con Phil Manzanera. Esta vez estaba ante Bob Ezrin y no podía fallar.

El criterio de Ezrin se nota en *Avalancha*. Sin dudarlo, fue el productor que más intervino en el sonido de uno de sus álbumes. En general, puede decirse que se empeñó en dar a las canciones una rítmica expresiva y estructural acorde con lo que demandaban. Continuamente los indujo a cambios: acortar una batería, matizar un bajo, retener el comienzo de una voz o recortar un texto demasiado largo, dejar que la música respirara y no fuera una simple masa sonora sin matices, permitir que el interés de las canciones se mantuviera y no se quedaran en la simple repetición de esquemas preconcebidos. Lo cual redundó en que fueran más cortas que en *El espíritu del vino* y que tuvieran huecos y menos densidad, que respirasen y se cargaran de sentido.

Fueron notables los cambios que provocó en uno de los mejores temas del grupo, *La chispa adecuada*. A pesar de que había manifestado su entusiasmo cuando se lo interpretaron por primera vez en Gables con la exclamación: «*Beautiful!*», no por eso dejó de aconsejarles en Los Ángeles. A su juicio, debían abandonar el medio tiempo y reconducir esa canción al terreno de la balada, en la mejor tradición del rock norteamericano que se remontaba a intérpretes como Elvis Presley, y que también habían practicado con acierto grupos como Aerosmith, Bon Jovi o Guns N' Roses. Incluso Bryan Adams, con quien habían compartido más de un cartel en la gira de 1993, había compuesto una de las más conocidas, *(Everything I Do) I Do It For You*. Y una balada, además, romántica. Una rareza en el mundo del rock español.

Tampoco le amilanó a Ezrin el «me gusta mucho» que había expresado cuando le interpretaron el final de *Opio*. Por su cuenta y riesgo, esta vez sin consultarlo con la banda, decidió a última hora cortar el final en forma de vals que ellos habían creado ya en Benasque y sustituirlo por dos estribillos seguidos que terminan en *fade-out*. Como explica Pedro:

> Igual pensó que podía ser un tema single y dijo, tíos, dejaos de hostias y vamos a hacer un single. Vamos a hacer la versión corta, dos estribillos más, que a la peña se le quede grabada en la cabeza, y si queréis hacer luego la larga, aquí la tenemos grabada y cuando queráis la sacamos. Tenemos un buen single, lleno de energía, no lo estropeemos.

Opio se transformaba así en un tema más roquero, más redondo, en un sencillo en potencia que ganaba en sentido y se hacía más enérgico.

Los cambios sugeridos para *Morir todavía* fueron mucho más sutiles. Al parecer, se empeñó en un cambio de nota. Ezrin llegó un día a los ensayos de Los Ángeles y les dijo que la canción le parecía demasiado lineal y que había que introducir un cambio en el estribillo, subir de tono, meter mi mayor en lugar de si menor. Solución que siguieron al pie de la letra, aunque a Juan y a Joaquín les pareció una intromisión tan innecesaria como desafortunada.

Ya como anécdota, Ezrin se pasó un día entero acompañado por Joaquín, antes de las mezclas, introduciendo diversas pistas de percusiones para dar algo de vivacidad a determinadas canciones. Al contrario de lo que había sucedido con *El mar no cesa*, esta vez los añadidos no sentaron mal; fueron aceptados por los músicos, entre otras cosas porque son poco invasivos y es verdad que no desentonan, como la percusión de huevo en *Opio*, el carrillón de viento en *La chispa adecuada* o las panderetas de *Parasiempre* y *¡Rueda, fortuna!*

Sugerencias todas que ellos aceptaron prácticamente sin rechistar. Los equivocados tenían que ser ellos, no Bob Ezrin. A este respecto, Juan recuerda dos sucesos significativos de esos días:

> Yo le pregunté una vez a Andrew Jackson: «¿Qué pasaba cuando había discrepancias entre el criterio de David Gilmour y el de Ezrin?». Y me dijo: «Que Ezrin se callaba». Y otra vez viene Ezrin, me lleva a una esquina y me pregunta: «¿Qué te sucede, que no se te ve feliz?». Yo le respondí: «Bueno, es la responsabilidad por abarcarlo todo y hacerlo bien. Además, yo solo soy feliz escuchando a Pink Floyd».

Quizá ellos no tenían a sus ojos la categoría suficiente para hacerle rectificar, solo eran un grupo de rock español. La búsqueda de un sonido hard rock no satisfacía a Juan del todo. Había hecho denodados esfuerzos por mejorar sus guitarras. Y la presión a la que se había visto sometido en todo el proceso le había puesto al borde del colapso, de la enfermedad, como de hecho iba a ocurrir. Ya no sentía la felicidad de la época de *El mar no cesa* o de *Senderos de traición*. Estaba tenso y triste. Incluso la experiencia había resultado peor que en los Gallery Studios con Phil. En Los Ángeles, las cosas se complicaron todavía más. No había un ambiente de júbilo ante la progresión de los trabajos. Estos acercamientos de Ezrin siempre le habían parecido sospechosos e interesados. Un simple compromiso en una dirección llevada con mano de hierro.

De hecho, hubo un momento hacia el final de la producción en que se enteraron por mediación de la discográfica de que Ezrin no quería aparecer en los créditos de *Avalancha* como productor. Pretendía desentenderse del trabajo comenzado y que fuera Andrew Jackson el que firmara, asumiendo un papel que no había desempeñado. Como es lógico, la banda, capitaneada por Juan, reaccionó con una mezcla de incredulidad y cabreo. El pacto había sido otro, él debía hacerse cargo de sus obligaciones, terminar el trabajo y firmar *Avalancha*. Era como un insulto a la banda, como si a Ezrin le diera vergüenza concluir ese trabajo. Juan tuvo que luchar contra eso desde la convicción de que quería su firma, avalada por las producciones de su pasado, que serviría para afianzar la trayectoria de la banda y confirmarla a nivel internacional. Finalmente, el asunto se recondujo y Ezrin cambió de opinión. En los días sucesivos, ya al final de la estancia en los estudios Soundcastle, y puede que mosqueado por no haberse salido con la suya, Ezrin reafirmó su jefatura convocando algunas reuniones para quejarse de que iban demasiado despacio, que había que terminar ya, marcando de esta manera su autoridad y haciéndoles sentir que estaban ante el director del colegio, los examinadores de la oposición o el tribunal que debía dictar la sentencia.

Sin embargo, ya tenían su nuevo álbum. Después de las mezclas, el sonido alcanzado era en verdad extraordinario y en la onda del rock alternativo que estaba de moda en Estados Unidos. Excepto *Días de borrasca*, contiene diez temas de una notable calidad, sobresaliendo canciones que han quedado en el imaginario colectivo, o al menos en el de sus fans, como auténticos himnos del rock and roll, como *Deshacer el mundo, Iberia sumergida, La chispa adecuada, En brazos de la fiebre, Opio, Morir todavía* y *La espuma de Venus*. ¿Cuántos hits contenía? ¿Seis, como había aventurado Juan a preguntas de la EMI? ¿Diez? Es cuestión de gustos, claro, pero muchos han convenido en definirlo como el mejor álbum del rock en español de la historia. Ese rock que solo ellos sabían hacer, de melodías y letras complejas, alejado de los estándares del género, por eso mismo muchas veces incomprendido y criticado, tildado de grandilocuente y épico.

Había que redondear el trabajo y buscar una manera de presentarlo que no desmereciera. En un primer momento, la discográfica les envió para la portada un diseño basado en unos dibujos muy *indies*, de tonos amarillos, que la banda rechazó. Ellos tenían claro que tocaba volver a *Senderos de traición*, querían una buena fotografía en blanco y negro de la banda, sin más complicaciones, un regreso a la sencillez después del sobrecargado *El espíritu del vino*. Del diseño ya no se encargaría Pedro Delgado, sino la empresa madrileña Ipsum Planet, que aprovecharía algunas fotos de Joaquín para la contraportada y como fondo de las letras de las canciones. El fotógrafo escogido para la portada fue Javier Salas, que facturó un correctísimo retrato de los cuatro músicos zaragozanos. Como dice Juan, una foto en escala de grises, como el LP, que él califica de gris, o al menos lleno de claroscuros por todos los problemas que sufrió durante su composición y grabación, y por las consecuencias que habrían de extenderse hasta la *Gira de la conciencia*.

Alan Boguslavsky no salió en la foto a pesar de que había colaborado en la composición de los *riffs* de un par de canciones, *Avalancha* y *Días de borrasca*, y que había participado como guitarra rítmica en todas las demás. Hubo cierta deslealtad del músico mexicano que provocó esa decisión de excluirle de la portada, al menos esto recuerda Pedro:

> Antes de hacer la foto de portada de *Avalancha*, Alan le dijo a Claire King: «Oye, yo tengo que cobrar como todos». Entonces Claire nos dijo: «Me ha dicho Alan que quiere cobrar como vosotros». Y entonces todo el mundo dijo: «¡Ummm! Déjame pensar... Pues no sale en la foto». Las deslealtades no se perdonan.

¿Por qué había tenido que dirigirse directamente a Claire sin hablar antes con ellos? ¿No hubiera sido más natural que les pidiera lo que tuviera que pedirles, sin necesidad de dar pasos en falso, de alguna manera puenteando el elemental principio de autoridad que se había instaurado desde el día en que le contrataron? Alan no había sabido interpretar correctamente su papel en la banda. Le habían dejado intervenir en las sesiones de composición de Benasque, sin que esa participación se hubiera concretado en nada creativo. Luego, en Los Ángeles, es cierto que había aportado algunos *riffs* a un par de canciones. En reconocimiento de esas tareas compositivas, le habían cedido el 5% de los derechos de autor de todos los temas del álbum, también de los que no había aportado nada, deshaciendo el pacto entre amigos que habían sellado en un hostal de Madrid, en 1987, de repartirse cada uno la cuarta parte de los mismos. Era una medida extremadamente generosa si se tiene en cuenta que sus cuatro compañeros se quedaron cada uno con el 11,25%, y las sociedades Ego Musical, la editora de la EMI, y El Exceso, SL, un 25% cada una. Por otro lado, quien tuvo que decírselo fue Juan. Enrique fue a su habitación de los apartamentos de Los Ángeles, en un momento en que casi ni se hablaban, a pedirle que se encargara él de comunicarle la noticia a Alan.

Como siempre, la recepción que la crítica española hizo del álbum fue irregular. No faltaron los tradicionales epítetos para descalificarlo como grandilocuente y épico, excesivo y rebuscado. Sin embargo, las revistas más roqueras del mercado, como *Metal Hammer*, *Heavy Rock* o *Kerrang!*, recibieron *Avalancha* con críticas muy favorables, llegando a nombrarlos como la mejor banda de rock española. Como ejemplo, la de Mariano Muniesa para *Kerrang!*, n.º 23, de octubre de 1995, que titula «Se acabó la traición»:

Quien suscribe, que fue siempre muy crítico con Héroes del Silencio y siempre dudó de que fuesen realmente un grupo honesto y rockero de verdad, hoy no le duelen prendas en afirmar claramente que, con este disco, Héroes del Silencio despejan definitivamente cualquier duda que pudiera haber sobre ese particular. *Avalancha* no es solamente un disco lleno de magníficas canciones, fruto de un controvertido y doloroso proceso creativo, sino que es la prueba definitiva de que Héroes del Silencio son un gran grupo de rock... No es mi estilo de música favorito, pero es un LP que realmente me ha sorprendido, pienso que muestra a un grupo con enorme cantidad de creatividad aún por desarrollar y creo que merece la pena que, por encima de cualquier prejuicio, si no te gustaban los Héroes del Silencio, escuches este disco. Estoy seguro de que no te dejará indiferente.

Avalancha es, con diferencia, el LP del grupo más afectado por lo que el periodista y escritor Fernando del Val denomina «el método Bunbury», en referencia al procedimiento que Enrique utilizó para escribir los textos de algunas de sus canciones de la etapa Héroes del Silencio: el aprovechamiento de los textos de un buen número de escritores como Mario Benedetti, Gabriel Celaya, Fernando Arrabal y Fernando Sánchez Dragó, por mencionar solo a los más copiados. Excepto *Avalancha* y *Parasiempre*, las demás canciones quedan en una medida u otra afectadas: de las dieciocho referencias literarias detectadas en *Deshacer el mundo* a las siete de *En brazos de la fiebre*. Engarzando los versos ajenos con los propios, cambiando a veces tan solo el orden de las palabras, Enrique culminó su trabajo de esta manera expeditiva, sin haber hecho mención en los créditos a semejante apropiación. Un hecho ciertamente criticable, no obstante, llevado a veces a cierto extremo, como en el caso de los títulos de una canción, *Morir todavía*, que Del

Val asimila con la película de Kenneth Branagh *Dead again*, cuya traducción literal sería «morir otra vez», con menos carga poética, y del álbum *El espíritu del vino*, supuestamente copiado de un poema de *Las flores del mal*, «L'âme du vin», traducido en las versiones en castellano como «El alma del vino».

En todo caso, hay letras elegíacas, como la mencionada *Morir todavía*, otras cargadas de un profundo sentimiento poético, como la de *En brazos de la fiebre*, otras de un intenso erotismo, y en este apartado deben incluirse *La chispa adecuada* y *La espuma de Venus*, o que hacen una reivindicación del consumo de drogas, como *Opio*, también las que hablan de las relaciones entre los miembros de la banda, como *Parasiempre* y *Virus*. Pero es probable que *Avalancha* destaque, además de por el apropiacionismo practicado por Enrique, por la temática política y social. Como si fuera una llamada al movimiento, más que a la revolución, las composiciones del intérprete pretenden despertar las conciencias (según él, adormecidas) de sus conciudadanos y provocar un cambio que lleve a la autocrítica y la ruptura de los cánones establecidos. Este mensaje podía sonar algo ingenuo, sobre todo si se transmitía a través de unos textos complicados y metafóricos, casi crípticos. Sin embargo, fue el que pretendieron comunicar, sobre todo Enrique en sus numerosas declaraciones a la prensa. Por ejemplo, en la revista *Primera Línea*, n.º 125, de septiembre de 1995, hizo algunas muy suculentas sobre dos temas del álbum, *Avalancha* e *Iberia sumergida*, quizá los más cargados de significados políticos:

> *Avalancha* es el grito de guerra de la nueva etapa. Refleja muy bien lo que es el espíritu del álbum. Es un poco pedirle a la gente y a nosotros mismos movimiento, actuar, dejar de quejarte de todo lo que te está ocurriendo alrededor y actuar en consecuencia de lo que tú creas que es válido, de lo que tú creas que es positivo para ti mismo o para los

demás... Avalancha en cualquier dirección, según tu criterio, actúa, equivócate, que es de puta madre. El que nada hace, no se equivoca. La queja que tengo yo contra las filosofías orientales es que incitan a la no actuación.

Vaya cambio ideológico, del budismo al activismo ácrata, de las admiradas filosofías orientales de la no acción a esa demanda generalizada de movimiento.

Como la banda había estado fuera de España desde enero de 1995, Enrique había asistido perplejo al estallido de casos de corrupción que se vivió en esas fechas, los llamados casos Filesa, Malesa y Time-Export de financiación ilegal del PSOE, el de escuchas ilegales del CESID, el caso Roldán y el desvío de fondos reservados, el del grupo kuwaití KIO, que dejaban el país envuelto en las tinieblas. Las noticias que llegaban a Inglaterra y Estados Unidos dibujaban un panorama de corrupción generalizada. Seguía declarando a *Primera Línea*:

> Eso es España, eso es Iberia. En esta canción intentamos reflejar cómo se ve España desde fuera, sin vivir aquí. Estás por ahí, estamos en Inglaterra o EU mirando los telediarios y las noticias que te llegan de aquí te hacen sentir vergüenza de tu propio país, porque lo que trasciende es lo sinvergüenza que es Felipe González, lo sinvergüenzas que son los socialistas y cómo están robando al país. En la canción decimos «Iberia sumergida en sus rumores clandestinos», que es un poco la reacción de los españoles: cotillear, el ir a ver cuál es el chismorreo de hoy, los cheques internos de los socialistas, lo de Laos como lo de Roldán, lo de los fondos reservados... Y lo peor es que la gente no actúa. Que haya habido 7 millones de votantes del PSOE en las últimas elecciones, a mí me parece exagerado. Deberían haber ganado cero votos después de lo que ha salido en los periódicos, después de lo que sabemos que están haciendo...

¿Secundaban sus compañeros este discurso político? En cierto modo, a Joaquín y a Pedro no les incomodaba; podían sentirse concernidos e identificados con las palabras de Enrique, tanto en letras como en declaraciones; de hecho, ellos mismos hablaron de ese mensaje del álbum en términos parecidos. Pero Juan, de nuevo, fue la nota discordante. No había terreno en el que no se enfrentara con el cantante. Cuando en el curso de una entrevista leyó esas declaraciones de Enrique para *Primera Línea*, dijo: «El oráculo de Delfos, tú ponte a negociar con eso», remarcando la vehemencia del intérprete y las pocas posibilidades de diálogo que se vislumbraban en el seno de la banda. De hecho, se mostraba contrario a la politización de la música en general, y a la de Héroes del Silencio en particular:

> En los últimos conciertos de 1993, Enrique, nada más empezar, hacía alegatos contra el PSOE y Felipe González, porque estaba de moda poner a parir al presidente, como les ha pasado a otros, Zapatero, Rajoy... Y yo me decía: «¡Qué pena!». Qué pena porque los conciertos sirven para que la gente se olvide de la política. Yo sé hacer canciones, mi profesión es músico, no voy a organizar a la gente porque me aplaudan 50.000 personas en un estadio. No voy a decir cómo se tienen que organizar políticamente. Es un error. A mí me va otro rollo, que la gente se olvide de la política. Somos entretenedores, no somos agitadores. Se puso a hablar así en el concierto del Pabellón de Deportes, en Zaragoza, y yo cogía y empezaba con *Nuestros nombres* y le cortaba. Me ponía nervioso.

Iberia sumergida, el alegato en contra de la política de Felipe González, fue la canción escogida como primer sencillo del álbum. De hecho, fue número uno de Los 40 Principales el 30 de septiembre y el 4 de noviembre de 1995. Es un tema presente ya en Benasque. En el primer DAT hay un par de cortes, *Vaquera-despertar* y *Phaser limpia*, que prefiguran el *riff* principal. Pero hasta Gables no la trabajarían. Allí crearon dos estructuras notablemente diferentes. La primera comenzaba con una introducción mucho más breve que la del álbum, de solo 45", y tenía una estrofa más, con notables variaciones en la letra que más adelante Enrique recombinaría y de la que Del Val señala hasta trece apropiaciones. Entonces, una labor de simplificación en cuanto a la estructura culminada ya en Gables con la segunda versión, ya casi idéntica a la grabada en Soundcastle, a excepción de la introducción, que se alargaría notablemente hasta 1' 28", pero que funcionaba bastante bien gracias al juego entre batería y bajo, que se iban turnando en una especie de diálogo de ritmos, para dar paso a la armónica tocada por Enrique y al *riff* definitorio, en tono vaquero. Pero lo que más gracia tiene es la historia que se esconde detrás de los ruidos que se oyen en los primeros segundos de la canción en la versión larga del CD. Así lo cuenta Juan:

> Grabando *Iberia sumergida* dijeron: «Vamos a hacer la intro». Y entré en el estudio, me puse la guitarra y para hacer esos ruidos cogí el *jack* y, antes de enchufarlo, empecé a dar golpes para ver qué pasaba. Y de repente cojo el *jack* que tenía que poner en la guitarra y me lo meto en la nariz. Y se oye un pitido: «¡¡Piiii!!». Hago masa y suena el pitido. Estaban el ingeniero, Andrew Jackson, y sus asistentes. Y me ven que me meto eso en la nariz y suena el pitido y los tíos por el suelo. Al salir, me dice uno de los asistentes: «Todo el rock and roll ha cobrado sentido cuando te has metido el *jack* por la nariz».

El pitido provocado por el *jack* en la nariz de Juan y gran parte de la larga introducción subsiguiente fueron suprimidos para dejar *Iberia sumergida* en 3' 57": fue la única manera de que entrara en las radio fórmulas, una exigencia de Los 40

Principales, también de la MTV para que el vídeo no fuera excesivamente largo.

La decisión acerca de cuál de los temas del álbum sería el de lanzamiento también provocó ciertas desavenencias. Tanto la discográfica como el productor apostaban por *Iberia sumergida*. Sin embargo, Enrique pensaba que su mensaje político podría pasar desapercibido en gran parte de los veintisiete países en que se iba a editar el LP, entre ellos algunos tan exóticos como Turquía, Ucrania, Hungría, Israel, Panamá o Colombia, por lo que él apostaba por *Avalancha*. Para terminar de complicar las cosas, Juan también tenía su propio criterio. Para él, el tema que debería lanzarse era *La chispa adecuada*, y lo argumentaba bien al decir que así se cambiaría la dinámica de los dos LP anteriores, *Senderos de traición* con *Entre dos tierras* y *El espíritu del vino* con *Nuestros nombres*, dos canciones roqueras y contundentes, igual que *Iberia sumergida*. La elección de *La chispa adecuada* se le antojaba un cambio interesante de orientación que podría sorprender más al público, al entrar en el mercado con una balada. Hubo una tensa reunión en la sede de la EMI que terminó con la votación que, por mayoría, seleccionó *Iberia sumergida*. Pedro, como Joaquín siempre en una posición conciliadora, no entendió bien esa polémica:

> Yo aposté por lo que era más firme. Si la compañía dice que debe ser *Iberia*, yo no tengo nada que discutir. ¿Cuál es la opinión de Bob? Bob ha dicho que *Iberia* le parece bien. Y luego nosotros, con la dinámica natural, dijimos, venga, que sea *Iberia*. Si quieres, luego sale *La chispa*. Si has ido a buscar a un productor como Bob Ezrin... No era mi papel decidir cuál sería el single.

Además, en el futuro podrían promocionarse otras canciones, como pasó con *La chispa adecuada*, que también fue número uno de Los 40 Principales el 13 de enero de 1996.

Joaquín y Pedro coinciden en señalar las canciones que expresan todo lo que significa el álbum: *Deshacer el mundo*, *Iberia sumergida*, *En brazos de la fiebre*, *Parasiempre*, *La chispa adecuada*, *Morir todavía*, *Opio* y *La espuma de Venus*. Ambos afirman que se trata de un disco formidable, fuera de tiempo, con un sonido muy especial y una puerta abierta a un futuro impresionante. La evolución de la banda, desde 1985 hasta 1995, fue brutal, desde *Héroe de leyenda* hasta *La espuma de Venus*, y pocos grupos pueden decir esto, que han evolucionado y han recorrido un camino tan vasto y variado. Luego están las otras canciones, *¡Rueda, Fortuna!*, *Avalancha* y *Días de borrasca*, quizá demasiado agresivas, como una consecuencia de los directos, pero que se alejaban de la esencia del sonido clásico de la banda.

En cuanto a Enrique, esta fue la opinión que le manifestó a Javier Losilla:

> Es lo opuesto a *El espíritu del vino*. En vez de hacer un disco amplio de miras y apuntando a diferentes terrenos musicales, concretamos. Frente a la discrepancia musical que existía en el grupo, buscamos esa área común donde trabajar a gusto, que era lo que nos gustaba a todos en conjunto: el rocanrol. Era el único islote en el que podíamos coincidir. Por eso salió un disco tan ortodoxo. También, en cierto modo, el hecho de que lo produjese Bob Ezrin eliminó ese sonido europeo que tenía Héroes y nos americanizó demasiado. Fue el disco con el que entramos definitivamente en Latinoamérica.

Juan se muestra, como siempre, más crítico que sus compañeros. Para él, siguiendo el camino comenzado con *El espíritu del vino*, *Avalancha* supone la culminación de la búsqueda de un sonido roquero de influencia americana, tan en boga en esos días. El endurecimiento del grupo llega a su máxima expresión, al menos en cuanto al registro. ¿Fue el camino adecuado?, se pregunta. A veces él cree que no, que hubiera sido más oportuno seguir el estilo marcado en *Senderos de traición*, caracterizado por la fuerte personalidad de las guitarras y en el que todas las canciones parecían redondas, perfectas, a las que no les podía pedir ni más ni menos, y dejar de lado el endurecimiento progresivo de su música, fenómeno, por otro lado, casi imparable dadas las circunstancias y la vida lógica de una banda de rock acostumbrada a la carretera. Desde entonces, desde la grabación en Kyrios con Phil Manzanera, la banda fue dando tumbos en busca de un sonido inalcanzable, un rock angelino, de bandas como Aerosmith, Soundgarden, Pearl Jam, White Zombie... En *Avalancha* había mucho rock duro, homologable al que practicaban las mejores bandas del género del mundo entero, pero que no enganchaba del todo el público. Quizá le faltaba chispa, genialidad, el toque personal, la huida del estereotipo. Quizá estaban cansados y se hacían mayores, les faltaba la frescura de la etapa de *Senderos de traición*. Quizá la vida en la carretera, los directos, las borracheras y las drogas también influyeron en esa falta de frescura, en esa huida hacia delante en busca de un sonido duro, que pudo ser un error. ¿Deberían haber recuperado el antiguo sonido, volver a la Fender, al arpegio, a la simpleza de una sola guitarra? Las canciones a veces daban la sensación de que se caían, de que no tenían los cambios adecuados, de que incluso las melodías vocales de Enrique también estaban hechas con desgana, no tan perfectas ni ensambladas como en el mítico *Senderos de traición*. Algo que según Juan también pasó en *El espíritu del vino*. Los *hits* necesitan solidez, no pueden flaquear, no pueden caerse ni una sola vez, y esto fue lo que les empezó a pasar con *El espíritu del vino* y culminó en *Avalancha*. Sin embargo, el álbum tiene una gran calidad de sonido, fruto de la experiencia tanto del productor como del ingeniero, y eso es un aspecto positivo. Se nota la gran labor de producción, que en temas como *La espuma de Venus* llega a su máxima expresión, haciendo de una canción sin forma la bella pieza que pone fin a la carrera de la banda. Incluso hay muchos críticos, continúa, que lo califican como el mejor álbum de la historia del rock en español. Hay guitarras realmente espectaculares, por ejemplo, en ¡*Rueda, Fortuna!*, que es una canción que las tiene a raudales. La impresión final fue para Juan algo decepcionante. Cuando pudo escuchar el LP por primera vez, en un viaje en coche al Gran Cañón del Colorado, le dio la impresión de que le faltaba frescura, que tenía muchos huecos. Y encima con la presión de una nueva gira en la que deberían interpretar ese material nuevo:

> Cuando llegó la SER y todos los medios más importantes españoles a Los Ángeles para escuchar el disco con nosotros, no se respiraba una alegría especial, más bien todo lo contrario. Hasta que escucharon *La chispa adecuada*, que es bonita. Había mucho heavy y yo veía a todos como diciendo: «Jodo, esto...». Pero tampoco era un heavy de una calidad sublime.

Después del paréntesis de Benasque, esas jornadas de trabajo fructífero que también habían servido de acercamiento personal entre los músicos, de nuevo las tensiones habían aflorado durante la estancia en Los Ángeles. La presión había sido excesiva, el sentimiento de responsabilidad los había atenazado. Como declaró Enrique en *Diván*:

> Bueno, hice un diario de la grabación de *Avalancha*, que por el bien de todos espero que no se publique nunca. Es que esa grabación fue muy conflictiva. Y más por lo que rodeaba al grupo que por su propia situación. Hubo muchos problemas con la compañía y con el productor. Bueno, y con el mánager, porque le habíamos pedido a Pito que no siguiera llevando nuestros asuntos. Había muchas cosas conflictivas. Es el tipo de diario con el que pueden saltar

chispas, porque hay mucha gente implicada y asuntos un tanto escabrosos.

Con Pito habían terminado en marzo de 1995, en plena vorágine de la grabación, después de la auditoría. También faltaba Martín, muerto a finales de 1993, que había sido un importante punto de unión entre ellos; de hecho, habían quedado como huérfanos después de su desaparición. Enrique había asumido roles nuevos, directamente relacionados con la organización de giras y la negociación del nuevo contrato con la EMI, y él y Alan hacían sus propias triquiñuelas de cara a un futuro fuera de la banda. El rock más salvaje estaba dominando el panorama musical, algo que influía poderosamente en Juan. Por otro lado, U2 vivía la época de *Achtung Baby* y *Zooropa*, que lo llevó por terrenos cercanos a la música de baile y electrónica, movimiento que interesaba a Enrique. Esto creó importantes tensiones que, además y para acabar de complicarlo, no se discutían, dada la incompatibilidad de caracteres entre Enrique y Juan: el uno, vehemente y dado a las soluciones drásticas, aunque luego se arrepintiera; el otro, introspectivo y proclive a encerrarse en sí mismo, incapaz de olvidar las afrentas. La moral, desde luego, no estaba en su mejor momento. Se venía de un cierto fracaso con *El espíritu del vino*, que no vendió lo esperado. *Avalancha* aún vendió menos. Estaban todos un poco abandonados al no haber puntos de apoyo claros, y la perspectiva de una nueva gira maratoniana no era nada halagüeña. Como una enfermedad incurable.

La enfermedad incurable

A mitad de concierto, Juan sintió que no podía poner los dedos de la mano izquierda sobre los trastes de su Gibson. Recuperaba la posición con un enorme esfuerzo, pero se le volvían a escapar. Era como si perdiera agilidad, como si de repente le empezaran a dar pequeños calambres que le impedían tocar los solos como siempre. ¿Le estaba ocurriendo de verdad, en el primer concierto de la *Gira de la conciencia*, el primer festival de 1995, en el que compartían cartel con Boy George And Jesus Loves You? El destino podía ser cruel, pensó ante los 10.000 espectadores congregados en la plaza del Sol de Bellinzona. ¿Se darían cuenta todos ellos? Las caras de los que estaban en las primeras filas solo reflejaban entusiasmo y entrega. ¿Y sus compañeros?, ¿se habrían apercibido? Miró hacia ellos, pero no atisbó el menor gesto de preocupación. Seguían a lo suyo, concentrados, Enrique iba y venía por el escenario y ni siquiera le miraba, igual que Joaquín y Alan, demasiado lejos de él, y Pedro, casi escondido detrás de la Sonor. ¿Cómo era posible? Si no habían hecho más que empezar. Tenían por delante una gira maratoniana por Europa y América. Fue el peor concierto de su vida y por primera vez creyó que algo en verdad grave le estaba pasando.

La distonía focal es típica de los músicos, sobre todo de pianistas, guitarristas, violinistas, trompetistas e incluso bateristas. Solo se había comenzado a hablar de ella desde la década de los ochenta del siglo pasado, y es una enfermedad rara y desconocida, de difícil tratamiento, cuyo diagnóstico linda entre lo fisiológico y lo psicológico. Afecta a la movilidad de los dedos y puede llegar a ocasionar una grave invalidez para tocar esos instrumentos. ¿Por qué a él? Le venían a la memoria diferentes episodios del pasado, como el viaje a México de octubre de 1992, cuando en mala hora se le ocurrió aceptar el reto del tipo que recorría las tascas de la plaza Garibaldi y agarró los toques que salían de la batería para someterse a la descarga eléctrica. ¿Tendría algo que ver? Siempre le había obsesionado esa imagen, pero estaba demasiado lejana en el tiempo. Y las garrampas en High Wycombe y Los Ángeles, esas sí estaban próximas. Después, durante los ensayos de la gira, lo mismo, esa imposibilidad de poner como es debido los dedos en los trastes. Su dolencia se estaba agudizando, cada vez le pasaba con mayor frecuencia. Era como si no pudiera controlar su propio cuerpo, que actuaba al margen de su voluntad, rebelándose, sin obedecer a sus órdenes. Entonces, la obsesión hizo presa en él y lo demás pasó a un segundo término.

Juan probó de todo:

> Al primer médico que fui fue al fisioterapeuta del Real Zaragoza, que me mandó unos puños de musculación. A ese me llevó Copi. Que luego me dijo otro que era peor porque se me ponían los dedos engatillados. Luego me fui a otro que me empezó a dar corrientes y cosas de esas y me mandó quitarme las muelas del juicio. Me las quité con cirugía porque decía que tenía el nervio pillado. Ese mismo me estuvo diciendo que tomara pastillas de aleta de tiburón, que me llevé a la gira de Alemania. Iba con un bote de pastillas de aleta de tiburón comiéndolas todos los días. Y haciendo musculación con las manos. Y además me aconsejaron pesas. Y estaba en el camerino haciendo pesas, unas mancuernas. En el grupo decían que era algo psicológico, pero yo seguía adelante. Hice todo lo que pude.

La dolencia siguió su curso y no hubo manera de detenerla. Ya disuelta la banda, se operó de unos nódulos de la mano, también sin resultado. Encima, otros especialistas a los que consultó le dijeron que esa operación había sido inútil. A resultas de todo ello, hubo quien le prohibió tocar la guitarra durante un año, circunstancia que aprovechó para comenzar, con treinta años, una edad muy avanzada para ello, la larga carrera de piano. Pero con el tiempo la distonía se le reprodujo, y aun así pudo terminar el grado medio, doce años de estudio. Últimamente, ha iniciado nuevos tratamientos, del todo inútiles. Así que en torno a 2017 Juan decidió tirar la toalla. Se siente agotado después de tantos intentos.

La gira de 1995, entonces, echó a andar en las peores circunstancias imaginables, al menos para Juan, como si cada concierto fuera un compromiso ineludible, un contrato que cumplir bajo riesgo de posibles penalizaciones económicas. Entre el 22 de julio de 1995, en Bellinzona, y el 6 de octubre de 1996, en Los Ángeles, 134 conciertos en total, en los que tuvo que lidiar con su dolencia, que se reproducía día tras día, y con unas relaciones personales que se iban agrietando conforme sumaban kilómetros. En cierto modo, fue absolutamente comprensible que la incertidumbre y la desesperación se adueñaran de su persona y se viniera abajo. ¿Un guitarrista que no puede tocar su instrumento con la solvencia necesaria y que sufre de calambres cada vez que lo intenta? De repente, a la delicada situación del grupo después de tantos años de convivencia, de tanto cansancio acumulado por no haber sabido detenerse a tiempo para tomarse unos imprescindibles descansos, en los prolegómenos de una maratoniana gira por España, Europa y América ya contratada, había que sumar una enfermedad extraña que desquiciaba al guitarrista y que no era bien comprendida por los demás. Llegó un momento en que tuvieron que sacar del repertorio canciones como *Deshacer el mundo*, que tiene un punteo de gran complejidad técnica. Juan no estaba en condiciones de tocar y nadie lo entendía. Solo consiguió mitigar algo sus dolores a partir de la gira por México en febrero de 1996, cuando comenzó a fumar marihuana de primera calidad. Sin embargo, negros nubarrones se cernían sobre él, también más allá, después de una hipotética ruptura, cuando ni siquiera pudiera ganarse la vida tocando la guitarra en otras bandas, o seguir componiendo sus temas a partir de sus arpegios. En ese momento, hasta él era consciente de que necesitaban un parón temporal para restañar heridas, para que Enrique hiciera su trabajo en solitario, para volver con más fuerza en un futuro no muy lejano, pues a la banda podía quedarle todavía un final digno, quizá un par de discos más, algunas giras mundiales que se extendieran por Asia y Oceanía. ¿Era realmente así? Al final triunfó la peor de las posibilidades y se hizo realidad el más triste de los sueños: ya no se podía hablar, no merecía la pena, el silencio reinaba en la banda, ya no tenía sentido ni tan siquiera luchar por la supervivencia. El buque hacía aguas por múltiples vías.

Es cierto que hubo una falta de comunicación entre Juan y sus compañeros en esos últimos años de la vida del grupo. Los demás no fueron plenamente conscientes de la gravedad de su dolencia ni de las profundas implicaciones que tenía para él. Como recuerda Joaquín:

> No lo notaba especialmente. Yo llevaba los auriculares inalámbricos y a mí me interesaba escuchar la batería, Enrique, mi bajo y mi voz. Porque teniendo a Alan al lado y a Juan al volumen que se ponía... Tampoco estaba muy pendiente. Estoy pendiente de los coros, de andar con Pedro bien. Cuando estás tocando estás muy pendiente de lo que estás haciendo tú. Algún fallo oyes, es cierto que eso ocurría en algunos punteos, pero no era muy consciente. Esos punteos se los curraba mucho, pensaba que era su perfeccionismo puro y duro.

Pedro, igual; siempre pedía el bajo y la voz solista. Y Enrique, tres cuartos de lo mismo; necesitaba la base rítmica para no perderse, no tanto las guitarras. Además, se daba la circunstancia de que sus líneas melódicas seguían el patrón del bajo, no el de la guitarra solista. La conexión en los conciertos se daba entre ellos tres, por pura lógica instrumental, por necesidad interpretativa. Ninguno necesitaba escuchar de forma nítida las guitarras. Entonces, esa merma de condiciones de Juan por la distonía focal pasaba desapercibida: ellos achacaban sus quejas a su perfeccionismo innato, amén de la incomunicación y el aislamiento en que fue cayendo paulatinamente.

En su diario de la gira de 1995, Enrique apenas menciona dos veces el tema, muy de pasada, sin dedicarle casi espacio, como si no le concediera demasiada importancia. Esto escribió el 25 de octubre de 1995, cuando Juan llevaba tres meses tocando, mermado de condiciones:

> Juan ha debido de tener problemas con su mano. No se ha encontrado bien y, encima, uno de los cabezales se ha jodido, bien jodido. Entiendo cómo puede encontrarse en el escenario.

Y esto otro el 7 de noviembre, doce días después:

> Juan, a la hora del bis, andaba sentado en la escalera, fumando, con cara de amargado. Me he acercado a preguntarle:
> —¿Qué te pasa? ¿Te oyes mal?
> —Me duele la mano —ha respondido, mirándome con cara de enfado.

Siguieron haciendo festivales de verano en Suiza y Alemania durante los años 1995 y 1996. Además del de Bellinzona, en 1995 fueron contratados para el Festival Paleo de Nyon (Suiza), el 26 de julio, el Zöffingen Festival del 12 de agosto, también en Suiza, y el Rock im Wald («rock en el bosque»), el 26 de agosto, en la ciudad alemana de Pirmasens. Sin embargo, los compañeros de cartel de 1995 no tuvieron ni la calidad ni el empaque de los años anteriores: The Roots, Therapy?, Illegal 2001, The Connells o Wolfgang Niedecken, todos ellos grupos o solistas menores si se comparan con los de 1992 y 1993, cuando habían coincidido con Def Leppard, Aerosmith, Robert Plant, The Beach Boys, Fischer-Z, The Godfathers o The Kinks.

Algo cambiarían las cosas en 1996. Aunque ellos no lo supieran, iba a ser la última tanda de festivales de su carrera, y no pudo comenzar mejor que con su tercera asistencia al Rock am Ring del circuito de Nürburgring, el día 25 de mayo. El festival de festivales, el más grande de Europa, con una asistencia media estimada de 100.000 personas abarrotando el *paddock*, una organización casi perfecta, unos medios técnicos de primera calidad. Y ellos podrían presumir en el futuro de que habían sido invitados tres veces. Esta vez con un cartel de cierta categoría que reunió a artistas y grupos como Bryan Adams, Herbert Grönemeyer, Mike and the Mechanics, Bush, Zucchero, Dave Matthews Band, Presidents of the United States of America, Goo Goo Dolls y Mustard Seeds. Al día siguiente, viaje relámpago hasta Múnich, adonde se había trasladado el festival desde Viena, para el Rock im Park, con un cartel casi idéntico, además del grupo de rock alternativo Placebo. Es probable que estos conciertos del Rock im Park y el Rock am Ring sean la cumbre de su carrera como intérpretes, excepción hecha de los que darían en solitario en la gira de regreso de 2007. Poco después, sendas ediciones del Open Air Festival en Regensburg, el 20 de julio, y en Balingen, el 21, en los que serían los últimos festivales de su carrera y en los que compartieron cartel con otra banda mítica del rock and roll, y que ellos conocían bien: ZZ Top, el grupo estadounidense de Billy Gibbons, Dusty Hill y Frank Beard con sus inconfundibles pintas de barbudos irredentos, que llevaban en la carretera desde 1970. Juan recuerda:

> Cuando nos llevaron de teloneros de ZZ Top eso fue muy bueno. Tocamos caña. El público de ZZ Top es muy es-

pecial, hay que hacerlo bien, son gente que sabe adónde va. Y no lo hicimos mal. Nos metimos en el circuito de rock en Alemania. Nadie sabía lo de *El mar no cesa*, los rubitos y tal. Aquí éramos un grupo de pop y allí de rock. «¿Alguno quiere venir a ver la prueba de sonido?» Los vi yo solo desde el escenario. Mientras tocaba ZZ Top me bajé al público, para ponerme en cuarta fila y verlo de cerca. También me llevaron a los camerinos. Llevaban un autobús para cada uno, tres autobuses, y además llevaban muchas chicas, gogós que bailaban en el escenario. Y en cada autobús iban cinco chicas con cada uno de ellos... Luego, en Balingen, yo le doy la mano a Ritchie Blackmore, el guitarra de Deep Purple, que entonces estaba en Rainbow. Después de darle la mano voy y le digo al primero que me encuentro: «Le he dado la mano a ta-ta-tá, ta-ta-ta-tá», el solo de *Smoke On The Water*. Iba con un guardaespaldas. Me lo encuentro en el *backstage* vestido de juglar, y voy directamente y le digo: «*Hello, Ritchie*». Me dio la mano porque supongo que no le quedó otra.

Las cifras de la *Gira de la conciencia*, como así la bautizó Enrique, son apabullantes: 134 conciertos del 22 de julio de 1995 al 6 de octubre de 1996, y veintiocho países recorridos: España, Suiza, Alemania, Italia, Hungría, Austria, Holanda, Inglaterra, Suecia, Finlandia, Dinamarca, Francia, Bélgica, México, Costa Rica, Honduras, Puerto Rico, Ecuador, Brasil, Chile, Argentina, Perú, Colombia, Venezuela, Guatemala, Panamá, Nicaragua y Estados Unidos, donde visitaron, entre otras ciudades, Houston, Dallas, Chicago, Boston, Miami, Nueva York o Los Ángeles. Más de medio millón de espectadores. Un equipo de primer nivel, compuesto por ingleses de alta cualificación como el productor Al Dutton, el técnico de sonido Joe Campbell, que venía a sustituir a Douglas Hall, reincorporado a la gira de Iron Maiden, y el de luces, Steve Hall. Infraestructura que podía amoldarse a diferentes espacios, pensada para cubrir una demanda de entre 500 y 5.000 localidades. Autobuses para desplazarse tanto el equipo como la banda. Al frente de todo, la agencia de Phil Bandfield, Bugle House, con Claire King como mánager general y Tomás Mateos en la carretera. Y Enrique en la sombra, manejando los hilos como si fuera un buen titiritero, renegociando el contrato con la EMI, valorando los pros y los contras del montaje y puliendo los diferentes aspectos de la gira para subsanar errores de cara al futuro. Al menos, de momento.

Después de los festivales de verano, la gira tuvo su preámbulo el 19 de septiembre de 1995 con la presentación de *Avalancha*. Quisieron volver a casa, a Zaragoza, al Centro Cultural Delicias de la avenida de Navarra, el antiguo mercado de pescado reconvertido en espacio multimedia. Era un lugar complicado por su acústica, pero ellos ya estaban acostumbrados a hacerlo en cualquier lugar: habían tocado en estadios abarrotados o en locales del DF, en pequeños clubes suizos o en plazas de toros y campos de fútbol, así que esa perspectiva no los incomodaba. En todo caso, se sintieron bien atendidos, mimados por los organizadores, por la EMI y la gran cantidad de medios de comunicación que se dieron cita, periodistas venidos desde México y Australia, desde Alemania e Inglaterra. Y muchos amigos. Miraban hacia el público y por allí había infinidad de caras conocidas, compañeros de estudios, gente de la escena musical zaragozana, familiares. ¿Suponía eso una presión mayor? Es posible que sí, estaban ante los suyos y los iban a juzgar de otra manera, con un celo especial. Solo cinco días después se subieron al autobús y pusieron rumbo a Milán y a Roma.

Fue el momento en que Enrique comenzó a escribir su diario de la gira, con la meticulosidad que le es propia. El día 27 de septiembre, de viaje entre Italia y Hungría, escribió:

> Hemos empezado la gira, y encima con muy buen pie. Las buenas noticias son que las galas italianas, conflictivas por ser las primeras, recién salido el disco, han sido un éxito de críticas y de afluencia de público. ¡¡¡Se acuerdan de no-

sotros!!! La prensa habla muy bien del grupo. Los fans son como siempre, son nuestros fans: megafans. Estamos saliendo de Italia y me encuentro feliz. La relación interna es buena y el autobús, un invento cojonudo. Somos número uno de ventas en España, doce en Portugal, ocho en Suiza, treinta en Alemania, un buen principio prepara un buen futuro.

La elección del autobús como medio de desplazamiento fue todo un acierto. Disponían de literas donde dormir o tumbarse a descansar, separadas mediante cortinas, de butacas cómodas y mesas donde poner sus ordenadores, de áreas donde podían sentarse varios pasajeros, de pantallas de televisión para jugar con las videoconsolas, de cuarto de baño para no tener que parar cada dos por tres. Era infinitamente más cómodo que la tradicional furgoneta, que quedaba en la memoria como un vehículo casi primitivo. Podían levantarse, cambiar de ambiente, conectar el equipo de música, aislarse cada uno en su cubículo, ponerse a hacer campeonatos con la Play, con la que gastaron innumerables horas jugando a la Fórmula 1 y al fútbol. Luego llegaban a destino mucho más descansados. La agencia había reservado un par de habitaciones de hotel para que se ducharan, que era lo único que no podían hacer en el autobús.

Pero las cosas comenzaron a torcerse bien pronto. La distonía focal de Juan le iba alejando progresivamente de sus compañeros. Iban recorriendo los países, dando sus conciertos, y el ánimo de la banda iba, a la par, decayendo poco a poco. Muchos kilómetros, muchos compromisos, pocas palabras. Pedro con serios problemas de salud. Joaquín más añorante que nunca de su vida zaragozana. Y Enrique repartido en mil frentes, concediendo casi todas las entrevistas, el foco de todas las miradas. Se vislumbraba el agotamiento y cierta desafección general. De regreso a España, pronto salieron a relucir los errores de la contratación. ¿Cómo era posible que tuvieran que tocar, el

26 de noviembre, en la localidad burgalesa de Melgar de Fernamental, que tan solo tenía 1.600 habitantes? Venían de Hamburgo y Ginebra, de Milán y París, y llegar a un lugar de esas características hizo que aflorara el mal humor. El 24 de noviembre, antes del concierto de Oviedo, escribe Enrique:

> Estamos cerca del final de la gira. Apenas nos quedan unos pocos conciertos en España. Hoy he pasado por momentos de desesperación. A veces, lo he de reconocer, me aburro y me deprimo al ver el cansancio de los demás. He dicho varias veces en voz alta lo corta y descansada que se me ha hecho esta gira. Sin embargo, veo a Pedro cansado, a Juan con ganas de terminar, a Joaquín que no vive sin su media naranja. Solo Alan coincide conmigo en la apreciación. Juan comentaba a Tomás que quiere descansar. Pedro siempre fumando marihuana, ha visto cómo su salud ha ido empeorando día a día hasta llegar a una situación actual de agotamiento.

Joaquín era bien consciente de los problemas que iban surgiendo en el camino, y sentía la necesidad de parar y descansar de todo eso en Zaragoza, con su chica, con Inma. Mientras tanto, buscaba la manera de distraerse en los largos traslados en autobús. Llevaba su portátil y empezó a pergeñar un magazine digital sobre la banda con fotografías suyas y textos de Alan y Enrique que habría de tener varias páginas y pretendía que se distribuyera en PDF cuando este formato apenas llevaba un par de años en el mercado. También estuvo diseñando la primera web de Héroes del Silencio, que solo estaría unos meses colgada en internet para ser posteriormente sustituida por otra en la que ya participó la discográfica. Esa vieja web tenía enlaces titulados «Parlamento de temores», «Despropósitos futuribles» o «Radical sonora», un escrito de Enrique sobre las tendencias musicales que le atraían y cuyo título utilizaría en 1997 para su primer álbum en solitario. Joaquín también trabajaba en el diseño de un juego interactivo para CD-ROM titulado *El refugio interior*, que salió a la venta en el n.º 50 de *PC-Manía*, en 1996.

El último concierto de esta fase europea de la gira lo dieron en Sevilla el 5 de diciembre de 1995. Entonces sí que se dejaba sentir el cansancio generalizado. Sobre todo, el de Pedro, con graves problemas de salud. Para despedir su diario, al menos el que dejó editar más adelante, Enrique escribió:

> Estoy aquí sentado, en el salón vip del aeropuerto de Sevilla. Ayer fue el concierto de Sevilla en el que me escupieron, abandoné el escenario, volví, nos aplaudieron, me cambié rápidamente en el camerino y me fui al autobús. Desde entonces, no he levantado cabeza. Estoy de mala baba. No soy feliz. Mi posición actual es tan kamikaze... Comenzaría una nueva vida: si lo hiciera, que lo dudo, tendría al menos una razón sustancial para continuar... En estos momentos siento como si mi vida no valiese una mierda. Pensé en el suicidio, ayer, por primera vez en mucho tiempo... Pero es tan poco original... Hoy tenemos una reunión con Claire King y con Phil Bandfield. No estoy de humor para enfrentarme a planteamientos de futuro. No puedo tomar decisiones con respecto a una carrera cuando nada me importa ya lo más mínimo... Tengo miedo, soy un cobarde. Salomé me lo decía. No me sé enfrentar a las relaciones interpersonales: a la hora de las dificultades, huyo.

Pronto cambiaba de actitud y de estado de ánimo. Enrique podía pasar de la euforia a la desesperación en un corto período de tiempo. Esos prontos que caracterizaban su comportamiento eran demasiado acusados, se teñían de dramatismo con mucha facilidad, como si no hubiera punto medio. A finales de septiembre, euforia y grandes perspectivas. Dos meses después, veleidades suicidas. En cuanto al futuro de la banda que lideraba *de facto*, también cambios de opinión constantes, como ya había ocurrido otras veces en el pasado. El 24 de noviembre, planes para giras y grabaciones futuras. El 5 de diciembre, desánimo para continuar en el buque y deseos de huida.

Pedro, sin embargo, no podía huir. Aparte de que no era su estilo, necesitaba curarse cuanto antes. Como él mismo reconoce, estaba realmente jodido. Los síntomas eran fatiga constante, inflamaciones en el pecho, una tos desagradable y persistente y vómitos casi todas las noches antes de dormir, y encima tocando la batería sobre los escenarios, con lo exigente que es su instrumento. Padecía una pericarditis, una calcificación del pericardio, la membrana que envuelve el corazón. Era como si lo tuviera envuelto en cemento, por lo que la diástole, o fase de relajación para que entre la sangre, podía verse comprometida. Suponía un importante desequilibrio cardiovascular. Ya en la gira por Alemania, en octubre de 1995, empezó a tomar algunas hierbas, a visitar especialistas sin mucha fortuna, hasta que uno le diagnosticó la pericarditis constrictiva. Su única cura requería una intervención quirúrgica. Lejos de amilanarse, le pareció de lo más alentador, ya que había solución, aunque esta consistiese en pasar por el quirófano y someterse a una operación a corazón abierto. Se planificó para cuando terminara la gira española en Sevilla. Y eso hizo, operarse a comienzos de diciembre y comenzar de inmediato el proceso de recuperación para llegar a tiempo a la gira americana, prevista para febrero de 1996. Solo se perdió el Midem de Cannes y siete conciertos mexicanos, cuatro de ellos en el DF. Para sustituirle, contrataron al baterista Ángel Bau, que había acompañado en el pasado a Raimundo Amador, Luz Casal o La Unión; una garantía de profesionalidad. Enrique llegó a decirle a Pedro que no deberían haber comenzado esa gira sin él, que deberían haberle esperado, pero era previsible que entre el 5 de diciembre de 1995 y el 1 de febrero de 1996, prácticamente tres meses, tuviera tiempo de sobra para recuperarse. Al final solo se retrasó unos días. Se reincorporó en Tijuana, el 10 de febrero. Había estado muy poco tiempo fuera, pero, a la luz de los acontecimientos de esos días, fue un período clave en la historia de la banda, puesto que Enrique la puso al borde de la disolución con sus condiciones.

La actitud de Enrique en cuanto al tema de la ebriedad, el consumo de alcohol y drogas, fue variando con el paso de los años. Él también era joven y tenía ganas de juerga. Defendió el consumo libre de drogas en numerosas entrevistas a lo largo de su carrera. Poco a poco fue virando su postura, escorándose hacia un consumo que rechazaba el simple abuso y buscaba cierta experimentación, sobre todo con las llamadas «drogas visionarias»: la marihuana, el LSD, el peyote, los hongos, el opio. Era una postura que se acercaba hacia ciertos planteamientos relacionados con la antropología y el mundo de los chamanes, el consumo ritual en busca de la apertura de las puertas de la percepción, de la expansión de la conciencia y el contacto con otras realidades. Una postura que incluso eliminó la palabra «droga» para sustituirla por «enteógeno» (Dios dentro de cada uno). Este cambio se produce, al menos, desde 1993, cuando participó en unas jornadas organizadas por la Universidad Complutense de Madrid en agosto de ese año tituladas: «Contracultura, desobediencia civil y farmacia utópica», bajo la dirección de Fernando Sánchez Dragó y Antonio Escohotado. En ellas participaron científicos, antropólogos, psiquiatras y etnobotánicos de la talla de Albert Hoffman, Alexander Shulgin, Jonathan Ott, Thomas Szasz o Enrique Ocaña. También con Pito compartió esas experiencias, sobre todo en sus viajes a México. Es difícil saber si probó algunas de esas sustancias, en qué medida y qué conclusiones pudo sacar. Sin embargo, hay una canción que hace pensar que sí, *Medicina húmeda*:

> *Santa María Sabina dice*
> *Dios es azul*
> *Las constelaciones dicen*
> *Cobayo, barache, bastón y cruz*

Di algo que no es real
Las plantas generosas, quizás
No te dejen ir
Donde las caras se desdoblan
Los espectros conocidos
Con nombre de gravedad
Entre sus pliegues de piel un derrumbe
Que me incitará a explorar

María Sabina fue una chamán mexicana inmortalizada en la ensayística antropológica gracias al libro *El hongo maravilloso, Teonanácatl*, del etnobotánico norteamericano Robert Gordon Wasson. Este estudioso viajó a México, al estado de Oaxaca y la ciudad de Huautla de Jiménez, en el verano de 1955, en busca de los hongos que desde épocas ancestrales habían utilizado los nativos de la zona para comunicarse con la divinidad. Y consiguió asistir a una ceremonia de consumo de los hongos del género *Psilocybe caerulescens*, llamados «derrumbe» por los mazatecos, la noche del 29 de junio. María Sabina preparó ceremoniosamente, ante una estampa del Santo Niño de Atocha, los hongos por pares en varias tazas. Como Wasson dice, se tomó seis pares, que mascó y tragó uno a uno, para acceder a un estado de conciencia alterado que le proporcionó extraordinarias visiones.

La gira americana de 1996 comenzó en el DF el 1 de febrero. Fueron 62 conciertos en dos tandas: la primera de febrero a mayo, la segunda de agosto a octubre. Quizá lo intuían, puede que flotara en el ambiente una sensación extraña, que se barruntara un naufragio definitivo. Porque bien pronto, el día 10 de febrero de 1996, el buque se empezó a escorar peligrosamente, haciendo aguas a babor y a estribor. Pedro, recién llegado desde Zaragoza y con renovadas ganas de entregarse a tope desde su puesto en la batería, no daba crédito a lo que estaba ocurriendo. Nadie dio crédito. Tampoco Joaquín y Juan. Estaban en los brazos de la fiebre:

> *Con los brazos de la fiebre*
> *Que aún abarcan mi frente*
> *Lo he pensado mejor*
> *Y desataré*
> *Las serpientes de la vanidad*
> *El paraíso es escuchar*
> *El miedo es un ladrón*
> *Al que no guardo rencor*
> *Y el dolor*
> *Es un ensayo de la muerte*
> *En la piel de una gota*
> *Mis alas volvieron rotas*
> *Y entre otras cosas*
> *Ya no escriben con tinta de luz*
> *El paraíso deviene en infierno y luego se queja*
> *Y sin que nadie se mueva quién lo arregla*

Gran tema que empezaron a componer en Benasque partiendo de un arpegio de Juan titulado *Fina*, y que tenía pergeñado al menos desde 1989. Y luego el extraordinario trabajo hecho en Los Ángeles, con una producción en el más puro estilo Pink Floyd. Durante la grabación de las guitarras de *En brazos de la fiebre*, Juan tuvo que enfrentarse a un extraño compromiso:

> De repente, Ezrin trae a su hija pequeña para que esté delante de mí mientras yo toco: «Mira, que te voy a enseñar el grupo que estoy grabando». Aunque me hubieran puesto un cerdo delante hubiera dado igual. Y luego Andy me dijo: «Este punteo que estás haciendo es muy bonito». Y me lo creí.

En brazos de la fiebre escondía otro secreto, al menos para Juan. Enrique la había escrito pensando en la desunión de la banda y la responsabilidad del guitarrista, blanco de sus desencuentros. Juan nunca lo supo. Sin embargo, había pasado tantas veces... *La herida* era otro ejemplo, y *Virus*. Hubiera preferido que se lo dijera a la cara. Otra vez su música impregnada de la extraña poesía de Enrique, que reaccionaba así, tan retorcidamente, escribiendo versos incomprensibles en lugar de hablarle sin tapujos. Pero ¿podría haberle dicho todo eso a la cara? ¿No eran tiempos, esos años 1995 y 1996, de incomunicación total entre los músicos? ¿También en lo personal? ¿Y en lo musical? ¿Estaban llegando al límite? Como declaró Enrique a *El País* y recogen los textos que acompañan la edición de la discografía de la banda:

> Cada vez tenía más claro que no me gustaba ese proceso de creación. Supongo que también ellos en un momento dado dejaron de sentirse tan identificados con las canciones. No tanto en la forma más o menos poética, más o menos simbolista de las canciones, como en el significado. Componer canciones es un proceso en lo que lo raro es hacerlo en común. Al final es un proceso individual como cualquier faceta creativa o artística que acometas en tu vida. Durante un tiempo trabajamos de una forma común muy muy a gusto; poco a poco fue saliendo que cada uno tenía su personalidad, unos gustos musicales, unos intereses vitales diferentes. Una forma de ver la vida muy diferente. Eso fue surgiendo muy rápido, en realidad. Como grupo unido estuvimos en los dos primeros discos. Hay canciones que muestran ya la desunión. En *Avalancha*, un caso claro es *En brazos de la fiebre*...

Gustos musicales diferentes, es posible. Formaban tres bloques distintos: Enrique deseando dar un giro musical a la banda, Juan sin querer salir del rock duro, Pedro y Joaquín sin ánimos para hacerlo en ese momento, en plena vorágine de la gira. Como recuerda Pedro:

> Cuando nosotros hacemos *Avalancha*, Metallica acaba de sacar el disco negro, Guns N' Roses está en la puta cresta de la ola y el rock and roll más salvaje está en pleno apogeo. Y eso era Juan. Por otro lado, U2 ha decidido que se ha acabado y que a partir de ese momento el rock and roll se ha terminado. Y ese era Enrique. Y luego estamos Joaquín y yo de meros espectadores. Entonces, qué ocurre, que Enrique quiere, de alguna forma, cambiar la dinámica de la banda, y Juan, que está en Megadeth, se produce el puto choque de trenes. Y luego no saben hablar.

El grunge, el rock estadounidense guitarrero que había triunfado desde finales de los ochenta, estaba en plena decadencia. Había pasado el tiempo de bandas como Pearl Jam, Soundgarden o Alice In Chains. En abril de 1994 murió Kurt Cobain y Nirvana se desintegró. Por otro lado, de la renacida escena musical inglesa llegaban aires nuevos con el britpop. Grupos como Oasis, Blur o Suede tomaban el relevo. Y U2, uno de los referentes de Héroes del Silencio, habían comenzado ya a hacer un cambio trascendental en sus planteamientos musicales. Tanto *Achtung Baby* como *Zooropa*, lanzados al mercado en 1990 y 1993, respectivamente, se decantaban por la música de baile y electrónica. Y parece que a Enrique le empezaban a sobrar las guitarras distorsionadas y los punteos. Pretendía que la banda diera un giro completo a su propuesta musical en el futuro. Por eso, para plantear el asunto con la debida ceremonia, esperó a que Pedro se reincorporara a la gira. Fue en Tijuana, el día 10 de febrero de 1996, cuando, en una habitación del hotel y sin la presencia de Alan, leyó puesto en pie, y ante el silencio de sus compañeros, el escrito que pretendía dar un cambio radical a la música de Héroes del Silencio.

No llevaba título, pero parece inspirado en «Radical sonora», el artículo colgado en la primera y efímera web del grupo. Esto declaró el 23 de noviembre de 1997 al magazine digital «Ultrasónica»:

> Radical Sonora es un proyecto que ofrecí a Héroes del Silencio en su tiempo y que marcó claramente nuestras diferentes visiones musicales.

Dos folios completos motivados por su insatisfacción con la marcha del grupo y la necesidad de dar un giro en su faceta artística y creativa, que Enrique sentía anulada al menos desde el momento en que terminaban la grabación de un disco y comenzaban la composición del siguiente. Razonamientos escritos en un tono demasiado imperativo y que recogían hasta veintiséis propuestas y medidas, divididas en tres apartados. En relación con los directos, Enrique sugería extender el *setlist*, cambiar la forma en que interpretaban sus canciones, profundizar en la improvisación al modo de lo que ocurría en *Decadencia*, potenciar el diseño de luces, ahorrar en gastos. En cuanto a los discos, quizá los puntos más polémicos, pretendía hacer un cambio radical y apostar por la actualización y la innovación del sonido de la banda, incluyendo nuevas tecnologías, ritmos diferentes y mezclas actuales. Y, sobre todo, nada de Gibson y Marshall, un sonido estereotipado, ya agotado por las propuestas de grupos como Led Zeppelin, AC/DC o The Rolling Stones. Se hacía necesario que el espectro compositivo se ampliase a propuestas de cualquiera de los cuatro músicos de la banda, incluso de músicos externos. Las canciones resultantes debían tener en cuenta las exigencias del mercado, situarse en ese margen de 3' 30" a 4' 20" de duración de los singles. Solamente ellos debían decidir cuáles se promocionarían y en qué orden. Por último, pretendía que se potenciara la imagen de la banda en fotografías y vídeos, huyendo de estereotipos, así como las actuaciones acústicas y cualquier contacto con los medios de comunicación.

Después de aquella reunión, la banda salió herida de muerte. La vía de agua era de tal magnitud que no había en el buque bombas suficientes para achicarla.

Según Juan, en la gira americana de 1996 la banda empezó a sufrir su mutación definitiva, aquella que la llevaría a la disolución. Hacía poco que habían operado a Pedro de la pericarditis, pese a lo cual habían seguido con un ritmo imparable. Habían tocado en el festival Midem, de Cannes, adonde fue a saludarlos la entonces ministra de Cultura del PSOE, Carmen Alborch, para luego viajar a América. Después de que Enrique leyera sus condiciones, a Juan le quedó claro que no había marcha atrás; o aceptaban sus planteamientos o lo dejaban. Lo que en un principio hubiera requerido de discusión y posterior consenso, se convirtió en una simple imposición de los puntos de vista del cantante, lo que suponía, *de facto*, dinamitar la banda desde dentro, lo que quizá fue el objetivo real del cantante, sabedor de cuál sería la reacción de los demás. Juan se sintió atacado directamente, como responsable de la mayoría de las melodías de guitarra del repertorio de la banda. Además, no notó el apoyo de Pedro y Joaquín, aunque esto es explicable por el impacto que les causaron las medidas de Enrique:

> Yo me quité de en medio por la mano. Si no es por la mano, le paro los pies, tanta tontería. Pero me vi desbordado, como ya no disfrutaba tocando y sufría mucho. Empecé a verlo todo desde otro punto de vista. A las maduras lo pasamos muy bien, pero a las duras hubo comportamientos más feos que emborracharse, creo yo. Yo me fui. Solo dije: «Alguien aquí se ha vuelto loco».

Para Joaquín, un cambio de esas características en ese momento era impensable, estaban como estaban, con las relaciones por los suelos y una falta de comunicación más que notable, y en plena gira de *Avalancha*. Si tratas de imponer algo así, el esfuerzo parece, al menos *a priori*, destinado al fracaso. ¿Error de cálculo? ¿Ganas de deshacer la banda? Una falta de comunicación general, de todos con todos. Y, encima, Alan tomó partido de forma evidente por Enrique, secundándole en las grabaciones a escondidas que comenzaron a hacer a partir de entonces, sembrando más cizaña. En cuanto comprobó el rechazo que su propuesta había suscitado en sus compañeros, Enrique empezó a preparar el material de su próximo álbum en solitario. Para ello, alquilaba estudios en las ciudades donde tenían actuaciones. Se encerró en los estudios que la I. R. S., la compañía que había editado los discos de Héroes del Silencio para el mercado estadounidense, tenía en Los Ángeles, en compañía de Alan. Joaquín y Juan le sorprendieron en plena faena y le preguntaron por ese nuevo material, a lo que Enrique respondió que solo estaba probando y que no tenía interés. Recuerda Joaquín:

> Pedro, Juan y yo nos quedamos helados. No fue razonable. Lo razonable hubiera sido juntarnos y decir: «Oye, mirad, he pensado que podíamos darnos un par de años, hacer un disco en solitario y hacer un cambio de orientación». Era evidente que necesitaba hacer otras cosas. Pues las haces. Pero impuesto como se impuso, y sobre todo el tema de las guitarras... Entonces estaba U2 con el *Zooropa*, habían empezado a meter que si bases, que si teclados... *Radical sonora*. Eso es un palo al otro lado.

Más adelante dio un concierto en Zaragoza para presentar su disco. Se empeñó en tocar algunos temas de Héroes del Silencio, pero, evidentemente, no le podían salir igual, para disgusto del público, que comenzó a corear el nombre de su antigua banda, para su desesperación: «Héroes, Héroes». En todo este desastre también pudo influir que Enrique siempre había sido el líder de la banda, que había tomado las riendas definitivamente, como cuando dejaron a Pito y asumió nuevos roles, y que quizá se sentía dueño del grupo, capaz entonces de imponer ese cambio estilístico y musical tan radical. Se hace lo que yo digo o se rompe la baraja.

Como ya se ha dicho, Pedro llegaba muy justo de fuerzas, después de una recuperación exprés. El panorama que se encontró fue alucinante. Así recuerda la intervención de Enrique:

> «A partir de ahora (lo cual no es un gran inicio, todo hay que decirlo) el concepto musical de Héroes del Silencio tiene que cambiar radicalmente; considero que la música pop rock de los últimos años está llegando a su fin. Por todo ello, me gustaría lo siguiente: a partir de ahora, nada de Marshall...». Y ahí empieza el lío. «Nada de Marshall» es la peor frase que has dicho en tu puta vida, porque puedes decir: «Vamos a procurar que el sonido cambie, vamos a estar unos meses investigando cada uno para desarrollar otras cosas...». Pero, a partir de mañana, los Marshall a tomar por el culo... Juan, que no está cómodo, nadie le escucha, se levanta y se va de la habitación. Y eso tampoco es muy loable... Un desastre monumental. Y Enrique, por muy mal que lo haya dicho y muy mal que lo haga, ha hablado con sus abogados, ha hablado con la compañía, ha hablado con su mánager. Y entonces ¿qué?... Se acabó lo que se daba; eso sí, mañana tenemos concierto. ¿Te digo cuántos conciertos hicimos a partir de ahí? Aguanta mecha, el uno que enmudece, el otro preparándose el terreno para su carrera en solitario.

Realmente, seguir de gira desde el 10 de febrero hasta el 6 de octubre de 1996, ocho meses, 92 conciertos nada menos, debió de ser una especie de calvario, las relaciones rotas, la mano de Juan, el silencio reinante, el buque sin gobierno a punto de encallar... Y Enrique se pone a grabar por su cuenta, con Alan, de tal manera que los problemas se van acumulando, y así se destruyen las cosas, haciendo que sea imposible el consenso, el diálogo, poniendo tierra de por medio, obstáculos insalvables.

En este punto, Pedro tiene una versión propia, quizá solo una idea, o una sospecha, que viene a sostener que Enrique quiso cambiar la dinámica musical de la banda y no deshacerla. Dice que es un tipo lo suficientemente inteligente para comprender que así no podían continuar. De alguna manera, su propuesta no pretendía dinamitar la banda, sino reorientarla:

> Si continuamos con la misma dinámica, Marshall y vatios a tope, rock and roll duro, con estas velocidades y fijándonos en la influencia de Guns N' Roses y demás escuela americana, Juan no va a poder llegar y se va a ir frustrando cada vez más con su mano enferma. Entonces, vamos a dar un paso atrás en serio y vamos a volver a un sonido que incluso Juan pueda asumir.

Es una opinión personal de Pedro, una sospecha, ya que el documento con las condiciones no le resultó especialmente insultante; era un planteamiento, un punto para empezar a discutir cambios, salir del *impasse* de incomunicación y encarar el futuro de otra forma. Desgraciadamente, aquel papel provocó lo contrario de lo que pretendía: separación en lugar de debate.

Todo parece indicar que en este conflicto final entra en juego el carácter ambiguo del cantante, unas veces capaz de partirse la cara por su grupo y amenazar con dejarlo otras. Esta contradicción hace que sea difícil saber la verdad, en qué momento se encontraba realmente: en el positivo de lucha por la banda o en el negativo de abandono. La tesis de Pedro resulta algo ingenua, pero loable. En todo caso, puede tener algo de razón, ya que la deriva roquera es algo que, hoy en día, tampoco satisface a Juan, que reconoce que hubo errores en la trayectoria de la banda en ese sentido, como cambiar de la Fender a la Gibson, o endurecer en exceso la música, o perder la esencia de *Senderos de traición* para progresar en la deriva hard rock de determinadas canciones de *El espíritu del vino* y *Avalancha*, lo que supuso, también, perder personalidad, originalidad y sello propio para adquirir un barniz de banda de rock asimilable a otras muchas. La tesis de que Enrique planteara una vuelta atrás, olvidando el sonido duro y los punteos imposibles, y, sin nombrar la enfermedad de Juan, sugerir una manera de superarla. Como si quisiera reorientar la trayectoria de la banda para llevarla hacia terrenos más tecno a la vez que intentaba buscar una solución a los problemas del guitarrista.

Pero si quería cambiar la dinámica del grupo quizá debería haberlo planteado de otra manera; si quería ayudar a Juan, quizá fue una forma torpe de afrontarlo, con esa especie de pliego de condiciones que podía sospechar inasumible para los otros. ¿Fue una táctica adecuada? Leyendo el documento, no lo parece. Demasiadas sugerencias de cambio para que pudieran ser asimiladas en esa reunión. Demasiados verbos en imperativo para lograr el consenso. Quizá debería haberles entregado el escrito a sus compañeros unos días antes para que lo asimilaran y pudieran discutir con conocimiento de causa. Leído en voz alta, parecía más un listado de reproches que un programa de buenas intenciones. Al menos, así se lo tomaron los demás, que no salían de su asombro conforme Enrique avanzaba en su largo soliloquio.

En todo caso, esta manera de ver la música por parte de Enrique, influido por los álbumes de U2, el *Earthling* de David Bowie y la corriente del rock electrónico, se vería plasmada, no mucho tiempo después, en septiembre 1997, en su primer trabajo en solitario, *Radical sonora*. Tanto el título como su fecha de edición muestran a las claras que llevaba preparando el material algún tiempo y que, al comprobar la respuesta de sus tres compañeros a las condiciones de renovación de Héroes del Silencio que quería discutir con ellos, esa preparación se aceleró si cabe todavía más. De ahí que le sorprendieran grabando temas propios con Alan, que se encerrara en estudios en esa etapa de la gira americana; de hecho, parece que lo hizo en San Juan de Puerto Rico, Guatemala y Los Ángeles. Y que no tardó mucho en dar forma a esos trabajos, puesto que entre enero y marzo de 1997, solo tres meses después disolver la banda, ya estaba haciendo la preproducción en los Estudios Salomé, en Zaragoza. Poco después, entre marzo y junio de 1997, grabaría su disco de debut con Phil Manzanera en los Gallery Studios. Por otro lado, es verdad que las canciones del álbum se decantan por ese rock electrónico, con una producción compleja. Fue recibido mal por el público y mejor por la crítica. En fin, luego, con *Pequeño*, sí que acertó al cien por cien, tanto ante su público como ante la crítica, para iniciar una carrera original y con un buen puñado de grandes canciones.

Sobre su reacción a la negativa de sus compañeros, esto declaró Enrique en *Diván*:

> Creo que fue en Tijuana donde dije que no quería continuar y que cogía un avión de vuelta a España. Me parece que fue Tomás quien me convenció para continuar la gira... Continuamos hasta septiembre. O sea, que cuando yo ya estaba hasta los huevos aún tuve que continuar ocho meses más.

Habrían de pasar todavía ocho largos meses penando por Europa y América para que por fin consumara ese deseo tan antiguo como en apariencia irrealizable. Entre medias, un nuevo episodio en Tegucigalpa el 19 de febrero de 1996, como recuerda Juan:

> En Honduras estábamos en unas casetas de madera con cuatro vigas que las sujetaban sobre al agua. Una playa idílica. Iguanas vivas por ahí. En el mar me sentía como un tiburón, con el agua azul. Ahí nos reunió Enrique a los cuatro y nos dijo que no le gustaba la música de los Héroes. O sea que me estaba atacando a mí directamente. Yo le dije a Pedro:

«Pero ¿tú te das cuenta qué va a ser de ti si esto acaba?».
Igual en esto me equivoqué.

Pedro propuso parar el grupo durante un tiempo, darse los unos a los otros un poco de aire, posponer la toma de decisiones para cuando terminara la gira. Pero la impresión general era que si se paraba ya no habría vuelta atrás, o al menos sería tremendamente difícil volver. Enrique seguía grabando con Alan. Estaba negociando con la EMI un contrato de cara al lanzamiento de *Radical sonora*, todo a espaldas de sus compañeros, porque un directivo de la discográfica les preguntó qué planes tenían para después de la disolución del grupo.

Una nave sin gobierno y cinco tripulantes sin hablarse. Todos tuvieron su parte de responsabilidad en el desastre que siguió. Muchos días y muchas horas por delante para no pensar en resquicios de camaradería. Como escribió Pedro en su libro *En mi refugio interior*:

> Los viajes sin que nadie hable durante horas son muy duros. Muy duros.

Miles de kilómetros, de horas de viaje, de espera en camerinos, de actuaciones con la debida conjunción. ¿El buque navegaba por la inercia que le quedaba? ¿Se habían apagado los motores, pero todavía podía seguir a la deriva? Poco contacto entre ellos debió de haber, nulo entre Juan y Enrique y Alan, ceremonioso, quizá, de supervivencia, entre los demás. Juan recuerda que incluso desayunaban en mesas separadas. Atrás quedaban esas instantáneas, tan abundantes en el libro *Héroes del Silencio. Fotos 85-96*, de los cuatro compartiendo mesa en un restaurante. Joaquín ni ganas tenía de sacarlas, prácticamente abandonó su Nikon y se desentendió de ese antiguo y recurrente afán por retratar a la banda. En el libro apenas dedicó diez páginas a ese tramo de gira, solo hay catorce fotos y ninguna compartiendo mesa. Y luego el público sudamericano, que acudía en masa a sus conciertos incluso en países, como Panamá, Honduras y Colombia, donde no habían estado. Una forma de consuelo sentir a toda esa gente cantar los temas de *Senderos de traición*, *El espíritu del vino* y *Avalancha*, editados en todo el continente.

Desde el DF, el 1 de febrero, hasta el final de Los Ángeles, el 6 de octubre, con el paréntesis de los festivales y la gira de verano española y europea de junio y julio de 1996. Con conciertos en México, Costa Rica, Honduras, Puerto Rico, Ecuador, Argentina, Perú, Colombia, Venezuela, Guatemala, Panamá y Nicaragua. De esos días, Joaquín recuerda algunas anécdotas:

> En 1996 ya fuimos en México con un autobús y llevábamos un policía de paisano, de la secreta o algo así, para evitar las mordidas. Se le pagaba a él para que cuando nos pararan dijera que eso ya estaba cobrado, ya está mordido esto. En Honduras, de tanta gente que había esperándonos, sin pasar por el control de pasaportes en el aeropuerto, nos metieron en un cuatro por cuatro de estos enormes, con motos delante y detrás, a toda hostia por Tegucigalpa hasta el hotel. Ni semáforos en rojo ni nada. Yo flipé aquel día. El hotel estaba sitiado por la gente y eso que no habíamos ido nunca allí. Luego se cayó una pared de la plaza de toros donde tocábamos. Hubo derrumbes en mitad del concierto. No le pasó nada a nadie, pero vamos. En abril estuvimos en Ecuador, y nos enteramos después por la prensa de que la policía le cortó el pelo a la gente que lo llevaba largo. Fue llegar a Quito y ver en el aeropuerto gente que se desmayaba por el mal de altura al salir del avión, por falta de oxígeno. En el concierto teníamos nuestras bombonas. Respirábamos un rato y salíamos como toricos. En Medellín tocamos en un sitio muy raro, una especie de parquin subterráneo, como una zona cubierta muy grande. El escenario daba

unos botes, se movía aquello que parecía que se iba a derrumbar. Y tampoco pasó nada.

Luego, la gira por Estados Unidos, a pesar de la emoción que debía de despertar, casi fue una carga. Nunca les había importado comenzar en los circuitos independientes, como habían hecho tantas veces, en Bélgica y Suiza, en Alemania y México. Ahora era el turno de la meca del rock and roll y debían repetir esquemas, conformarse con poco e ir escalando. Pero sin ilusión, sin ver futuro a esa apuesta. Fueron jornadas muy irregulares, con aforos que variaban sin que supieran muy bien por qué, de las 2.500 personas que fueron a verlos en Chicago, a las dos decenas en Boston, como recuerda Pedro:

> Fuimos a tocar a Boston y vinieron a vernos veintidós. Y nuestros técnicos, que eran todos ingleses y nos costaba todo un dineral manejar a semejante peña, nos decían: «No saldréis a tocar hoy». «¿Que no saldremos a tocar?, ya verás tú. ¿Tú a qué has venido aquí, a currar? Pues claro que vamos a tocar, por supuesto, para qué coño hemos venido a Boston, qué vamos a hacer, ¿cancelar porque hay poca gente?» Estábamos muy locos.

Eso sí, la inmensa mayoría eran inmigrantes de origen hispano, con todo ese potencial de población que algún día podría convertirse en seguidores de la banda, no en vano en 1996 había más de 28 millones de habitantes en Estados Unidos venidos del centro y del sur de América. Anglosajones, bien pocos, algunos despistados que se pasaban por las salas de la costa Este, Chicago o Nueva York. Y ellos perdiendo dinero. La cosa no daba mucho de sí; salvo en unos pocos conciertos, la mayoría se ofrecieron en salas de pequeño aforo, y tenían que poner de su bolsillo para sufragar todos los desembolsos. Una inversión hecha en tiempo de derrota, algo en verdad extraño. Quizá se lo tomaron como una despedida; si habían de separarse, al menos estaba bien hacerlo así, de gira por Estados Unidos, recorriendo la Ruta 66, durmiendo en moteles, comiendo carne a la brasa y dulces a base de canela, divisando en el horizonte los rascacielos que formaban los *downtowns* de todas las capitales del inmenso país.

Aprovecharon su estancia en Las Vegas para rodar el vídeo de *Avalancha*, firmado por Carlos Miranda y Juan Marrero, de la productora Factoría Clip. Es curioso que aparezcan los músicos por separado, Juan y Enrique por su cuenta, en historias diferentes, Pedro y Joaquín juntos, ahondando en su perplejidad. Aparte de su estética, tan característica del medio, y del rosario de personajes, transexuales, *escorts*, *gogoboys*, tipos practicando el sadomasoquismo, bailarinas y *showgirls*, que reflejan bien a las claras el mundo interior de los realizadores, poco parece que tenga que ver con la letra que escribió Enrique. Es una crítica recurrente de Juan, Joaquín y Pedro, esa desconexión entre las propuestas visuales grabadas y los deseos de los músicos, que no intervenían en ellas. Miranda y Marrero escribieron el guion dando rienda suelta a su imaginación y sus obsesiones, plasmando en imágenes una interpretación cuando menos peregrina de las intenciones reales de la banda. Imágenes, además, que fueron luego censuradas, o autocensuradas, como los tiros que Enrique propinaba a un par de policías que le detenían, o la quema de billetes por parte de Pedro, o el momento en el que Juan se ponía una pistola en la sien y simulaba suicidarse. Juan tenía la mano destrozada y muy pocas ganas de nada, menos de tonterías que solo buscaban el autolucimiento…

Los mismos realizadores y la misma productora para los otros dos videoclips del álbum, *Iberia sumergida* y *La chispa adecuada*, con idénticas galerías de personajes marginales y al límite. En el primero, el tipo fornido al que un enclenque le chupa el pezón, la muchacha insomne, la sadomasoquista con cadenas y esposas, el mayordomo de las orejas cortadas. En el segundo, una familia de rapados, la pareja de *body painting* practicando posturas del *Kamasutra*, el personaje mosca, animales, un tipo vendado como si fuera una momia... Y Enrique, colgado boca abajo, terminó completamente mareado. Al menos el de *La chispa adecuada* fue premiado como mejor videoclip latino del año por la revista *Billboard*, y fueron a Miami el 30 de abril de 1996 a recoger el premio, ya que tenían tres actuaciones programadas en esa ciudad, lo que dio pie a una graciosa anécdota, como recuerda Joaquín:

> Tocamos una vez en los Billboard Music Award. Tocamos *Iberia sumergida* y Enrique tiró la armónica y le dio a la madre de Gloria Estefan. Estaba la madre sentada por ahí, Enrique tiró la armónica y ¡zasca! Nos querían poner una denuncia. Al día siguiente creo que fue al hospital a verla con un ramo de flores.

Regresaron a España a primeros de mayo y se dieron veinte días de descanso antes de comenzar la última gira española de verano. Estaban agotados, cada uno por razones diferentes, pero el diagnóstico era para todos el mismo: necesitaban parar. Juan, por iniciativa personal, hizo una reveladora llamada por teléfono:

> Yo llamé a Phil Bandfield en 1996 y le dije: «No nos consigas más conciertos, por favor». Y le digo que no me llevo bien con el cantante. No sabía cómo salir de esa vorágine, siempre había una gira pendiente.

La gira española fue relativamente corta, 21 conciertos entre el 23 de mayo y el 30 de junio de 1996. Los últimos. Recorriendo otra vez la geografía en el confortable autobús y por las recién inauguradas autopistas, como en Europa. Más de 6.000 kilómetros por los cambiantes paisajes, los hoteles, los restaurantes, los pabellones de deportes, plazas de toros y estadios que llenaban. Pero sin chispa. Otra vez con el extraordinario equipo inglés que tan bien los sonorizaba, con los medios de comunicación entregados, con los críticos casi domesticados en su totalidad. Aunque eternamente preocupados. Con los fans respondiendo como nunca. Pero sin entusiasmo. Enrique tenía razón al escribir: «No hay nada para siempre». ¿Por qué no grabar un concierto en directo, entonces? ¿Ahora que estaban a tiempo? No sería mala idea, y para ello seleccionaron las actuaciones del 7 y el 8 de junio de 1996, en Madrid y en Zaragoza, sus dos plazas fuertes. ¿Antes de que fuera tarde? Lo titularían *Parasiempre*, como la canción, como la metáfora que era:

Parasiempre, no hay nada parasiempre...

Enrique decidió juntar las dos palabras y formar un neologismo. Algo que sonara como eterno o imperecedero. Creada en lo musical a partir de un *riff* de Joaquín, *Parasiempre* fue una de las canciones que más hizo dudar al cantante a la hora de fijar su letra. De hecho, entre Benasque y Gables, escribió hasta cuatro estrofas diferentes, que iría recombinando hasta dejar el texto ya terminado en Los Ángeles.

La letra hacía referencia a la situación de la banda y su inminente disolución. Enrique la había escrito a caballo entre 1994 y 1995, cuando las relaciones entre los músicos ya eran malas y había cierto hartazgo entre ellos, situación que la estancia del Hospital de Benasque consiguió enmascarar solo por un tiempo. Juan, cuando la tocaba en directo, tenía la sensación de estar firmando su carta de despido y su finiquito. Esta vez, el sentido de sus palabras se le reveló con una claridad meridiana. Quizá era la primera vez que le entendía a las primeras de cambio. Sin embargo... En una entrevista para el *Heraldo de Aragón* del 17 de septiembre de 1995, en la que explicaban el sentido de las letras de todas las canciones de *Avalancha*, declararon esto sobre *Parasiempre*:

Se ocupa de la relación de pareja y de las exigencias de las mujeres.

Y en una entrevista comercializada en vídeo VHS, *Veinte preguntas a Enrique Bunbury*, de 1995, declaró esto sobre la canción:

> Espero que no les siente mal a mis compañeros. Esa canción la hice después de varias bodas en el seno de Héroes del Silencio, con un toque humorístico.

La ambigüedad de los textos de Enrique llega hasta el extremo de que existan interpretaciones contrapuestas en el seno de la banda.

No se puede negar el carácter póstumo del directo *Parasiempre*, al menos porque fue presentado el 10 de octubre de 1996, en una extraña fiesta que celebraba la entrega del disco de platino por las ventas de más de 100.000 ejemplares cuando la banda acababa de anunciar su disolución. Para Enrique, era evidente que se grababa como último testimonio de su manera de hacer sobre el escenario. Como escribe en su libro Matías Uribe:

> En junio vuelven a Zaragoza, a la plaza de toros. Antes, en rueda de prensa, echan un verdadero jarro de agua fría sobre sus seguidores: «Vamos a hacer un punto y aparte», anuncian, es decir, según matizan, van a tomarse un largo período de descanso y reflexión. No se atreven a decir que lo que han acordado en realidad es disolverse porque hay muchas fechas firmadas y muchos riesgos económicos, pero esa es la verdad.

Juan, Joaquín y Pedro lo niegan. Para nada tenían la impresión de que estuvieran a punto de grabar el último disco en directo de la banda, que fuera una especie de testamento musical. Ya lo habían hecho antes con *En directo*, en 1989, y con *Senda 91*, en 1991; este iba a ser el tercer en vivo de Héroes del Silencio. Se iban a grabar dos conciertos seguidos, los de Madrid y Zaragoza. Las relaciones no eran buenas, eso era cierto, la banda necesitaba un largo descanso, un parón para que Enrique grabara su álbum, pero nada más. Más adelante podrían retomar la actividad, componer un nuevo disco, planificar otra gira, restañar heridas y seguir en la brecha.

Hubo polémica con la oportunidad del lanzamiento de este disco. Juan tiene razón al quejarse de la idoneidad del disco final del grupo, la despedida, lo que quedaría de forma inalterable y mostraría los directos de la última gira por Europa y América, al menos por lo que a sus intereses como guitarrista se refiere. Con la mano enferma de la distonía focal, en algunos de los solos de guitarra que interpretó en los conciertos de Madrid y Zaragoza no pudo rendir al cien por cien. Es el caso de *Deshacer el mundo*, donde se limitó a tocar la melodía de la rítmica. Nada que ver con el solo del disco de estudio, la pérdida de facultades de Juan queda perfectamente ejemplificada. Y pasa lo mismo con otros solos del LP, en los que se notan cambios a veces sustanciales en la simplificación del fraseo de guitarra y la velocidad de ejecución, sobre todo en los más duros, tipo *Días de borrasca*, *El camino del exceso*, *Nuestros nombres* o *Entre dos tierras*. No era una forma correcta para despedirse. Quedaba grabada su merma de facultades.

Quizá sean quejas razonables, pero formuladas a destiempo. Joaquín asegura que nadie se preocupó de *Parasiempre*:

> Nadie se preocupó por escucharlo, nadie fue a las mezclas. Fue una despreocupación general. Si yo llego al estudio y escucho eso, hostias, vamos a buscar otra, o vamos a llamar a Juan para que grabe esto otra vez. De hecho, hay discos en directo que se regraban cosas. En el Tour 2007 lo hicimos, regrabamos voces, yo algún bajo regrabé y, en fin, supongo que guitarras también. La batería es más complicada.

Y así, un simple disco en directo se convierte para Enrique en un anuncio de la catástrofe y el derrumbe, y para Juan, en una afrenta difícil de digerir.

28 de agosto de 1996, Santiago de Chile. Acaban de llegar del festival Monsters of Rock, celebrado unos días antes en São Paulo. Allí habían tocado con la flor y nata del heavy internacional, con grupos de la dureza de Skid Row, Mercury Fate, Helloween, Biohazard, vaya bombazo, y Motörhead nada menos, e Iron Maiden, sus mentores, no en vano Douglas Hall había sido su técnico de sonido desde el verano de 1993 y ahora había regresado con la banda británica capitaneada por Steve Harris. No les había quedado más remedio, para contentar a los 50.000 rugientes espectadores que se dieron cita en el estadio Pacaembú, que escoger su repertorio más duro y sacarle punta entre la lluvia de objetos y escupitajos.

Es el invierno austral y el clima en la capital de Chile les resulta desapacible. Por eso se refugian en el hotel, cada uno en su habitación; ya no hay muchas ganas de juerga, ni tan siquiera de compartir un simple café en el bar. El tiempo de espera se hace tedioso, se alarga excesivamente. Enrique tiene la cabeza en su proyecto en solitario, secundado por Alan. Juan, por su parte, hace infructuosos ejercicios con su mano, en soledad, sin que nadie sepa el alcance real de su dolencia. Pedro y Joaquín ya no entienden nada, ni siquiera ellos tienen ganas de luchar por algo que se descompone irremisiblemente. Sin embargo, la llamada de Tomás los saca del ensimismamiento. Es hora de subir a la furgoneta y dirigirse al estadio.

Miles de espectadores esperan la actuación de Iron Maiden. Ellos serán los teloneros. Una breve inspección les confirma que las cosas se han hecho correctamente, que el escenario está bien montado, y los equipos, que en los camerinos hay de todo. Por ahí está Douglas; es una alegría saludarlo de nuevo. Estando él a cargo del sonido, el equipo estará a la altura requerida.

No esperaban menos actuando junto a una banda que ha vendido más de 100 millones de discos y que tiene fama de dejarse la piel en los directos, como ya tuvieron oportunidad de constatar en São Paulo. Son minutos tensos de espera, cada uno concentrado a su manera, hasta que Tomás los avisa y se dirigen al escenario. El griterío es apabullante. No suena *Song to the Siren*, no pegaría nada, nadie lo entendería; es más, se lo tomarían como una afrenta. Ellos solo son los invitados, el primer plato de un manjar que se antoja enfebrecido y delirante. Se cuelgan las guitarras y se colocan en sus sitios. Un, dos, tres, y empiezan a interpretar *¡Rueda, fortuna!* Necesitan dar a la actuación toda la fuerza de que son capaces. Como en São Paulo. Necesitan más distorsión, más dureza, más entrega que nunca. Otra vez han escogido las canciones más duras de su repertorio: *Sangre hirviendo*, *Parasiempre*, *Días de borrasca*, por supuesto. Solo así podrán salir airosos del trance.

Enrique se contonea y canta, se acerca a las primeras filas, como siempre ha hecho. Entonces, los enfebrecidos fans de Iron Maiden, que no tienen ganas de preámbulos, comienzan a escupirle. En unos segundos ya tiene el pantalón y la camisa llenos de escupitajos densos y grumosos. De repente empiezan a llover también otros objetos, estos mucho más contundentes: monedas, mecheros, botellas. Uno de ellos, quizá una piedra, vuela directamente hasta la frente de Pedro:

> Yo noto que me dan en la cabeza con algo. Esa peña va con un pico, levantan un trozo de suelo y te lo tiran, no te dan con una botella de agua llena. Estoy tocando y lo noto. Joder. Ya sabes que con los golpes al principio no sabes lo que es, es simplemente un ¡clac! Entonces sigo tocando, pero, tic, tic, tic... Hostia puta, me han abierto la cabeza. Tic, tic, tic. Sangre. Bueno, no voy a seguir. Mis colegas están allí pero no me ven. ¡Oyeee! Ni caso. Pues bueno, paro. Y entonces me miran y digo, con la cara ensangrentada: «¡Me tengo que marchar! Que me cosan y vuelvo». Y nos vamos...

La música es sustituida por los berridos de la masa. Se marchan. Los gritos arrecian. Un clamor de triunfo se oye en el estadio, los fanáticos seguidores de Iron Maiden aplauden ese abrupto final. Ya en el camerino, comprueban que la brecha no es grave y que podrían reanudar su concierto. ¿Es conveniente? ¿No se lo tomarán los fanáticos de ahí fuera como otra provocación? Entran los componentes de Iron Maiden para interesarse por Pedro y solidarizarse con la banda. Ellos desaprueban ese tipo de comportamientos. Si no quieren volver al escenario, lo entienden, se encargarán en persona de recriminar a la gente la agresión.

¿Habían hecho bien? ¿Por qué diablos habían tenido que participar en esos dos aquelarres heavies, el de São Paulo y el de Santiago de Chile, llevando al extremo el repertorio de la banda? ¿No se habían confundido? Pedro recuerda los comentarios de Enrique al respecto:

> Ese concierto yo le oí decir a Enrique que estaba fuera de toda lógica. Yo me acuerdo de oírle decir: «Tío, pero es que no nos pueden poner a tocar con Iron Maiden, joder. Es que, con cualquier otro, quizá, pero con Iron Maiden...».

Los seguidores de Iron Maiden no querían sucedáneos, eso estaba claro. Lo habían expresado con contundencia desde el primer redoble de Pedro y el primer *riff* de Juan. ¿Se habían equivocado? ¿Era la deriva hacia el rock duro un camino transitable? Argumentos para que Enrique abominara de los Marshall, de la Gibson, de la composición de temas como *Días de borrasca*. ¿Eran un grupo blando? ¿No había quedado esa apreciación demasiado lejos en el tiempo para que ahora les preocupara? Desde 1984 habían pasado doce años y ellos se habían matriculado en pop, en rock, quizá no en hard rock. No había ya chicas enfervorizadas en las primeras filas, sino tipos que escupían y lanzaban objetos con la intención de dar en la cabeza, heavies de Brasil y Chile, violentos y drogados. En Alemania, en Finlandia, por ejemplo, también iban a escucharlos melenudos y moteros de Harley Davidson que daban miedo, pero esos eran respetuosos, educados europeos que no llegaban a las manos. O punkarras del DF que, a pesar de las diferencias, también los respetaban. ¿Quién cometió el error? ¿Bandfield al contratar el concierto?, ¿ellos al aceptarlo? Pero allí estaba Douglas, les hacía ilusión tocar con Iron Maiden. ¿Qué hacían ellos? ¿Rock duro? Habían transitado desde la balada hasta el hard rock, desde *Héroe de leyenda* hasta *Iberia sumergida*. ¿Qué era eso?, ¿pop, rock? ¿Cuántas bandas habían recorrido un camino semejante, pasar de lo más melodioso, de *Despertar*, a lo más violento, *Sangre hirviendo*? ¿Cuántas batallas por el rock and roll habían disputado? Muchas, sí, algunas ganadas, otras perdidas, como la de Santiago de Chile. La batalla de Chile perdida. Las guerras tienen eso, que duran mucho tiempo y sufren altibajos. Habían ganado batallas, quizá estaban a punto de perder la guerra.

5 de octubre de 1996, San Bernardino, una ciudad de 200.000 habitantes que forma parte del área metropolitana de Los Ángeles, el denominado Inland Empire. Al poco de comenzar, el lanzamiento de objetos provoca que Enrique abandone el escenario y se suspenda el concierto. Así explica Pedro el motivo:

> Había en el ambiente cierta rivalidad entre dos empresas mexicanas de medios de comunicación. Nosotros hacíamos entrevistas con unos y con otros, pero nos gustaba más una empresa más joven, que era la competencia de Televisa. Hacíamos más entrevistas con esa, con Televisa habíamos tenido algún encontronazo. Y Enrique hizo una declaración sobre que las mujeres mexicanas no eran las más bonitas. Y Televisa aprovechó su poderío mediático para sacar a la luz esas viejas declaraciones y provocar que no estuviéramos a gusto en el último show. El ambiente era muy cabrón y tiraron cosas. Enrique se enfadó y se marchó.

Al día siguiente, 6 de octubre, tocan en el Wateke Festival, junto a Shakira, Soraya, La Castañeda, La Ley y Víctimas del Doctor Cerebro. Se repiten los lanzamientos de botellas y monedas y Enrique, por segundo día consecutivo, interrumpe el concierto mientras interpretan *Parasiempre* y sale del escenario. Acto seguido, lo hace Juan. No hay nada que dure toda la vida.

El último concierto de la banda y el abandono del escenario por un Enrique harto de aguantar la situación. Que le tiraran algo fue solo la excusa para salir del escenario, largarse al hotel y coger el primer vuelo de regreso a España. Esta vez sí, esta vez había huido. Ya no había amistad y el éxito no era soportable. Se dio la circunstancia de que aquel día había tres promotores japoneses entre el público y la perspectiva de hacer una gira por Japón era más que una posibilidad. Había una oferta seria sobre la mesa, se podría haber firmado esa misma noche en una reunión convocada al efecto, pero nunca se presentaron. Todo se desbarató a partir de ese momento, aunque viniera cociéndose hacía años. Las perspectivas de triunfo internacional del grupo eran más reales que nunca. La apertura de los mercados americano y asiático, una realidad en ciernes. Quizá para todos, salvo para Enrique, la ruptura de la banda supuso un mazazo vital difícil de encajar. Ese era su medio de vida desde 1985, la pasión que los había guiado, la labor creativa que los había formado como artistas y personas. Pero ya no sería posible. Una gran pérdida, puede que ocasionada por decisiones precipitadas, a pesar de todo. Enrique ya había demostrado su carácter voluble en más de una ocasión. También había negociado su disco en solitario con la EMI. En otras circunstancias, quizá Enrique hubiera aguantado los lanzamientos; más de una vez había pasado y no se había retirado del escenario, o se había retirado un momento para luego regresar y seguir cantando. Pero debía de estar harto de todo y aprovechó la circunstancia para largarse con viento fresco. Dos días, dos conciertos, dos interrupciones y final de la banda. Otra metáfora, esta vez lamentable: no hay nada para siempre. Luego fueron al hotel Hyat con Joaquín Luqui, que estaba horrorizado por lo sucedido y pretendía que no trascendiera, que se tapara como fuera ese lamentable suceso para no perjudicar la imagen de una banda que, él no podía saberlo, estaba en un tris de disolverse. Enrique desapareció después de los fallidos conciertos y regresó a Zaragoza por su cuenta. Ya había firmado su nuevo contrato en solitario con la EMI. Joaquín, Alan y Juan regresaron juntos, incluso tomaron el mismo coche de Madrid a Zaragoza. Acto seguido, fueron a la fiesta en el Hard Rock de Castellana de presentación de *Parasiempre*. Como escribió Matías Uribe en su libro:

> En octubre de 1996, a la vuelta de la gira americana, se hace oficial el anuncio de la ruptura, aunque Bunbury asegura que no es definitiva. «Descansamos —confiesa a *Heraldo*— para tomarnos nuestras vidas personales más en serio, pero este parón no quiere decir que Héroes desaparezca... Es una paradoja que el grupo ambicioso por excelencia que es Héroes corte con todo esto. Pero es necesario, entre otras cosas, para no devorarnos entre nosotros.»

Pero no era algo momentáneo. Juan todavía recuerda la última propuesta de concierto que recibieron:

> Al volver de Los Ángeles teníamos que tocar en la azotea de la SER. Algo muy parecido a lo que hicieron los Beatles y U2, ese tipo de idea. Entonces hubiera sido una cosa que hubiera sido preciosa si tuviéramos ganas, porque ya no nos queríamos ni ver. Y se suspendió.

Hubiera sido un bonito broche para su carrera ofrecer ese concierto. No fue posible. Esa batalla final ni siquiera la pudieron librar.

La última canción

Ahora que el barco se hunde
Y solo tú puedes salvarme

El buque se hundía mientras ellos componían *La espuma de Venus* en Los Ángeles, en abril de 1995. Una canción que apenas habían trabajado en Benasque y de la que quedaba un leve rastro en una pista que titularon *Lentita*, original de Joaquín. En High Wycombe intentaron avanzar en ella, sin mucho éxito. Buscaban soluciones, ensayaban estructuras, introducciones y codas instrumentales poco definidas, incluso las letras de Enrique iban combinándose de maneras diferentes en busca de una poética que se resistía. Se resistía toda la canción. Más adelante, ya en los estudios Soundcastle, irían perfilando su estructura final, después de arduos trabajos. Un parto difícil. Necesitaron la ayuda de Bob Ezrin y de Andy Jackson para terminarla. Ezrin sugirió cambios, y como Juan le tenía tanto respeto, le decía sí a todo. De hecho, le sugirió que cambiara tres acordes porque se parecían mucho a los de un tema de una cantante americana, y alteraron su orden para que nadie los acusara de plagio. Un trabajo de estudio más que notable. Quizá la primera vez que les pasaba algo así, que uno de sus temas se resistía tanto. Al final, el resultado fue un complejo muro sonoro, con los coros grabados casi más altos que la voz de Enrique, o los sonidos de ambiente que Joaquín grababa en su DAT y que fueron introducidos a la manera de Brian Eno. Fueron sumando innumerables pistas de guitarra para construir una masa sonora en cierto modo cercana al sonido de Pink Floyd. Juan utilizó *ebow*, un dispositivo para tocar la guitarra en lugar de utilizar los dedos o una púa y que hace oscilar las cuerdas como si fuera el arco sobre un violín. De esta manera, el sonido quedaba sostenido, produciendo armónicos de gran belleza. Cabe señalar que el *ebow* más famoso del pop rock es el que da comienzo a With Or Without You, de U2, quizá una de las mejores canciones de la historia. También *La espuma de Venus* es una canción muy hermosa y que apunta en una dirección completamente nueva, con un sonido espectacular. Una puerta al futuro que, sin embargo, no tuvo continuidad. Fue la última canción que compusieron y apareció como el corte final del álbum de despedida, *Avalancha*, una especie de testamento musical, complejo y armónico, embriagador y atípico.

La ficción es y será
La única realidad

Sí, el barco empezaba a hundirse en abril de 1995, eso ya lo tenía claro Enrique al escribir la letra de *La espuma de Venus*. Quizá buscaba su salvación en el amor, en la ficción. Quizá lo mejor, como tantas otras veces, era huir de la realidad, no enfrentarse a los problemas, evitar el conflicto con los demás. Vivir en un mundo construido a su medida, de pura ficción.

Coda

Terminó abruptamente el concierto del 6 de octubre y Pedro decidió quedarse unos días más en Los Ángeles. No tenía ganas de volver a España y enfrentarse a la cruda realidad. Se merecía una pausa, un paréntesis para sí mismo, así que le pidió a Al Dutton que le buscara una suite de hotel donde alojarse por unos días y un billete de regreso a España en primera clase. La vuelta no iba a ser nada agradable y prefirió retrasarla un poco. No quería abandonar ese modo de vida, al menos por el momento. Si el buque se hundía, él quería ser el último en saltar por la borda. Si todos habían salido echando chispas, él quería demorarse y hacer que hasta la decadencia final tuviera sentido. Y eso hizo, acomodarse en la suite del hotel que le reservó Dutton y pasar unos días buscando la relajación en la piscina, con los margaritas que le servían mientras estaba tumbado en la hamaca, y las chicas que andaban por allí y que se le acercaban solícitas, saliendo por la ciudad, yendo a conciertos, distrayéndose, aplazando la toma de decisiones para la nueva etapa que se abría en su vida, sin sus compañeros y sin su banda.

Fue breve pero intenso, apenas tres días que acabaron demasiado pronto. Un taxista dominicano, locuaz y risueño, amante del jazz y de las ensaladas de langosta, le llevó hasta el Aeropuerto Internacional de Los Ángeles. En la sala vip había poca gente y pudo embarcar sin contratiempos. La azafata le acompañó hasta su butaca, cómoda, de cuero, situada junto a una ventanilla de la cabina delantera de la aeronave. Dutton le había sacado un billete en primera clase del vuelo de la Virgin Airlines rumbo hacia Madrid vía Londres, un lujo que se permitía dadas las circunstancias, no era lo normal en los viajes con la banda. Lo normal, en esos doce años de historia, había sido cruzar la geografía española, o la alemana, o la mexicana, en una furgoneta sin aire acondicionado. Pero en esta ocasión se lo merecía, debía resarcirse de alguna manera del disgusto vivido en el Wateke Festival. Quién sabía, a lo mejor el futuro les iba a deparar un tipo de sorpresa parecida, una gira por todo lo alto, volando siempre en primera clase, alojándose en suites de hoteles de lujo en Europa y América, llenando estadios con 50.000 seguidores enfebrecidos. ¿Por qué no soñar? ¿Sería todo eso posible algún día? En ese momento, la azafata le sirvió el tequila y la cerveza que había pedido.

Asomado a la ventanilla, a unos 10.000 metros de altitud, viendo pasar un mar de nubes blancas que tapaban el océano Atlántico, pensó en lo que acababa de suceder, en el final del grupo, tan abrupto y triste. Pero ¿por qué quedarse con lo peor? ¿No era verdad que brillaban con luz propia los miles de momentos dichosos que había vivido junto a sus tres compañeros? Era preferible, desde luego, recrearse en lo mejor. La memoria debía ser selectiva, pero la selección que él quería hacer, la que debía quedar anclada en su cabeza para el resto de sus días, debía ser la positiva. Entonces pensó en los momentos más destacables de la historia de Héroes del Silencio, como el concierto que dieron en En Bruto el 10 de enero de 1987, cuando Montesano y Azorín decidieron apoyarlos ante las discográficas y todo echó a rodar. O el concierto del Hipódromo de la Zarzuela por el aniversario de Los 40 Principales, el 21 de junio de 1991, aquel día en que fueron teloneados por Gabinete Caligari y El Último de la Fila ante 120.000 espectadores que tuvieron enormes dificultades para acceder al recinto. Y Berlín, la ciudad que tan bien los había acogido desde el día del festival contra el racismo, Ich Bin Ein Ausländer, el

26 de octubre de 1991, en donde tantos conciertos habían ofrecido y en donde tanto apoyo habían recibido por parte de ese público variopinto de la *szene* berlinesa. O el concierto en Boston, hacía bien poco, ofrecido para un puñado de despistados pero que ellos habían abordado como siempre, con la entrega total de que hacían gala, para extrañeza de los técnicos, que no entendían tanto esfuerzo para tan poca gente. Y la presencia de los promotores japoneses en Los Ángeles, con quienes no pudieron hablar, a pesar del deseo que ellos tenían de tocar en Oriente. ¿Se podría hacer esa gira en el futuro? Por qué no, pensó mientras la azafata le servía la segunda ronda de tequila y cerveza. En el fondo, para él no era un punto final, era un punto y aparte, un paréntesis que se concedían para limar asperezas, para que las heridas cicatrizaran, para que Joaquín pudiera compartir su vida con Inma en la casa de madera que querían construir a las afueras de Zaragoza, para que Juan pudiera superar su distonía focal y recuperar la agilidad de su mano izquierda, su autoconfianza y las ganas de seguir componiendo, para que Enrique grabara su disco y valorara la posibilidad de discutir con sus compañeros la nueva orientación de Héroes del Silencio, buscando siempre el consenso y el avance en común, hacia otros territorios que los llevaran a nuevas canciones, nuevos álbumes, nuevas giras, una etapa diferente, en la que, habiendo recuperado la amistad, fueran capaces de ofrecer otra vez bellas composiciones que sobrevivieran el paso del tiempo. Eso sería lo importante, que pudieran hacer una música perdurable, que sirviera para que en el futuro los recordaran como a una banda que hacía buenas canciones, para eso estaban en el mundo de la música, para nada más. En fin, que ya se vería lo que pasaba en los próximos días, el futuro estaba por escribir y no tenía ninguna gana, ninguna, de dar por acabada a su banda.

Agradecimientos

Además de Pedro Andreu, Joaquín Cardiel y Juan Valdivia, las siguientes personas merecen mi gratitud por su ayuda: Lourdes Díaz y Siscu Pérez (mis agentes literarios), David Trías y Alberto Marcos (de Plaza & Janés), Heiko Mittendorf (por las traducciones del alemán), Lorenzo Castañer (del francés), Javier Clos (fotógrafo), Santiago Sánchez Jericó (tenor), Carlos Frisas y Martín Caja Mur (músicos zaragozanos), José Luis López (Las Líneas Del Kaos) y Ester Pérez, Julia Cardiel y Ada Cardiel (mi burbuja).

Nota bibliográfica

Este libro está escrito, en un noventa y cinco por ciento, gracias a la colaboración de tres de los músicos de la banda: Pedro Andreu, Joaquín Cardiel y Juan Valdivia. Sus recuerdos fueron el material que se utilizó para reconstruir la historia de Héroes del Silencio, aunque la memoria sea muchas veces frágil y caprichosa. Sin embargo, y en aras de facilitar sus respectivas declaraciones por un territorio que resultara transitable, se recurrió a la bibliografía básica de la banda, además de a centenares de artículos incluidos en periódicos y revistas entre 1985 y 1996, muchos de ellos en alemán, francés e italiano procedentes de los dos libros rojos que la EMI recopiló para los músicos. Como estos últimos es imposible citarlos en su totalidad, entre otras razones porque las fotocopias muchas veces se centran en el contenido de los artículos y no dejan ver ni la cabecera del medio ni el nombre del articulista, la siguiente lista recoge aquellos trabajos y libros que, por su importancia y oportunidad, fueron más útiles a ese propósito de servir de guía de los recuerdos.

Andreu, Pedro, *En mi refugio interior*, Efe Eme, Valencia, 2020.
Arenillas Meléndez, Sara, *Héroes del Silencio y los estilos de rock de finales de siglo*, Trabajo fin de máster, Universidad de Oviedo, Oviedo, 2012.

—, «Rock y literatura: el caso de Héroes del Silencio», *Oceánide*, 2020, pp. 18-36.
—, y Vegas Fernández, Pablo: «Héroes del silencio: una aproximación desde la perspectiva de género», *Cuadernos de Etnomusicología*, n.º 14, 2019, pp. 66-88.
Blay, Arturo, *Héroes del Silencio*, La Máscara, Murcia, 1997.
Blay Boqué, Josep, *Enrique Bunbury. Lo demás es silencio*, Random House Mondadori, Barcelona, 2007.
Bunbury, Enrique, *Fragmentos de un diario europeo (Avalancha tour '95), un divertimento de Enrique Bunbury*, Líneas Del Kaos, 1997.
Clavo, Edi, *Camino Soria*, Editorial Contra, Barcelona, 2018.
Del Val, Fernando, *El método Bunbury*, Editorial Difícil, Valladolid, 2020.
Godes, Patricia, *Héroes del Silencio: Guía para fanáticos, adictos y admiradores*, La Máscara, Valencia, 1993.
Héroes del Silencio, *Fotos 85-96*, Zona de Obras, Zaragoza, 2000.
Losilla, Javier, *Diván. Conversaciones con Enrique Bunbury*, Zona de Obras, Zaragoza, 2000.
Méndez, Sabino, *Corre, rocker*, Anagrama, Barcelona, 2018.
Minchinela, Raúl, *Héroes del Silencio. Un fenómeno contado en primera persona*, formato digital, 2007.
Royo, Míchel, *Antes de ser Héroes. La historia de Héroes del Silencio, 1980-2007*, Prensa Diaria Aragonesa Editorial, Zaragoza, 2007.
Uribe, Matías, *Héroes del Silencio: el sueño de un destino*, Heraldo de Aragón, Zaragoza, 2007.
Videla, Luis, *Enrique se escribe con N de Bunbury*, Aleph, Barcelona, 2005.
VV AA., *Especial Héroes del Silencio*, Rockzone, Barcelona, 2005.
—, *Héroes del Silencio. Especial*, Popular 1 rock' n' roll magazine, B + J Ediciones, Barcelona.